永远在路上

人力资源社会保障系统行风建设实录

人力资源社会保障部加强行风建设工作领导小组办公室 ◎ 编著

中国出版集团

研究出版社

图书在版编目 (CIP) 数据

永远在路上：人力资源社会保障系统行风建设实录 /
人力资源社会保障部加强行风建设工作
领导小组办公室编著 . — 北京：研究出版社 , 2021.12
ISBN 978-7-5199-1137-9

Ⅰ . ①永… Ⅱ . ①人… Ⅲ . ①人力资源管理 – 行政事
业单位 – 思想作风 – 建设 – 案例 – 中国②社会保障 – 行政
事业单位 – 思想作风 – 建设 – 案例 – 中国 Ⅳ .
① F249.21 ② D632.1

中国版本图书馆 CIP 数据核字 (2021) 第 253982 号

出　品　人：赵卜慧
出版统筹：张高里　丁　波
责任编辑：张立明
助理编辑：张　琨

永远在路上：人力资源社会保障系统行风建设实录
YONGYUAN ZAI LUSHANG
RENLI ZIYUAN SHEHUI BAOZHANG XITONG HANGFENG JIANSHE SHILU

人力资源社会保障部加强行风建设
工作领导小组办公室　编著

研究出版社 出版发行
（100011　北京市朝阳区安华里 504 号 A 座）

北京建宏印刷有限公司　新华书店经销

2021 年 12 月第 1 版　2022 年 7 月北京第 2 次印刷
开本：787 毫米 ×1092 毫米　1/16　印张：38.5
字数：602 千字

ISBN 978-7-5199-1137-9　定价：168.00 元

邮购地址 100011　北京市朝阳区安华里 504 号 A 座
电话（010）64217619　64217612（发行中心）

行风建设永远在路上

《永远在路上》编写组

"人民对美好生活的向往，就是我们的奋斗目标。"习近平总书记铿锵有力的话语，深刻昭示着中国共产党一脉相承的价值取向。这也是人社系统上下一直秉承的人民立场、赤诚初心。

民之所盼，政之所向。2018年以来，一场影响深远而持久的行风变革，在人社领域轰然作响。以正视问题的自觉，以刀刃向内的勇气，以壮士断腕的决心，聚焦群众"急难愁盼"，疏"痛点"、通"堵点"、补"断点"、解"惑点"，正行风、树新风，倾力打造群众满意的人社服务。在全面推进行风建设专项行动的征程中，"人民至上"始终是人社系统全体干部职工最核心、最鲜活的表达。

难走的路是上坡路，难开的船是顶风船。行风建设是一项系统工程，是一场综合战役。打赢这场攻坚战，既要有责任担当之勇，又要有科学谋划之智；既要有统筹兼顾之谋，又要有组织实施之能。这需要系统上下每个层级、每名干部职工都强化宗旨意识、夯实思想基础、扛起肩上责任，把行风建设体现到政策制定的"最先一公里"，覆盖到窗口服务的"最后一公里"，真正实现行风建设与业务工作有机结合、深度融合。

大道至简，实干为要。三载春秋，我们逢山开路，遇水架桥，接"最烫手的山芋"，挑"最沉重的担子"。系统上下全面发力、多点突破、蹄疾步稳、纵深推进。从夯基垒台、立柱架梁到全面推进、积厚成势，再到系统集成、协同高效，许多领域迎来根本性变革、系统性重塑，人社政务服务正在实现从局部探索、破冰突围到系统集成、全面重构的伟大跨越。

利民之事，丝发必兴；厉民之事，毫末必去。三载寒暑，我们逢山开路，遇水架桥，将"目标要求"升格为"自觉追求"，将"规定动作"升级为"机制制度"。以群众关切为导向，以群众满意为标尺，坚持"管行业必须管行风"，坚持标本兼治、纠建并举，坚持改革创新，积极厘权责、明事项、立标准，努力为群众办事提供清晰指引；深入实施"人社服务快办行动"，坚持把解决实际问题与建立长效机制有机结合；大力开展信息化便民服务创新提升行动，倾力为人社政务服务赋能；全面推进问题核查整改，竭力把"问题清单"变成"履职清单"；广泛推行人社政务服务"好差评"，努力把"投诉信"变成"感谢信"；全员开展业务技能练兵比武，全力提升为民服务的能力和水平；主动开展厅局长"走流程"和青年干部调研暗访，致力疏通群众办事痛点难点堵点；大力培树百名全国"人社服务标兵"、百名全国"人社知识通"，鲜明树立人社服务美好形象。

念兹在兹的为民情怀，铸就直抵人心的行风力量；"人人是窗口、处处有服务"已成为全体人社干部职工的思想共识。群众普遍反映，如今到人社窗口办事，"跑腿"越来越少，材料越来越减，时限越来越短，体验越来越好。第三方调查显示，群众对人社政策和服务的满意度连年稳步提升。

天地之大，黎元为先。这是来自历史的启示，更是面向未来的宣示。在践行"我为群众办实事"的行动中，我们要着力贯彻新发展理念办实事，让群众分享高质量发展成果、共享高品质幸福生活；着力保障民生需求办实事，推动劳有所得、病有所医、老有所养、弱有所扶取得新进展；着力深化人社政务服务改革便民利民办实事，进一步完善办事流程、规范审批行为、提高办事效率，把建章立制贯穿在"我为群众办实事"全过程，做到"为民不停步""服务不打烊"。

民生期许殷殷，奋斗未有穷期。我们要以"功成不必在我"的境界，"功成必定有我"的担当，"咬定青山不放松"的韧劲，"不破楼兰终不还"的拼劲，在"踏平坎坷成大道"的征程上，一茬接着一茬干，一锤接着一锤敲，一张蓝图绘到底，一个目标干到底。

初心如磐，笃行不怠。行风建设永远在路上！

目 录
contents

行**风**·探索

行走·实践

行　·创新

行建·榜样

行室·后记

坚持把人民放在心中最高位置
全面加强人社系统行风建设

（2018 年 12 月）

人力资源社会保障部党组书记　部长　张纪南

党的十八大以来，以习近平同志为核心的党中央以作风建设为切入点和着力点从严管党治党。党的十九大后，习近平总书记又对形式主义、官僚主义新表现作出重要批示，强调作风建设永远在路上。2018 年以来，党中央、国务院对转职能、转方式、转作风，深化"放管服"改革，推进"互联网＋政务服务"等作出进一步部署。这些为我们加强系统行风建设提供了根本遵循和行动指南。

提高政治站位
充分认识加强系统行风建设的重要意义

人社部门首先是政治机关，必须进一步提高政治站位，从政治的视角、立场和效果来认识并推动系统行风建设工作。

加强系统行风建设，是推进全面从严治党、加快转变政府职能、促进人社事业改革发展的必然要求。人社业务点多面广线长，政治性、政策性、群众性都很强。要求各级人社部门牢固树立"四个意识",对标中央要求,对接群众需求,以扎实的作风、优良的行风,不断改革创新、健全公共服务,让群众更多更好共享发展成果。

加强系统行风建设,是改进人社部门为民服务、提升服务品质的迫切需要。近年来,系统行风建设取得了积极成效,但与中央便民利企的要求相比,与群众对优质高效公共服务的期盼相比,仍有不小差距。必须从源头上、根本上动真格,扭转重审批、轻监管、弱服务的问题。

加强系统行风建设,是巩固党的执政基础、推动经济发展方式转变、提高干部队伍素质的重要载体。人社行风抓得好,有利于密切党群血肉联系,有利于降低制度性交易成本,优化营商环境,也有利于强化人社干部队伍宗旨意识,提升工作效率水平,确保各项目标顺利实现。

加强系统行风建设,绝不是简单地应一时之需,而是有其长远性、战略性意义。某种程度上讲,是做好当前和今后一段时期人社工作的一个战略支点,是推动各项工作的重要载体,是破解人社领域一系列重大问题的一把金钥匙。

注重工作实效
准确把握系统行风建设面临的形势和任务

2018 年以来,各级人社部门主动作为、创新举措,推出了全面取消社保集中认证、异地业务不用跑、无谓证明材料不用交、重复表格信息不用填等一系列行风建设新举措,受到社会广泛关注和好评。第三方调查显示,2018 年,群众对行风建设的评价满意度有明显提升,国务院大督查对此也给予了充分肯定。

与此同时，也要清醒地看到，行风建设面临的问题仍然不少，任务依然艰巨繁重。一些政策出台前调研论证还不够深入，一线窗口服务水平与群众需求还有差距，一些地方和单位对行风建设重视程度冷热不均，对行风问题的整改手段强弱不一，长期抓、反复抓的耐力、持久力还需要增强。

系统上下必须进一步增强抓行风建设的自觉性、针对性和执行力，确保行风建设不变形不走样。要抓住队伍建设和信息化建设两大关键，通过能力提升与信息化建设的双轮驱动、两翼齐飞，不断筑牢行风建设的基础。要持续推进行风建设与业务工作有机融合，优化行政审批服务，强化事中事后监管，扩大行风建设效果。要着力整治形式主义、官僚主义新表现，开展重点问题专项整顿，建立发现问题、整改落实、考评问责一体化工作机制，倒逼行风持续改善。

狠抓贯彻落实
驰而不息把系统行风建设不断引向深入

加强行风建设是一项系统工程，复杂而艰巨。各级人社部门务必提高政治站位，坚持严字当头、实字托底、长抓不懈、落实责任，把这项工作抓紧抓好、抓出成效。

强化责任、勇于担当。牢固树立"抓好行风是本职、抓不好是失职、不抓是渎职"的责任意识，健全完善行风建设工作责任制，切实做到敢于负责、敢于较真、敢于碰硬、敢于得罪人，确保中央决策部署在人社领域不折不扣地贯彻落实。

标本兼治、纠建并举。发现不了问题是最大的问题。行风建设必须突出问题导向，既紧盯老问题，又管住新动向，不走神、不散光，真正发现问题、正视问题、捅根问题、较真问题、解决问题。

久久为功、善作善成。行风建设既是短跑，也是马拉松，既需要强烈的爆发力，也需要不间断的持续耐力。绝不能搞一阵风、大呼隆，必须抓常抓长，持续用力，一步一个脚印向前推进，形成常态，保持长效。

创新方法、健全机制。主动运用信息化手段统领各项工作，提升服务效能。在搭好"天线"、接实"地线"的基础上，发挥首创精神，创造各具特色、有效管用的"土特产""一招鲜"。

夯实基础、提升能力。建好基层平台，加强经办队伍建设，坚持严管和厚爱结合，为基层排忧解难。加大教育培训力度，开展练兵比武活动，使更多的窗口干部职工成为"问不倒""难不住"的多面手。

加强宣传、营造氛围。坚持正面宣传为主，大力宣传典型经验做法，培树一批"人社服务标兵"，形成比学赶帮超的工作格局。加强警示教育，对负面典型加大问责惩治和通报力度。通过以点带面，真正把行风建设由"火车快不快、全凭车头带"的带动效应转化为"每节车厢自带动力、形成合力"的动车效应。

守初心担使命　办实事聚民心
持续加强人社系统行风建设

（2021年12月）

人力资源社会保障部党组书记　部长　张纪南

　　加强系统行风建设，讲的是政治，为的是民生，检验的是党性，体现的是对人民群众的感情。2018年6月，部党组决定全面加强人社系统行风建设，组织实施三年专项行动。

增强信心、凝聚力量
充分认识行风建设三年行动取得的积极成效、
积累的宝贵经验

　　三年多来，系统上下坚持以习近平新时代中国特色社会主义思想为指导，紧紧围绕"正行风、树新风，打造群众满意的人社服务"的总要求，突出重点、破解难点、打造亮点，一步一步走、一件一件办，经过不懈努力，圆满完成三年行动各项任务，系统行风明显改善，群众满意度持续提高。国家统计局第三方调查显示，人社行风满意度从2018年的73.69分，逐步提高到 2021 年的 80.66 分，已连续两年保持在"满意"区间。同时从市场监管总局全国公共服务质量监测看，涉及人社部门的公共就业和社会保障满意度在 12 个公共服务领域中，分别由 2018 年的第 11 位和第 10 位提升到第 1 位和第 2 位。行风建设三年行动不断积小胜为大胜，人社公共服务发生了全面而又深刻的转变。

我们推动学习教育走深走实，政治机关意识和为民服务理念入脑入心。深入学习领会习近平总书记系列重要讲话精神，把行风建设转化为强信心、聚民心、暖人心、筑同心的丰富实践，"管行业必须管行风"的共识充分凝聚，"人人是窗口、处处有服务"的理念深入人心，"人社服务为人民"的行动成效显著。

我们推进依法依规履职尽责，制度机制和标准规范不断健全。发布人社权责事项、审批服务事项、基本公共服务等清单，制定人社服务标准体系，持续推进清事项、减材料、压时限。通过厅局长亲身办事"走流程"、青年干部调研暗访到一线、企业群众"好差评"，形成发现问题、聚焦问题、捋根问题、解决问题的闭环工作机制。深入推进人社政策待遇"看得懂算得清"，让群众政策看得懂、权益查得到、待遇算得清。

我们创新实施人社服务快办行动，群众办事更加方便高效。创新推出"八个办"：关联事项打包办，高频事项提速办，更多事项简便办，异地事项跨省办，服务下沉就近办，特殊情况上门办，服务全程"一卡办"，积极探索免申即办，提高了"我为群众办实事"的含金量，提升了群众满意度。

我们把信息化作为行风建设的重要引擎，"互联网＋人社服务"模式创新发展。实施信息化便民服务创新提升行动，打破信息孤岛，推进智慧化服务。推动全数据共享、全服务上网、全业务用卡，实现人社领域凭证用卡、缴费凭卡、待遇进卡、结算持卡，同时就医购药、补贴资金发放、智慧城市等方面用卡范围不断拓展。

我们着力推进干部队伍能力建设，优行风树新风的原动力不断增强。组织开展练兵比武，大兴业务技能"全民健身"之风。通过"日日学、周周练、月月比、省际赛和全国赛"，培养了一大批"人社知识通""业务一口清"，学政策、钻业务、强技能、优服务蔚然成风。

我们尽锐出战压实责任，行风专班的特种兵尖刀队作用充分凸显。全系统自上而下成立行风建设工作领导小组，一把手负总责，分管负责同志分兵把口，层层压实责任，一级一级抓好落实。从各方面抽调精干力量组建行风专班，见事早、行动快，冲上前线勇当尖兵，协调推进各项政策举措落实落细。

三年来，我们更加深刻地体会到，做好人社行风建设工作，要做到"六个坚持"。一是必须始终坚持人民至上恪守初心。只有把群众满意不满意、高兴不高兴、答应不答应作为衡量行风建设工作的重要标尺，站在群众的立场和角度想问题办事情，解决好群众办事的堵点、痛点、难点，才能持续提高群众对人社服务的获得感和满意度。二是必须始终坚持整体设计突出重点。只有着眼长远，从事业全局出发，加强总体谋划，对表对标中央要求、群众需求，把握阶段性重点，抓住关键性事项，才能确保行风建设见效快、走得远。三是必须始终坚持上下联动协同发力。只有系统上下齐抓共管共下"一盘棋"；业务部门分兵把守画好"同心圆"，层层压实责任，人人都来出力，才能凝聚强大力量。四是必须始终坚持攻坚克难改革创新。只有大力弘扬与时俱进、锐意进取、勤于探索、勇于实践的改革创新精神，坚持中央指路、试点探路、相互引路，上山千条路、同览一月高，才能不断取得人社系统刀刃向内自我革命的新胜利。五是必须始终坚持纠建并举标本兼治。只有坚持问题导向和效果导向，既不断纠正工作中的短板、措施上的弱项、落实上的不足，解决表面的"病症"，又深挖问题根源，完善政策制度和长效机制，才能推动"纠"与"建"有机融合。六是必须始终坚持夯实基础提升能力。只有坚持一手抓干部队伍，一手抓标准化信息化建设，不断推动思想转变、作风优化和服务升级，行风建设的"一体两翼"才能更巩固，人社服务才能更便捷、更专业。

巩固成果、完善制度
推动行风建设由阶段性行动向常态化长效化转变

行风问题具有复杂性、顽固性和反复性，稍有懈怠就容易抬头。行风建设永远在路上，必须持之以恒抓紧抓实。三年行动收官并不是终点，而是再巩固再提升、实现常态化长效化的新起点。在工作推进中要把握好"12333"，即"一条主线、两头发力、三项机制、三个抓手、三项支撑"。

"1"是坚持一条主线，就是要坚持管行业必须管行风、打造群众满意的人社服务。要坚持以群众满意为标准，不断解决群众在就业创业、社会保障、人才人事、劳动关系等方面的急难愁盼问题。要推动人社政务服务好评率在新的起点上稳步提升。

"2"是围绕两头发力。要抓好政策制度供给"最先一公里"。聚焦高校毕业生、农民工、新就业形态劳动者等重点群体的呼声诉求，聚焦地区、城乡、收入差距等发展不平衡不充分问题，提高政策的针对性和可操作性。要抓好政策服务落实"最后一公里"。创新开展"看得懂算得清"等活动，全面推行"好差评"等监督考核机制。宣传解读政策要通俗易懂，办理业务要方便快捷，提供服务要热忱暖心。

第一个"3"是突出三项机制。要完善厅局长走流程制度。各地厅局长、部里的司局长，每年至少要走一次流程，努力发现短板、完善机制、解决问题。要健全完善青年干部调研暗访机制。既为青年干部多了解基层、体察民情、实践历练提供载体，也为提升人社服务水平拓宽了渠道。要建立"我为群众办实事"的常态化机制。建立健全办实事清单制度，每年进行动态调整，实行挂牌督办、销号管理。每年都扎扎实实真正办几件群众看得见、摸得着、真正有获得感的实事，久久为功、积少成多。

第二个"3"是用好三个抓手，就是快办行动、便民服务圈和"一卡通"。要深入推进"人社服务快办行动"，深化"一件事"集成改革，把"一门办、一窗办、一网通办、跨省通办"抓实抓具体，优化人社政务服务电子地图，方便群众查得到、找得着。要着力打造15分钟人社便民服务圈，深化与银行、邮政、供销社、基层平台合作，构建以人社自主经办服务为主体、相关机构合作经办为补充的"一主多辅"网点服务格局，方便群众办事。要加快推进社会保障卡"一卡通"，围绕全生命周期服务需求，在更大范围更多领域拓展社保卡应用，构建以社会保障卡为载体的"一卡通"管理服务新模式新机制。

第三个"3"是强化三项支撑，就是加强干部职工的能力作风、信息化建设，发挥好人社系统先进典型的示范作用。要加强能力建设，推进练兵比武和竞赛活动常态化、机制化，培养一支政策通、业务精、作风硬的高素质专业经办队伍，提升服务专业化水平。要深入开展人社信息化便民服务创新提升行动，持续推动全数据共享、全服务上网、全业务用卡，广泛运用新技术新手段，支持流程优化、免申服务和精准监管。要弘扬人社行风文化，持续培树宣传"人社服务标兵"等先进典型，充分挖掘为民服务的好故事、正能量，营造学习先进、争当先进的良好氛围。

担当作为、求真务实
确保系统行风建设各项任务落实落细

各级人社部门要强化履职担当、积极主动作为，以系统行风建设的新成效为一域增光、为全局添彩。

第一，提高政治站位，深化思想认识。要从事关民心向背和党的执政基础的战略高度，充分认识加强行风建设的重要性，始终牢记让人民生活幸福是"国之大者"，强化政治机关建设，增强群众观念，增进群众感情，推动系统行风建设常态化开展。要深入学习领会中央有关会议精神，学深悟透党中央关于加强党风作风建设、深化"放管服"改革、为基层减负等方面部署要求，细化落实到行风建设实践当中。要充分认识行风问题的复杂性长期性，克服"喘口气、歇歇脚"的松懈念头和"船到码头车到站"的交差心理。

第二，加强组织领导，强化责任担当。要继续健全行之有效的行风建设工作领导机制。各级人社部门一把手要亲自抓，班子成员要各负其责。要明确分工、压实责任。行风专班要牵头抓总，继续发挥好统筹协调和特种兵作用，再用一年左右的时间进一步巩固成果、攻坚重点、提升能力。各业务部门要抓好自身领域行风工作，承担专项牵头任务的尤其要担起责、尽到责。

第三，坚持问题导向，顺应群众需求。与中央新要求、群众期盼相比，人社政务服务工作还存在一些差距和不足。行风建设就是要奔着问题去，跟着问题走，把群众的堵点、痛点、难点切实转化为系统行风建设的重点、焦点、发力点。要善于发现问题、敢于正视问题，捅根问题、找准问题的根源，拿出务实管用的实招硬招，最终真正解决问题。

第四，强化特色思路，彰显行风品质。要结合各自特点和实际情况，尊重基层首创精神，进一步创新服务理念，完善服务举措，不断激发新活力，创造出更多群众认可的"土特产""一招鲜"，形成更多可复制可推广的新经验，把行风建设这张亮丽名片擦得更亮。

第五，树牢底线思维，营造良好氛围。风险防控是做好工作的"底板"，必须持续加固筑牢。要增强忧患意识，及时分析研判行风工作领域的风险隐患，坚决杜绝推诿扯皮、泄露服务对象隐私、徇私越权等问题。人社行风工作涉及方方面面，凡事都要想全想细想到万一，抓好预案制定和应急处置，严防"冒泡"生事，确保不发生触及社会认知底线的事件。

行风建设永远在路上。让我们更加紧密地团结在以习近平同志为核心的党中央周围，努力把为人民服务变成我们的专长特长，把行风建设作为人社事业高质量发展的金钥匙，继往开来、扎实进取，全力打造群众满意的人社服务。

行业·聚焦

一切为了群众满意

全国人社系统行风建设综述

杨 峰

行风，是过去 3 年全国人社事业改革发展的一个关键词。

当行风建设成为系统上下的共同行动，当"人社工作为人民"化为人社干部的普遍实践……

3 年行风攻坚，形成了系统新风，重塑了服务新态，大大提升了群众的满意度和幸福感。

强推进

管行业必须管行风。

2018 年 7 月 3 日，人社部召开系统行风建设电视电话会议，向全系统发出了全面加强行风建设的动员令。

加强系统行风建设，有着深刻的现实背景和明确的指向性。

彼时，在为民服务方面，吃拿卡要等问题减少了，但形式主义、官僚主义及其新表现仍不同程度地存在，不适应、不会为、不作为等问题时有发生。

——办事排队长、时间长的问题亟待解决。一些地方办理事项程序复杂，个别事项设置了十几个环节。全程跑下来短则几个月，长则大半年，个别情况甚至几年都办不下来。

——跑腿多、证明多的顽疾尚未攻克。一些地方由于办理事项不集中，数据信息不共享，办事指南不清晰，一次性告知责任不履行，导致企业和群众在不同部门、不同窗口间来回跑。各种奇葩证明、循环证明、重复证明等问题时有发生，烦扰群众。

——管理上、纪律上、服务上缺位、不到位等现象仍然存在。有的基层窗口管理不严，上班上岗纪律松弛。服务不周到、不主动，便民设施不配套、不方便，群众体验感差。

尽管种种问题不是普遍性的，但严重影响群众获得感、幸福感、安全感。

在行风建设电视电话会议上，人社部部长张纪南强调，加强行风建设，是做好当前和今后一段时期人社工作的一个战略支点，是推动各项工作的重要载体，是破解人社领域一系列重大问题的一把金钥匙。掷地有声的话语，道出了行风建设的重要地位和作用。

会议提出，以思想为引领，以信息化为支撑，抓住清权、减权、晒权、制权四个环节，治痛点、疏堵点，规范标准流程，提高能力素质，考核督查

社会保障卡服务窗口

倒逼。

由此，行风建设 3 年攻坚行动，在系统上下拉开序幕。"正行风、树新风，打造群众满意的人社服务"，不仅仅是向全系统发出的动员令，更成为全体人社人的执着追求和生动实践。

人社部成立加强行风建设工作领导小组，印发 3 年工作任务表，明确 35 项工作任务。各地对标部里工作机制，均成立加强行风建设工作领导小组，建立相应工作机构，负责行风建设具体工作。各地还制订行动计划，细化任务目标，疏通堵点、破解难点、打造亮点。

加强行风建设，需要人人关心、人人参与。行风建设存在哪些薄弱环节和不足？当地加强行风建设有什么创新举措、经验做法？对改进行风有什么意见建议？一场"行风建设人人谈"征文活动，在全国人社系统掀起了行风建设大学习、大讨论、谈体会、提建议的热潮。

每年年初，人社部都印发工作要点或方案，对行风建设工作提出要求，明确当年任务、措施、指标。

系统上下，唱响了"人社工作为人民"的主旋律。

优服务

如今，无论是招用员工的企业，还是申领待遇的退休人员，抑或是申办社会保障卡的群众，到人社部门办事都有一个共同感受：快！

这是"人社服务快办行动"带来的改变。

之前，跑腿次数多、办结时限长、办事程序繁，一直困扰群众。如何破题？

人社部调研发现，主要症结在于，在群众眼中，明明办的是"一件事"，却需要跑很多次，到多个大厅、多个窗口排队，提交多份材料。

为此，2020 年 4 月，人社部启动"人社服务快办行动"，明确提出"打包办""提速办""简便办"。

企业招用员工、高校毕业生就业等 10 个"一件事"，只需到一个服务大厅、一个服务窗口或平台、提交一套材料，即可一次办理。很多高频服务事项，办结时限在法定或规定基础上提速 50%。至于证明材料，则"能减

老人进行手机 APP 实名认证

向群众解答快办业务问题

尽减"。

通堵点、破难点，就要快马加鞭，乘势而上。2021 年 4 月，人社部对深入实施"人社服务快办行动"进行再部署。

每周一联系，每月一调度，每季一通报。人社部采取点面结合、以点带面方式，对各省份和部联系点建立督导机制，采取现场观摩、开展培训、召开片会等方式推动工作落实。

截至 2021 年 11 月底，272 个人社部直接联系点中，270 个已实施"一件事"打包办，其中 181 个联系点已实施 10 个"一件事"打包办；269 个联系点实现 20 个以上高频事项提速办，19 个事项实现跨省通办。

"当天就完成了工伤备案和认定""申报高水平创新人才生活津贴只花了3 分钟"……群众跑腿更少了，办事更快了，体验更好了。

"清、减、压"，是深化人社领域"放管服"改革、便民利民的又一重要抓手。

——公布清单。2018 年底，人社部出台业务全口径、辐射全系统的事项清单，为群众办事提供清晰指引。之后，31 个省（区、市）和新疆生产建设兵团都公布了本省份系统事项清单和办事指南。

——能减则减。分 3 批次取消 125 件次证明材料，提出拟保留的证明材料清单。

——能压则压。以社保卡制发为突破口，推动压缩办理时限，实现批量制发周期压缩至 30 个工作日、零星制发周期压缩至 5 个工作日、每个区县至少设立 1 个快速发卡网点，企业申请实行特殊工时等审批时限减半。

取消大量证明，极大地方便了企业和群众。然而，有些证明是法律法规规定需要提供的，不能取消。面对群众回来跑的难题，办事时间是否还能压缩？

告知承诺制就是一个"大招"。"我告知，你承诺"，有关证明无须提供。

人社部是国务院确定的5个告知承诺制试点部委之一。在试点中，人社部突出"既简又便"，在人事考试、社保经办领域18个事项中试点。人社部还将全部专技资格考试报名（共56项）纳入告知承诺制范围。2019年试点以来，近2000万考生通过告知承诺制办理考试报名业务，减少累积材料6000万余份。

信息化带来了服务模式的新变。人社部推进"互联网＋人社"2020行动计划和信息化便民创新提升行动，加快推进跨部门、跨层级信息共享，推进服务场所优化整合。

疫情防控期间，"网上办""掌上办"蔚然成风。办事不见面，服务不打烊，减少了人员流动和直接接触，保障了群众正常生产生活。

"办业务就像网购一样方便""动动鼠标或者点点手机，分分钟办妥""我们与窗口人员见面少了，心却更近了"……群众纷纷为"网办"点赞。

抽样调查显示，如今，网上可办率省级不低于90%、市县级不低于50%，市县级人社审批服务事项办理"只进一扇门"，70%人社审批服务事项"一窗"分类受理等目标已基本完成。

群众难点就是改革发力点，群众痛点就是创新重点。

人社服务点多、线长、面广。受条件所限，一些服务大厅设置分散。"不知业务去哪儿办、不知网点能办啥"，曾是不少人办事时遇到的困难。人社部绘制人社政务服务电子地图，采集20.6万个经办网点信息，通过高德地图等展示。办事网点有名称、有图片、有地址，群众可精准定位、一键导航，一查即准、一找即对。

群众对个性化、多样化、智能化服务的需求越来越强烈，期盼办事网点离自己更近一点，办事更方便一些。人社部借助银行、基层平台等力量全力推进人社服务"就近办"。就近能办，多点可办，服务离群众越来越近。

促整改

2021 年，人社系统干部"走流程"在网上"火出圈"。一些人社干部体验做外卖骑手、网约车司机，受到广泛关注和热议。

群众有哪些操心事、烦心事、揪心事？地方有什么好经验、好做法？政策制度方面有什么突出问题？系统上下通过线上体验、线下窗口调研、陪同服务对象办事、召开座谈会、暗访、查阅卷宗等多种方式，深入基层、换位思考、找准症结，补齐民生短板弱项。

一大批问题和建议被收集上来。希望新就业形态劳动者劳动权益维护进一步加强，希望工程建设领域工资专用账户和农民工工资保证金制度等文件尽快出台……

通过"走流程"，人社系统对政策、经办服务中存在的问题、基层的疾苦，有了更深的了解和体会。在掌握情况、发现问题之后，人社系统有针对性地提出了解决措施，切实解决了一批群众办事的堵点痛点难点。

"明察暗访""青年干部调研暗访"……2018 年以来，人社部广泛组织开展暗访调研，参与主体实现部属单位全覆盖，暗访地点实现省份全覆盖。

既"看"也"办"，既"问"又"访"。人社干部通过多种方式到基层窗口体验办事流程，检验政策落实情况。

个别大厅缺少综合咨询台，一些工作人员对政策掌握不够熟悉，灵活就业人员参保与户籍挂钩，有关证明材料取消没有实际落地……暗访调研发现了一些问题，涉及服务场所、人员作风、政策落实等方面。

此外，人社部还重视通过国务院大督查、行风投诉举报专区等渠道收集

社保大厅升级为"社保客厅"

"一门式"零差别受理

的问题线索，抓好核查整改；实名通报 8 起负面典型案例，发挥警示作用；建立社保、劳动监察、人事考试等领域严重失信人制度，实施联合惩戒。

服务好不好，群众说了算。2020 年，人社部部署开展人社政务服务"好差评"工作。现场服务"一次一评"，网上服务"一事一评"，实现服务事项全覆盖、评价对象全覆盖、服务渠道全覆盖。

有差评，及时改。人社部制定差评核查整改工作流程，确保差评事项件件有核查、实名差评件件有反馈。2021 年，人社部还将政务服务好评率不低于 95%，纳入人社事业发展年度计划指标。从 2021 年前 3 季度调度情况看，全国人社政务服务好评率为 99.86%。

提能力

2021 年 6 月 4 日，中国共产党即将迎来百年华诞。人社系统基层干部于砚华、潘剑龙、柳飞、鲍道榕、金彩虹，走进中共中央宣传部举行的中外记者见面会，围绕"人社服务为人民"谈认识、说经历、聊感想。

这 5 名党员都是人社系统立足岗位为民服务的优秀代表。

榜样的力量是无穷的。人社部发挥典型示范作用，培树了百名全国"人社服务标兵"。

"跑腿局长"倪芳芬，十几年来穿梭在洋山岛上每一个角落，换过 5 辆自行车，不辞辛苦为群众办好一件件"关键小事"；

"人社快递哥"易盛荣，是群众眼中的"邮差"、留守老人心中的"儿子"，累计义务为 3 万余人次跑腿办事，行程 16 万余公里；

"社保公仆"蔡兰，把最美的青春奉献给社保事业，遇问题找"兰姐"，是参保群众对蔡兰莫大的褒奖……

3 年来，一个个响亮的名字传遍了人社系统，一件件为民服务的先进事迹感动了干部群众。

2020 年，疫情袭来，是大战，如大考。

有人变身"邻家姐姐"，对群众疑难做到"消息秒回""全天在线"；

有人从东南沿海来到西南边陲，一个村一个村跑，"开摊"为企业招聘劳动力；

有人一天接上百个咨询电话，手机充满电顶多管半天，只好随身带着充电宝……

疫情防控现场，成了全国"人社服务标兵"践行初心使命的考场、检验行风能力的战场、展示履职担当的赛场。

除了全国"人社服务标兵"，全国"人社知识通"也成为系统内的明星，他们是从练兵比武中脱颖而出的优秀代表。

从 2019 年开始，人社系统每年都举办窗口单位业务技能练兵比武，全员练兵，逐级比武。

一手抓岗位练兵，依托在线学习平台开展"日日学、周周练、月月比"，全系统 66.7 万余人参加；一手抓多样比武，以比促练、以练促用，逐步构建起省内赛、全国晋级赛、全国决赛，阶梯型比武机制，产生了近百名全国"人社知识通"、250 余名全国岗位练兵能手。服务意识增强了，本领素质提升了，这是系统干部和群众的共同感受。

浙江嘉兴，江西瑞金，贵州遵义，四川阿坝，广西百色，甘肃庆阳……

练兵比武全国赛赛场

一个个红色地标，留下了全国"人社服务标兵"、练兵比武优秀选手等先进典型的足迹。

砥砺为民初心，献礼建党百年。2021 年，人社部在全系统组织开展"永远跟党走 为民办实事——'人社服务标兵'万里行"宣传活动。全国"人社服务标兵"、全国"人社知识通"、地方"人社服务标兵"、练兵比武优秀选手共 53 人次，走进 10 个革命老区。他们面对面宣讲先进事迹，在窗口顶岗交流，到一线走流程。

好政策就要让群众看得懂、摸得着。多一些宣传、讲解的实招妙招，增加政策解读供给，是提高服务能力的重要一环。

人社政策较为复杂，涉及环节多。曾经，政策看不懂、待遇算不清，成为群众的忧心事。

对此，人社系统推出政策待遇"看得懂算得清"宣传解读，通过网站、微信公众号等平台推送政策解读作品。内容从群众最关心的养老保险待遇政策开始，逐步拓展到人社全业务领域。

"你会算自己能领多少养老金吗？来看！""当李焕英来到 2021 年，怎么帮助工友解决工伤难题？"跟网络热点、编故事文案，有漫画、动画，有图表、视频，不时引来"小编又调皮了"的互动和称赞。

截至 2021 年 10 月底，人社部已发布"看得懂算得清"政策宣传解读 80 期。各地人社部门也推出社保待遇支付进度"随时查"、APP 测算等服务，帮群众算清算好待遇，推动政策应享尽享。

塑亮点

"办好一件事""不见面审批""秒批""一门一网一窗"……放眼全国人社系统，"土特产"层出不穷，"一招鲜"遍地开花。

在广东省深圳市，人才引进实现"秒批"，来深人才享受到"零跑腿、零排队、不见面、自动批"的便利。

"网上提交完信息，没过几分钟，唰的一下就收到短信通知，让我到就近辖区派出所办理落户。"深圳市人才报到手续的审批速度，快得让刚刚落户的高校毕业生不敢相信。

在浙江省金华市，"无证明人社"建设、"五办"（"网上办""掌上办""一证通办""就近能办""全市通办"）和"一件事"关联办理"最多跑一次"齐头并进，深化"最多跑一次"改革"领跑者"综合试点，为群众办事提速。

"我在网上提交了综合计算工时制审批表，半小时后就收到短信通知，提示申请已通过，可扫描二维码下载审批决定书。"金华市100多个服务事项"网上办""掌上办"和数十个事项"一证通办"实现率均达100%，让办事群众省时省事。

在广西壮族自治区南宁市，数十项服务事项由"申办"变"免办"，全程"免填表""免申报""免跑腿"，形成了民生政策"一出台、即落地"和企业群众"对条件、就享受"的服务新生态。

"过去，我先去银行缴费、打印缴费单子，再去社区就业窗口申请。现在只要每季度按时缴社保费，补贴就自动拨付到我的银行账号。"南宁市的"免办"服务，被领取灵活就业社保补贴的群众赞为贴心。

在江苏省昆山市，能网办的业务全部网办，"数据跑"代替了"群众跑"，曾经人满为患的服务窗口如今人气不旺，叫号排得飞快。

"做社保工作的HR，谁没在窗口排过队？现在可以在网上提交业务申报，原先3至7天的战线缩短到1天。员工甚至可以通过手机自主办理落户和缴费证明。"昆山市的"不见面审批"改革，让企业工作人员直呼便利。

北京市的"吹哨报到""接诉即办"，上海市的"点单式申请"优化营商环境，山东省的"一链办理""一次办好"，黑龙江省的"走进人社门、办事不求人"，安徽省的"5A"式人社服务，湖北省的"23℃人社服务"标准化制度化，贵州省的"大数据"领跑经办服务……各个省份都有自己的行风建设品牌，都有各自的服务特点和特色。

3年真抓实干，行风为之一变。人社部将健全完善行风建设工作长效机制，常态化抓好抓实行风建设。

行风建设，永远在路上。

快办行动：提速度增实效

毛　雨

通过一个窗口，提交一套材料，经过一次办理，完成一件事，这是"打包办"的生动写照；办理时间普遍缩短三分之一，即办事项当场办结，这是"提速办"的典型场景；告知承诺，这是"简便办"的真实缩影，就近可办，免申即办……2020年以来，人社部在系统内开展"人社服务快办行动"，以"快"为态度，"办"为使命，持续推进"清、减、压"，这是人社领域"放管服"改革的重要实践，也是人社部门全面加强系统行风建设的重要举措。

人社工作与人民利益紧密相连，与企业、群众生产生活息息相关。从招聘就业到社保登记，从人事考试到退休申请，人社领域的各项事务办理直接面向群众、直接服务群众。人社业务种类多、事项繁、业务量大，"难、慢、烦"等问题也一定程度存在。"人社服务快办行动"正是聚焦企业群众办理人社业务的操心事、烦心事、揪心事，进一步整合事项、优化流程、精简材料、压缩时限，持续促进服务提质增效挖潜，不断增强企业群众的幸福感、获得感、满意度。

快办行动对标中央深化"放管服"改革要求，是人社系统的一场自我革命。这一场革命自上而下，既需要做好顶层设计，也需要开展基层探索。从制订目标、梳理清单、创新机制，到优化流程、再造系统、建设综窗……快办行动从部署到落地，上下齐心抓落实，跨过一道道难关，啃下一块块硬骨头。这一场革命从内到外，既需要理念的转变和态度的提升，也需要机制的创新和技术的支撑。"上下联动、左右联通"的协同机制，推动了跨业务、跨层级、跨地域办理;"互联网＋人社"行动的推出,推动事项办理单点登录、一次认证、全网通办……快办行动发挥人社智慧,跑出人社速度,推动人社服务理念从"便我"向"便民"转变。

快办行动满足企业群众办成"一件事"的期盼,是一项民心工程。聚焦群众关切、坚持群众视角、注重群众体验,人社部门努力让企业群众不仅能办事,而且办得快、办得好。将企业群众需要办理的多个事项打包成"一件事",重点推进 10 个"一件事"打包办;分两批次取消 125 件次证明事项材料,在人事考试、社会保险等领域推进证明事项告知承诺制;限时办结事项提速 50% 以上,即时办结事项不超过 30 分钟……快办行动的实施,进一步推动人社领域"清事项、减材料、压时限",群众办事跑腿越来越少,材料越来越减,时限越来越短,体验越来越好。

快办行动作为人社系统行风建设提质增效的"牛鼻子",是一项系统工程。一方面,快办行动是对人社领域 3 年来"清减压"工作的凝练和再推进。厅局长走流程、告知承诺制、开展"好差评"制度等重点工作贯穿快办行动的各个环节,助力快办行动落地生根。快办行动既是对这一系列工作的整合凝练,更是在此基础上进行的再深化和再推进。另一方面,从空间维度看,快办行动通过横向联通促融合,对全国 31 个省(区、市)和新疆生产建设兵团的 272 个部联系点进行周联系、月调度、季通报,发挥以点带片、以片促面作用,带动了人社服务效能整体提升。

一组数据书写累累战果——截至 2021 年 11 月底,272 个人社部直接联系点中,270 个已实施"一件事"打包办,其中 181 个联系点已实施 10 个"一件事"打包办;269 个联系点实现 20 个以上高频事项提速办……

一串数字界定冲刺目标——确保 2021 年底实现"12395"目标,即力争所有地市实施 10 个"一件事"打包办、20 个高频事项提速办、30 个异地事项跨省办,人社政务服务好评率稳定在 95% 以上。

善始善终,善作善成。铆足力气冲刺,在事项和流程上做好"减法",在监管和服务上做好"加法",就能在群众获得感幸福感安全感上做"乘法"。

跑出加速度　激活一盘棋
全国人社服务"快办行动"综述

王宝杰　于云峰　郝　蕾　于少飞

"阿婆，您眨眨眼睛。"2021 年 5 月，安徽省宣城市社会保险基金管理中心组织开展百岁老人领取社保待遇认证上门服务。家住宣城市宣州区靖庙村的 107 岁高龄老人刘婆婆是该市年龄最大的领待人员。在刘婆婆家中，工作人员现场帮她进行了人脸认证，不到 30 秒，认证就通过了。工作人员还为老人现场办理了确认金融社保卡为待遇发放账户业务。

"以前认证的程序很麻烦的，现在只要眨眨眼、点点头就办好了，太方便了。"该市社会保险基金管理中心的上门服务，得到辖区内老人的点赞。

"少跑快办""就近能办""上门帮办"，这些是很多地方在推进人社服务"快办行动"中取得的实实在在的成效。

2021 年以来，全国人社服务"快办行动"持续深入推进。全系统围绕"清事项、减材料、压时限"，从方便企业和群众快办事、办成事角度出发，不断加大改革力度，创新服务模式，挖掘服务潜能，提高服务水平，持续打造群众满意的人社服务。

办事"快简优"　打通人社"改革动脉"

"以前我给同事办理退休手续，要在社保、医保多个窗口来回跑，还要到公积金中心办理公积金封存、提取手续，起码要花一整天时间。现在方便多了，表格也只有一张联办申请表，在人社一个服务窗口就可以办好所有的手续。半个小时不到，你看全弄好嘞！宁波速度！赞足啦！"近日，浙江省宁波市某运输公司的人事经理胡先生在市人社局行政服务中心办完业务后高兴地说。

"宁波速度"是人社服务"快办行动"的生动写照。

宁波市深入推进"一事联办"，在企业职工退休、个体劳动者就业等人社部和全省13个打包"一件事"的基础上，结合实际，新增4个打包"一件事"，加快推进"区域通办"，积极推进社保、就业、社保卡、人才等30个全国"一网通办"事项的经办落地，将全市人社系统依申请政务服务事项接入政务服务2.0平台。创新推进"智能简办"，依托宁波市"甬易办"平台，推进补贴类政策匡算功能开发，通过流程再造、数据筛查、材料精简，实现自动审核、个人确认、系统兑付、补贴即时到账，全程无须申请和提交任何材料。

窗口是人社部门服务群众的前沿阵地。服务好不好，群众的体验最直接。

"人社服务快办行动"宣传栏

全国人社系统坚持以群众的需求为改革的方向，做到群众期盼什么，改革的靶向就对准什么。

陕西省人社厅深入实施"人社服务快办行动"，建立省厅统筹、市县落实、分级协作、上下联动工作机制，实现11个企业群众眼里的"一件事"打包快办。深入推进"提速办""掌上办"，全省25个高频事项平均提速60.84%，90%以上养老保险事项实现"不见面服务"，53项人社服务率先接入省级政务APP，人社电子地图精准关联1023个网点可办事项。积极推进"简便办""就近办"，取消133项证明事项，21个事项，实行告知承诺制，畅通老年人服务绿色通道，西安市成功打造"15分钟政务服务圈"，铜川市探索待遇申领免申即办。

山东省青岛市人社部门围绕人社服务高频事项、关联事项，以标准化促服务规范，以信息化促服务创新，以资源整合促服务效能提升，大力开展"快办行动"。近日，该项行动成果正式向社会发布，人社服务实现10项企业群众眼里的"一件事"打包办理，高频服务事项在规定办理时限基础上提速50%，让企业群众办事跑腿越来越少、材料越来越简、时限越来越短。

"过去我们企业招用员工时，办理劳动用工备案、就业登记、参保登记、社保关系转移、缴费人员增减等事项，需要跑到社保、就业等多个大厅或登录多个网站办理。现在我只需到一个人社部门服务大厅或人社局网站办理就能完成，节省了大量时间。"青岛某信息股份有限公司人力资源负责人感慨地说。

数据"聚通用" 疏通服务"神经末梢"

2021年7月28日，南宁市"智慧人才"一体化服务平台系统正式上线运行。该市通过整合全市人才工作职能、政策和资源，全面梳理规划市县区（开发区）39个单位（部门）72项人才服务事项，建立了全市统一的"智慧人才"一体化服务平台，此创新平台将为南宁市招才、引才、聚才、留才发挥重要作用。

"我们致力打造多部门、多渠道、多功能集成服务的城市人才服务平台，通过整合南宁市的人才工作职能、政策和资源，实现了人才政策一站宣传、

"人社服务快办行动"窗口工作场景　　　　"打包一件事"业务办理现场

人才资讯一窗浏览、人才待遇一键测评，人才服务一网通、人才招聘一体服务。"南宁市人社局局长刘德宁说。

全国多地人社系统针对经办信息系统管理分散、平台互不兼容、信息无法共享、信息孤岛现象突出、群众异地办事不方便等痛点问题，积极推进建立"人社大集中"系统，实现数据由分散到集中，建立"业务大协同"体系，实现业务由割裂到协同。

江西省建设运行全省集中的人社一体化综合信息系统，作为"插线板"集成接入就业、社保、社保卡等各类业务信息系统，统一对接国家和省部平台，统一共享公安、民政、教育等11个部门61类数据和人社系统内部46类数据，解决了多次注册、重复提交、反复填报等问题。建设江西人社网上办事大厅、"赣服通"人社专区、"江西人社"微信公众号、24小时自助服务大厅等线上服务渠道，按照事项同源、标准统一要求，构建起窗口端、网端、掌端、自助端一体经办新格局，基本实现"一网通办、全程网办、全省通办"。

四川省雅安市丰富线上应用渠道，推出社保缴费、补贴申报、资格认证、行政审批和争议仲裁立案线上要件预审等"十大特色应用"，为办事群众提供不受时间、场所限制的智慧人社服务，全市人社公共服务事项网上办理率达100%，网上办理量突破500万人次。

武汉市按照"能简化就简化，能线上办理就线上办理，能不见面审批就不见面审批"的要求，从"四办"类型、办理条件、申请材料、办理环节、网办深度、跑动次数等方面持续优化。同时，依托一体化在线政务服务平台，武汉市深化数据互认共享，15项事项实现"全市通办"、21项事项实现"一张身份证办成事"。

服务"精细暖" 提升民众"幸福指数"

"没想到服务网点离家这么近，一下子就解决了我的燃眉之急！"

"政策好、发放快，人社部门推出的'免申即办'服务真是办到了我们的心坎上。"

在很多地方都能听到群众这样发自内心的赞誉。

从一件事"一次办好"到免申即办"一次不跑"，从"人找政策"到"政策找人"，从"就近可办"到"上门帮办"，2021年，全国人社系统自我加压，提高标准，不断拓展"快办行动"的"再提速"空间，让群众有了更好的体验、获得更高的幸福指数。

河南省按照"居住地无差别受理，参保地同标准办理"原则，实现全省任何一个社保经办机构业务大厅和社银一体化服务网点、社保基层服务网点均可受理异地社会保险业务。目前，已分三批实现了307个事项全省通办，全省受理异地业务量12.4万笔。

江苏省镇江市人社局制订公共服务清单，全面清理证明材料，优化再造服务流程，实行综合柜员经办，打造以智慧人社平台为主体，手机APP、微信公众号、支付宝、自助服务一体机等为补充的"1+N"线上服务体系，实现98.9%的业务网上办，推出"出生一件事""退休一件事"等6个跨部门"一件事"打包办，实现系统内部10个"一件事"打包办，打造"快人一步"服务。

浙江省嘉兴市秀洲区创新推出"肩并肩"帮办模式。从人社窗口无差别受理改造入手，拆除人工窗口，以开放式岛台取代传统柜台，由面对面服务转变为"肩并肩"帮办，每个岛台配备8名工作人员，提供一对一"VIP式"服务。

近日，山东省东营市22岁的王玉通过微信表达了自己的喜悦心情："感谢人社局的全周期'一件事'服务，让我毕业后很快就找到了工作。"

在王玉毕业前，东营市就启动高校毕业生就业"一件事"服务，发动担任服务专员的学校辅导员，向毕业生推送了包括东营情况介绍、引才政策推介、岗位精准推送等政策和服务。在王玉毕业后，东营市又主动安排人社服务专员提供"一对一"精准服务。目前，王玉已成功在东营一家企业就业。

东营市启动"全周期""一件事"全链条服务攻坚行动，按照"全周期"链条式标准，梳理人社"一件事"事项，列出能够实现"全周期"链条式服务的"一件事"清单，持续深化流程再造，拓展提升，确保"全周期"服务真正落地见效。

2021年，各地人社部门回应群众关切，用"主动求变"的作风推进人社服务改革，在改革中提升经办服务水平，让群众少跑一趟路、少跨一个门槛、少走一道程序，推动更多人社服务"打包办、提速办、简便办、跨省办、愉快办"。

练兵比武：提能力强服务

毛　雨

人社业务精通否，政策法规知多少，比试一下才知道。自 2019 年开始，人社部在全系统窗口单位开展业务技能练兵比武活动。活动开展 3 年来，既有闭卷考试、场景模拟和现场竞答的丰富比赛形式，又有省内赛、区域赛到全国赛的层层选拔和激烈角逐，还有"日日学、周周练、月月比"的自主在线学习……全系统上下掀起练兵比武的热潮，一大批"人社知识通""业务一口清""岗位练兵明星"脱颖而出，成为人社系统业务领域和窗口服务的"排头兵"。

练兵比武不只是答题比赛那么简单。开展练兵比武活动，是打造一支政治过硬、本领过硬、作风过硬的高素质人社干部队伍的重要举措，是持续推进正行风树新风、打造群众满意的人社服务的重要抓手。通过练兵比武，以赛促学、以学促练、以练促用，增强干部职工的党性观念、宗旨意识、政治能力，有利于提升干部队伍的专业能力和专业素养。

练兵比武是一场有覆盖广度的大比试。在练兵对象上，实现部、省、市、县（区）、乡镇（街道）、社区（村）六级经办人员全覆盖。这意味着，练兵比武不仅仅是少数业务骨干的擂台竞技，更是一线服务窗口的全面比拼。在比武内容上，实现就业创业、劳动关系、人事人才、社会保险、综合规范等五个方面全覆盖，重点锤炼干部职工掌握政策法规、运用信息平台、规范服务行为、处置突发事件及协调沟通能力。练兵比武活动开展以来，系统 60 多万人参加，系统上下精神面貌焕然一新。

练兵比武离不开有推进力度的组织和宣传。比试从线下延伸到线上，从赛场渗透到日常，背后是各级人社部门的积极部署和精心谋划。健全联动配合机制，推动系统上下一盘棋；加强督导力度，狠抓基层落实；多渠道广泛宣传，营造愿学、真学、精学良好氛围；建立表彰激励机制，发挥先进典型引领示范效应，鼓励参与争创佳绩……一桩桩举措，彰显了人社部门上下齐心扎实推进练兵比武的决心；一项项成效，激发了人社系统练就精兵强将的必胜信心。

练兵比武锤炼出有服务温度的精兵强将。学政策、钻业务、强技能都是为了优服务。只有围绕群众最关心、最急需、最常碰到的问题展开业务知识练兵，才能提升为民服务意识和本领；只有围绕惠企便民新政策及时学习，才能把优惠政策精准送到企业和群众手中。练兵比武活动的开展，培养了一批"知识通""一口清"，不仅实现了窗口服务提质增效，更让老百姓感受到"人社温度"。

赛事有期，练兵常在。比出高下不是目的，赛出胜负不是结果，练兵比武要突出实践导向。把练兵比武精神融入日常，以热情的态度提升服务质效；将比赛现场延伸至服务窗口，用练就的本领解决实际问题。推动练兵比武走深走实，让全系统干部职工掌握政策、熟悉业务、增强本领，实现练有所得、比有所获、赛有所用，必将进一步打造群众满意的人社服务，推动人社系统行风建设迈上新台阶。

"练"就优质服务 "比"出人社新风

人社系统练兵比武活动综述

杨　勤

"这不仅仅是人社业务的大比武，更是对服务能力的大检测。"

"平日里学习积累，工作中总结沉淀，同事间交流切磋，一步步走来，我们很充实！"

"比赛题目更加灵活，既考察政策知识，也侧重用政策帮群众解决现实问题。"

2021年9月，人社部组织开展2021年度全国人社窗口单位业务技能练兵比武晋级赛。谈起参赛感受，选手们心潮澎湃。

练兵比武强技能，人社服务树新风。自2019年以来，人社部已连续3年在全系统组织开展业务技能练兵比武活动。各地人社部门持续掀起"大学习、大练兵、大比武"的热潮，在"比学赶帮超"的良性循环中，推动窗口建设、带动队伍发展、提升服务效能，让群众办事更便捷、体验更幸福。

练兵突出"全" 人人参与强基础

"作为人社行风建设的一项重要工作，练兵比武活动贯穿全年，可以说是系统上下协同发力、锻造队伍能力素质的一场'马拉松'。"人社部行风办相关负责人表示。

为此，人社部开发在线学习平台，开展"日日学 周周练 月月比"活动，

练兵比武活动现场

引导、鼓励各级人社干部自主学习，推动练兵常态化开展。各地人社部门通过统一组织、积极引导、宣传动员等多种方式，发动系统窗口单位工作人员参加岗位练兵。

"从领导班子到村里的社保协管员，从即将退休的老同志到人社新兵，从窗口一线工作人员到行政管理人员，我们努力做到全员练兵，不落一人。"浙江省人社厅相关负责人告诉记者，为了提升练兵参与度，不少地市积极创新，制作《练兵比武学习资料》等"口袋"手册，创建在线答题小程序，开设"业务大课堂"，促进练兵成果内化于心。

人人知，个个练。人社系统的"全民健身"实现了部、省、市、县、乡镇（街道）、社区（村）全覆盖，前后台人员全覆盖。截至目前，全国在线学习平台已注册 66.7 万余人，其中县级以下人员占到 73% 以上，岗位练兵的触角延伸到最基层。

岗位练兵，练什么是关键。人社业务涉及领域广、关乎群众切身利益，为实现练兵内容全囊括，人社部组织 25 个部属单位编制了包含 3200 余道试题的学习题库，包括党建理论知识、就业创业、劳动关系、社会保险、人才人事、综合服务标准规范等六大板块。同时，以最新政策为依据，对试题进行动态补充和更新。

"在学深悟透人社部题库的基础上，我们组织省厅各条线处长和业务骨干集中命题、征题、审题，专门研究命制近3000道题的省级题库，供全系统上下学习。"江苏省人社厅相关负责人介绍，答题系统上线后，全省4万余人参加了答题，人均答题1400道，有效提升了系统干部队伍业务素质。

练兵突出"全"，还聚焦于能力全考核。人社部行风办相关负责人表示，练兵紧贴岗位实际，不仅考查对应知应会知识点的掌握水平，更考查对政策理解运用、解决实际问题的能力素质，以练促用，加快培养更多业务扎实、功夫深厚的行家里手、"全科大夫"。

比武注重"实" 层层选拔出能手

常态练兵强本领，竞赛比武出能手。在持续练兵的基础上，人社系统自下而上组织开展了多种形式的比武活动，市级赛、省内赛、全国赛，层层选拔，线上赛、线下比相结合，为窗口单位工作人员搭建起技能比拼、业务交

流、风采展示的广阔舞台。

"比出高下、决出胜负不是比武的最终目的，为的是推动全系统干部职工掌握政策、熟悉业务、增强本领，实现练有所得、比有所获、赛有所用。"人社部行风办相关负责人介绍，比武注重"实"，既要展实景，又要拼实力，更要求实效。

在比武规则和试题的设计上，注重从群众关切的高频事项入手，还原群众办事场景。同时，围绕党中央、国务院决策部署和部党组工作要求，将脱贫攻坚、政策待遇"看得懂算得清""人社服务快办行动"、根治欠薪、养老保险资格认证、调研暗访等工作纳入考试内容。

"以前只熟悉自己科室的业务工作，通过练兵比武，业务掌握得更多了，尤其是情景化的试题，更有助于灵活运用政策帮群众解决问题。"2020年度全国"人社知识通"获得者许婧说。

为了杜绝"盆景赛""精英赛"，人社部从比武源头进行优化，参赛选手采取由各地报海选名单、部里综合考虑层级、性别等因素抽取的方式产生，避免地方出现"封闭集训""死记硬背"等情形。另外，对现场比赛环节改造升级，取消抢答环节，避免选手忽视知识掌握、单纯练习抢答器等情形的出现。

2019年全国"人社知识通"、黑龙江省人社厅办公室副主任赵佳欣对此深有感触，"这三年的赛制变化非常明显，学为用、练为战、重服务、见实效的导向性更加突出。既是比业务技能，更是比服务水平，比行风建设成果"。他表示，2019年的省际邀请赛和全国决赛就树立了重在实用的鲜明导向，今年的决赛又增加了"看懂算清""擂台比拼""群雄逐鹿"等环节，可谓更接地气、更具实用性、更见真功夫。

实实在在练，真刀真枪比。福建省人社部门以此为原则，自下而上逐级举办比武活动，3年来累计举办赛事260多次，并成功举办了3次全省赛，大批业务尖子脱颖而出，发挥了骨干带头作用。

27岁的陈落兰来自福州市罗源县，作为2021年度全国"人社知识通"获得者，她激动地说："从入职时的'业务小白'成长为全国'人社知识通'，这一路收获满满！"

行风瞄准"优" 为民服务践初心

历经 3 年探索实践，练兵比武活动得到各地的高度重视和窗口工作人员的积极参与，已经成为各级人社部门抓窗口建设、促队伍发展、加强行风建设的重要抓手。

"练"就优质服务，"比"出人社新风。一批批人社干部职工在练兵中成长，在比武中提升，以窗口为舞台，展现为民服务的拳拳初心。

据四川省人社厅人事处副处长杜华明介绍，四川省有 5.8 万名窗口单位工作人员投身练兵比武活动中。3 年练兵比武，全系统整体业务水平有了较大提升，比赛中涌现出的"人社知识通""岗位练兵明星"和优秀选手，逐渐成长为业务骨干、中层管理人员，促进了"传帮带"。更重要的是，越来越多的干部职工成为工作岗位上的"多面手"，为群众提供更完备的服务，

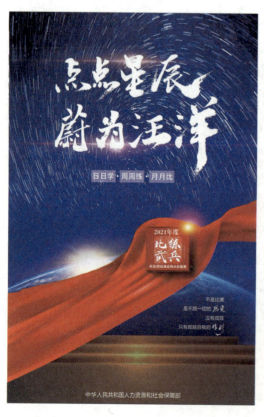

进而提升了群众的体验感和获得感。

开展练兵比武活动的同时，各地人社部门更加注重其与日常工作的深度融合，将练兵比武的成果转化为优化服务品质的实际行动。

山东省人社部门大力推进"一窗受理·一次办好"人社服务综合柜员制改革，通过"减材料、压时限、简手续"，实现了群众"少跑腿""舒心办"。

浙江省杭州市下城区打破前后台业务界限，后台经办人员从"幕后"走向"台前"，从"屏对屏"走向"面对面"，更好地为企业服务。衢州市组建"温暖人社8090新时代理论宣讲团"，回应群众最忧最急最盼的问题，获得群众点赞。

点点星辰，蔚为汪洋。如今，全系统"学政策、钻业务、强技能、优服务"的氛围蔚然成风，近百名全国"人社知识通"、252名全国"岗位练兵明星"、数千名省级"人社知识通""岗位练兵明星"等业务骨干破茧而飞，带动更多的人社工作者，成就过硬本领，服务千家万户，让惠民服务走进老百姓心坎里。

2019年度全国"人社知识通"周敏说，"练兵比武让自己增强了为民服务的自信和底气，工作责任更大、工作更有干劲了！"

走流程：疏堵点解难点

刘沐祺

政策制定得好不好？相关部门执行得顺不顺？服务质量高不高？办事流程通不通？只有扎扎实实到一线去看一看、办一办、走一走才知道。2019年以来，人社部瞄准人社领域的堵点、难点、痛点，抓督促整改，着力破解群众反映强烈的突出问题。其中，厅局长走流程成为一个摸实情、找堵点的好方法。厅局长深入基层一线，以群众身份"换位"体验办事流程，寻找办事痛点、化解服务堵点、梳理业务难点、总结经验亮点，真正做到把好事办好、实事办实，让行风建设的实效惠及更多群众，获得群众的一致好评。

厅局长走流程坚持问题导向，列出了人社服务的"问题清单"。人社服务与民生关系密切，服务质量的高低、办事体验的优劣，都影响着群众的获得感、幸福感、安全感。领导干部只有亲自到群众办事的真实场景中去，亲自把流程"走一遍"，"换位"过后才能发现漏洞、找到不足，才能看见真问题，才能听到真声音。厅局长到基层走流程，与群众保持近距离甚至零距离，直面群众的难，担起该负的责，这体现了人社干部为民服务的主动担当，是快速找准找实问题、打通办事堵点的正确方法。想百姓所想，忧百姓所忧，急百姓所急。厅局长走流程给人社服务做了一次"全流程"体检，列出了"问题清单"，为进一步解难题、补短板、强弱项提供了发力点和突破口。

厅局长走流程坚持目标导向，提出了指引方向的"整改清单"。厅局长走流程不是走过场、走形式，而是要在真走、真看后，拿出真举措、整改真问题。开展厅局长走流程以来，所查、所改无不是群众最盼、最急之事，无不是办事过程中的痛点、难点、堵点。比如，工伤认定范围不同部门不同地区存在不同认识和理解、新就业形态劳动者劳动权益维护需进一步加强、个别经办人员需进一步提高政策熟悉程度等。始终坚持打通梗阻、畅通循环，切实推动解决一批群众的"急难愁盼"问题的目标，为厅局长到基层走流程提供了指引、理顺了思路、切实增强了工作的前瞻性和方向性，提高了整改措施的针对性和可行性。厅局长因此走的步伐更实、走的范围更广、走的程度更深，始终不走样、不跑偏。

厅局长走流程坚持结果导向，拿出了行风建设的"成效清单"。厅局长走流程不仅敢于发现问题、善于发现问题、发现真问题、找准问题根源，也能够抓好问题整改，做到即知即改与持续整改相结合、承诺与践诺相结合。对马上能改的立行立改、立见成效，对需要长期整改的建立台账，跟踪问效。做到发现一个漏洞、解决一类问题、优化一个机制、固化一套制度。厅局长走流程切实优化了基层一线的办理流程，有力解决了群众在办事过程中遇到的操心事、烦心事、揪心事。

为群众排忧解难，就应该多迈开腿，到基层一线去走一走。厅局长走流程"抓"得精准，"走"得经常，"沉"得深入，"改"得彻底，走出了群众满意的好服务，走出了群众的获得感、幸福感、安全感。

办事解难题　走心更暖心

全国人社"厅局长走流程"综述

王宝杰

"您好，我想为公司员工办理职工停保登记，该怎么操作？"近日，浙江省义乌市的傅伟仙来到社保经办窗口，咨询相关业务。

"目前我们已经实现了社保医保参保'一件事'线上联办，我来帮您操作。"工作人员回答。

5分钟后，傅伟仙顺利办好了业务，得知刚刚为她办理业务的是义乌市人社局负责同志，傅伟仙很惊讶，"真没想到局长会给我办理，为你们便民亲民的服务点赞！"

群众的话，简单朴实，却是最真实的褒奖；群众的感受，直接纯粹，却是最生动的鞭策。

2021年以来，全国各地人社系统将"厅局长走流程"作为党史学习教育"我为群众办实事"的一项重要内容，聚焦人社政策落实和经办管理服务中的堵点、痛点、难点问题，通过线上体验、线下窗口调研、陪同服务对象办事、召开座谈会、暗访、查阅卷宗等多种方式，积极打造政策制定"最先一公里"到服务落地"最后一公里"的全闭环工作机制，切实提升企业群众的获得感和满意度。

"走"得更广　俯身倾听晓民意

纸上谈兵不如身到基层，在走流程中换位思考，推动人社服务流程再造和服务提升，让经办更契合需求，让服务更贴近民心，这是开展人社"厅局长走流程"的重要目标。

2021年5月25日，江苏省人社厅厅长戴元湖在宜兴市宜城街道为民服务中心，全程随着27岁大学生创业者葛士斌，围绕返乡大学生创业带动就业补贴申领等事项，现场体验基层人社服务质量和效率。

"我自己创办了一家教育培训公司，去年已享受创业租金补贴，这次前往街道为民服务中心，主要是办理申请创业带动就业补贴事项，几分钟的时间就都办理好了。这两年人社服务的高效率和高质量大家是有目共睹的，群众的体验感非常好！"葛士斌说。

一窗受理、就近就便、极高效率，办事群众切实感受到基层人社服务提升的成效。

"在走流程过程中我们能直接与群众面对面沟通，真正了解到群众办事的难点、痛点，更精准地发现问题，有针对性地进行整改，做到知民心、晓民情、疏堵点。"戴元湖说，人社部门在提供相关服务过程中，要站在办事群众的角度，积极提供优质便捷高效的人社服务，不断增强人民群众的获得感和幸福感。

2021年以来，人社部部属各单位和地方各级人社部门"厅局长走流程"工作积极向纵深推进。各负责同志"走"得更广，涉及人社全业务领域，覆盖政策制定"最先一公里"到服务落地"最后一公里"。

辽宁省人社厅负责同志分别深入丹东和阜新人社一线服务窗口，了解智能化人社服务、人社服务快办行动、"一网通办"等工作情况；山东省人社厅负责同志就"人社领域人事人才政策畅通行"和事业单位人事管理"一件事"服务试点相关工作，梳理出36个问题。

"请问怎么办理领取城乡居民养老金手续？""我家人的社保卡丢了，请问到哪里可以补办？""社保参保缴费证明怎么打印"……近日，安徽省人社厅厅长徐建以普通群众的身份到窗口办事，对人社业务咨询、申请、受理、审核、办结、反馈等开展全流程检验。

"通过走流程全程参与企业办事人员或群众办事过程，切实了解企业群众办事遇到的问题和改进需求，倾听一线工作人员的意见建议，打破领导干部坐机关、关在屋内查找和解决问题的工作方式。领导干部通过亲身体验办事流程，真正体验群众办事的难处，切实转变服务作风。"徐建说。

"走"得更深　躬身笃行除难点

近日，人社部规划财务司负责同志深入浙江省金华市婺城区城西街道，以一名普通调查员的身份，全程体验入户统计调查工作，实地了解统计调查工作实际和人社政策落实情况，听取居民意见建议。

规划财务司负责同志认为，人社法律法规政策，专业性、针对性强，需要进一步加大人社法律法规普及和政策宣传解读工作力度，并全面推行"政策找人"，结合大数据技术，开展智慧推送、智慧直享。

2021年以来，人社部部属各单位相关负责同志深入基层、深入窗口、深入企业、深入群众，既了解问题、收集需求、听取建议，又主动向一线工作人员宣讲人社部最新政策和经办要求，向服务对象解读人社惠民政策和举措，起到了答疑解惑的作用。

各地人社系统推动厅局长走流程活动"走"得更深，亲自经办＋亲身体验＋陪同办理，全流程全链条感受更深，问题找得更快、需求摸得更准。

8月25日上午，宁波市人社局副局长陈勇到市行政服务中心人社窗口调研，并以窗口工作人员身份"坐堂"服务办事群众和企业，现场共受理企业职工参保登记、个人参保证明打印、社保转移等6笔业务。

"我们坚持系统观念和数字化改革思维，坚持问题导向、需求导向和结果导向，聚焦利企惠民政策和政务便民举措，通过体验办事流程，推动问题整改，促进政策举措精准高效和业务好办易办。"陈勇说，自6月开展"局处科长走流程"活动以来，宁波市人社系统各级领导干部按要求分赴窗口、企业、基层一线开展走流程，"走"出了72条便民举措，有效解决各类问题25个。

北京市深入开展"局处长走流程"专项活动，以群众"懂不懂"、流程"通不通"、体验"好不好"为标尺，深入查找经办服务中的痛点、堵点，打通政策落地"最后一公里"、优化政策制定"最初一公里"，努力实现"业务固化思维"向"互联网思维"转变。

青海省人社厅开展失业保险领域"人社干部走流程"，通过线上、线下

大走访大调研

失业保险业务办理渠道，以办事群众、单位经办人的身份，对失业保险"申请、受理、审核、办结"业务全流程进行检验。

"通过开展走流程活动，推动人社干部由办事流程的设计员变为办事流程的体验员和调整员，亲身体验办理流程简化便捷程度，为有针对性地完善政策措施、优化服务流程打下坚实基础。"青海省人社厅一级巡视员聂殿光说。

"走"得更实　聚焦痛点解民忧

"你好！请问哪个窗口可以办理退休？能不能在网上办？或者最多跑一次？"

"你好！我们是人社综合柜员窗口，人社局进驻的服务事项我们每个窗口都可以办理。"窗口工作人员热心地向这位办事人员介绍宣城智慧人社平台"打包一件事"的操作流程。

这一幕，发生在安徽省宣城市政务服务大厅人社综合服务窗口。前来咨询办理退休业务的人，是宣城市人社局局长吴明。

8月20日上午，吴明以一名普通办事群众的身份开展局长走流程，全程体验办事流程，查找政务服务中的缺点和不足。

"我们在全市人社系统开展与群众想在一起、干在一起'两个一起'行动，把局长走流程作为'我为群众办实事'的重点内容，就是要找准找实企业群众办事遇到的最盼、最急、最忧、最愁的突出问题，倾听一线工作人员的意见建议，有针对性地推动政策完善落实，更好服务企业和群众。"吴明说。

各地人社干部通过走流程活动，"换身份"办业务，亲身体会群众办事的难点、痛点，努力打通工作堵点。

为群众"办实事"办好办优，这是义乌市推进走流程活动的目标。为提升工作实效，义乌市人社局制订了问题清单、需求清单和解决措施清单"三个清单"，对发现的问题明确责任人和整改时限，实行销号管理。对马上能改的，立行立改、立见成效；对需要长期整改的，挂图推进，并适时开展整改"回头看"，切实把走流程形成的"问题清单"，变成企业和群众体验优质服务的"满意清单"。

各地综合施策推进走流程活动，确保"走"得更实，切实找到并初步解

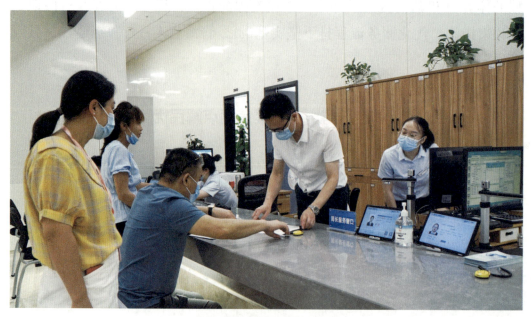

人社干部"走流程"

决了一批群众办事的堵点、痛点、难点。

湖北省将问题整改、推进落实清单化作为走流程活动的重要内容。

截至目前，湖北省市两级人社部门厅（局）处长走流程活动已收集各类问题80余条、需求建议110余条。按照问题需求复杂程度，分类做好梳理统计，建立《湖北省"厅（局）处长走流程"活动问题清单、需求清单和解决措施清单》。对于政策允许、可立即兑现的82条问题或需求，坚持立行立改、及时回应；对于情况较为复杂，需分步推进的，制订整改措施，明确整改时限，并持续跟进落实。

2021年8月5日上午，青岛市人社局局长胡义瑛赴市社保中心就企业群众高度关注的"特殊工种退休资格确认"服务事项带头开展走流程。

"人社部门是重要的民生部门，我们应以群众满意为标尺，对办事流程进行再优化、再改进和再提升，变'坐等办事'为'主动上门'，为群众和企业提供主动服务、上门服务、优质服务，努力打造人社服务暖字招牌。"胡义瑛说。

证明事项告知承诺制：一纸"承诺"解民忧

齐务领

证明多、证明难、证明繁的"痛点"，极大程度上侵蚀了企业和群众的获得感。党的十八大以来，中央大力推进"放管服"改革，自2019年起，从试点探路到全面推行，深入开展证明事项告知承诺制，使群众在办理相关事项时，书面或在线承诺已符合告知的条件，无须再提交有关证明，行政部门通过部门间信息共享、内部核查等加强信用监管。这一创新举措从制度层面进一步解决了痛点、堵点问题，对于激发市场主体发展活力，优化营商环境具有重要意义。

为贯彻落实中央决策部署，2019年5月，人社部率先开展告知承诺制试点工作，聚焦专技资格考试报名和社保经办，确定18项证明事项开展试点；2020年12月，又在试点基础上，对部本级办理的24个事项的89件次证明材料实行告知承诺制，受到企业和群众的广泛认可和一致好评。

坚持最大限度利企便民。哪些证明事项可以采取告知承诺，不是简单的"判断题"，而是"便民"还是"便我"的政治"选择题"，考验的不仅是施政智慧，更是民生担当。人社部党组高位推进，把推进告知承诺制工作列为开展党史学习教育"我为群众办实事"的重要抓手，全面盘点部本级所保留的全部证明事项清单，对照清单逐项分析；各级人社部门刀刃向内、主动发力，将人社系统的证明事项按照应纳尽纳、能纳尽纳的原则列入告知承诺范围，最大限度让企业松绑、为群众解忧。

坚持问题导向实处发力。民之所盼，政之所向。坚持问题导向，着力解决企业群众最急最忧最盼的问题，真正把政策利好转化为民生实惠，是一切工作的出发点和落脚点。无论是 18 项试点事项，还是部本级 24 项 89 件次事项，都聚焦影响群众和企业办事创业的堵点痛点：一是群众关切，结合国务院大督查、部里调研暗访等渠道了解的群众反映强烈的问题；二是切实可行，在政策法规、信息共享、办事流程等方面具备一定条件，确保工作平稳有序、风险可控。

坚持系统推进全面升级。系统观念是具有基础性的思想和工作方法。人社部党组从顶层设计着手，全面加强信用系统建设、部门内外信息共享、监管链条体系构建。注重部委间协同发力，加大与教育、公安、民政、市场监管等部门的信息共享力度。鼓励地方积极探索，借助本地网信办、大数据局的平台基础，实现事中事后数据检验。创新信用管理方式，实行"守信推断 + 失信惩戒"，制定《社会保险领域严重失信人名单管理暂行办法》，建立专技考试诚信档案库，探索失信应试人员黑名单制度，让守信者获得更加便捷、优质的政务服务，不守信者受到限制、得到应有的惩戒。

推进证明事项告知承诺制，是人社领域"放管服"改革和加强系统行风建设的重要举措，进一步方便了企业群众办事，提升了人社公共服务水平，为进一步优化营商环境注入了新的活力，提交了人社答卷。

一纸承诺书　浓浓民生情
人社系统推行证明事项告知承诺制

杨　勤

"签了一份承诺书，避免了跑冤枉路！""不用再提供各种证明，效率更高了！""推崇诚信承诺，让服务更方便、更人性化！"……

人社服务是否高效便捷，事关群众的切身利益。曾经，烦琐的办事流程让群众"犯难"和"堵心"。如今，告知承诺制让群众既节省了时间成本，也在政务服务中体验到更多幸福感和获得感。

着眼群众"最盼、最急、最需"之处，人社系统积极推行证明事项告知承诺制。这不仅是减证便民、优化服务的一项改革探索，也是为群众解难题、办实事的一次生动实践。一纸承诺书，承载着责任、担当，以及浓浓的民生情。

"承诺"替代"证明"　群众办事更便捷

"本来想到市社保中心咨询一下需要准备哪些材料，结果当场就把业务办好了，速度快得出乎意料。"回忆起不久前的办事经历，四川雅安的张女士由衷地感慨。

给张女士带来便利的，正是雅安市人社部门推行的证明事项告知承诺制。原来，在张女士申领其父亲养老保险死亡待遇时，父女两人不在同一户口簿上，家里也没有能证明父女关系的材料，这让她忧心不已。

"我们了解情况后，现场告诉她养老保险死亡待遇申领'关系证明'可适用承诺制,并指导她签署了《申领丧葬抚恤金和个人账户余额承诺书》。"该社保中心工作人员说,审核完成后,便为张女士办好了丧葬费和抚恤金支取业务。

从"忧心"到"放心",小小承诺书凝聚着人社部门近两年的努力。

2019年,聚焦群众关切、涉及面广、密切影响群众切身利益的相关证明事项,人社部确定在全系统就6项社会保险经办和12项专业技术人员资格考试报名事项开展证明事项告知承诺制试点。2020年,在试点工作基础上,人社部对部本级办理的24个事项的89件次证明材料实行告知承诺制。

各地人社部门结合实际出台举措,不断把该项工作做实做细,用"告知承诺"替代"证明材料",用"信息多跑路"实现"群众少跑腿"。

"2019年以来,我们按要求分两批取消了116项相关证明材料,并在社保经办、人事考试等领域开展告知承诺制试点。这次公布保留的22项证明事项中,有8项实施告知承诺制。"河北省人社厅相关负责人表示,接下来还将从健全完善告知承诺制各项制度、加强事中事后核查、强化信息联通和部门数据共享等方面推进告知承诺制落地实施。

山东省人社厅将实施告知承诺制作为便民利企的民心工程,全面梳理证明事项名称、数量、办理方式,做到省市县三级人社部门证明事项"三个基本统一",逐项编制证明事项告知承诺制办事指南,规范告知承诺书,明确办理操作流程,实现全省同标准办理、无差别受理、一体化处理。目前,该省已有86万余名办事群众获得"无证明"办事体验。

海南省社保中心在2021年6月推出8个证明事项实行告知承诺制,包括单位基本信息变更、一次性工伤医疗补助金申请、一次性工亡补助金申请、供养亲属抚恤金申领、工伤保险待遇变更、异地就医住院散单报销申请等,涉及的证明材料有14项。

"以前报销要填写的单子一大把,现在只要签署承诺书,不用填单,工作人员帮忙扫描单据。"在办理职工异地就医住院报销业务申请时,海口市程女士表示,"告知承诺制让服务越来越便捷!"

齐发力,见实效。数据显示,截至目前,近2000万名考生通过告知承诺制办理考试报名业务,减少材料累积3000万余份。

严把"审核关" 人社服务更精准

"我考过两次一级注册消防工程师,第一次报名时要现场提供学历、社保、工作单位等六七项证明。一大早赶到报名点,排了近两小时队才报上名。第二次报考时,直接在网上填写一个基本信息,两分钟就搞定了。"南京市民陈燕华记得很清楚,这种变化得益于江苏省人社系统推行的证明事项告知承诺制。

自证明事项告知承诺制工作开展以来,专业技术人员资格考试的应试者享受到了前所未有的便利。考生足不出户,通过在线承诺并缴费,即可实现报名全流程网上办、零跑腿。"省去了路途上的奔波劳累之苦,又节省了时间和金钱,办事体验更好了,报考的积极性都提高了!"陈燕华说出了很多报考人员的心声。

在报考人员受益的同时,基层人社部门的负担也明显减轻,工作人员的获得感和成就感进一步提升。

据介绍,以前,报考人员资格审核工作全靠人工现场进行,基层工作人员需要"凭经验""靠肉眼""费苦力"对报考人员提交的材料逐一进行审核。这不仅要耗费很多的人力和时间,对于证书的真伪也难以快速辨别,可能出现审核不好和审核不准的情况,很难杜绝制假、造假现象。

"现在我们通过公安部人口信息库、教育部学信网等数据平台,对报考人员填报的身份、学历学位、所学专业等信息进行核验,审核工作更加精准严格、高效快捷,极大地压缩了制假、造假行为的空间,提高了工作效率,减少了工作量。"人社部相关负责人指出,这种审核方式缩小了工作人员的自由裁量权,对他们自身也是一种保护。

江苏省人事考试中心主任朱波对此深有感触,他表示:"告知承诺制也是在倒逼我们政府机关,政府服务部门运用信息一体化、数据共享来提高工作的效率和质量,对工作人员自身的素质要求更高了。"

"一方面要向参保企业和群众做好政策解读工作,积极引导申请人诚实守信、珍惜自己的信用。另一方面,要有'信用管理'的工作思路和手段,利用政务平台和信息共享平台,加大对申请人承诺内容的核实力度。"河南省人社厅相关负责人说。

为推动告知承诺制有效落地，不少省份还专门对社保经办人员进行专门培训。同时，梳理考生最关注的问题，制订问答口径。

"虽然办事'不见面'，但一通电话，河北省人事考试中心就为我解答了报名资格的疑问，及时又精准！"报考了执业药师的郭鹏满意地说。

"守信推断＋失信惩戒" 风险防控更有效

为了化解潜在的经办风险，推动告知承诺制行稳致远，人社部门创新信用管理，多渠道加强风险防控。

聚焦"最先一公里"制度建设，实行"守信推断＋失信惩戒"相结合的新办法，让守信者获得更加便捷、优质的政务服务，不守信者受到限制、得到应有的惩戒。

在社保经办方面，制定出台《社会保险领域严重失信人名单管理暂行办法》，加大对虚假承诺人信用惩戒力度。在专技考试报名方面，建立专技考试诚信档案库，探索失信应试人员黑名单制度。对成绩合格人员进行复核、抽查，并积极探索社会监督方式，对成绩合格人员进行公示，接受社会监督举报，防止承诺人"一诺了之"。

"为群众办实事，既要打开'前门'方便群众，又要堵住'后门'断后路，才能实现'让绝大多数守信者方便、让极少数失信者受限'的目的。"人社部相关负责人说。

江西省还在省级集中社保信息系统中建立"社保经办服务不良信用库"，规划设计网上黑名单自动比对、预警和监管等功能。运用大数据技术，开展服刑人员冒领社保待遇清查、死亡人员亲属继续领取社保待遇核查，进一步降低经办风险。

安徽省探索建立告知承诺书公示制度，通过运用新媒体曝光、舆论施压惩戒、信用等级评价、失信名单公示等多种手段，不断完善"一处失信、处处受限"的联合惩戒机制。同时，将实行告知承诺审批与事中核查、事后监管有机结合，最大限度降低实行告知承诺制的风险。

"人社部门推行告知承诺制，我们办事更快了、跑腿更少了，应该得到信任和支持。在办理相关业务时，更要以诚实守信的态度去对待。"参加了高级经济师考试的李先生告诉记者，在签署承诺书的那一刻，他深刻体会到："这种以诚信为基础的服务模式，在方便群众的同时，还需要大家共同守护。"

人社服务标兵：标杆引领榜样带动

毛 雨

有信仰就有力量，有榜样才有方向。建党百年之际，多名"人社服务标兵"走进红色革命老区，从嘉兴南湖扬帆出发，陆续奔赴四川阿坝、贵州遵义、黑龙江尚志等全国 10 个红色地区，用朴素的语言讲述他们扎根基层、践行初心使命、服务群众的故事。这是人社部组织的弘扬先进事迹、学习先进典型的宣讲活动，是对"人社服务标兵"主题宣传活动成果的巩固和升华。

重视先进人物的选树和宣传，充分发挥先进人物的带动作用，是我们党的政治优势和加强思想道德建设的有效途径。2018 年以来，人社部以"人社服务标兵"主题宣传活动为契机，在系统内挖掘、培树了一批作风过硬、群众公认、业内认可的先进典型。"跑腿局长"倪芳芬，"就业红娘"于砚华，"群众邮差"易盛荣，"快乐背包客"金彩虹……百名"人社服务标兵"在平凡的岗位上为国为民无私奉献，他们的先进事迹激励人心，他们的突出贡献催人奋进。开展"人社服务标兵"主题宣传活动，就是要充分发挥这些先进典型的示范引领作用，在全系统营造人人学先进、个个争标兵的良好氛围，持续传播人社正能量，推动行风建设重点工作落实落地。

"人社服务标兵"是一本本鲜活的教材，树立起"人社工作为人民"的学习标杆。用身边事教育身边人，能够起到春风化雨、润物无声的效果。无论是与老百姓拉家常的扶贫干部，还是解决就业难题的公共就业服务人员，无论是社保业务的经办人员，还是帮群众要回血汗钱的劳动监察人员，这些榜样就活跃在我们身边。他们是由群众推选出来的，是在基层中淬炼出来的，他们的政治素质、工作作风、业务能力，得到了群众的认可和基层的检验。将这些标兵作为全系统学习和对照的标杆，能够激励人社干部将口碑树在民心、把脚印留在基层。

"人社服务标兵"是一张张亮丽的名片，展现出"人社工作为人民"的良好形象。基层人社部门作为人社系统的"神经末梢"，直接面对面服务群众。人社服务好不好，关乎群众的获得感、幸福感、安全感，关乎人社部门的形象。这些标兵中的优秀典型，充满时代感、饱含正能量。一些标兵在宣讲中，也注重亲身示范、顶岗服务，面对面为群众办事、与群众交流，展现了人社干部的美丽风采。只有打造群众满意的人社服务，树立群众满意的"人社服务标兵"品牌，才能展示出人社部门的良好形象。

标兵要选好，也要宣传好。3年来，人社部门持续深入推进"人社服务标兵"主题宣传活动，加大典型宣传力度，发挥标兵示范引领作用。既有线上刊发、线下宣讲等多种渠道，也有专题片、展板、图书等多样形式。疫情之下更是将标兵事迹书写成生动鲜活、温暖人心的故事：金彩虹当上"志愿者"，李玉环变身"思想辅导员"，何海梅化身"店小二"，彭涛身兼"守夜人"，马刚成了"返岗专车"调度员……一个个可爱的称号，一桩桩动人的事迹，展现人社服务标兵在新形势下的新作为，弘扬人社人为民服务的情怀和正能量，为行风建设营造了良好氛围。

时代需要榜样，队伍需要引领。面对新形势新任务新要求，持续发掘标兵事迹，讲好人社新故事，就能巩固活动成果。系统上下要以"人社服务标兵"为榜样，学习标兵事迹、践行标兵精神，树立人社新风，以行风建设助力人社事业勇攀新高峰。

人社行风起　神州遍地花

"全国人社服务标兵"宣讲纪实

王　睿

种一颗种子，等一次花开，护一方水土，让群众满意。人社系统基层工作人员用三年时间，在中华大地种下了人社行风的片片花海，让人社服务的花香吹进了千家万户。

人社群芳初亮相

2018 年 6 月，人社部党组作出了全面加强系统行风建设的决策部署，成立工作专班，印发工作方案，建立工作机制。同年 10 月，《人力资源社会保障部办公厅关于开展"人社服务标兵"主题宣传活动的通知》，通过层层筛选，最终从全国省级人社部门推荐的 100 名"人社服务标兵"中，选出了第一批 10 名"人社服务标兵"，开展主题宣传。

2019 年 3 月 14 日，初春的北京，春寒虽重，草木已萌。首批"人社服务标兵"以人社部大讲坛为起点，乘着春风，踏上了全国巡回宣讲的旅程，也开启了全国人社系统培树典型、争当先进的热潮。

首批 10 位"人社服务标兵"分别是：来自河北唐山市丰南区大新庄镇社保所的"七仙女领头人"李玉环，来自吉林白城洮北区人力资源市场的"就业红娘"于砚华，来自浙江舟山"扎根海岛服务百姓"的"洋山人的好闺女"倪芳芬，来自福建福州人社局、挂职甘肃定西的"远行者"鲍道榕，来自江西的"朝堂村模式"打造者柳飞，来自湖北巴东大山深处的"人社快

"人社服务标兵"走基层

递哥"易盛荣，来自海南海口的"赶场人"程英歌，来自四川阿坝两河口镇的劳动保障协理员、"快乐背包客"金彩虹，来自宁夏固原的"勤练内功"的"社保公仆"蔡兰，来自新疆生产建设兵团第八师石河子人社局仲裁院的"铁面柔情仲裁人"常昕。

其中，永远微笑服务办事群众的"冀东月季"李玉环、扎根定西扶贫攻坚的"长青榕树"鲍道榕、踏遍两河口镇海拔 3000 米边远村落的"高岭之花"金彩虹，外冷内热、严谨办案的"冰山雪莲"常昕，作为代表，为人社部 300 余名干部职工进行了现场宣讲，同时开启了"人社服务标兵"全国巡讲之旅。

每一位"人社服务标兵"的身上都能看到独属于那一方水土的花语，是老百姓滋养了他们这样的特质，他们也用自己的辛勤工作回报群众，让人社服务沁人心脾。

群芳飞至百花竞艳

启动仪式后，宣讲团分赴北京、山西、吉林、安徽、海南、江西、四川、云南、甘肃、宁夏、新疆及新疆生产建设兵团等 12 个省（区）组织开展巡回宣讲活动，每个地区开展了两场宣讲活动，其中一场安排在市级及以下人社部门。

结合部脱贫攻坚工作实际和部定点扶贫情况，宣讲团先后走进山西天镇、安徽金寨等部定点扶贫县和云南迪庆、甘肃临夏、新疆喀什等部分"三区三州"地区开展专场宣讲活动，并分别安排了 1 名脱贫攻坚领域的"人社服务标兵"代表参加宣讲活动。

"人社服务标兵"宣讲团所到之处，当地干部群众纷纷点赞，他们认为宣讲就是一场"及时雨"，为深入开展主题教育对标先进找差距提供了标杆、找准了定位。

为了巩固和不断扩大宣讲活动的影响力，各地纷纷创新宣传工作方法，为弘扬先进模范的作用各展才能。

吉林、安徽、江西、四川、甘肃、新疆等地增添本土籍的"人社服务标兵"参加宣讲活动。

江西、四川等地策划制作了参加宣讲活动标兵的个人事迹展板，在会场外摆放，极大地增强了宣讲活动的吸引力和感染力。

在海南、宁夏、新疆等地，宣讲团通过组织座谈、现场查看等形式，深入一线了解基层窗口单位的组织机构、硬件设施、队伍建设、组织保障等情况。

"人社服务标兵"在西柏坡

首次巡回宣讲活动历时两个多月，行程近 3 万公里，覆盖了全国近一半的领域。共举办现场宣讲活动 24 场次，其中省级宣讲 12 场次、市级宣讲 7 场次、县级宣讲 4 场次、技工院校宣讲 1 场次，现场听众 5000 余人，近 3 亿人通过视频会议、网络直播、播放录像和宣传报道等形式观看并了解宣讲活动情况。

群英荟萃再出发

2019 年 6 月中旬至 8 月上旬，人社部再次组织 14 位"人社服务标兵"代表，先后赴内蒙古、黑龙江、上海、广东、西藏、陕西等 20 个省份开展先进事迹宣讲活动，实现了宣讲活动 32 个省份全覆盖。

第二次宣讲活动共开展 27 场，其中河北、山东、河南、广东、西藏、青海等 6 个省份分别组织开展了两场宣讲活动。

7 月中旬，浙江省嵊泗县人社局洋山分局局长倪芳芬、江西省人社厅后勤中心副主任柳飞、宁夏固原市社保局登记征缴科科长蔡兰 3 位"人社服务标兵"作为代表，为人社部干部职工作了先进事迹宣讲。

"洋山人的好女儿"倪芳芬用 16 年时间、超过 3 万海里的航程、5 辆骑

"人社服务标兵"在黑龙江宣讲

"人社服务标兵"与基层工作人员交流

坏了的自行车，以及永远不打烊的服务精神，成为盛开在海岛居民心中的"凌波水仙"。

"朝堂村模式"打造者柳飞将多年贫困村变成省级生态示范村、省级"一村一品"示范村、全国乡村旅游重点帮扶村，也将自己立成了赣东崇山峻岭间一株挺拔的山岳香樟。

人社"政策通""社保公仆"蔡兰，是一株温婉的戈壁马兰，她的微笑、她的耐心、她的热情，是宁夏固原社保大厅里最靓丽的风景。

每一位"人社服务标兵"都有共同的底色，那就是为人民服务，每一位"人社服务标兵"又带着自己独有的特色，将"人社服务为人民"的初心散发出不同的花香，这香气沁人心脾、暖人心窝。

除了"全国人社服务标兵"，本次宣讲活动中，各宣讲地区还邀请了其他省级标兵参加宣讲活动。同时，各地还安排了1至2名窗口单位工作人员结合主题教育和宣讲进行主旨演讲。

云上花开香愈远

2020年，新冠肺炎疫情肆虐之际，"全国人社服务标兵"与全国人社系统近30万个窗口、105万名工作人员一起，投入到抗击疫情的工作中，扎实做好"六稳"工作，积极落实"六保"任务，为人社抗疫贡献了自己的智慧和力量。

"全国人社服务标兵"宣讲活动也在坚持开展。2021年1月22日，人社部在线举办"全国人社服务标兵和练兵比武优秀选手'云宣讲'"活动。

此次活动以"人社服务为人民"为主题主线，内容丰富，形式多样，全面唱响了人社为民的好声音。全国33名"人社服务标兵"代表以"云快闪"的形式，共同演唱展现人社行风的原创歌曲《点亮梦想》，彰显了人社人的责任与情怀。

"人社服务标兵"倪芳芬、易盛荣、金彩虹、于砚华、柳飞、于洋，全国"人社知识通"周敏、刘双、钟竣霞、管路超等10名同志，分别在各自工作岗位现场进行宣讲，拉近了活动与观众之间的距离。

"云宣讲"由人民网、中国网等主流网络媒体同步推送，总浏览量逾

"人社服务标兵"宣讲活动现场

百万，引起社会广泛关注。人社系统干部职工纷纷表示，时代需要榜样，队伍需要引领。一位位宣讲标兵就是一朵朵凌霄花，通过云端将人社为民服务的馨香散播到所有的角落。

百年华诞更芬芳

2021年是中国共产党成立100周年，人社部在全系统组织开展"永远跟党走 为民办实事——人社服务标兵万里行"宣讲活动。

4月至6月上旬，宣讲团53人次分赴四川阿坝、贵州遵义、浙江嘉兴、黑龙江尚志、湖北黄冈、江西瑞金、江苏徐州、河北西柏坡、甘肃庆阳、广西百色10个红色革命地区，开展先进事迹宣讲、顶岗交流、"快办调研"、"厅局长走流程"和主题党日活动，扎实开展"我为群众办实事"实践活动，以实际行动彰显人社干部砥砺为民初心，为建党百年献礼。

宣讲活动进入第三个年头，从一枝独秀到百花争艳，再到如今的繁花似锦，宣讲团队伍愈加壮大，成员构成更加多样。"全国人社服务标兵"、全国"人社知识通"，地方人社服务标兵、练兵比武优秀选手等轮番亮相，为红色老区送上一场场人社思想盛宴。

北京市东城区人社局劳动保障监察队管路超，在练兵比武中锤炼业务技能，短时间内从"人社小白"升级为"政策通"，还在为民服务中活学活用，像极了占尽早春第一景的京城广玉兰。

内蒙古社会保险事业服务中心社会保险关系管理处的牛增祥就是最不起眼的草原狼毒花。他默默扎根在人社服务第一线，创造了年均办理待遇计发1万人次、年均养老金增加调整13万人次的惊人工作纪录。

"抓紧办、当面办、透明办、努力办"是江苏省常州市薛家镇人社所负责人钱小红的工作秘诀，"您来我就办，服务不下班"是她的服务理念。钱小红把服务做成了品牌，像龙城茉莉花，清芬久远，不负人间第一香。

人社行风吹遍神州，吹开了人社朵朵为民服务之花。三年来，全国人社系统已培树百名"全国人社服务标兵"，累计举办宣讲活动51场。从雪域高原到天涯海角，从边陲大漠到鱼米之乡，人社服务之花常开不败，香远益清，随人社行风吹遍神州大地，吹进老百姓的心坎里。

看得懂算得清：让群众茅塞顿开

毛　雨

灵活就业人员小张不懂如何领取社保补贴，市民老周丢失了社保卡，农民工小李被拖欠工资……一系列针对群众身边难题解疑释惑的人物故事漫画，在人社部门官方网站和微信公众号接连推出。群众广泛阅读，积极转发，纷纷点赞。人物经历具有共性和典型性，政策讲解让群众茅塞顿开。近两年来，人社部组织开展人社政策待遇"看得懂算得清"宣传解读活动，立足群众视角编写故事文案，采用通俗易懂、生动有趣的展现形式，让更多"小张""小李"看得懂政策、算得清待遇。

从就业见习补贴领取，到养老保险关系转移，从劳动争议案件处理，到养老保险待遇测算……人社政策专业性强、覆盖面广，"看不懂、算不清"成为群众的痛点难点。只有做好政策宣传普及，提高群众对政策的知晓度，才能满足群众了解、掌握政策的需求，让更多人享受到政策带来的实惠。以此为出发点和切入点，人社政策待遇"看得懂算得清"宣传解读活动有声有色地开展起来。

看得懂，让群众更认同，让政策落下去。政策宣讲接地气、有人气，政策才能更好落地，惠及群众。制作一张漫画，帮助企业看懂并享受吸纳就业补贴政策，为企业减负，激励企业为就业困难人员纾困；发放一本手册，帮助群众看懂社保政策，明白参保好处，激发群众积极主动参保；拍摄一个短视频，帮助高校毕业生看懂"三支一扶"政策，拓宽就业门路，鼓励更多人投身基层干事创业……把枯燥的条文变成有趣的漫画，把群众的急难愁盼做成生动的视频，让群众真正看懂政策，政策落实的最后一公里就打通了。

算得清，让信息实时新，让群众更安心。养老保险、失业保险等待遇关系群众的钱袋子，关系群众日常生活，关系群众对未来的预期。而社会保险政策繁杂，平台管理较为分散，社保查询和待遇测算成为群众的忧心事。人社部搭建全国统一信息平台，打破数据和信息时空限制，实现社保待遇快速查询、精准测算。推出智能客服服务和知识维护服务，实现"随时查"；打造社保网上经办大厅，实现"随手查"；设计测算模型，实现"精准算"……人社信息共享互通、实时更新、便捷查询，群众对社保待遇了然于胸，更放心、更安心。

"看得懂算得清"宣传解读活动开展以来，宣传模式不断推陈出新、深入人心，政策解读更加灵活多样、精准有效。一幅幅生动鲜活的漫画，描绘出群众的所思所盼，也表露出人社部门的热切回应；一幕幕诙谐幽默的情景剧，演绎出群众的所忧所急，也彰显出"人社知识通"的扎实功底；一张张一目了然的图表，算清了群众的社保待遇，算不清人社工作者的良苦用心。

精准对接需求，直面热点难点，改进政策解读方式方法，必将使政策"飞入寻常百姓家"，让人社"春风"吹入群众心间。

宣传接地气　政策进万家
人社部门全面推动人社政策待遇"看得懂算得清"

杨　勤

人社政策专业性强、覆盖面广，与企业和群众利益息息相关。社保费怎么缴纳？养老金咋测算？创业担保贷款如何申请？不少群众都有类似的疑问。

为了进一步提高企业、群众对人社政策的知晓率，推动人社政策更好服务群众，人社部门把开展人社政策待遇"看得懂算得清"宣传解读，作为"我为群众办实事"实践活动的一项重要工作，不断创新形式，加大工作力度，将"看得懂算得清"打造成为人社行风宣传的优质品牌，回应群众关切，助力群众便捷、高效办事。

宣传接地气　政策"看得懂"

"你会算自己能领多少养老金吗？来看→""小小一张卡，就业社保用处大！""一图看懂就地过年，pick 这份培训大礼包"……

从群众最关心的养老保险待遇政策开始，解读范围逐步拓展到人社全业务领域。针对热点政策，人社部立足群众视角，编写故事性文案，采用通俗易懂的语言，以人物漫画、情景对话、动画视频、绘制图表等形式，在人社部网站、微信公众号等平台定期推送政策解读图文，收获了群众的广泛关注和点赞。

截至 2021 年 10 月底，人社部已累计发布"看得懂算得清"政策宣传解

讲解降费率政策

读 80 余期，内容包括就业创业、人力资源流动、职业能力建设、专业技术人员管理、事业单位人事管理、劳动关系、养老保险、失业保险、工伤保险、调解仲裁等，得到社会各界的积极评价。

宣传局面开启，各地人社部门结合当地特色，纷纷创新形式予以推广。

"当李焕英来到 2021 年，怎么帮助工友解决工伤难题？"河北省人社部门借力影视人物，在《你好，李焕英》热映后，第一时间推出《当李焕英来到 2021》系列，用李焕英的视角介绍工伤、养老、失业保险等人社政策。这些生动的作品，促进了群众对人社政策的关注和了解，也成了人社宣传的爆款，为群众津津乐道。

江苏省在"江苏人社"微信公众号开设微信特色专栏，结合时间节点和社会热点，逐月推出社会保障、人事人才、劳动关系等多板块政策解读专栏，高频推送江苏省级及地市各项人社政策待遇详细介绍，提供具体的办事指南，帮助群众算清算好人社待遇，推动人社政策应享尽享。

线上宣传丰富多彩，线下宣传更接地气。

"城乡居保政策好，政府帮你来养老，早参保，早缴费，补贴高……"

2021 年 4 月，湖南省汝城县人社部门在文明瑶族乡摆摊设点宣传养老保险政策，大音响播放着用方言宣讲的政策宣传语，引来众多赶集群众驻足咨询。

汝城县社保中心业务负责人介绍，结合群众年龄结构、知识水平、"急难愁盼"问题等，该中心不仅印制了通俗易懂的宣传手册，制作了围裙、老花镜、手提袋等宣传用品，还在赶圩日、节假日等时间节点，现场收集、答复、办理群众关切的社保问题，帮助他们看懂政策、积极参保。

"由于文化水平低，之前看不懂养老保险政策，通过方言和围裙上的宣传语，我晓得多缴多得！"宝南村 49 岁村民徐姣如今认识到，现在养老保险费多缴一点，将来养老金也会高一点，儿女负担就会轻一些。

人社政策待遇"看得懂算得清"漫画图解

权益查询快　待遇"算得清"

社会保险事关群众的钱袋子，也是群众最关心的人社业务之一。由于涉及的环节和计算较多，社保领域的相关权益查询和待遇测算，一度成为群众的忧心事。

为解群众之忧，人社部依托国家社会保险公共服务平台和全国人社政务服务平台，实现养老保险个人权益及养老保险、失业保险待遇测算服务在部端集中查询，并指导各地全面提供养老保险个人权益查询服务及养老保险、失业保险待遇测算服务。

截至 2021 年 11 月，人社部已累计提供养老保险权益查询服务 3.4 亿人次，提供养老保险和失业保险待遇测算服务共计 5406 万人次。

涉及群众利益的事就是大事。地方人社部门也采取诸多举措，帮助群众快速查询社保权益、精准测算社保待遇。

广东省东莞市推出社保待遇支付进度"随时查"服务，充分利用广东省系统回流库数据，对原有的待遇查询功能进行升级改造，让参保人能线上查询待遇支付情况，提升服务质量。同时，该市社保中心于 2021 年 4 月引入智能客服，实现社保经办业务咨询服务全天候，让群众可以"随意问"获得"准确答"；对复杂的政策进行"最小颗粒度拆解"，逻辑梳理，再通过视频、测算工具进行表达；通过知识维护服务，保证知识的实时更新，让群众在第一时间接收到最新的业务动态，做到"业务变化实时新"。

江西省人社部门提供"一站式"服务渠道，打造了社保网上经办大厅、"江西人社"APP、支付宝"赣服通"等多元服务渠道，群众不仅可以线上办理 30 多项社保高频业务、实时了解社保最新政策，参保人员还可以随时查询参保缴费信息、估算测算养老待遇，退休人员可以实时查询领取待遇信息、了解自己的资格认证时间和认证周期。不少市县还开通了咨询电话，在特殊节点进村入户解读政策，面对面为群众推算养老保险待遇。

"退休前我不知道能领多少养老金，工作人员面对面指导我，在手机上登录'江西人社'APP 进行养老金估算，填写信息后算出来有 3000 多元，结果我退休后第一个月领了 3300 元的养老金，测算挺准的！"吉安市吉州区居民胡六俚高兴地说，2016年，他因家庭生活困难，无力续缴社保费，当地社保部门得知其难处后，主动上门向他宣讲了助保贷款相关政策，并帮助他及时办理。2021年退休时，社保部门又指导他办理相关手续、测算养老金。如今，稳稳地领着养老金，胡六俚的感激之情溢于言表。

政策传播广　群众享实惠

"看得懂算得清"的宣传模式不断丰富，人社政策宣传解读更加精准鲜活，知晓度更高，传播面更广。在政策的"及时雨"之下，越来越多的企业、群众享受到了实惠。

2020年9月，吉林省通化县就业服务局工作人员入户宣传就业惠企政策。"香辣鸭头王"小吃店的老板田鹤听到创业担保贷款政策时，眼前一亮，马上向工作人员倒出满肚子苦水："受疫情影响，店里吃饭的顾客越来越少，每个月还得雇服务员、还门市房贷款、交水电费，这些费用加起来不是小数目。入不敷出，正愁该怎么渡过这个难关呢。"

工作人员为田鹤介绍了创业担保贷款、初创补贴等人社惠民政策，并对其进行了申报指导，帮助他成功申请到贴息贷款10万元，解决了资金短

在服务大厅解疑释惑

缺的难题。拿到这笔创业扶持资金后，他不仅还上了门市房贷款、交了水电费，还研发了新菜品，额外雇了一个服务员，扩大了经营规模，小吃店的买卖越做越红火。

"咱老百姓看懂了政策，才能用好政策，人社部门的宣传解读非常关键。"田鹤感慨道。

把政策送上门，让政策叫得响、传得广，也让不少劳动者的切身权益得到了保障。

2021 年 2 月，江苏省人社部门开设"坚决根治欠薪江苏让您'安薪'"专题，全面介绍全省及 13 个地市欠薪举报投诉途径，发布各地投诉举报二维码、投诉机构地址、投诉专线电话，解读关于保障农民工工资支付相关人社文件政策，并利用"快宝"抖音账号等发布政策解读。

"我干过活的工地上都有投诉和举报方式，一个电话就能反映情况，再也不用担心拿不到工资了。"盐城市大丰区某建筑工地的钢筋工张建军说，当地劳动保障监察部门还多次到工地进行政策宣传，农民工的维权意识和能力都越来越强。

办实事，解民忧。人社部门全面推动人社政策待遇"看得懂算得清"，不仅让群众用好政策享实惠，也让人社部门开展工作更为高效有力。精准的政策解读、生动的政策宣传，搭建起服务群众的连心桥。

探索

正行风树新风　打造群众满意的人社服务

人社部加强系统行风建设工作领导小组办公室

为深入贯彻习近平总书记以人民为中心的发展思想，认真落实中央全面从严治党、加强党风廉政建设要求和深化"放管服"改革决策部署，2018年6月以来，人力资源社会保障部党组在全系统组织开展行风建设三年专项行动，围绕"正行风、树新风，打造群众满意的人社服务"总体要求，坚持"管行业必须管行风"，坚持纠建并举、标本兼治，坚持突出重点、破解难点、打造亮点，坚持攻坚、巩固、提升，大力推动"为民服务解难题""我为群众办实事"，系统行风建设立足"四个阶段"，一年迈上一个新台阶，一年展现一个新气象。

第一阶段：全面部署　稳步起航（2018年）

部党组成立加强行风建设工作领导小组，张纪南同志亲自担任组长，领导小组下设办公室，抽调专人组建专班，将行风建设作为人社事业发展战略支点、人社工作重要载体、解决难题的一把金钥匙，明确了制订清单指南、加强标准化信息化建设、加大督导力度、加强宣传引导、加强窗口建设等8个方面35项具体任务。召开电视电话会议"一竿子插到底"部署到县级。编制专题学习材料和典型案例加强引导。各地各单位积极响应、迅速行动，展开大学习、大讨论、大征文，"管行业必须管行风"的共识在全系统逐步形成。编制发布人社系统审批服务事项清单，明确对外服务边界，"依清单提供服务"成为全系统的共同遵循。

社保经办服务大厅

第二阶段：聚焦重点 改革创新（2019 年）

一方面，认真落实习近平总书记关于深入推进简政放权、不断提高政府治理体系和治理能力现代化的重要指示，持续推进"清事项、减材料、压时限"。深入推进减证便民，取消 125 件次证明材料（占人社领域证明材料的 65%），积极开展证明事项告知承诺制试点，杜绝奇葩证明、重复证明、无谓证明，大力压减社保卡制发周期，推动批量制卡压缩至 30 个工作日内，零星制卡 5 个工作日内，逐步实现立等可取；全面推行"五制、四公开、三亮明"，提升窗口服务规范化水平；围绕证明材料多、排队时间久、办结时限长、设施不便民、热线不好打、服务态度差等 6 类问题，大力开展专项整治。另一方面，认真落实习近平总书记"努力造就一支忠诚干净担当的高素质干部队伍"的重要指示，大力加强窗口经办队伍建设，组织开展业务技能练兵比武，培树一批"人社知识通""业务一口清"，持续营造学政策、钻业务、强技能、优服务的浓厚氛围，不断提升为民服务的本领；大力宣传"人社服务标兵"，发挥典型示范作用，形成学标兵、争先进的良好气氛。开展人社政策待遇"看得懂算得清"，为广大群众办事提供清晰指引。

第三阶段：应对疫情 攻坚克难（2020年）

面对突如其来的新冠肺炎疫情，认真落实习近平总书记关于统筹推进疫情防控和经济社会发展的系列讲话精神，组织开展"人社战疫十项行动"，坚持战时思维，展现行风精神，打出关爱抗疫一线、重点企业用工调度保障、农民工返岗"点对点"服务、社保助企"免减缓"、失业保险援企稳岗、百日千万网招、百日免费线上技能培训、定向援助湖北、劳动关系和谐稳定、人社扶贫攻坚等一整套惠民利企组合拳，有力保障了统筹人社工作和常态化疫情防控目标的完成，为做好"六稳"工作、落实"六保"任务做出了人社贡献，织密兜牢了民生保障的底线。以自我加压的勇气和自我革命的精神，在全系统组织开展"人社服务快办行动"，推进关联事项打包办、高频事项提速办、更多事项简便办和异地事项跨省办。群众办理人社业务，"跑腿"越来越少，材料越来越减，时限越来越短，体验越来越好。

第四阶段：及时总结 巩固提升（2021年）

按照习近平总书记提出的"党史学习教育要同解决实际问题结合起来，

用心倾听 真诚服务

12333 全国统一咨询日

开展好'我为群众办实事'实践活动"的要求，把办实事的过程作为全面提升行风的过程一体推进，深入实施"人社服务快办行动"，在继续推进打包办、提速办、简便办、跨省办的同时，融入特殊情况上门办、服务下沉就近办、服务全程一卡办、探索免申即办等服务举措，推动人社服务提质增效挖潜。广泛深入开展"人社厅局长走流程""青年干部调研暗访"，聚焦人社领域重点政策举措和高频服务事项，深入群众、深入企业、深入基层、深入一线，以服务对象、经办人员等身份摸情况、查问题、听需求、抓整改。通过"走""访"，检验政策制定和执行效果，干部职工对基层工作有了进一步了解，对群众的感情进一步加强，推动了一批群众急难愁盼问题的解决。

在行风建设工作中，大力夯实"两项基础"。一是标准化信息化建设。持续推进"互联网＋人社"2020行动计划，大力推进人社政务服务"一网通办"，稳步实施信息化便民服务创新提升行动。抽样调查显示，网办率省级不低于90%、市县不低于50%，70%审批服务事项"一窗"分类受理等目标已基本完成。建立健全人力资源和社会保障标准体系，完善人社公共服务标准体系，开展人社领域基本公共服务标准化试点，进一步提升人社领域基本公共服务能力和水平。二是全面加强监督。始终坚持纠建并举、标本兼治，发现问题、聚焦问题、捆根问题、解决问题的方式方法日趋成熟。最初，以国务院大督查、投诉举报平台、部长信箱等渠道征集问题线索；之后，组织开展调研暗访，实现省份全覆盖，编制暗访工作手册，推动暗访常态化；再后来，全面部署开展人社政务服务"好差评"，制定差评核查整改工作流程，确保差评事项件件有核查、实名差评件件有反馈；2021年，通过"人社厅局长走流程""青年干部调研暗访"，进一步推动群众办事问题和基层工作需求得到有效整改。同时，不遮掩、不留情，实名通报负面典型案例，发挥警示作用。

根据第三方调查显示，群众对人社服务的满意度逐年稳步提升，在全国公共服务质量监测排名中，就业、社保服务满意度居于领先。

总结三年行风建设工作的经验，主要体现为"五个坚持"：一是坚持强化宗旨意识，始终把人民放在心中最高位置，牢固树立以人民为中心的发展思想，将行风建设作为人社事业发展、提升群众幸福感获得感的重要载体。二是坚持"三贴紧"，即贴紧中央要求、贴紧群众需求和贴紧人社部门职能，把"我为群众办实事"落到实处。三是坚持总体部署和重点推进相结合，在明确总体任务的同时，根据不同时期要求，提出各阶段推进工作的重点并抓好落实。四是坚持健全完善工作机制，部党组高度重视，成立领导小组；抽调专人成立专班、设置专项工作组，行风办发挥统筹协调督促作用，专项组各司其职，各司局分兵把守，系统上下同频，形成纵横联动、齐抓行风的有机整体。五是创新方式方法，通过"人社服务快办行动"和信息化便民服务

服务大厅

服务大厅自助一体机

创新提升行动，提升服务质量；通过"厅局长走流程"和调研暗访，抓政策落地；通过练兵比武和选树"人社服务标兵"，加强队伍建设；通过"看得懂算得清"和"人社日课"，推进政策透明；通过人社政务服务"好差评"，了解群众对人社服务的真实评价；通过行风投诉举报平台，解决一批群众反映强烈的问题；通过实名通报典型案例，曝光一批、警示一片、提醒全部。

尽管三年行风建设专项行动取得了阶段性成效，但与中央要求、群众需求和人社事业发展需要相比，还有差距和不足。行风建设永远在路上。下一步，仍要常抓不懈、久久为功，牢记让人民生活幸福是"国之大者"，围绕新时期人社事业改革发展各项任务，大力实施行风建设提升行动，以更加优质的服务推动人社事业高质量发展，着力打通为民服务"最先一公里"到"最后一公里"全链条，实现人社领域政策供给更加充分有效，政策宣传更加广泛深入，政策执行更加畅通快捷，窗口服务更加贴心暖心，业务经办更加智慧安全，服务监督更加多元精准，行风文化更加深耕厚植。推出更多"打包办"服务，基本实现线上"一次不用跑"和线下"最多跑一次"；推出更多"无证明"事项，实现无谓证明和重复材料不用交；推出更多"提速办"业务，更多事项即时办结、免申即办，确保人社政务服务好评率稳步提升。

深入开展减证便民行动
证明事项清理工作取得实效

人社部法规司司长　芮立新

党的十八大以来，党中央以作风建设为切入点和着力点、从严管党治党，强调作风建设永远在路上，对深化政府职能转变提出了明确要求，2018年人社部部署开展人社系统行风建设行动。2018年国办印发《关于做好证明事项清理工作的通知》，部署开展证明事项清理工作。证明事项清理工作既是人社系统行风建设的一项具体工作，也是人社部认真贯彻落实党中央、国务院关于减证便民、优化服务的决策部署的一项重要工作。人社部深入开展证明事项清理工作，聚焦群众、企业办事创业的"堵点""痛点"，扎实推动人社系统行风建设，人民群众的获得感幸福感不断增强。

充分认识证明事项清理工作的重要意义

证明事项清理是积极推进人社部门职能转变的重要举措。过去，在依申请办理行政审批和公共服务事项时，行政机关习惯于要求申请人提供证明，存在转嫁核查义务、提高证明门槛、重复索要证明等现象。证明事项繁多，增加了群众和企业的办事成本。证明事项清理工作要求，各部门要对本部门规章和规范性文件等设定的各类证明事项全面清理，尽可能予以取消，这就要求各部门重新审视各项证明事项设定的必要性，规范行政行为。同时，证明事项取消后，倒逼行政部门探索替代措施，加强信息共享和事后监管，转变行政管理观念和方式，完成从理念到体制的深刻变革。

证明事项清理是加快建设法治人社的客观需要。按照清理工作要求，没有法律法规规定的证明事项一律取消，《优化营商环境条例》对"证明事项应当有法律、法规或者国务院决定依据"做出明确规定。上述规定和要求，体现了依法治国的理念，对人社部门依法行政能力提出了很高的要求。在清理工作过程中，需要准确把握证明事项清理标准和口径；在法律法规规章和规范性文件起草、审核工作中，也要求将证明事项设定的要求贯彻其中，厘清证明义务分配、证明责任承担等问题，从细节着眼提升人社部门依法行政的能力和水平。

证明事项清理是回应人民群众期盼的迫切要求。人社业务工作服务民生、点多面广，涉及社保基金支出、待遇支付等依申请的行政行为，一方面，要求申请人提供证明材料是保障基金安全的客观需要；另一方面，有时也会造成群众办事反复跑、办事难的问题。为了切实解决人民群众"急难愁盼"问题，要求清理证明事项必须聚集企业、群众办事创业的"堵点""痛点"，从实际出发反复研究，有针对性、实效性地做好清理工作，最大限度减少企业和群众跑政府的次数，不断优化办事创业环境。

应减尽减　创新开展证明事项清理工作

人社部深入开展证明事项清理工作，2018 年 12 月公布《人力资源社会保障部关于修改部分规章的决定》，2019 年 3 月公布《人力资源社会保障部关于取消部分规范性文件设定的证明材料的决定》，2019 年 10 月公布《人力资源社会保障部关于第二批取消部分规章规范性文件设定的证明材料的决定》，共取消规章和规范性文件设定的证明材料 125 项，减少证明幅度达到 65%。对于由法律法规设定的证明材料，按照程序要求及时向司法部报送清理意见，配合司法部做好人社部《拟保留的规章规范性文件设定的证明事项目录》的审核工作。取消的证明材料涉及社会保险服务、职业技能人才管理服务等多个方面，社会各界反响热烈，主流媒体纷纷转载，网友点赞称是便民之举。

高度重视，迅速行动。国办发〔2018〕47 号文件下发后，人社部及时研究制定部内工作方案，并召开由部属 31 个单位参加的动员部署会，提出

证明事项告知承诺制试点工作专题调研

具体工作要求。

深入摸底，内外联动。部内各司局强化责任，形成工作合力，对人社领域各类证明事项材料进行认真全面梳理，逐项提出清理意见，并根据工作需要征求地方和有关部门意见。对于清理标准和证明口径等问题，主动与司法部进行沟通确认，掌握清理工作具体要求。

应减尽减，实事求是。我们在清理中对以下应予以取消的证明坚决取消。

通过网络核验手段能实现的，如用于申办国家级技能大师工作室建设项目的"获得全国技术能手的证明"；通过部门间核查能实现的，如用于办理社会保障卡芯片备案的"企业营业执照复印件"；通过部门内信息共享能实现的，如用于办理工伤登记的"认定工伤决定书"；通过当事人书面承诺制能实现的，如用于办理专业技术人员资格考试审核的"学历证明"；没有必要提供或无法提供的，如工伤康复治疗期延长申请取消用人单位意见。

同时，从工作实际和可行性出发，充分考虑信息共享、部门协作是否到位等情况，对确需保留的证明材料提出保留意见报送司法部。

积极探索，创新方式。积极探索证明材料的替代措施，加快推进部门间信息资源共享、告知承诺制等。例如，人社部积极推行证明事项告知承诺制，对专业技术人员资格考试报名审核事项，不再要求报考人员提交"学历证明""从事相关专业工作年限证明"等材料，实行报考人员对报考条件的诚信承诺制，通过加强事中事后监管替代提交证明。

多措并举　持续推进减证便民行动

行风建设永远在路上。下一步我们要持续开展减证便民行动，巩固证明事项清理工作成果，重点做好以下工作：

从源头规范证明事项设定。在法律行政法规起草中，按照"确有必要、从严控制"的原则设定证明事项。对通过法定证照、法定文书、书面告知承诺、政府部门内部核查和部门间核查、网络核验、合同凭证等能够办理，能够被其他材料涵盖或者替代，以及开具单位无法调查核实的，不得设定证明事项。规章、规范性文件不得设定证明事项。

公布人社领域证明事项清单。公布人社领域证明事项清单，是巩固证明事项清理成果的基础工作。按照要求，清单逐项列明设定依据、索要单位、开具单位、办理指南等。清单之外，政府部门、公共企事业单位和服务机构不得索要证明。

规范证明事项替代措施。继续简化办事流程，让群众和企业少跑腿，部门和数据多跑路。贯彻落实全面推行证明事项告知承诺制要求，规范告知承诺工作流程，实施事中事后核查，完善信用监管，加强督促检查，对违法增加证明材料、提高证明要求、随意将行政机关的核查义务转嫁给群众和企业的现象，及时纠正查处。

夯实基础　强化支撑
以标准化信息化提升人社公共服务水平

人社部规划财务司司长　张立新

标准化信息化是贯彻落实党中央、国务院关于实施标准化战略，推动经济社会高质量发展，实现治理体系和治理能力现代化的重要举措；是提升人社公共服务水平，实现基本公共服务均等化、普惠化、便捷化的重要手段。人社部党组高度重视标准化信息化建设，把标准化信息化作为促进人社系统行风建设的重要基础性工作，成立专项组重点推进。三年来，按照行风建设总体目标，标准化信息化工作坚持围绕中心、服务大局，注重顶层设计，加强实施应用，充分发挥标准化信息化在人社事业高质量发展中的基础支撑作用，有效提升人社系统公共服务能力和水平。

加强顶层设计　完善标准体系

制定人社领域国家基本公共服务标准。按照中央关于建立健全基本公共服务标准体系的有关要求，结合人社事业改革发展需要，经国务院批复同意，2021 年 4 月，国家发展改革委员会同人社部等 20 个部门共同制定印发《国家基本公共服务标准（2021 年版）》(以下简称《国家标准》)，将包括学有所教、劳有所得、老有所养、弱有所扶、优军服务保障 5 个方面涉及人社领域的 6 大类、18 个基本公共服务项目列入《国家标准》，涵盖就业创业服务、社会保险服务、职业技能培训鉴定、劳动关系协调、劳动用工保障、12333 人力资源和社会保障电话服务等人社业务。《国家标准》的发布，进一步明确了各级人社部门开展基本公共服务的应有内容、服务标准和支出责任，确保人民群众应享受的服务"应有尽有、承诺必达"、应享受的待遇"应发尽发、应保尽保"。

为进一步贯彻落实《国家标准》，2021年9月，人社部印发《关于人社领域贯彻实施〈国家基本公共服务标准〉的指导意见》（人社部发〔2021〕77号），对照国家基本公共服务项目，梳理了人社领域基本公共服务事项116项，对事项办理流程的标准规范进行明确，全面推进人社领域基本公共服务事项清单化、规范化。

修订人力资源和社会保障标准体系。为适应人社事业发展和行风建设推进要求，进一步建立系统完善、层次分明、衔接配套、科学适用的人力资源和社会保障技术标准体系，人社部对《人力资源和社会保障标准体系（2010年）》进行全面修订，于2021年2月印发了《人力资源和社会保障标准体系（2020年）》（人社部发〔2021〕12号，以下简称《标准体系》）。《标准体系》包括6个分体系、31个子体系，共276项国家或行业标准。《标准体系》明确了人社领域标准制修订的总体框架和目标任务，为标准制修订工作提供了指针，为进一步完善标准制定、实施、监督机制打下了坚实基础、创造了有利条件。

推动标准制定　强化落地实施

有序推进标准制修订工作。依据《标准体系》，我们加强标准制修订组织，及时开展标准复审复查，修订完善过时的、不适用的标准，提高标准质量。近三年来，共组织完成《职工基本养老保险待遇支付服务规范》《高级人才寻访服务规范》《劳动人事争议仲裁术语》等6项国家标准制修订；发布《公共就业和人才服务窗口服务人员行为规范》《留学人员创业园建设和服务规范》《社会保险服务综合柜员制实施指南》《工伤保险经办服务规范》等32项行业标准；另有11项国家标准、32项行业标准正在制修订过程中。我们进一步加大标准宣传贯彻力度，将标准全文在部门户网站公开，充分利用信息化手段拓展标准的宣传和发布渠道，及时开展标准宣讲和培训，为人社系统规范管理、优化服务提供了有效的技术支撑。

启动人社领域基本公共服务标准化试点。为促进人社领域国家基本公共服务标准的贯彻实施，2021年10月，人社部印发《关于开展人力资源社会保障领域基本公共服务标准化试点工作的通知》，在吉林、浙江、湖北、海南、重庆、四川、云南7个省（市）先行开展人社领域基本公共服务标准化试点。试点工作围绕人社领域18个国家基本公共服务项目以及人社系统基本公共服务事项清单，开展国家和部颁标准规范的落地实施，细化完善地方服务标准，建立健全标准化管理制度和工作机制，形成可复制可推广的成功经验，以点带面，整体提升人社系统基本公共服务能力和水平，促进系统行风建设，为更多老百姓办实事好事。

加强机构建设　提升队伍水平

机构和队伍建设是做好标准化工作的关键。近三年来，我们进一步加强对部属标准化技术委员会的指导，推进社会保险标委会、人力资源服务标委会、劳动管理与保护标委会、劳动定额定员标委会换届工作。按照广泛代表、结构合理、精简高效原则，优化标委会人员结构，委员涵盖主管部门、

人社部监测指挥平台

服务机构、科研院所及高校、行业协会、服务对象等各个方面，使标委会委员构成更加合理，管理运行更加规范，人才队伍更加完善。开展"请进来"集中培训，试尝"走出去"系统培训，多次举办人社系统标准化业务骨干培训班，对提升基层标准化工作人员能力素质、加强标准化人才队伍建设、促进地方标准化工作交流发挥了积极作用。

搭建信息平台　畅通服务渠道

信息化是提升人社系统公共服务能力不可或缺的重要支撑。依托金保工程二期项目建设，近三年来，我们全力推进公共服务信息化建设，有效发挥信息化对深化"放管服"改革，促进系统行风建设的助推作用。

搭建公共服务信息平台。全国人社政务服务平台与国家政务服务平台及人社各类业务系统实现对接，通过网上服务大厅、"掌上 12333"移动 APP、12333 小程序等服务渠道，面向社会公众提供就业、社保、劳动关系、人事人才等方面数十项全国性"一网通办"服务和数百项地方属地化特色服务。国家社会保险公共服务平台面向参保人员提供包括跨地区社保转移接续、权益记录查询、待遇资格认证等 9 类 30 余项全国统一的社会保险网上服务，支撑构建全国统一的社会保险公共服务体系。

建立数据共享协同平台。通过外部数据交换平台与国家数据共享交换平台对接，人社部与 20 余个部门建立数据共享机制，实现跨部门数据共享；通过内部业务协同平台与各地人社部门对接，建立人社系统跨层级数据共享机制，为各地人社部门提供数据比对、数据测算、数据核验等共享服务。跨部门、跨地区、跨层级共享协同平台的建立，有效支撑了失业补助金政策制定实施、疫情期间社保费减免、企业稳岗返还失业保险费、企业从业人员工资价位信息发布、告知承诺制试点等重点工作开展，充分践行了"让数据多跑路，让群众少跑腿"的服务理念，切实提升了服务对象的获得感。

建设行风监测指挥平台。在部属有关单位、行风办的大力支持下，人力资源社会保障监测指挥平台建设完成并投入应用，成效显著。一是利用视频会议系统召开国内外视频会议 200 余场，为疫情期间各项工作部署提供有力支持。二是实现 300 余项人社数据可视化集中展示，为智能分析、科学研判、预测预警和风险控制提供数据支撑。三是完成近 300 个人社窗口单位视频监控接入部平台，为行风监管提供直接抓手。四是通过人事考试指挥系统支撑全国人社窗口单位业务技能练兵比武活动开展，促进窗口服务人员业务技能水平持续提升。五是开发人社系统政务服务好差评数据展示功能，推动服务质量迈上新台阶。

下一步，我们将继续以标准化信息化为重要抓手，健全完善标准体系，加快标准制修订，充分发挥标准化试点的示范带动作用，推动《国家标准》在人社领域落实落细。同时，进一步完善公共服务信息平台功能，持续强化数据共享，不断提升人社公共服务能力水平，为人社事业健康发展和系统行风建设提供有力支撑。

以行风建设为抓手　推动就业服务提质增效

人社部就业促进司司长　张　莹

行风是系统干部队伍作风的集中反映，也是党风在行业工作中的具体体现。近年来，人社部就业促进司认真贯彻落实行风建设要求，紧密围绕部党组"切实增强对加强系统行风建设必要性、紧迫性和战略性的认识，准确把握人社系统行风建设的目标任务，抓常抓长，确保系统行风建设各项任务落到实处"的指示精神，聚焦促进就业、鼓励创业，扎实推动公共就业服务领域行风建设，人民群众对公共就业服务的满意度不断提升。市场监管总局调查显示，2020年公共就业服务满意度居12个公共服务领域首位。

完善体系　推动服务网络辐射全域

按照"夯实基层基础，打通毛细血管，使老百姓就地就近享受服务"的行风建设要求，就业司持续强化公共就业服务机构建设，完善基层平台功能，提升服务人员队伍素质，覆盖省市县乡村五级的服务网络基本形成。

2020年底，区（县）以上均建有公共就业服务机构，99.2%的街道、96.9%的乡镇建有劳动保障服务工作平台，92.1%的社区、82.7%的行政村配备有劳动保障人员。

山东招远：所有街道（乡镇）、社区（村）建立半小时"就业服务圈"，将所有就业服务项目全部下放到基层，老百姓在家门口就能享受到周到完善的就业服务。

四川成都：温江区将镇（街道）、村（社区）、村民小组、小区院落划分网格，配备网格员，统一开展精细化公共就业服务。

健全制度　推动服务范围覆盖全民

按照"健全公共服务制度，让人民群众更多更好共享改革发展成果"的行风建设要求，就业司出台推动全方位公共就业服务文件，降低失业登记门槛，支持失业人员户籍地、常住地、就业地、参保地任一地点登记，全面开放各级公共就业服务机构，免费向城乡劳动者和各类企业提供职业介绍、职业指导、创业指导、招聘用工等，公共就业服务制度基本实现服务对象全覆盖、服务内容均等化。

近年来，全国公共就业服务机构年均办理登记招聘5000万人次、登记求职3000多万人次，提供职业指导近1700万人次、职业介绍2000万人次、创业服务500万人次。

内蒙古：在各级服务机构全面提供统一的基本服务项目，每个劳动者都能享受到基本一致的公共服务。

贵州：持续规范公共就业服务的基本要求、服务项目和服务方式，统筹调配服务资源，让不同区域都能提供大致相当的公共就业服务。

优化功能　推动服务内容专业精准

按照"优化服务服出便捷和品质，切实增强群众幸福感获得感"的行风建设要求，就业司印发推进公共就业服务专业化意见、加强就业信息归集等文件，强化职业指导、用工指导、招聘服务等，综合运用专业知识、方法和工具，帮助求职人员科学求职、用人单位科学招聘。

持续完善招聘活动模式，组织更多专业化、小型化的专场招聘会，进一步提高招聘成效。建立职业指导、职业介绍、技能培训、就业见习、创业服务等服务项目有机结合机制，逐步扩大综合化、一体化服务范围。

北京：按照14个"精细化因子"，对登记失业人员分类提供心理疏导、岗位推荐、职业指导等针对性服务。

面洽会 招聘会

上海：对服务对象就业意愿和能力量化评分，分级分类提供 20 多项服务内容。

精简流程　推动服务方式高效便捷

按照"加快推进服务标准化建设，在流程、服务、受理场所等方面进行规范"的行风建设要求，就业司强化标准制定，公布实施公共就业人才服务 18 项国家标准和 2 项行业标准，规范就业登记、失业登记、就业援助、职业介绍、职业指导等核心业务。

优化服务流程，梳理公布 9 大类 22 项就业创业服务事项，列明设定依据，明确办理层级。简化证明材料，优化 9 项就业补贴政策证明材料和申办程序，取消失业登记证明材料，全部改为承诺制或者数据共享获取。以办好"一件事"为标准，推进失业登记与求职登记、失业保险金申领等业务打包经办。

河南：印发就业服务业务经办规程和流程，明确 7 个业务层次图、85 个业务流程和经办要件。

江西上饶：推出"个人创业一件事"便民服务措施，打包办理创业相关事项，实现"创业一件事、三天就办妥"。

畅通渠道　推动服务模式网厅融合

按照"依托大数据、云计算等技术，把群众最关心的事项端到网上、端到移动端办理"的行风建设要求，就业司开通面向失业人员的失业登记全国平台、面向企业的用工对接服务平台、面向劳动者的出行服务小程序及面向未就业毕业生的求职登记小程序，支持线上线下提交需求、线下提供统一服务。

各地普遍运用网站、移动应用、自助终端、12333电话等线上渠道，着力推进就业业务"指尖办""掌上办"，推动实体大厅与线上渠道同标准融合式经办。

重庆：坚持线下召开现场招聘会，线上开展网络直播带岗，线上线下招聘岗位信息同步更新发布，取得良好效果。

浙江杭州：整合就业网、就业APP、微信公众号等线上渠道，实现就业登记、求职招聘等业务"外网申请、内网审核、外网反馈"。

直播带岗

强化协同　推动数据信息共享共用

按照"加快推动数据共享共用，打破信息孤岛、数据烟囱，推动系统内外数据互联互通"的行风建设要求，就业司强化就业岗位信息归集，中国公共招聘网已与 32 个省份的 254 个地市共 503 家公共就业和人才服务机构联网，日均发布有效岗位信息 20 万条。

扩展数据共享查询范围，将《就业创业证》查询和公共招聘功能纳入国家政务服务平台，有序推进与国家政务服务平台对接。加快推进系统内外信息共享，与国家人口基础信息库和国家数据共享交换平台对接，共享各项数据。

湖北："智慧人社"开通个人就业信息查询等 18 项查询功能，系统内和社保数据互通，系统外与公安、工商等部门数据共享，推动业务协同和信息共享。

广东：定期开展就业与社保数据比对分析，及时更新劳动者特别是登记失业人员的最新就业失业状态。

视频面试

紧抓教育　推动服务意识务实为民

按照"抓好学习教育，进一步增强全系统干部职工行动自觉和思想警醒"的行风建设要求，就业司及时跟进学习习近平总书记重要讲话精神，把服务意识教育纳入"不忘初心、牢记使命"主题教育，选树党旗下的就业服务人，持续推出系列就业服务典型。

扎实开展"我为群众办实事"实践活动，组织开展退捕渔民电话回访、青年就业网络调查，开展青年下沉基层暗访、快递小哥访谈调研，开展青年党史比武练兵，推动业务能力与服务意识双提升。

陕西安康：把微笑服务群众作为基本的服务准则，坚持服务方式人性化，大力推行"诚心服务、真情相助"的服务理念和意识。

山西大同：持续强作风、塑形象，不断提高就业服务意识，用最严格的作风建设，打造最优质的公共就业服务。

加强系统行风建设，事关践行以人民为中心的发展思想，事关党中央、国务院决策部署的贯彻落实，事关人社事业的持续健康发展。三年来，在推进行风建设的进程中，就业司深深体会到，改进公共就业服务，是持续推进就业创业事业改革发展、促进各项政策措施落实落地的重要基础，也是深化转职能、转方式、转作风的具体行动。行风建设没有终点，为民服务永无止境。做好就业领域行风建设工作，是对责任担当和能力作风的重大考验，要在"严、实、长、责"上下功夫，严字当头、实字托底、抓常抓长、落实责任，见物见人见细节，驰而不息地抓紧抓好、抓出成效。

当前和今后一个时期，就业司将一以贯之、坚定不移地以更加鲜明的态度、更加坚定的决心、更加扎实的作风推进就业领域行风建设，以行风建设"小切口"推动公共就业服务取得"大成效"，努力让广大群众享受到优质高效公共就业服务，全力以赴助力稳就业保就业，为推动经济发展、保障改善民生、实现共同富裕做出应有贡献。

深入推进行风建设
全面提升人力资源流动管理效能

人社部人力资源流动管理司司长　张文淼

党的作风就是党的形象。行风是系统干部队伍作风的集中反映，也是党风在行业工作中的具体体现。人力资源流动管理工作服务就业创业和人力资源优化配置，事关劳动者和用人单位切身利益。近年来，人力资源流动管理司认真落实人社部党组加强系统行风建设工作部署，把行风建设作为推进人力资源流动管理工作的重要举措，坚持促进发展和规范管理，持续优化服务与建强队伍，推动业务工作与行风建设深度融合，进一步提升促进就业扩大和优化人力资源配置能力。

推进"放管服"改革　激发市场主体活力

人力资源流动管理司贯彻落实党中央、国务院"放管服"改革部署，大力推进人力资源市场"放管服"改革，着力营造人力资源市场良好发展环境，有效激发市场活力。

截至2020年底，全国共有各类人力资源服务机构4.58万家，从业人员84.33万人，全年营业收入2.03万亿元，同比分别增长15.71%、24.97%、3.94%，全年共为2.9亿人次劳动者提供就业或流动服务，服务用人单位4983万家次，实现了良好的经济效益、社会效益、人才效益。

简化优化审批流程，推行"快办""在线办"。推动各地落实"人社服务快办行动"要求，进一步精简审批材料，主动压缩审批时限。持续推进人力资源市场信息化建设，指导有条件的地区将人力资源服务许可备案、从业人员管理、年度报告和统计、招聘会备案等纳入市场管理信息系统，努力实现"在线办"。

实行告知承诺制，推进"打包办""即时办"。贯彻落实国务院"证照分离"改革要求，在国家自贸区试点实施基础上面向全国推行人力资源服务许可告知承诺制，人力资源服务许可和管理权限下放至各区县，采取并联办理等方式优化审批流程，主动压减审批环节，承诺后即时办结。

取消外资准入限制，全面提升对外开放水平。按照试点先行、分步实施、稳步推进的原则，逐步放开外资准入限制，进一步优化营商环境。2019 年底，贯彻落实《外商投资法》精神，按照内外资一致原则，实行人力资源服务准入前国民待遇加负面清单管理制度，全面扩大人力资源服务对外开放。

强化市场监管 维护市场良好秩序

人力资源流动管理司深入贯彻党中央、国务院关于加快推进市场监管体

答疑

系要求，着力强化人力资源市场事中事后监管，不断加强人力资源市场管理，有效维护人力资源市场正常秩序。

健全政策法规体系。贯彻实施《人力资源市场暂行条例》，制定《网络招聘服务管理规定》，出台《人力资源社会保障部关于"先照后证"改革后加强人力资源市场事中事后监管的意见》《人力资源社会保障部关于进一步规范人力资源市场秩序的意见》等文件，指导各地制定地方性人力资源市场条例或规章，基本形成以条例为统领，以配套规章和地方法规为支撑的市场法规体系。

强化事中事后监管。指导各地实施"双随机一公开"日常监管，推行人力资源服务机构年度报告公示制度。开展劳务中介专项整治，配合相关单位及时处置部分网络招聘服务机构信息泄露事件。会同有关部门持续开展清理整顿人力资源市场秩序专项执法行动，依法打击人力资源市场领域违法违规行为，进一步规范人力资源市场秩序。

夯实市场管理基础。加强人力资源服务标准化建设，指导全国人力资源服务标准委推动出台了18项国家标准，进一步发挥标准的引领作用。推进人力资源市场诚信体系建设，引导人力资源服务机构依法经营、诚信服务。持续开展人力资源市场"一线观察"和供求信息监测，为劳动者求职就业、就业形势决策分析提供数据支撑。

提升服务品质　打造优质服务窗口

流动人员人事档案管理服务是人社领域一项重要的基本公共服务。近年来，我们会同有关部门积极推进流动人员人事档案的制度建设、标准化建设和信息化建设，着力简化手续、优化流程，进一步提高办事效率和服务水平。截至2020年底，全国各类档案管理服务机构共保管档案9180万份。"十三五"期间依托档案提供服务2.3亿人次。

优化流动人员人事档案管理服务。指导各地人社部门落实简化优化流动人员人事档案管理服务政策举措，向社会公布3548家流动人员档案管理服务机构信息，全面推行档案接收告知承诺制等15项便民利民措施。取消为新就业流动人员办理转正定级等手续，转递档案不再开具行政（工资）介绍信等证明，细化办事流程，明晰办事时限和注意事项，打造为民服务有制度、有速度、有温度的优质服务窗口。

推进流动人员人事档案信息化建设。制定印发《关于加快推进流动人员人事档案信息化建设的指导意见》，开发统一的流动人员人事档案省级经办软件，研发全国档案管理运行平台，建立全国流动人员人事档案基础信息资源库，加快推进档案接收和转递跨省通办，让数据多跑路，群众少跑腿，为用人单位和各类人才提供便捷高效的服务。

加强队伍建设　建设专业化系统队伍

在战"疫"战贫中锻炼队伍。疫情发生后，全国人力资源流动管理战线立足职能职责，动员组织 1.9 万家人力资源服务机构，开展人力资源服务行业促就业行动，举办网络招聘会 3.6 万场，提供就业岗位 4230 万个，服务企业 218 万家次，做到"就业服务不打烊、网上招聘不停歇"。发动人力资源服务机构共调派 1850 余人，积极参与抢建火神山、雷神山医院和方舱医院。全国 5.5 万名"三支一扶"人员特别是 5700 多名支医人员逆行奋战在基层和社区抗疫最前线，为保障医疗救治条件提供人力资源支撑。开展人力资源服务机构助力脱贫攻坚行动，发动各类人力资源服务机构组织劳务输出，帮助 75.6 万名贫困劳动力实现转移就业。

"三支一扶"计划全面助力脱贫攻坚，中央财政补助名额从 2.7 万名增加到 3.2 万名，"三区三州"和 52 个未摘帽贫困县全部由中央财政保障。

加强行业人才培养培训。定期举办全国人力资源市场建设与管理、中央单位人员调配工作等培训班，提高全国人力资源流动管理工作队伍履职能力。

动员系统同志积极参加人社部"练兵比武"活动，不断加强系统队伍能力建设。

实施人力资源服务业领军人才培养计划，"十三五"期间，每年举办全国人力资源服务业发展能力建设高级研修班，召开中国人力资源服务业博士后学术交流会。

2021 年成功举办全国人力资源服务大赛，全国 5600 多家人力资源服务机构、7700 多家用人单位、60000 余名从业人员踊跃参赛，通过大赛进一步锻炼队伍，展示行业良好精神风貌。

　　行风建设永远在路上。我们将认真践行以人民为中心的发展思想，持续推进行风建设，推动人力资源流动管理工作取得新成效。

咨询

聚焦行风系统谋划　担当创新惠企便民

人社部职业能力建设司司长　刘　康

加强行风建设是践行以人民为中心的发展思想、实现职业能力建设工作高质量发展的重要举措。近年来，在人社部党组的坚强领导下，我们围绕"正行风、树新风，打造群众满意的人社服务"总体要求，精准打出惠企、便民的"组合拳"，通过职业能力建设"硬举措"优化行风"软环境"，服务技能人才队伍建设，助推高质量发展。

坚持提高站位　突出服务大局优行风

行风是党风、政风在各项业务工作中的具体体现。我们将行风建设融入贯彻落实党中央、国务院重大决策部署，与业务工作同部署、同落实。

一是力促就业局势"稳"。围绕"六稳""六保"目标任务，以技能助就业，以培训稳岗位，以服务促发展，组织实施线上培训、以工代训，积极做好企业新型学徒和长江流域退捕渔民等重点群体培训，一手抓培训供给扩围，一手抓培训质量提升。

2019 年以来，全国累计开展补贴性职业技能培训 7207 万人次，以工代训支持企业职工 3330 万人，惠及企业 167.4 万家，实现了企业降本减负、劳动者优技提技。

二是力求技能帮扶"实"。深入推进技能扶贫行动和技能脱贫千校行动，为贫困劳动力免费培训并给予培训期间生活费、交通费补贴，对接受技工教育的贫困家庭学生落实助学金和免学费等政策。"十三五"期间全国共开展贫困劳动力培训约 1000 万人次，技工院校招收建档立卡贫困家庭子女 36 万名。

加强对口帮扶，动员 15 个省份 44 所技工院校帮助建设技工院校或开设分校（教学点），支持金寨技师学院建设世赛中国集训基地，帮扶宁都技工学校和"天镇保姆"专业建设。支持援建西藏技师学院，组织东部地区对口支援南疆地区 38 所技工院校。举办 2019 年"三区三州"职业技能大赛、全国扶贫职业技能大赛和全国乡村振兴职业技能大赛。

我们会同国家乡村振兴局印发《国家乡村振兴重点帮扶地区职业技能提升工程实施方案》，以人才振兴促乡村振兴，持续巩固拓展脱贫攻坚成果。

三是力助疫情防控"快"。迅速启动实施"百日免费线上技能培训行动"，遴选发布 50 多家线上培训平台，累计投放课程资源 11.4 万个，免费开展线上培训，实名注册学员超过 1300 万人次。

引导 54 家线上培训平台围绕"定向援助湖北及脱贫攻坚"开展直播活动。协调吉林省免费为湖北开展公共卫生辅助服务员线上培训 8 万人次，助力湖北复工、复产、复学。

免费开放"技工教育网"平台功能和资源，为全国 1300 余所技工院校的 20 余万师生提供居家在线教学服务。

坚持问题导向　突出破解难题优行风

积极回应群众关切，精心谋划实施"我为群众办实事"实践活动，始终将堵点痛点难点作为行风建设主攻方向，着力提升职业能力建设领域公共服务水平。

一是强化政策支撑。贯彻全国职业教育大会精神，会同财政部等将职业技能提升行动专账资金补贴性培训对象扩大到普通本科高校、中高职院校毕业年度毕业生，提高院校毕业生就业创业能力。强化政策集成创新，会同发展改革委、财政部制定深化技工院校改革大力发展技工教育的意见，推进技工教育机制创新、政策创新、举措创新。

二是聚焦民生实事。延长以工代训政策实施期限至 2021 年 12 月，助力

第一届全国乡村振兴职业技能大赛

2020年新冠肺炎疫情期间在线技能培训

企业稳岗拓岗。为"老"和"小"办实事，实施康养职业技能培训计划，加大养老护理、育婴、家政等康养服务人员培养。选派三批共 34 名优秀教师进藏支教，帮扶西藏技师学院提升教学能力和管理水平。

三是优化公共服务。在全国 301 个地市推广以电子社保卡为主要载体的职业培训券试点工作，变"人找政策"为"政策找人"，让培训资源和培训需求高效对接，免去劳动者先垫付后报销的不便。

全面推行证明事项"告知承诺制"，宣传推广宁夏职业技能培训学校设立审批"告知承诺制"经验做法，助力政务服务"简捷办"。

推动技工院校毕业证书、职业资格证书、职业技能等级证书查询核验跨省通办，让数据多跑路、群众少跑腿。

开展"司局长走流程"和青年干部调研暗访，找准群众办事的"中梗阻"，不断提升服务效能和水平。

坚持解放思想　突出改革创新优行风

创新是加强行风建设的内在动力。我们着力打破思维定式，积极打造特色亮点，以点带面推动职业能力建设工作全面创新。

一是创新激励政策。职业能力建设司研究起草并以中办、国办名义出台《关于提高技术工人待遇的意见》，创新技能导向的激励机制。推动中华技能大奖获得者享受省部级表彰奖励获得者待遇，增强技术工人的获得感、荣誉感、自豪感。推动高技能人才与专业技术人才职业发展贯通，开展特级技师评聘试点工作，进一步拓宽高技能人才职业发展空间。

职业技能等级证书颁发仪式

民族刺绣线上培训现场

二是创新工作机制。创新竞赛组织形式，推行集中开放办赛模式，注重赛项创新，加强竞赛成果转化，突出质量管控。基本形成以世界技能大赛为引领、中国职业技能大赛为龙头、全国行业职业技能竞赛和地方各级职业技能竞赛以及专项赛为主体、企业和院校职业技能比赛为基础的、具有中国特色的职业技能竞赛体系，为技能人才搭建展示精湛技能、相互切磋技艺的平台。

三是创新服务渠道。指导各地设立高技能领军人才综合服务窗口，提供政策咨询、业务代办等服务。组织开展高技能领军人才休假疗养、国家级技能大师工作室带头人交流活动和"技能中国行"、技能成才技能报国先进事迹报告会等一系列活动，促进同业交流。

坚持放管结合　突出便捷规范优行风

简政放权是加强行风建设的必然要求。我们不断深化"放管服"改革，构筑公开透明、便捷规范的技能评价监管服务体系。

一是以有序"放"为导向。贯彻落实国务院常务会议要求，牵头深化技能人员职业资格制度改革，按照"先立后破""一进一退"原则，稳妥有序推动73项水平评价类技能人员职业资格退出国家职业资格目录。

印发《关于支持企业大力开展技能人才评价工作的通知》，推动各级各类企业自主评价技能人才。

遴选发布社会培训评价组织，推行第三方认定。截至 2021 年 9 月底，全国共备案企业 8500 余家、社会培训评价组织 2500 余家，超过 460 万人取得职业技能等级证书。

二是以落实"管"为保障。相继印发《职业技能等级认定工作规程（试行）》《关于加强职业技能鉴定质量管理有关工作的通知》《技能人才评价质量督导工作规程（试行）》，规范职业技能等级认定工作，加强技能人才评价事中事后监管。

三是以优化"服"为宗旨。完善新职业信息发布制度，会同相关单位发布 4 批 56 个新职业。启动 2015 年版国家职业分类大典修订工作。开发国家职业技能标准查询系统，提供已公开出版的 1200 多个职业技能标准免费查询。升级改版"技能人才评价工作网""技能人才评价证书全国联网查询系统"，精准提供政策支持、信息查询等服务。

下一步，我们将继续对标党中央、国务院和部党组最新要求，不断优化服务环境、提升服务效能、巩固服务成果，在聚焦劳动者满意、擦亮行风名片的持续实践中，打造"争一流、走前列、出亮点"的职业能力建设服务品牌，努力为经济社会发展贡献更多力量。

以行风建设为抓手　提供高质量人才服务

人社部专业技术人员管理司司长　李金生

3年来，人社部专业技术人员管理司贯彻落实部党组关于全面加强系统行风建设的工作部署，深入实施行风建设专项行动，通过优化人才政策措施、搭建人才服务平台、密切联系服务人才等方式，进一步深化改革、提升服务、转变作风，行风建设取得明显成效。

主要工作

深入实施人才服务快办行动。扎实开展"我为群众办实事"系列活动，聚焦群众办事堵点痛点难点，创新机制，优化流程，减证便民，切实提升人才服务质量。一是推进职业资格考试报名证明事项告知承诺制。以前，职业资格考试报名证明材料多、多次跑现场、排队时间长是考生的堵点痛点。现在，职业资格考试实行报名告知承诺制，共分两批次取消了学历学位、从事相关专业工作年限等6项证明材料。实现承诺即办、网上即办，用"数据跑路"代替"群众跑腿"。二是持续推进证书便利化改革。职业资格证书存在种类多、环节繁、流程长、发证慢等问题。推行证书便利化改革以来，通过创新管理方式、优化工作流程、打造数字证书、开通信息服务、推进数据共享，在29项职业资格中推行电子证书，简化了发证流程，缩短了发证周期。全国职业资格证书信息系统归集上线证书2392万件、合格证明74万件，为2200万人次提供查验服务。证书便利化改革有力破解了资格证书存在的难点、堵点，提升了服务人才的效能。

促进人才服务平台互联互通。结合推进人社系统行风建设，升级服务平台，优化服务方式，提升服务水平，主动为人才排忧解难办实事。一是加强职称评审信息化建设。建立全国统一的职称评审信息系统，统一编码、统一标准、统一归集，支持职称评审全流程网上办理。归集1300万条职称评审信息，上线全国职称评审信息查询平台，向社会开放职称证书信息跨区域在线核验，自2021年6月上线以来，累计为42万人次提供核验服务。二是依托"互联网＋人社"2020行动计划和信息化便民创新提升行动，实现博士后进出站手续网上"一站式"办理。统筹开发继续教育管理系统、留学人员回国（来华）服务管理系统，加快推进部门内、跨层级信息共享，推进专技信息平台优化整合。

推动人才服务政策落地见效。筑牢"管行业必须管行风"的思想理念，以加强行风建设为契机，紧贴基层需要和人才需求，改革制度、创新政策、精准施策，为人才成长成才营造良好环境。聚焦高质量发展，突出支撑解决"卡脖子"问题，深化职称制度改革总体完成、职业资格改革稳步推进，通过一批标志性、关键性改革举措，简政放权，清理"四唯"现象，发挥人才评价"指挥棒"作用，激发了人才创新创造活力。聚焦脱贫攻坚，做到尽锐出

青年干部走基层

专家服务脱贫攻坚专项行动

战，出台职称评审"定向评价，定向使用"、职业资格"单独划线"、加强援藏援疆援青专业技术人才职称评审工作等倾斜政策，为贫困地区增加人才供给6万余人。近3年，实施180期专家服务脱贫攻坚专项行动，培训基层专业技术人才3万余人，切实让人才安心基层、留得住、干得好。

密切联系服务专技人才。一是司班子成员完成人社"厅局长走流程"。通过线上体验职称评审、跟团专家服务、带队青年调研实践、召开座谈会等多种方式，听取基层意见建议，回应专技人才诉求，有针对性地解决实际问题。二是全体青年同志完成"青年干部调研暗访"。联合办公厅分2批开展调研实践活动，利用出差机会先后赴多地人社服务窗口开展调研暗访工作。通过"沉浸式"实践、"深蹲式"走访，青年干部走近人才、了解人才、服务人才，增强了做好人才工作的责任感使命感。三是多渠道倾听意见。重要政策文件公开征求意见，吸收采纳多方意见。积极回应广大专业技术人才诉求，帮助解决困难。比如，认真研究国务院政府特殊津贴制度高层次高技能人才座谈会有关专家意见建议，采纳体现到实际工作中。开展实地调研，妥善解决技能人才参评正高级职称等热点问题。

工作成效

行风建设与党建工作、业务工作相融相合。行风建设是党风、政风、作风的具体实践。通过扎实开展"我为群众办实事""人社服务快办行动""司局长走流程""青年比武大练兵"等工作，行风文化入脑、入心，体现在每一个人才政策、每一项人才服务上。行风建设与党建工作、业务工作相互促进、良性互动的良好局面初步形成。

进一步满足广大专业技术人才新需求新期待。通过行风建设，把自己摆进去、把工作摆进去、把问题摆进去，治痛点、梳堵点，政策供给更加充分有效、政策落地更加通畅快捷、人才服务更加精准高效。

有效激发专业技术人才创新创造活力。按照"应简尽简、应提尽提"的原则，提高办事效能，简化办事流程，整合一系列惠才实举，把人才从繁文缛节、行政事务中解放出来，让专家人才更有获得感、幸福感，激发了人才创新创造活力。

工作展望

行风建设犹如逆水行舟，不进则退。必须久久为功，坚持不懈抓紧抓实。今后，我们将重点抓好三方面工作。一抓人才政策。完善政策措施，补齐政策短板，强化政策落地，不断提升政策供给质量。二抓人才服务。改进完善联系服务专家制度，组织开展走访慰问、休假等活动，协调解决其生活中遇到的实际困难，统筹做好专家、博士后、留学人员等人才服务。三抓信息化建设。拓展专业技术人才工作信息化应用，加强专技工作信息化平台建设，推广应用职称、继续教育、留学、博士后等系统，引导人才上网办好事、上网办成事。

立足职能职责
深化事业单位人事管理"放管服"改革

人社部事业单位人事管理司司长　鲁士海

党的十九大报告指出，要转变政府职能，深化简政放权，创新监管方式，增强政府公信力和执行力，建设人民满意的服务型政府。近年来，我们落实"放管服"改革精神，立足职能，简政放权，放管结合，优化服务，事业单位人事管理职能转变取得明显进展，教育、科技、文化、卫生等各类事业单位活力大幅提升，为人民群众提供优质公共服务的能力显著增强。

扩大和落实高校、科研院所自主权

贯彻落实党中央、国务院决策部署，牢固树立新发展理念，遵循科研活动、人才成长、成果转化规律，我们积极配合有关部门出台《关于扩大高校和科研院所科研相关自主权的若干意见》，支持高校和科研院所依法依规行使科研相关自主权，充分调动单位和人员积极性创造性，增强创新动力活力和服务经济社会发展能力，为建设创新型国家和世界科技强国提供有力支撑。

高校和科研院所普遍反映，目前人事管理领域相关改革举措均已落实到位，取得显著成效。高校、科研院所根据国家有关规定和开展科研活动需要，在编制或人员总量内自主制订岗位设置方案和管理办法，自主制定招聘方案，自主设置岗位条件，自主发布招聘信息，自主组织公开招聘，能上能下、能进能出的灵活用人机制已基本建立。

国家支持和鼓励高校、科研院所通过设置创新岗位和流动岗位引进优秀人才从事创新活动，支持和鼓励科研人员以挂职、参与项目合作、兼职、在职创办企业、离岗创办企业等方式参与创新创业，有利于科技创新和科研成果转化的良好政策环境已基本形成。

出台倾斜政策，指导推动各地解决基层事业单位"招人难、留人难"问题

指导各地落实基层事业单位公开招聘倾斜政策，适当放宽年龄、学历、专业等招聘条件，允许拿出一定数量岗位面向本县、本市或者周边县市户籍人员（或者生源）招聘，可以适当降低开考比例，或者不设开考比例，划定成绩合格线等。

强化与教育、卫健等部门政策联动，加强基层教师和医疗卫生等人才队伍建设，出台中小学幼儿园教师、县级及基层医疗卫生机构公开招聘有关工作的通知，鼓励引导高校毕业生到艰苦边远地区和基层一线事业单位特别是教育、卫生事业单位工作，到脱贫攻坚第一线建功立业。

据统计，2020年各地艰苦边远地区县乡事业单位全年完成招聘 24.5 万人，进一步缓解艰苦边远地区县乡事业单位"招人难"问题。

开展事业单位人事管理领域审批、备案事项专项清理工作

落实党中央、国务院"放管服"改革精神，印发《关于开展事业单位人事管理领域审批、备案事项专项清理工作的通知》，全面清理事业单位人事管理领域审批、备案事项，没有法律、法规、规章和部门规范性文件依据的一律予以取消。

各级人社部门对事业单位公开招聘方案（计划）由核准调整为备案，对岗位设置方案按照《事业单位人事管理条例》规定的备案要求执行。

全面梳理工作流程、办事环节及证明材料，超出工作所必需的予以取消。各级人社部门结合本次专项清理工作，主动靠前，优化工作流程，转变

工作作风，进一步提高事业单位人事管理工作科学化、规范化水平。

山西省优化事业单位公开招聘备案工作，10个工作日内完成公开招聘方案备案，5个工作日内完成拟聘用人员备案，并明确高校、科研院所、公立医院的招聘方案和招聘结果实行事后备案。

山东省自2020年起，省属事业单位招聘方案实行"一次报备、全年通用"的做法，要求对符合规定的公开招聘材料5个工作日内予以备案，对特别紧急的，特事特办、随到随办。

推进事业单位工作人员管理"一件事"改革

贯彻落实党中央、国务院决策部署，深入推进"放管服"改革，印发《关于落实"人社服务快办行动"推进事业单位人事管理"一件事"服务的通知》，开展事业单位人事管理"一件事"改革试点。围绕事业单位工作人员"进管出"重点环节，将公开招聘、人员调入、人员调出、岗位变动、解除聘用合同、开除、退休等7项业务所涉及的工资、社会保险、社会保障卡

事业单位招聘考试笔试现场

事业单位赴名校引才

等人社领域后续相关服务事项，整合成"一件事"，实施联动办理。

2021年，在黑龙江、江苏、江西、山东、河南、广东、贵州、陕西等8个省份开展试点探索，其他省份结合实际推进，取得显著成效。

广东省依托"广东政务服务平台"，将岗位设置备案、公开招聘计划备案、拟聘用人员结果备案、申诉案件受理等7项服务事项列入信息化服务平台，人事管理业务办理更加便捷。

重庆市开发了事业单位人事管理系统，推动相关业务网上办理，并与工资、职称、社保、档案系统互联互通，实现业务协同，相关业务并联办理，办事效率大幅提升。

扎实开展关爱抗疫"一线"行动

扎实开展关爱抗疫"一线"行动，为疫情防控提供强有力的人事人才服务。

2020年1月30日，及时出台《关于切实做好新型冠状病毒感染的肺炎疫情防控期间事业单位人事管理工作有关问题的通知》并制定下发工作指南，明确关爱一线医务人员的倾斜性人事政策，引导激励一线医务人员奋勇抗疫。

落实中央疫情防控常态化工作要求，及时优化调整工作重点，下发《关于做好关爱抗疫"一线"行动常态化工作的工作指南》，指导地方各地优化调整工作重点，进一步推动关爱政策落实到位。

据不完全统计，疫情期间，一线医务人员优先晋升岗位等级 10981 人，开展事业单位工作人员及时奖励，奖励集体 905 个、个人 22451 名。此外，各地通过公开招聘绿色通道，共拿出 10188 个岗位紧急补充一线医务人员，有力地支援了抗疫一线。

建立中央和国家机关所属事业单位公开招聘服务平台

为规范和加强中央和国家机关所属事业单位公开招聘工作，建立了中央和国家机关所属事业单位公开招聘服务平台，开设了招聘公告、拟聘人员公示、重要通知、政策法规、经验交流等专栏，同时公布了中央事业单位人事综合管理部门设立的公开招聘监督举报方式。截至 2021 年 6 月，为中央党群部门和国务院部门发布招聘信息 2200 余次，提供近 1.5 万个岗位。

据各部门反映，服务平台有效拓宽了事业单位选人用人视野，方便应聘人员及时了解中央和国家机关所属事业单位的招聘信息，扩大了高校毕业生就业渠道，有利于发挥中央和国家机关所属事业单位在公开招聘中的示范引领作用，有利于进一步加强和改进事业单位公开招聘工作，同时广泛接受社会监督。

下一步，我们将继续贯彻落实党中央、国务院决策部署，推动事业单位人事管理领域"放管服"改革取得更多成效，为教育、科技、文化、卫生等社会公共服务事业高质量发展提供强有力的人事人才支撑。

心系群众　用情用力做好养老保险工作

人社部养老保险司司长　聂明隽

深入开展行风建设专项行动，是"不忘初心、牢记使命"主题教育的重要内容，是学史力行的有力抓手，也是广大群众的热切期盼。三年来，按照党中央、国务院决策部署和人社部党组的工作要求，养老保险司围绕"放管服"改革，立足本职，不断完善养老保险制度，狠抓工作落实，切实转变工作作风，着力解决群众急难愁盼问题，取得明显成效。

担当作为　扎实开展"我为群众办实事"实践活动

从人民群众反映强烈的突出问题入手，制订"我为群众办实事"清单。

一是连续提高退休人员基本养老金水平。近 3 年全国总体人均调整比例分别为 5%、5%、4.5%，1 亿多人受益。时值建党一百周年之际，养老保险司会同有关部门，进一步提高了对革命工作做出巨大贡献的离休干部和新中国成立前老工人的生活补贴标准。

二是完善灵活就业人员参保政策。重点推动各省放开外地户籍灵活就业人员在本省就业地参加企业职工基本养老保险的户籍限制。目前，除北京、上海两个超大型城市外，其余 29 个省（区、市）和新疆生产建设兵团均已放开外地灵活就业人员参保户籍限制。

三是进一步简化企业年金方案备案材料。对新建年金的单位，简化基本情况表，无特殊情况的无须另外提供说明材料。

四是推进养老保险全国统筹。全面规范养老保险省级统筹，所有省份均实现基金统收统支。加大基金中央调剂力度，有效均衡了省与省之间养老保险基金负担，有力支持了困难省份确保发放。

通过实施"我为群众办实事"清单，在解决人民群众最为急迫的难点问题的同时，有力推动了养老保险制度化、规范化建设，增强了养老保险司干部职工的公仆意识和为民情怀，赢得人民群众称赞。

躬身笃行　厅局长深入一线窗口走流程

实行厅局长走流程，既连"天线"又接"地气"，是打通"最先一公里"和"最后一公里"的具体行动。2021年以来，按照部党组的要求，养老保险司领导班子成员全都开展了这项工作。

如：赴吉林省人力资源社会保障厅经办大厅，现场咨询特殊工种提前退休办理流程；赴北京市东城区社保中心，陪同参保单位全程办理机关事业单位养老保险待遇核定业务；赴南京市社保中心，现场咨询企业退休人员待遇核定业务办理流程；赴呼和浩特市社保中心，咨询特殊工种提前退休审批业务。

通过走流程，实地感受了人民群众办事的难易，体验了政策效果和经办程序的好差，增加了感性认识。同时，也发现了一些存在的问题，如特殊工种岗位人员信息库备案进度慢、档案材料缺失导致办理退休耗时长，以及经办服务前台综合受理、后台并联办理落实还不到位等。结合走流程，我们针对问题提出了整改措施，帮助改进程序、提升服务质量和服务效率。

求真务实　青年干部深入基层调研暗访

开展调研暗访是提升青年干部综合素质的重要举措，也是培养青年干部履职尽责能力、提升人社服务水平的真招实招。

养老保险司青年同志利用好外出调研的机会，积极深入服务窗口，开展调研暗访。

如：赴珠海市社保中心就特种工种、转移接续、灵活就业人员参保等政策进行现场咨询；赴天津市社会保险基金管理中心（河东分中心），咨询灵活就业人员参保缴费业务；前往海淀区人力资源公共服务中心，随同参保单位办理企业年金方案备案业务；赴呼和浩特市社保中心，咨询是否放开灵活就业户籍限制等政策；赴厦门市社保中心，咨询职工养老保险参保缴费政策和待遇发放政策；赴河南省社保中心，随同参保人员办理机关事业单位新增入编人员参保登记业务；前往北京市人社局，随同参保单位办理企业年金方案备案业务等。

通过调研暗访，青年干部了解了基层情况，提升了政策水平和工作能力。

助力脱贫攻坚　有效衔接乡村振兴

在社保扶贫方面，我们重点抓好养老保险关系转移接续，通过持续优化流程、完善政策，填补了解决转移难问题的政策空白。同时，积极协调地方，解决了许多长期积压的个案问题，转移接续难的突出矛盾得到缓解。

在定点扶贫方面，我们与对口扶贫单位山西省天镇县瓦窑口村开展支部共建活动，帮助瓦窑口村党支部建设先进党支部。帮助瓦窑口村建设养鸡场、公共浴室、粮食加工车间和主干道建设，先后共投入 100 多万元。全村贫困人口全部实现脱贫。

老年居民喜闻基础养老金上涨

化解信访积案　解决重复信访难题

养老保险制度运行周期长，职工从参保到退休可能涉及多个用人单位，保持权益记录的完整性难度大。长期以来，养老保险司信访量占比一直很大，特别是工龄认定、特殊工种提前退休、退休年龄、养老保险关系转移接续等居高不下。针对来信来访，我们认真做好沟通和解释工作，及时回复，做到件件有着落，事事有回音。同时，配合办公厅做好信访积案化解工作，加强群体性、突发性事件预警和处置工作。

练兵比武　提升干事创业本领

我们积极参与人社系统练兵比武题库编制工作，高质量完成社保板块题目编制工作。积极组织司内同志参与答题，并取得了优异成绩，在"人社学与行"活动中，我们连续多期名列前茅。近两年来养老保险司有 3 名同志分别获得全国先进工作者、中央和国家机关优秀共产党员、中央和国家机关"五一劳动奖章"荣誉称号。

作风建设关系党的性质和宗旨，关系党的事业兴衰成败，关系党和政府在人民群众中的形象和威望。回顾行风建设三年行动实践活动，我们体会到，要深入持久地开展好行风建设，抓实抓好抓出成效，必须做到以下几点。

一是牢固树立全心全意为人民服务宗旨，坚持人民至上，想问题、作决策、做工作都要以此为出发点和落脚点。人社工作直接关系群众切身利益，是重要的民生工作，如果缺乏服务意识和为民情怀，是做不好人社工作的。

二是坚决整治形式主义和官僚主义。形式主义和官僚主义高高在上、弄虚作假，是作风建设的大敌。大敌不除，作风建设就落不到实处。

三是总结完善作风建设好的制度和机制，用制度和机制来巩固作风建设的成果并不断发扬壮大，防止出现"一阵风"。

未来，我们将以作风建设永远在路上的精神状态，深入推进"放管服"改革，着力解决群众办事过程中的重点、难点、堵点问题，细化服务领域，强化服务意识，做强做大人社行风建设品牌。

扎实推动失业保险经办服务提质增效

人社部失业保险司司长　桂　桢

围绕人社部党组提出的"正行风、树新风，打造群众满意的人社服务"部署要求，失业保险司大力推进失业保险待遇"畅通领、安全办"，减材料、压时限、简环节、优流程，创新"免证即办、免申即享、免跑即领"经办新模式，基本实现失业人员申领待遇"网上办、不见面"，稳岗返还政策找企、资金找企、服务找企，群众办事便捷度、政策享受精准度大幅提升。

加强顶层设计　推行"免证即办"

落实"放管服"改革要求，部署开展失业保险待遇"畅通领、安全办"行动，对手续全面简化，努力做到最简便易行。一方面，明确"五个取消"：取消终止或者解除劳动关系、失业登记等证明材料，取消60日申领期限，取消捆绑培训等条件，取消转移档案等附加义务，取消按月签到，失业人员凭身份证、社保卡即可办理。另一方面，优化申领环节，失业人员可先领失业保险金，后办理失业登记，领失业补助金无须办理失业登记。

政策明确后，我们加强指导督促，嵌入行风建设，狠抓落地见效。

一是牵头实施"扩围专项行动"，会同行风办，对全国334个市、570个县的失业保险经办机构进行了体验检查，促进政策红利快速释放。

二是开展"畅通领、安全办""回头看"，结合"厅局长走流程""青年干部暗访调研"，赴9省11市实地走访掌握情况，亲身感受经办过程，现场听取群众和一线经办人员意见建议。

　　三是组织开展"当失业人员、当企业人、当在职职工"的"三当"体验活动，采取电话咨询和网页浏览的方式，线上调研150余个市县经办机构，检视工作、发现亮点、推广典型。

　　目前，大部分省份已经实现失业人员仅凭身份证或社保卡就能申领失业保险待遇。失业保险经办服务基本实现证明材料应减尽减，经办流程能并则并，附加义务能清则清，群众满意度连年攀升。2020年，中国政府网开展"如何完善失业保险政策"网民留言征集活动，网民普遍认为失业保险扩围政策在特殊时期发挥了重要作用，获评"很及时、很暖心"。

<h2 style="text-align:center">畅通网上办理　推进"免跑即领"</h2>

　　落实推动线上申领失业保险金服务，2020年6月上线运行全国失业保险待遇统一申领入口，着力构建以"不见面"为特点的网上经办服务体系，加快实现失业保险待遇"免跑即领"。

　　一是强力推进。连续两年召开全国失业保险行政及经办处长参加的视频会议，部领导出席并专门对推进网上经办作出部署安排。

二是加强调度。会同信息中心每周调度，通报各地数据下载率、审核率、通过率，督促各地建立工作机制，确保待遇申领数据及时下载、及时审核、及时反馈。以视频连线"一对一"方式调度重点省份工作进展，会商解决部门数据共享、业务协同规范等难点问题。

三是示范引领。召开现场会，组织工作进展相对缓慢的省市到山东临沂现场观摩，学习革命老区主动作为、攻坚克难，实现失业保险人员领金领待"一次不用跑"的先进经验。人社部《人社工作信息》编发一期失业保险经办服务专刊，推介各地便捷经办典型经验，《中国劳动保障报》专门开辟"失业保险扩围在行动"专栏，发稿 30 余篇。

目前，全国地级以上城市全部实现失业保险金和失业补助金网上办理，部分信息化建设水平较高的省市，还可以通过手机 APP、支付宝链接、微信城市服务专区等渠道，实现"掌上办理"。

统一入口上线运行一年多来，在线申领失业保险待遇累计超过 5500 万笔，与各地市开通的线上申领平台已实现全面对接，成为失业人员领金领补的主渠道，基本实现从"只跑一次"到"不用跑"的转变。失业保险经办数字化转型持续深入推进，"秒办"成为失业人员的普遍感受，群众办事的获得感明显提升。

强化数据共享　探索"免申即享"

疫情期间，部分中小微企业生产经营困难加剧，稳岗压力加大。我们的工作重点是抓好失业保险稳岗返还政策落地。特殊时期急事急办、特事特办。各级失业保险部门克服困难、主动作为、多措并举，积极推动通过后台数据比对精准筛查符合条件的企业，直接发放稳岗资金的"免申即享"新模式，以人社速度为企业纾困解难，努力让好政策跑在受困企业前面。

广西南宁："网上秒办"，企业免填表、免申报、免跑腿。

江苏苏州：大数据比对，符合条件企业直接发放。

湖北武汉：降门槛、简手续、零接触、网上办。

安徽：创新"免报直发"模式。

湖南：点对点发送短信提示企业申领。

宁夏：实施"社银直发"经办新模式。

天津："容缺办理"，先拨付资金后补齐材料。

四川：资金返还持续提速，部分地市受理、审核、公示、拨付同步推进。

稳岗返还办理时限由规定的 3 个月缩短为 1 个月，有的省份只需 10 日资金就可到位。在最困难的时候为企业注入现金流，对冲了疫情影响。受益企业普遍反映，稳岗返还用"真金白银"传递了党和政府的关心和温暖，解了"燃眉之急"，稳住了岗位，提振了信心。

2021 年，在国务院同意下发的新一轮减负稳岗扩就业政策文件中，明确推广"免申即享"新模式。目前，全国 21 个省份实现"免申即享"，所有

稳岗返还补助金发放现场

地级以上城市全部实现稳岗返还网上办理。

失业保险经办服务模式的改变，最大化释放了政策红利，受益面大幅扩展，达到历史峰值。2020 年 1337 万名失业人员领到失业保险待遇，是往年的 2 倍多；608 万户企业领到稳岗返还资金 1042 亿元、惠及职工 1.6 亿人，

是往年的 5 倍多；使用基金 2000 亿元，是往年的 2 倍。

　　习近平总书记在中央政治局第 28 次集体学习时强调，要完善社会保障管理体系和服务网络，在提高管理精细化程度和服务水平上下更大功夫，提升社会保障治理效能。失业保险经办服务质量，直接关系到失业人员和企业的获得感。我们将进一步统一思想，推进行动，扬长板、补短板、兜底板，推动经办服务提质增效，巩固深化"畅通领、安全办"成果，推进失业保险经办数字化转型，推进待遇发放再提速、网上经办再加力、主动服务再升级，实现政策效力最大化，努力把失业保险服务水平提升到新高度，迈上新台阶。

人社部门工作人员深入社区宣讲失业保险扩围政策

"加减乘除"四字诀
提升工伤保险行风建设水平

人社部工伤保险司司长 郑玄波

2018年以来,人社部党组坚持以人民为中心发展思想,把加强系统行风建设工作作为人社事业发展的战略基点、推动工作的重要载体、破解难题的有效手段,持续不懈大力推进。工伤保险司认真落实部党组要求,突出抓好"加减乘除"四字诀,持续优化工伤保险服务,推动工伤保险行风建设取得积极成效。

抓好"加"字诀 优化工伤保险服务事项供给

民生连着民心,民心是最大的政治。做好工伤保险管理服务工作事关工伤职工切实利益,事关人社部门良好形象。2018年以来,针对工伤保险存在的管理制度不完善、信息化建设滞后、便民服务不到位等问题,我们将工伤职工和社会各界关注的工伤认定及劳动能力鉴定作为推进落实便民化服务和放管服改革重要一环,印发《关于推进工伤认定和劳动能力鉴定便民化服务化工作的通知》(人社厅发〔2018〕104号),加大工作力度,加强工作指导,积极优化工伤保险服务事项供给,切实增强群众获得感。

一是增加办事大厅服务项目。全面下放工伤认定和劳动能力初次鉴定事项,工伤认定和劳动能力鉴定受理事项全面进驻办事大厅,实现工伤认定和劳动能力鉴定受理事项"只进一扇门""一窗受理",不断提高工伤认定和劳动能力鉴定办事效率。目前，各地已基本实现了工伤认定和劳动能力鉴定受理事项全面进驻大厅，积极推进工伤认定和劳动能力鉴定事项下放工作，较好地方便了工伤职工和用人单位办事。

二是大力推进"互联网＋认定鉴定"。全面加强工伤保险信息化建设，推进网上大厅与实体大厅业务办理结合，加快实现工伤认定和劳动能力鉴定工作业务全流程实时记录、及时交换、相互核验、精确管理，实现工伤认定和劳动能力鉴定业务在线协同办理、信息共享，尽可能减少群众跑腿次数。截至目前，已经有 30 个省（市）建成省集中业务系统支持工伤保险业务办理，有效实现了网上办、快速办，更好地实现了"数据多跑路，群众少跑腿"。

抓好"减"字诀　切实减少工伤保险证明材料

工伤保险涉及参保缴费、工伤预防、工伤医疗、工伤认定、工伤康复、劳动能力鉴定和工伤待遇支付等，链条长、环节多、合规性强，每个环节都需要工伤职工和用人单位提交相应的证明材料。

2018 年以来，我们认真贯彻放管服改革要求，扎实做好减证便民，积极抓好工伤保险证明事项材料清理，更好方便企业和群众办事。2018 年，本着尽量取消和实事求是的原则，我们对证明事项和证明材料进行了认真梳理，在征求地方意见的基础上，取消了规范性文件设定的工伤保险相关证明材料 19 项，包括工伤认定、劳动能力鉴定等多项内容，占人社部第一批取消证明材料的 26%。

2019 年，我们继续挖潜增效，深入推进减证便民，又取消了包括申领工伤保险待遇不再提交认定工伤决定书等 12 项由部门规章或规范性文件设定的证明材料，占人社部第二批取消证明材料的 25%。

此外，积极指导各地全面梳理证明材料，取消不必要或重复提交的证明材料。各地按照要求，积极落实证明材料的清理和取消工作。通过做证明材料的"减法"，更好地方便工伤职工和群众办事，不断提升群众满意度。

抓好"乘"字诀　积极探索异地认定鉴定共享合作

随着我国城市群、都市圈的迅速崛起、快速发展，区域间劳动力流动愈加频繁，用人单位注册参保地和工作地分离现象日益增多，探索推进工伤认定、劳动能力鉴定、工伤医疗异地合作的需求更加强烈。

我们以变应变，因势利导，指导各地对异地发生工伤的，加强与当地人社部门合作，通过委托当地人社部门进行工伤认定调查，聘请当地医学专家进行劳动能力鉴定等方式，方便用人单位和工伤职工就地进行工伤认定和劳动能力鉴定。

2019 年，经过各方不懈努力，京津冀三地签署了《京津冀工伤保险工作合作框架协议》，三地在工伤认定、劳动能力鉴定和工伤医疗康复三个方

"工伤保险进工地"主题宣传

工伤保险"一件事"专窗

热情服务群众

面开展合作，可相互委托对事故伤害进行工伤认定的现场调查核实，相互委托劳动能力鉴定，互认对方签订的工伤医疗康复协议服务机构，建立了联席会议制度，有效实现优势互补、共建共享、高效便民。京津冀三地合作很有意义，形成了可复制、可推广的经验做法。

我们趁热打铁，先后支持长株潭城市群推进工伤认定服务统一化，建立长株潭工伤参保、工伤待遇享受等相关信息互查机制，推动三地之间工伤事故委托调查、工伤认定结果互认。

在成渝双城经济圈，川渝两地人社部门签署《共同推进工伤保险工作协同发展合作协议》，川渝两地的用人单位及人员可以在当地辖区内实现工伤认定、劳动能力鉴定、工伤医疗、工伤康复等，两地人社部门可相互委托伤害事故调查、劳动能力鉴定等。

此外，长三角经济圈、关中平原经济圈等发展规划将工伤认定和劳动能力鉴定异地互认制度作为一项有益探索，工伤认定和劳动能力鉴定效率持续提高，收到了事半功倍的效果。

抓好"除"字诀　及时为一线抗疫人员开辟绿色通道

新冠肺炎疫情暴发后，我们坚决贯彻中央决策部署，第一时间出台了《关于因履行工作职责感染新型冠状病毒肺炎的医护及相关工作人员有关保障问题的通知》(人社部函〔2020〕11号)，明确在新型冠状病毒肺炎疫情防控和救治工作中，医护及相关人员因履行工作职责感染新型冠状病毒肺炎的，依法享受工伤保险待遇。

为做好一线医护及相关工作人员工伤保障工作，我们又出台相关政策，指导各地建立工伤认定绿色通道，压缩办理时限。

各地人社部门全力以赴、积极履职担当，认真及时地做好工伤认定和待遇支付工作。

山西、甘肃、青海等地将工伤认定时限缩短为10个工作日。

福建将工伤认定时限缩短为7—15个工作日。

广东、新疆规定在5个工作日内完成工伤认定。

北京、河北、吉林、江苏等多地根据实际情况，对于事实清楚、材料齐全的工作认定申请，一般均在 1—3 日内作为工伤认定结论，并争取做到快认快结快付。

天津对伤害事实清楚、权利义务明确的，申请当日受理、当日作出决定、当日联网结算。

疫情期间，湖北完善绿色通道，放宽工伤认定申请时限，97% 以上工伤认定申请均在 3 日内办结。

天津、河北、辽宁、广东建立了"容缺办理"机制，规定对于事实清楚、材料不全的或因疫情影响无法及时提供有关材料的，可实行"容缺后补"予以办理。

吉林、山东、广东实行"认工伤不见面"，压缩流程和时限，高效助力疫情防控。

在总结各地经验做法基础上，我们加强工作指导，在《关于开展"人社服务快办行动"的通知》（人社部发〔2020〕26 号）中明确，原则上对工伤认定和劳动能力鉴定的办理时限缩减 50%。通过做办理时限的"除法"，及时开通绿色通道，充分体现了工伤保险的抗疫担当，有力保障防控一线医护及相关工作人员工伤保险权益，切实为一线抗疫医务人员保驾护航。

下一步，我们将持续坚持问题导向、目标导向、效果导向，锲而不舍，常抓不懈，不断优化服务，持续推进"清事项、减材料、压时限"，持续推进工伤认定和劳动能力鉴定便民化改革，持续推进工伤保险行风建设，努力打造群众满意的工伤保险服务新风。

践行以人民为中心的发展思想
大力推进调解仲裁行风建设

人社部调解仲裁管理司司长　王振麒

近年来，人社部调解仲裁管理司积极贯彻落实人社部党组关于"正行风、树新风，打造群众满意的人社服务"的总体要求，牢固树立"管行业就要管行风"的理念，结合调解仲裁工作实际，提出了以践行人民为中心的发展思想为统领，以信息化建设为支撑，以优化办案流程为重点的调解仲裁行风建设工作思路，指导各地调解仲裁机构为当事人提供优质、便捷、高效的服务，不断增强人民群众的获得感幸福感，以实际行动落实"人人是窗口、处处有服务、事事有行风"的要求。

坚持问题导向

在改进行风工作过程中，我们始终坚持问题导向，对照人社行风存在的"长、多、缺"等问题，查摆出调解仲裁行风建设中存在的案件排期长、当事人跑腿多、制度供给存在缺位等问题。

在具体贯彻落实中，我们重点抓好以下四个结合。

一是将行风建设与进一步加强争议处理效能建设结合起来，按照加强行风建设的阶段性任务，重点开展提高服务能力水平、发布调解仲裁制度目录及地方范本和信息化建设等工作，不断提高调解仲裁规范化、标准化、专业化、信息化水平，实现两者的互促共进。

二是将行风建设与加强调解仲裁文化建设结合起来，通过行风建设，打造调解仲裁文化，坚定文化自信，树立服务品牌。

三是将行风建设与队伍建设结合起来，以行风建设促服务能力提升，筑牢服务意识，打造一支政治强、业务精、作风正、纪律严的调解仲裁队伍。

四是将行风建设与廉政建设结合起来，切实落实"开前门、堵后门"的要求，细化调解仲裁廉政风险防控措施，规范仲裁自由裁量权，逐步实行仲裁裁决书网上公开，打造阳光公正的调解仲裁。

注重制度建设引领

先后以人社部办公厅名义下发了《关于印发基层劳动人事争议调解工作规范的通知》《关于加强劳动人事争议调解仲裁行风建设的通知》《关于进一步完善制度机制加强劳动人事争议调解仲裁队伍建设的通知》，进一步提升调解仲裁队伍建设水平，提高争议处理质效，努力提供公平公正、高效快捷、群众满意的调解仲裁服务。

修订《劳动人事争议仲裁组织规则》，增加了仲裁监督专章，强化了仲裁委员会对申请受理、办案程序、处理结果、仲裁工作人员行为等的监督责任。地方也出台了相关文件。

江苏省人社厅在全国率先出台了全面加强调解仲裁行风建设的通知。

广西壮族自治区人社厅下发了提升调解仲裁公共服务效能、仲裁工作人员文明服务制度等文件。

云南省人社厅制定了仲裁工作人员服务行为规范、文明用语等规定；一些地区制定了仲裁监督程序规定。

着重优化办事流程

按时推进12期"看得懂算得清"劳动人事争议调解仲裁政策解读，编制统一的办事指南，开展"调解仲裁机构负责人走流程活动"，不断优化工作流程，提高处理效率。

修订《劳动人事争议仲裁办案规则》，细化了终局裁决范围，增加了简易处理规定，取消了仲裁委员会对申请仲裁时效的主动审查。

在线仲裁庭审

调解组织现场调解

会同有关部门先后下发了《关于实施"护薪"行动全力做好拖欠农民工工资争议处理工作的通知》《关于进一步加强劳动人事争议调解仲裁法律援助工作的意见》，大力推行要素式办案、为特殊群体畅通"绿色通道"、加强调解仲裁与劳动保障监察联动机制建设。地方也结合实际做了大量工作。

广东省设置"一站式"立案窗口，实行一次性告知，最大限度地为当事人提供指引服务。

四川省实施综合柜员制，整合仲裁、监察、信访办理窗口，推行"前台综合受理，后台分类处理"，使群众和企业只进一个门、只到一个窗、办成一件事。

山东省等地区建立健全拖欠农民工工资、工伤争议速裁机制。

多地仲裁院开设了法律援助窗口，加大对弱势群体的帮扶力度。

提速"互联网＋调解仲裁"

2018 年，我们会同部信息中心制定下发了《"互联网＋调解仲裁"2020 行动实施计划》，充分发挥信息化对增强工作质效、提升服务能力、加强管理指导的重要作用，实现"数据多跑路、当事人少跑腿"。

三年来，我们与部信息中心共同推进，在全国人社政务服务平台和"掌上 12333"移动 APP 加载了调解仲裁服务功能。

积极推广"互联网＋调解"服务平台，截至 2021 年 9 月底，处理争议案件 4.5 万件，调解成功 2.4 万件。在 10 个省份启动在线仲裁庭审平台建设试点，为经济欠发达地区仲裁院提供免费的在线仲裁庭审服务。各地也积极开展在线服务。

广东省开发全国首个"劳动人事争议调解仲裁"微信小程序。

北京市上线"云仲裁庭"。

上海市各县区都开展了在线调解仲裁服务等。

福建省厦门市湖里区坚持数字创新的发展理念，自主研发了劳动关系调节数字化体系。

疫情防控期间，各地调解仲裁机构通过线上方式为当事人提供咨询、答疑和调解仲裁服务，有效维护了劳动关系平稳有序。

凝练行业特色文化

我们通过部门户网站调解仲裁子网站、劳动保障报调解仲裁专版和中国劳动人事争议调解仲裁微信公众号开展优秀调解仲裁机构及优秀调解员、仲裁员先进事迹系列宣传，营造行风建设的良好氛围。积极开展百家金牌调解组织的培育、选树工作，发挥示范引领作用。

扎实开展党史学习教育"我为群众办实事"实践活动，组织 1520 名青年仲裁员为 1.4 万多家企业（90% 为中小微企业）提供有针对性的人社法治服务，积极履行"抓前端、治未病"职能。各地也积极打造调解仲裁文化。

江苏省创新实施"阳光仲裁"品牌行动，开展全省"仲裁开放月"，逐步推广仲裁裁决书网上公开。

浙江省开展仲裁员宣誓活动，温州市倡导调解"和"文化，精心打造绿色等待区、温馨调解室、和谐笑脸墙等文化设施。

打造过硬调解仲裁队伍

我们先后举办了两期调解仲裁行风建设专题培训班，为各地培训师资力量并提供培训示范。

组织广大仲裁员积极参加部里"比武练兵"活动。部分地区调解仲裁机构组织开展了知识竞赛、优秀裁决书评选、模拟仲裁庭技能比赛等活动，促进调解员、仲裁员内强素质、外树形象。

34家调解仲裁机构和24名工作人员分别被评为2019年度全国人社系统优质服务窗口和先进个人，全国人社窗口单位业务技能练兵比武状元连续两年由仲裁员获得，2020年前10名选手中有4名来自调解仲裁系统，这既是人社部党组对调解仲裁工作的鼓励和鞭策，也是人民群众对调解仲裁工作的认可和期望。

"十四五"期间，我们将以彰显中国特色劳动人事争议处理制度优势为导向，以推动调解仲裁事业高质量发展为主题，以加强争议处理效能建设为主线，以提升多元处理机制运行质效为重点，进一步提高调解成功率、仲裁终结率、裁审一致率，切实提升调解仲裁工作规范化、标准化、专业化、智能化水平，不断强化调解仲裁的基础性、前置和保障作用，进一步促进就业质量提升及劳动关系和谐稳定。

劳动人事争议案件审理现场

维权保民生　服务促发展
强基固本锻造高水平劳动保障监察队伍

人社部劳动保障监察局局长　李新旺

三年来，劳动保障监察部门坚持以人民为中心，坚决贯彻落实党中央、国务院关于维护劳动者权益的决策部署，以队伍建设为保障，以机制创新为抓手，以保障农民工工资支付工作为重点，持续推进劳动保障监察系统行风建设，切实提升广大劳动者的获得感幸福感安全感，各项工作取得新的显著成绩。

以党建为引领　提升服务水平

强化服务意识。要求各地牢固树立以人民为中心发展思想，深化执法为民理念，以高度的政治责任感和使命感，切实加强监察行风建设，增强"行风建设永远在路上"的思想自觉和行动自觉。

指导各地区加强劳动保障监察窗口建设，打造监察执法服务品牌，落实首问负责制、一次性告知等制度，实行有温度的执法，为劳动者和用人单位提供高效便捷的执法服务。

进一步畅通投诉举报渠道，采取网上投诉、扫码投诉等方式畅通劳动者维权的"最先一公里"，及时受理并查处举报投诉案件。

2020年12月，"全国根治欠薪线索反映平台"上线运行，农民工可通过平台微信端随时、随地对欠薪问题进行举报投诉，实现"扫码投诉，全国联动"，进一步畅通举报投诉渠道，方便劳动者维权。

劳动保障监察员到企业开展执法服务

提升服务能力。指导各地区适应治理能力现代化需要，不断健全劳动保障监察执法体制，全面提升监察队伍业务素质。

研究起草保障工资支付法律适用执法指引，指导地方准确理解条例制度、正确履行法定职责。指导各地区加大对一线监察员、窗口工作人员的业务培训力度，通过练兵比武、典型示范等方式，着力提高政策水平和业务能力，力求熟练掌握劳动保障监察领域法律法规和监察执法流程，做到严格执法程序、规范执法行为、准确适用法律法规。

加强服务监督。深入开展青年干部暗访调研，建立健全作风建设监督机制，严肃执法纪律，强化责任追究。

完善劳动保障监察窗口接待规范，重点解决不作为、乱作为等问题，牢固树立监察执法为民的良好形象。

推动"厅局长走流程"工作常态化、机制化，通过走进群众、走进基层、走进一线，抓住关键要害、发现痛点难点、感受问题不足，促使全体党员干部在日常工作中学得更透、想得更深、做得更实。

2021 年 8 月下旬七部门联合印发的《工程建设领域农民工工资保证金规定》，就充分吸收了"走流程"获取的意见建议，在依法退返保证金方面，降低"申请退"的门槛，增强"主动退"的义务，避免大量资金沉睡，为企业解决了燃眉之急。

以改革为契机　优化执法质效

推进执法规范化建设。指导各地区围绕落实中央关于"严格规范公正文明执法"的要求，创新执法方式、规范执法行为、改进执法服务，着力提升监察执法效能。

在人社领域全面实施"双随机、一公开"监管方式，公布随机抽查事项清单、监管对象名录库和执法人员名录库，基本实现随机抽查事项目录明晰、监察执法人员底数清楚、监管对象数据齐全，避免多头执法、重复检查问题，确保监察执法既"无事不扰"又"无处不在"。

全面实施行政执法公示、执法全过程记录、重大执法决定法制审核制度，规范执法检查、调查取证、处理处罚程序，健全监察执法裁量权基准制度，让监察执法在阳光下运行，着力解决执法不公、执法不严问题。

深入开展农民工工资支付情况专项检查

监察人员深入建筑工地向农民工讲解政策

建立以信用为基础的新型监管机制。指导各地区转变监管理念，着力发挥信用监管在完善监管机制、提升监管效能中的基础性作用，建立劳动保障监察信用监管机制。

各地区广泛开展劳动保障守法诚信等级评价，依据评价等级对企业实施分类监管，增强执法的针对性和精准度。依法开展重大劳动保障违法行为社会公布，有效警示震慑违法行为，强化社会舆论监督。

建立拖欠农民工工资"黑名单"管理制度，通过实施跨部门联合惩戒，使拖欠工资的失信企业在全国"一处违法、处处受限"。2019年以来，全国共向社会公布重大劳动保障违法案件7327件，共列入拖欠农民工工资"黑名单"管理的用人单位2310户。

构建劳动保障智慧监察系统。着手推进全国工程建设领域农民工工资支付监控平台、监察大数据平台和执法办案系统建设。

在劳动保障监察网络化建设基础上，利用现代化信息技术，推进监督检查、用工监管、执法办案等监察业务全过程、全方位、全要素线上运行，实现线上线下同步监管。

以满意为目标　狠抓欠薪维权

打造责任落实、监管有力的治理格局。原解决企业工资拖欠问题部际联席会议升格为国务院根治拖欠农民工工资工作领导小组，各省级政府均成立由分管负责同志任组长的根治欠薪工作领导小组，形成人社部门牵头协调抓总、相关部门积极主动作为的根治欠薪整体合力。

充分发挥考核"指挥棒"和督查"利剑"作用，持续开展省级政府保障农民工工资支付考核，加大对工作不力的约谈、通报和问责力度，有效传导压力，层层压紧压实属地政府和部门监管责任。

建立源头预防、动态监管的制度体系。以《保障农民工工资支付条例》为主体，相继出台实名制管理以及工资专用账户、工资保证金、失信惩戒名单等配套政策制度，进一步织牢织密根治欠薪"防护网"，实现事前预防、事中监管和事后处置的全链条闭环管理，用制度防欠薪，强化农民工欠薪维权服务，有效解决农民工工资"没钱发""发给谁""怎么发"，以及发生工资拖欠、企业主逃匿等情况下的工资支付问题，确保付出辛劳的农民工按时足额拿到应得的劳动报酬。

构筑依法监管、协同高效的工作体系。根治拖欠农民工工资工作领导小组各相关部门协同配合，联手打出行政执法、刑事处罚、信用惩戒相结合的治欠组合拳，保持对欠薪违法行为的高压态势。

各地区综合运用行政协调、调解仲裁、法律援助等多种手段，妥善处理因工程款拖欠、用工管理不规范等导致的欠薪问题。针对欠薪问题易发多发的关键节点和重点领域，连续多年开展根治欠薪夏季专项行动和冬季攻坚行动，依法严厉打击恶意欠薪违法行为。

强化日常监察执法，把功夫下在平时，积极面向企业和劳动者开展劳动保障法律法规宣传，主动加强对重点领域、重点行业、重点企业的日常执法检查，及时响应处理劳动者劳动报酬等权益诉求，为农民工提供高效便捷的欠薪维权服务。

以信息化为支撑　助力人社服务便捷高效

人社部信息中心主任　翟燕立

各级人社部门围绕人力资源和社会保障中心工作，全面开展信息化建设，实施人社信息化便民服务创新提升行动，全力推进人社服务"一网通办"，推广应用社会保障卡"一卡通"，积极开展人社大数据应用，保障重点改革任务落实到位，提升治理效能，在深化"放管服"改革，更好地保障和改善民生工作中，发挥了重要作用。

实施信息化便民服务创新提升行动　提升便民服务水平

2020年11月，印发《人力资源社会保障信息化便民服务创新提升行动方案》，聚焦企业和群众的办事堵点、难点和痛点，以"全数据共享、全服务上网、全业务用卡"为目标，以六项专项工作为典型示范，以清单方式明确两年目标任务，加快推动业务发展与信息化建设协同联动、深度融合。

截至2021年9月底，"全数据共享"（70项服务），部级已开通行业内跨层级共享服务25项、跨部门共享服务31项。"全服务上网"（82项应用），部级已累计开通并运行43项应用。"全业务用卡"（95项人社应用），各地已普遍实现人社领域本地实体社保卡"一卡通"应用，正在拓展电子社保卡应用，长三角、成渝、海南等地积极推进区域内居民服务"一卡通"应用。通过信息化创新提升行动的落地实施，全面提升人社信息化便民服务水平。

建设全国性平台　广泛推动"一网通办"

开通全国人社政务服务平台、国家社会保险公共服务平台、全国社保卡服务平台等全国性平台，推动线上服务向全国平台汇聚，并通过平台间的对接，形成跨平台联动，全国"一网通办"的服务格局。群众可通过网上服务大厅、"掌上 12333"APP、电子社保卡等多个渠道办理失业登记、失业保险金和失业补助金申领、专业技术人员资格证书查询核验、待遇资格认证、社保关系转移、职称证书核验、技工院校、在线调解等 58 项全国性"一网通办"服务，千余项地方属地化特色服务，实现网上办事"畅行无阻、全网漫游"。

落实国务院政务服务"跨省通办"要求，并将其作为促进人才要素流动、提升民生服务水平、解决群众异地办事痛点问题的"关键一招"，由人社部牵头落实的共 33 项，目前已完成 19 项工作，其余各项正按计划有序推进。

12333 咨询热线工作人员

落实国办老年人智能技术服务有关任务，印发《关于进一步优化人社公共服务切实解决老年人运用智能技术困难实施方案的通知》，推进各级人社部门完成网上办事大厅、APP、小程序，12333电话咨询服务的适老化改造，为老年人等群体提供智能技术、传统大厅两类服务渠道，实现主动、贴心服务。

开通"就业在线"国家级招聘求职服务平台，汇聚各地、各类人力资源服务机构，实现招聘求职信息实时、全面汇聚、共享和发布，支持跨区域、跨层级开展招聘求职服务。同时，借助人社大数据和人社信用体系优势，对用人单位和求职者进行信用核验，营造真实可信的招聘求职环境。当前平台有效岗位数450多万个，累计发布岗位数900多万个，招聘会5798场，页面访问量8000多万次，注册用户数1500多万人。

以社保卡为载体　全面推广居民服务"一卡通"

2020年8月20日在扎实推进长三角一体化发展座谈会上提出"要探索以社会保障卡为载体建立居民服务'一卡通'，在交通出行、旅游观光、文化体验等方面率先实现'同城待遇'"。

截至2021年9月，全国社保卡持卡人数达13.47亿人，覆盖超过95.4%人口和所有地市。电子社保卡累计签发超过6.54亿张，通过电子社保卡发放职业培训券1148.21万元、用券267.51万元，已提前完成今年发券用券目标，发放的面值券金额近100亿元，涉及培训机构近4万家。

按照人社服务"快办行动"要求，实现社保卡服务事项的提速和打包一次办，目前已有31个省份支持立等可取即时发卡且区县覆盖率均超过70%，其中27个省份即时发卡实现区县全覆盖。

社保卡在办事凭证用卡、待遇补贴进卡、就医结算持卡等方面持续扩大应用深度和广度，并向跨部门政务服务和智慧城市应用领域不断拓展。

31个省份的部分地市通过社保卡发放惠民惠农财政补贴资金，22个省份的部分地市（195个）支持电子社保卡移动支付就医购药，19个省份的部分地市实现社保卡乘坐城市公共交通，20个省份的部分地市实现凭卡进图书馆、博物馆、公园、景区等，部分地区实现凭卡享受养老服务、残疾人服务、智慧城市服务等。

电子社保卡

制卡业务

社保卡已经成为群众享受政府公共服务的身份凭证和支付结算工具，成为政府治理的有效载体和智慧城市的服务品牌。

推进"不见面"服务　全面助力"六稳""六保"

疫情防控期间，为保障复工复产企业用工，开通农民工返岗复工"点对点"用工对接平台、农民工出行服务小程序，全面摸排汇总有意愿外出农民工信息和企业需求，提供精准对接服务。

依托中国公共招聘网，开通"全国一体化政务服务平台＆人社部应对疫情做好返岗就业服务专题"，提供各地复工日历、线上就业服务、就业政策查询等服务，并与国家政务服务平台实现对接，方便企业和群众使用。

依托全国人社政务服务平台、社保公共服务平台、社保卡服务平台，相继开通网上办事大厅、小程序等服务渠道，进一步完善"掌上12333"移动应用，使群众可以通过网页端、移动端在线办理人社业务，基本形成多元化的线上服务体系。

开展数据共享比对分析，实现跨地区"找人"，为开展防疫政策制定、稳岗返还、失业补助金、减免企业社保缴费等政策测算提供数据支撑。

要求各地人社12333电话咨询服务机构主动作为，创新服务方式，通过电话为企业和群众答疑解惑、宣传人社政策。2020年全年，全国12333接听总量超 1 亿人次，综合接通率保持在 80% 以上。

积极开展数据共享　充分发挥人社数据价值

　　数据共享是实现"减证便民"、助力"放管服"改革向纵深推进的重要举措。人社部现已初步建立跨部门、跨层级、跨业务的数据共享工作机制，与国务院有关部门、地方人社部门之间，以及部属单位间，开展数据共享、核查比对工作。完成与国家数据交换共享平台、国家政务服务平台及国家人口库的对接，为各地人社部门开通了数据共享通道服务，支持各地结合数据应用场景开展共享应用，与教育、公安、民政、卫健等 20 多个部门实现数据共享，为告知承诺制、乡村振兴、一网通办、优化营商环境等重点工作提供支持，同时支持外部门数据共享及应用，实现"双赢"共享。

　　行风建设三年专项行动以来，我们通过跨层级、跨部门的数据共享和比对核查，为失业补助金政策制定及实施、退捕渔民信息核实及参保情况、疫情社保减免、稳岗返还、违规提前退休、违规一次性补缴、死亡人员冒领、假人冒领、判刑收押人员、养老全国统筹等提供数据支持。通过实施数据共享管理办法、制定跨层级共享流程、出台数据安全管理规范等制度文件，指导人社系统规范开展数据共享工作。

解民忧　暖民心　社保经办提质增效

人社部社会保险事业管理中心主任　贾怀斌

习近平总书记强调，江山就是人民、人民就是江山，打江山、守江山，守的是人民的心。社保经办工作一头连着党的路线方针政策，一头连着民心，关乎 10 多亿参保人民群众最关心最直接最现实的利益。人社系统行风建设三年专项行动启动以来，社保经办系统坚决贯彻落实部党组"正行风、树新风，打造群众满意的人社服务"部署要求，坚持以人民为中心的发展思想，以锲而不舍、驰而不息的决心和毅力，以踏石留印、抓铁有痕的劲头将系统行风建设工作持续引向深入，推动社保经办管理服务提质增效。

提高政治站位　永葆为民情怀

社会保障关乎群众切身利益，是治国安邦的大问题。三年来，我们深刻认识到：持之以恒抓好系统行风建设是增强"四个意识"、坚定"四个自信"、做到"两个维护"的必然要求，是与以习近平同志为核心的党中央保持高度一致，做好三个表率，建设让党中央放心、让人民群众满意的模范机关的具体体现，必须进一步提高政治站位，充分认识加强行风建设的重要意义。

持之以恒抓好系统行风建设是践行以人民为中心的发展思想，满足人民对美好生活向往的必然要求，必须以实现好、维护好、发展好最广大人民根本利益为最高标准，让改革发展成果更多更公平地惠及全体人民，切实发挥社保经办工作凝聚人心、增进与人民群众感情的重要作用。

持之以恒抓好系统行风建设是社会保险事业发展的必然要求，进入"互联网＋"和大数据技术引领社会发展的新时代，人民群众对社会保障的要求从"有没有"向"好不好、优不优"转变，社保经办事业发展也必须与时俱进，以优良的服务赢得群众的信赖和支持。

推进作风建设　打造为民服务良好形象

2018年，社保中心专门成立行风建设与宣传处，负责系统行风建设工作，并印发《关于进一步加强社会保险经办窗口作风建设的通知》，在全系统开展"解民忧、转作风"专项行动。

我们严查工作纪律，严肃处理搪塞推诿、懒政怠政等违反工作纪律和服务规范的问题，认真落实"五制""四公开""三亮明"服务规范，确保窗口准时高效受理业务。不断优化服务环境，配置更加人性化的便民服务设施，最大限度地方便群众办事，不断改善服务体验。针对群众通过各类渠道反映的行风问题，我们坚持"处理一个投诉，解决一类问题，完善一套机制，

为参保单位办理社保业务

实现一个转变"，印发《社保中心舆情处置应急预案》，搭建舆情监测系统，7×24 小时全天候跟踪监测，利用社保经办舆情联络机制，线上线下同步解决群众反映的行风问题。

经过全系统的不懈努力，三年来，从国家统计局、市场监管总局等部门的第三方监测数据来看，人民群众对社保公共服务的满意度连年稳步提高，社保经办服务形象更加暖心贴心。

简流程　优服务　破解行风建设根源问题

秉承"把方便留给参保人员，把麻烦留给经办机构"的理念，我们持续推进"清、减、压"，优化业务流程，精简证明材料，压减办事时限。

完成城乡居民养老保险经办规程修订工作，群众和基层反映证明材料少了，流程优化了，办事更方便了，确保基金安全的措施却没减少。

全面推行证明事项告知承诺制，杜绝奇葩证明、循环证明、重复证明。在全面取消领取社会保险待遇资格集中认证工作的基础上，我们不断探索创新认证服务模式，推进全国范围自助认证，构建递延认证机制，提升认证服

赴建筑工地宣讲工伤保险政策

务便捷性。

进一步优化转移接续流程，企业职工养老保险关系省内不用转，取消参保缴费凭证，开通网上申请服务，进一步缩短了跨省转移的办理时限，提升了便捷化水平。

深化"一网、一门、一次"改革，推广综合柜员制，加强电子档案应用，提升网上经办能力，推行不见面审批，免除参保群众往返奔波之烦扰。

探索创新"看得懂算得清"宣传方式方法，系统上下联动、同频共振，连续推出了养老保险参保、免减缓、社保扶贫、转移接续、资格认证等一系列宣传，有效提高了社保政策的知晓度，让群众足不出户就能看懂社保政策、算清社保待遇。

三年来，从异地业务"不用跑"、无谓证明材料"不用交"、重复表格信息"不用填"到"只进一扇门""最多跑一次"，不断满足了人民群众对更便捷、更高效社保服务的需求。

推动社保经办数字化转型　努力满足人民群众新期待

进入数字时代，数据成为各行各业的核心资产和宝贵资源。社保经办机构的优势在于生产和掌握着大量数据，行风建设取得长效的关键是通过数字化转型，推动经办服务模式的深刻变革。

我们打破"数据壁垒"，整合数据资源，推动部门间业务协作，深入实施人社服务快办行动，关联事项打包办、高频事项提速办、所有事项简便办，推动更多社保事项异地可办、跨省通办。在狠抓数据质量的基础上，国家社会保险公共服务平台服务功能不断扩容，开通了9类33项全国统一的社保服务，累计访问量超过24亿人次，跨地区、全国性社会保险公共服务可以轻松"网上办""掌上办"。

坚持传统服务方式与智能化服务创新并行，开通"绿色通道"，通过代办、上门服务等方式，着力为老年人、残疾人等特殊群体提供更加贴心暖心的社保服务。

依托基层公共服务平台、社银合作等资源力量，调整完善基层服务网点布局，构建多元社保服务合作体系，推动社保服务下沉。

深入高原牧民家中采集信息

三年来，我们坚持以数字化转型引领社保经办服务深刻变革，线上线下相结合，传统创新相融合，充分利用互联网、大数据等新技术新手段，用数据画像优化服务、用数据分析支撑决策，用数据稽核防范风险，并借助第三方力量，实现了经办管理服务多维度、深层次的提升。

发挥榜样引领作用　弘扬社保经办新风正气

三年来，我们不断加强对基层经办人员的教育培训力度，积极开展各种形式的业务技能练兵比武活动，营造"学政策、钻业务、强技能、优服务"的良好氛围，着力提升办事人员的能力素质，在系统内营造人人争当标兵、争做能手的浓厚氛围。积极选树社保经办领域贯彻落实党中央决策部署、牢记党的性质宗旨、扎根一线服务群众的先进典型，通过开展"最美社保人""战疫社保人""社保扶贫人物""党旗下的社保人"等一系列宣传活动，将他们兢兢业业工作的事迹，转化为可触摸、可感知、可学习的生动样本。树形象、立口碑，激励系统干部职工求真务实、担当作为，让党旗在基层一线高高飘扬，让人民群众在社保服务窗口真切感受到党和政府的关怀和温暖。

习近平总书记在中央政治局第 28 次集体学习时指出，要完善社会保障管理体系和服务网络，在提高管理精细化程度和服务水平上下更大功夫，提升社会保障治理效能。三年来，社保经办行风建设工作的质与效都实现了飞跃式发展，经办服务由"注重管理"向"强化服务"转变，由"方便自我"向"方便群众"转变，由"粗放服务"向"精准服务"转变。但我们也清醒地认识到，与党中央要求相比，企业和群众对更好更快社保服务需求的期盼相比，还有不小的差距。

滚石上山，爬坡过坎，行风建设永远在路上。立足新发展阶段，社保经办机构要进一步夯实行风建设主体责任，坚持守正创新，以更大的决心、更有力的措施，切实解决好群众反映的"急难愁盼"问题，不断优化社保服务，促进基本公共服务均等化，推动社保事业高质量发展。

常抓行风建设　全力打造优质窗口

人社部中央国家机关养老保险管理中心主任　王　涛

2018年6月，人社部党组作出全面加强系统行风建设的决策部署，提出"正行风、树新风，打造群众满意的人社服务"的总体要求。

作为部属直接服务于中央单位的经办窗口单位，三年来，我们坚决贯彻落实人社部党组指示精神，扎实开展窗口单位作风建设，牢固树立以人民为中心的发展思想，始终秉持"站位高、理念新、视野宽、服务优"的工作思路，不断深化"放管服"改革，制定《央保中心行风建设工作方案》，聚焦经办工作的堵点难点，革新经办服务模式，推进"我为群众办实事"，在服务和监管上做"加法"，在事项和流程上做"减法"，大力夯实标准化信息化和经办队伍建设，全面提升行风建设效能和水平，中央经办工作取得扎实成效。

以"办实事、解难题"为出发点　聚焦参保对象关切

按照党中央、部党组"把党史学习教育同解决实际问题紧密结合起来"的工作要求，我们聚焦参保对象的堵点、痛点、难点，了解需求、因事制宜、分类施策，推动解决参保对象最关心直接的利益问题。

走进参保单位，倾听服务对象意见建议。2019年6月起，我们定期走访参保单位，采取座谈交流、实地查看、个别访谈等形式汇总研究问题、现场答疑解惑、宣讲改革政策，广泛赢得单位理解，凝心聚力落实改革任务。截至目前，共走进参保单位百余家，解决问题1000余个，促进重点单位退

休人员待遇领取，特殊单位和国际职员、院士等群体纳入制度保障，部分人员跨省调动养老保险关系转续等问题得到妥善解决。

制订办实事清单，打通为民"最后一公里"。我们着眼参保对象需求和急难愁盼问题，充分用好走访、座谈、来电来函等形式，提出"我为群众办实事"事项 13 项，其中"建设中央经办智能客服系统""推进异地事项跨省通办"2 项列入部清单。

结合"厅局长走流程"专项活动，我们走访了 6 个省市自治区的 20 多家经办机构和参保单位，汇总问题和需求 30 余项，有针对性地制定解决措施，切实将超编单位参保、准备期清算、参加北京市企业养老保险衔接等改革重点问题推进解决。

以"强队伍、树形象"为着力点　激发经办工作新作为

我们牢固树立把人民群众放在心中最高位置的思想，采取多种形式组织工作人员开展学习，把学习成果转化为过硬的能力和作风，增强做好工作、为民服务的思想自觉和行动自觉，不断夯实行风建设基础，树立人社部门良好形象。

学经验，创新开展"他山之石"银行蹲点活动。积极学习借鉴金融行业

"他山之石"活动现场

的先进服务理念，派驻工作人员到银行网点服务大厅跟班体验的形式，学习业务流程、内控机制、人员管理等先进经验，共走进金融机构 30 余人次，提出意见建议 100 余条，完善内控管理机制 40 余项，落实优化经办大厅环境服务事项 5 项，将学习成果转化为提升中央经办服务水平的具体措施。

重调研，认真落实青年干部参加调研暗访工作。2021 年以来，组织青年干部共进行调研暗访 43 人次，脚步遍及 11 个省份，调研中发现问题提出意见建议 3 条，发现亮点做法 38 条。通过深入基层一线，站在参保人员的角度发现并思考问题，激发青年干部破解难题和干事创业的动力，不断增强为民服务本领。

勤练兵，积极组织经办人员练兵比武活动。依托部内"人社学与行"学习平台，央保中心开展线上线下答题自学、青年理论学习小组集体学习交流研讨、中心内部测试等活动，打破各业务板块领域界限，针对掌握人社政策法规、运用信息平台、规范服务行为、处置突发事件和协调沟通能力等方面进行练兵。以比促练、以练促用，在中心营造见贤思齐、比学赶超的良好氛围，带动经办队伍综合能力提升。

以"简流程、优服务"为落脚点　努力提供便民高效服务

积极推进"互联网 + 政务服务"建设，坚持以整合促便捷、以创新促精简，以服务对象办事"少跑腿"为目标，不断优化经办系统、改进业务流

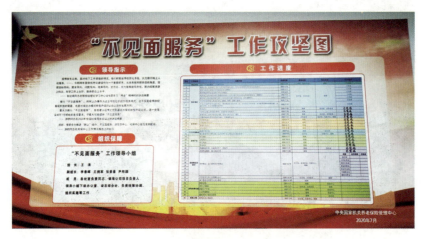

不见面服务作战图

程，经办大厅环境持续向好，服务意见反馈渠道畅通，经办工作初步实现了高效、便捷。

梳理证明事项，做到便民利民。开展证明事项清理工作，结合经办实际，坚持全面清理，对数据采集导入、单位信息变更等 14 项经办业务制定了清理意见，共取消具体证明材料 15 项。

积极推行证明事项告知承诺制，制定《中央国家机关事业单位养老保险证明事项告知承诺制经办流程（暂行）》，明确人员暂停缴费等 5 项业务为适用业务，参保单位签订承诺书后，不再需要提交证明材料，大力推进"减证便民"。

实现"一网通办"，做到提速增效。将革新经办服务模式作为行风建设的重要内容，在综合柜员制经办模式基础上，开发完善单位网厅业务办理功能，实现线上线下业务一体化办理，央保"不见面服务"系统于 2021 年 1 月正式上线。

截至 2021 年 9 月底，网站访问量 114 万次，业务办理量 3.6 万笔，电子票据打印 5 万张，常规业务实现 100% 网上经办。新系统在全国范围内具有 1—3 年的先进性，搭建起了执行政策规范、设计安全、使用便捷、环境包容的平台，实现参保方、经办方和管理方等多方共赢，全面提升服务对象的获得感、满意度。

畅通咨询渠道，做到解忧纾困。设置业务咨询电话、行风举报电话、意见箱，利用微信群、政务邮箱、网厅评价中心等渠道开展线上咨询服务。疫情期间每日调度电话接听情况，采取回拨等方法确保电话百分百接听，线上累计提供咨询上万人次，定期主动在网厅公开答复口径，明确行风投诉处理办法，全面畅通诉求反馈渠道，接受参保对象和社会各方监督。

行风建设既是攻坚战，更是持久战。我们将一如既往扎实做好行风工作，总结经验、巩固成果、形成长效机制，以行风建设的新成效汇聚高质量发展的强大正能量。

下一步，我们将持续推进"跨省通办"业务，搭建智能咨询服务平台，积极推进中央经办数字化转型，提高管理精细化水平，切实做到疫情防控和为民服务两不误，为参保对象做好事、办实事、解难事，推动中央经办工作再上新台阶！

以赛促训 提升基层公共就业服务能力

人社部中国就业培训技术指导中心主任 吴礼舵

职业指导人员、基层公共就业服务人员是就业战线的一支重要队伍，在公共就业服务的各个环节承担了大量工作，为群众送政策、送岗位、送服务，打通公共就业服务的"最后一公里"。为积极应对新冠肺炎疫情对就业工作的影响，助力脱贫攻坚和稳就业工作，提升群众获得感和满意度，2020年，中国就业培训技术指导中心重点聚焦"最后一公里"工作人员队伍建设，加强系统行风建设，提升基层公共就业服务标准化、专业化水平，组织实施"基层公共就业服务能力提升计划"，并举办首届公共就业服务专项业务竞赛。通过系列学习、培训、交流、竞赛，开展了全国基层就业服务工作人员能力提升的大比武，诞生了首批公共就业服务"明星"，掀起了学技能、强服务热潮。

基层就业服务工作现状

自 2002 年以来，各级人社部门大力加强基层就业工作，建立健全基层就业服务工作体系，开展基层平台"六到位"（狠抓公共就业服务平台体系建设，规范乡镇、街道、社区、村基层平台的业务操作流程和服务标准，推进场地、制度、服务、人员、经费、设施"六到位"）工作，基层就业服务平台得到较好发展。近些年，基层就业服务平台建设面临着一些新的问题和挑战。

一是为贯彻落实基层社会治理和治理能力现代化工作要求，2019年起各地基层公共就业创业服务平台陆续被整合进综合便民服务大厅，整合后便民服务项目间实现了协同，提高了基层管理的工作效率，但一些地方就业服务专项工作的力度尚不足以完成交办的任务。

二是整合后的基层就业服务工作人员流动性大，队伍不稳定，业务经办和服务能力亟待提升。

三是随着职业资格评价制度改革，自2016年起，职业指导人员、劳动保障协理员的职业资格培训和鉴定工作不再开展，抓基层就业服务人员能力提升缺乏有效抓手。

全面带动公共就业服务能力提升

针对基层公共就业服务出现的新变化、新问题，指导中心通过公共就业服务竞赛这个抓手，全面带动公共就业服务能力提升。

2020年6月5日，人社部印发开展公共就业服务专项业务竞赛活动通知。各地结合人社行风建设工作要求，掀起了以赛促练、以赛促训，全员行风练兵的热潮。8月，共有18个省份的84个城市举办市赛，共计1.5万人

公共就业服务专项业务竞赛全国赛决赛现场

全国赛选手模拟咨询服务

参与在线理论知识考试答题活动，14 个城市开展了线下服务能手选拔赛。9 月，共有 17 个省（区、市）的 2517 人参加省赛在线理论知识考试答题活动。北京、黑龙江、安徽、四川和江西等 9 个省（市）举办了省级线下服务能手选拔活动。

竞赛期间，人社部开通了公共就业服务能力提升在线学习平台，全国有近 5 万人注册，累计在线学习近 17 万小时，答题 31 万人次。

2020 年 11 月 11 日至 12 日，在江西省景德镇市举办全国赛。全国赛既有公共就业服务人员专项业务竞赛，又有优秀就业服务项目、成果和案例竞赛；既重视理论，有理论考试和擂台赛，更重视操作技能，有个人工作亮点展示和就业服务案例情景模拟比赛。就业服务案例情景模拟比赛环节既强调就业咨询与指导的技巧和能力，又突出服务当前就业重点群体，突出聚焦当前就业工作重点。

共有 66 名来自全国的优秀服务能手参赛，经过激烈角逐，评选出"全国十佳"职业指导人员和基层公共就业服务人员各 10 名。此外，通过征集评选出了近两年全国各地优秀就业服务项目 35 个，优秀就业服务成果 35 个，优秀就业服务案例 45 个。

通过此次竞赛活动，基层公共就业服务人员充分展示了开展大练兵、大比武的精神风貌和丰硕成果，深化了责任感、荣誉感，切实提高了服务意识。竞赛聚焦就业重点群体和人社工作难点，通过以赛促学、以赛促练，营造了基层公共就业服务人员比学赶超、交流互鉴、争做就业服务标兵的良好氛围，提升了就业服务窗口人员服务水平。公共就业服务专项业务竞赛是近十年来就业服务领域首次举办的全国性赛事活动。竞赛树立了基层公共就业服务典型，增强了公共就业服务人员的凝聚力和向心力。

工作展望

做好后续宣传，持续发挥就业服务行风建设作用。一是赛后在中国劳动保障报开辟"求职路上引路人"专栏，对竞赛优秀选手和优秀基层就业服务工作人员的事迹进行专题报道宣传。二是利用竞赛成果编辑形成优秀就业服务案例集，将35个优秀就业服务项目、35个优秀就业服务成果转化为培训课件，进行推介学习。

举办第二届公共就业服务专项业务竞赛，完善专项业务竞赛机制。建立了公共就业服务专项业务竞赛制度化举办机制，每两年举办一次，在2022年继续举办第二届公共就业服务专项业务竞赛。

持续完善公共就业服务能力提升培训平台，加强线上日常学习功能，促进学习常态化。在公共就业服务能力提升平台上提供在线学习、在线答题等功能，2021年继续开展"每周答题"，新增"专项答题""每月挑战答题"等栏目，将就业服务培训学习常态化。同时，继续开发平台，为地方开展培训提供课件、师资等支持，逐步将其打造为公共就业服务人员能力提升和继续培训的工作载体。

开展"就业服务基层行"活动。充分利用竞赛工作成果，以公共就业服务专项业务竞赛优秀选手为基础，结合其他方面的公共就业服务专家资源，于2021年9月底赴广西隆安县易地扶贫搬迁大型安置区开展"就业服务基层行"走进广西活动，为易地扶贫搬迁安置区的群众、用人单位和基层公共就业服务人员等群体，提供现场招聘、职业指导、创业指导、就业政策咨询、就业服务业务培训等一系列服务活动，探索培育就业服务基层的榜样。后续，视新冠肺炎疫情防控情况，继续组织易地扶贫搬迁安置区的就业服务基层行活动。

证书改革出实招　为民服务解难题

人社部人事考试中心主任　吴剑英

为贯彻落实国务院推进简政放权、放管结合、优化服务改革的总体要求，人社部人事考试中心持续推进专业技术人员职业资格证书便利化改革工作。改革始终坚持以人民为中心的发展思想，着力解决证书管理发放使用中群众反映集中强烈的"发证慢、查询难、补证烦"等突出问题，得到了群众的普遍认可与好评，改革取得扎实成效。

坚持问题导向　推进便民服务

证书便利化改革始终坚持问题导向，将解决实际问题、提升服务质量作为改革的出发点和落脚点，创新管理方式、转变管理思维、优化工作流程、畅通服务渠道、推进数据共享，不断推动改革往深里走向实里走。

优化工作流程，提高发证速度，着力解决"发证慢"问题。长期以来，职业资格证书种类多、行业主管部门多、证书样式各异、印刷环节复杂，证书发放慢，取证时间长等一直是证书管理过程中的突出问题。

我们以问题为抓手，积极进行证书便利化改革。

一是与各行业主管部门磋商研究，统一证书名称、样式、内容、数据标准，奠定了专业技术人员职业资格证书数字化管理的基础。

二是通过体制机制创新，重塑发证流程，改变原来印制和发放空白证书、各地组织收集照片打印、加盖钢印并二次发放的管理模式，将证书数据采集与印制、发放一体化。在报名环节就采集证书数据，合格人员名单确定后，自动生成证书印制电子数据，制证企业可将证书一次印制成型，交由各地发放。

三是各地证书发放机构普遍开展证书依申请寄送服务，打通证书发放"最后一公里"。

四是开展电子证书试点，向证书电子化迈出坚实的步伐。

建设证书数据库，研发证书查验系统，实现数据共建共享，着力解决"查询难"问题。一直以来，社会和群众普遍反映证书难查询。改革以前，证书数据实行属地化管理，在哪里报名考试就在哪里领取证书，查验证书真伪只能到发证所在地人事考试机构进行核实，非常不便。建设全国统一的职业资格证书数据库成为解决问题的必由之路。

2019 年 3 月，全国职业资格证书数据库及查验系统正式上线，面向社会提供互联网查询验证服务，从根本上解决了"怎么查"的问题。同时，为国务院各部门、各地行政机构和事业单位、国家税务总局等部门提供证书查验接口，群众在办理相关事项涉及职业资格证书时，不再需要提交纸质证书，经办机构在我部共享的证书电子数据库中即可完成查验。

取消证明材料，开通网上申办渠道，着力解决"补证烦"问题。"补证烦"也是一段时间以来群众反映集中的问题。过去职业资格证书丢失补办是一件非常麻烦的事情，需要带着补办申请、登报声明等到现场填写各种表格，往往不是跑一次就能解决的，材料上交以后至少需要等待半年才能拿到

窗口办理证书业务

补发的证书。如今，各地普遍为证书补办开通了网络申办渠道，取消证书补办线下申请、登报等流程，取消所有证明材料，全程网上办理，快递送达到家，真正实现了"零材料、零见面、零跑腿"的"三零"服务。

坚持需求导向 瞄准改革靶心

在改革中，我们始终坚持以人民为中心的发展思想，坚持需求导向，用心用力用情回应槽点、缓解痛点、疏通堵点，把实事办到群众心坎上。

发证速度大幅提升。改革为证书发放提了速，让群众感受到了速度。通过证书一体化印制，减少制证环节，大幅缩短证书印制时间，从人事考试中心接收证书数据开始，到制证企业完成印制并运抵各地，平均用时12个工作日，与改革前相比，有了质的飞越。2021年，人事考试中心共制发证书453万多件，成绩合格证明11万多件，群众满意度明显提高。

证书查验随时随地。改革为证书查验提供了平台，让群众感受到了便捷。目前，人事考试中心已初步建成全国职业资格证书数据库，证书查验系统已上线证书2390万多件，成绩合格证明74万多件。历史证书数据的整理校验年份已向前推至2003年。其中，2021年上线证书1160万多件，成绩合格证明33万多件。持证人员、用证单位和有关部门可通过中国人事考试网、人社部

证书寄送到家

12333平台、国家政务服务平台等平台进行证书查验，至今已为2200万人次提供查验服务。用看得见、摸得着的实效增进了人民群众的幸福感、获得感。

网上补办轻松便捷。通过改革，让证书补办流程清晰简便，持证人无须收集材料跑现场，通过互联网就能轻松搞定。同时，各地人事考试机构加大了证书补办受理密度，采取"半月一清"模式进行补办。2017年度及之后的证书补办实行免审，不再要求申请人提供照片等资料，真正实现了让数据多跑路，群众不跑腿。2021年已补发证书2万多件。下一步，随着职业资格电子证书的不断推进，"补证"问题将成为历史。

坚持发展导向　推动数字化升级

2021年政府工作报告中明确指出"推动电子证照扩大应用领域和全国互通互认"。证书便利化改革积极顺应时代新要求，回应群众新期待，落实政府新部署，我们于2021年下半年开始启动资格证书数字化进程。

推行电子证书既可以满足广大专业技术人员在就业创业和职业发展中用证需求，也有助于提升人才评价结果使用的便利化、信息化，更是贯彻党中央决策部署的重要举措。电子证书具有制发快捷、保存便利、使用方便灵活等突出特点。从接收数据到电子证书上线，平均用时不超过5个工作日，和纸质证书具有同等的法律效力。

2019年7月，人事考试中心在咨询工程师、资产评估师等8项职业资格10种证书中开展了电子证书试点，两年多来受到社会的广泛好评。下一步，将在所有职业资格证书中推行电子证书，从根本上解决证书制作、发放、补办等过程中存在的痛点堵点。

证书便利化改革过程中，有探索、有矛盾、有问题，但我们始终坚持以人民为中心的思想，坚决落实党中央国务院"放管服"改革各项决策部署，坚守为广大专业技术人才提供更优质更便捷的服务的初心。

经过几年的不断努力，"发证慢"问题得到有效遏止，"查询难"问题得到极大缓解，"补证烦"问题基本得到解决，电子证书从无到有迈上新台阶。改革只有起点没有终点，未来，专业技术人员职业资格证书便利化改革将在新机遇、新征程中不断深化。

坚持"五融入五提升" 擦亮部本级服务窗口

人社部全国人才流动中心党委书记　王文铎

加强人社系统行风建设，是落实党中央、国务院关于深化转职能、转方式、转作风和"放管服"改革精神的重要举措，是加强人社系统党风、政风、作风建设的重要组成部分，是促进人力资源和社会保障事业改革发展的必然要求，是推进人社基本公共服务均等化、提升人社服务品质的迫切需要。

全国人才流动中心作为人社部本级窗口单位，直接面向广大人民群众提供服务，行风建设工作直接关系到人民群众对人社系统的评价和印象，更要深刻领会人社工作的政治属性，牢牢站稳人民立场，在推进行风建设上走在前、作表率。

近年来，全国人才流动中心按照人社部党组"正行风、树新风，打造群众满意的人社服务"的总体要求，采取"五融入五提升"的工作方法，以流动人员人事档案管理服务为重点，统筹推进流动人才党员管理服务、国际青年实习交流计划等窗口服务工作，积极参与系统行风建设标准化、信息化工作，持续在提升人民群众的获得感、幸福感和满意度上下功夫。

融入党建工作　提升为民服务的自觉性

一是政治引领强思想。坚持以人民为中心的发展思想，牢固树立政治机关意识，开展大学习大研讨，组织行风建设专题讲座和党课教育，持续深化"人人都是窗口、处处有服务"的理念，使"打造群众满意的人社服务"成为全体干部职工共同的价值追求和行为准则。

二是融入党建创品牌。将加强行风建设作为"不忘初心、牢记使命"主题教育、创建"让党中央放心、让人民群众满意的模范机关"的重要举措。特别是2021年，我们结合党史学习教育，深入实施"窗口服务质量提升年"活动，攻坚、巩固、提升多措并举，深化行风建设成果。

三是为民服务解难题。立足职能动态更新"我为群众办实事"清单，配合相关司局汇总各地流动人员人事档案管理服务机构信息，并更新上线。深入窗口一线开展"司局长走流程""青年干部调研暗访"工作，从群众"急难愁盼"处着手，拉问题单子、开解决方子，拿出实招硬招解决群众实际问题。

融入制度建设　提升为民服务的标准化水平

一是行业引领树标准。聚焦行风建设，制定《公共就业和人才服务窗口服务人员行为规范》《流动人员人事档案安全管理规范》两项行业标准（2021年起实施），助力各级人社部门窗口服务提质增效。

二是建章立制简流程。持续推进"清减压"，梳理服务清单，规范服务事项，清理证明材料，完善窗口服务办事指南、工作手册，修订窗口服务行为承诺、规范用语、客户投诉与处理、大厅安全事故应急处置、档案室安全保卫等一系列制度，编写疑难问题"案例本"，建立复杂问题研究处理机制，制度制定、执行、监督环环相扣，成为简化流程、优化服务的"定海神针"。

融入窗口服务　提升为民服务的便利化水平

一是抗击疫情显担当。2020年出现疫情以来，党员干部冲在前，窗口服务"不打烊"，迅速推出预约办、邮寄办、咨询办等"不见面"服务，并持续做好窗口常态化疫情防控。

二是优化服务强使命。为巩固"人社服务快办行动"成果，我们以"快捷办"为主要发力点，落实告知承诺制，实行综合柜员制，整合档案、流动人才党员、集体户口、社保代办等业务流程，实现"一窗通办"。以"便

窗口服务"不打烊"

捷办"为具体落脚点,畅通 400 咨询电话,提供午间延时服务,加强机要档案转递衔接。针对老年人等特殊群体,设置便民服务角、爱心窗口、绿色通道。

三是持续整改促提升。持续开展"司局长走流程",完善中心领导定期深入窗口一线调研机制。针对两处服务窗口流程不一致问题,组织工作人员互换岗位切身体验。用好"好差评"数据,建立健全评价监督整改机制。深刻剖析窗口服务典型事件并开展警示教育,用身边事教育身边人。

融入系统建设 提升为民服务的信息化水平

一是面向系统促发展。配合有关司局推进流动人员人事档案信息化建设,修改完善档案信息采集规范等 2 个标准,作为《关于加快推进流动人员人事档案信息化建设的指导意见》的附件印发。参与全国档案管理服务信息系统的开发与推广,推动档案转递"跨省通办"。

二是立足自身补短板。及时完成全国统一的档案管理服务软件在人才中心的落地工作，对接人社部监测指挥平台实时监控系统和"好差评"系统，适时开展与全国档案管理服务运行平台的对接工作。

融入队伍建设　提升为民服务的专业化水平

一是以比促学固根基。2019年，率先在部属单位中开展"练兵比武"竞赛，连续三年依托部"人社学与行"平台，组织全员开展"日日掌上学、月月线上比"活动。

落实部"青年干部综合素质提升工程"有关要求，建立"练兵比武"长效学习考核机制，将比武测试与考核评优相结合。

二是岗位练兵强技能。结合窗口业务，定期开展业务培训、案例评析、政策解析、交流研讨，增强服务群众本领。组织在编青年干部到中心窗口一线轮岗、积极参与"青年干部基层窗口调研暗访"，结合参与部重点工作进行经验分享，加强青年干部队伍建设。

三是比学赶超争先进。邀请全国"人社服务标兵"倪芳芬同志开展线上先进事迹报告，激励党员干部学习先进找差距、争当先进创一流。

群众认可

开展行风建设三年以来，我们坚持行风建设与党建、业务工作互融互促，进一步增强服务意识，改进服务作风，提升服务能力，窗口服务质量显著提升。

一是在提高政治站位中展现行风建设成效。通过持续深入学习，以人民为中心的发展思想深入人心，为民服务的宗旨意识转化为全体党员干部的自觉行动。特别是面对突发疫情快速响应，组织"战疫情谋发展我们在行动"活动，党员干部在"大战""大考"中发挥了先锋模范作用。

二是在发挥职能作用中展现行风建设成效。紧贴群众需求，打造"中国创翼"创业创新大赛、大中城市联合招聘活动、百日千万专项行动、就业服务周、"三区三州"就业帮扶、国际青年实习交流计划等服务品牌，社会反响良好。

三是在转变工作作风中展现行风建设成效。进一步强化党员干部的思想淬炼、政治历练、实践锻炼、专业训练，进一步激发为民服务的热情和干事创业的激情。窗口工作人员争当"人社通"、争做业务"一口清"，多次收到办事群众和服务单位送来的锦旗、感谢信及表扬信，树立了人社部门窗口单位的良好形象。

2021年是建党一百周年，也是实施"十四五"规划、开启全面建成社会主义现代化强国新征程的第一年。在巩固行风建设三年行动成果的基础上，我们将继续贯彻落实部党组相关要求，坚守人民立场，以群众满意为目标，对标行风建设要求，深入推进窗口服务标准化、规范化、信息化，为促进人才合理流动配置、助力人社事业高质量发展，贡献新的力量。

打造有态度、有速度、有温度的高层次人才服务窗口

人社部留学人员和专家服务中心党委书记　邱春雷

留学人员和专家服务中心设有两个服务窗口，国家高层次人才服务窗口直接为相关人才提供生活待遇保障服务，全国博士后进出站服务窗口为博士后及设站单位提供相关服务。两个窗口是贯彻落实党的人才政策的有效载体，同时还承载着宣传人才政策、营造良好人才环境的重要责任，政治性、政策性都很强，代表着党和政府的形象。

自人社系统全面开展行风建设以来，我们坚决贯彻落实人社部党组有关要求，持续打造窗口服务品牌、提升窗口服务质感，以有态度、有速度、有温度的服务，传递党和国家对高层次人才的真切关怀，推动高层次人才服务工作再上新台阶。

强化责任担当　打造有态度的高层次人才服务

千秋基业，人才为本。人才是实现民族振兴、赢得国际竞争主动权的战略资源。作为直接为高层次人才服务的窗口单位，我们持续跟进学习领会习近平总书记关于人才工作的重要论述，从实施人才优先发展战略和创新驱动发展战略的高度深刻理解做好人才服务工作的重要意义，切实提高政治站位、强化服务意识，增强做好高层次人才服务工作的行动自觉。

我们坚持以思想为引领，通过组织全体干部职工开展中央人才工作会议精神学习研讨、党史学习教育、行风建设大讨论，组织系统窗口单位召开座

谈会、服务能力建设高研班等多种形式，统一思想、深化认识，形成了对专家中心高层次人才窗口服务的共识。

"持续改进工作作风，强化服务意识，着力提高服务人民群众的能力和水平，做到热情热心、周全周到"是推进窗口行风建设的总要求。"落实好相关待遇，让人才无后顾之忧，就是在为实施创新驱动、人才强国战略尽职尽责"是窗口服务工作的定位。"视专家为亲人、与专家交朋友""想人才之所想、急人才之所急，为人才办实事"是做好窗口服务工作的理念。

我们把初心落在行动上，把使命担在肩膀上，以强烈的责任担当全力服务高层次人才，积极打造有态度的服务窗口。

强化自身建设　打造有速度的高层次人才服务

便捷高效，是提升服务体验最基本的要求。我们从制度流程、规范标准、素质能力等多方面采取措施，全面落实人社系统"快办行动"要求，积极推进关联事项"打包办"、高频事项"提速办"、所有事项"简便办"，全方位提升服务能力水平，积极打造有速度的服务窗口。

一是完善制度。加强窗口服务的规范化标准化建设，及时梳理高层次人才需求，研究改进措施，定期修订完善窗口服务规范和服务指南。同时，注重上下联动，加强对地方窗口的业务指导和合作，推动高层次人才服务更加规范便捷。

二是优化流程。2019 年，针对反映比较集中的高层次引进人才永久居

服务专员陪同专家办理相关手续

服务专员陪同专家进行体检

住办理周期长的问题，积极协商有关部门，进一步精简流程，出台需求信息报送流程管理办法，大幅度提高办理效率。

2021 年 8 月，一位高层次引进人才给人社部领导来信，对其回国后受到的细致周到服务以及高效办理永久居住证的真实体验致以感谢，特别是对"人社服务快办行动"表示赞赏。

博士后进出站服务窗口深入推进"互联网＋人社"，充分利用信息化手段，在广受好评的"最多跑一次"基础上，进一步"瘦身"，减环节、减材料，并增监管、增服务，使得办理业务实现"零跑路"。

三是提升能力。我们不断加强对中心窗口工作人员的培训教育，练好内功，要求每一名工作人员将工作中的难点、堵点作为改进工作的突破口，对服务对象提出的意见建议及时总结反馈，对窗口服务工作中的突发事件妥善应对。同时，每年面向地方窗口和相关用人单位多次组织培训，共同打造素质过硬、担当作为、务实高效的高层次人才服务队伍。

强化方式创新　打造有温度的高层次人才服务

紧跟时代步伐，紧贴人才需求，尽力服务好专家、服务好高层次人才，是贯彻落实党和国家人才政策、推动激发人才创新活力的具体体现。因此，在窗口工作中，我们不断创新方式、丰富手段、改善条件，突出服务、体现温度。

一是满足"个性化"需求。国家高层次人才服务的一个特点是需求个性化，待遇落实需要马上就办的事例时有发生。我们坚持"与专家交朋友、用真情换真意"，把圆满解决人才的诉求作为标准，坚持"一事一议、特事特办"，为人才提供精准化、个性化服务，积极想办法、主动协调解决他们的关心事、操心事、烦心事。

二是推出"特色化"服务。2020 年初，面对突如其来的新冠肺炎疫情，我们迅速调整窗口服务方式，采取"网上办、邮寄办、延期办"，既落实防控安全，又保证服务高效"不中断"。同年，将"全国博士后管理信息系统"进行全面升级，实现博士后全部业务工作"一网通办"。2021 年，为解决窗口咨询电话经常占线问题，启动了智能语音客服机器人 24 小时电话答疑，并开通微信服务公众号，实现全天候服务"不打烊"。

三是加强"协同化"服务。在党管人才格局下，高层次人才服务事项涉及多个职能部门。我们在积极推进协同配合上下功夫，伸手揽活、出手相助、接手担责，与相关职能部门和地方窗口服务单位建立了畅通的沟通协调机制，统筹协调、调度推进、落实督导，确保高层次人才待遇落实有保障、很顺畅、不走样。

四是打造"舒适化"环境。为提升服务品质，调拨专项资金，调配办公场所，在北京科技大学办公区统一建设升级两个服务窗口的办公环境。按照窗口工作规范，统一标识、标志和设备，合理划分调整功能区域，完善更新基本服务设施，配备饮水机、咖啡机等人性化的服务设备，努力让高层次人才体验到我们服务的质感和温度。

行风建设没有终点，专家服务永无止境。我们深刻认识到，做好高层次人才服务工作，必须不断提高政治站位，切实增强责任感使命感，把人才满意不满意作为检验窗口工作成效的重要标准。必须坚持发挥好桥梁纽带作用，主动听取意见建议，积极协调解决人才的"急难愁盼"问题。必须持续加强作风建设，以正视问题的自觉和刀刃向内的勇气，抓行风建队伍、抓行风促业务。同时，注重加强对人才的政治引领，最大限度地把各方面人才凝聚到党和国家事业中来。

我国进入了全面建设社会主义现代化国家、向第二个百年奋斗目标进军的新征程，我们比历史上任何时期都更加渴求人才。做好人才服务工作，责任重大、使命光荣。我们将继续以问题为导向，以落实高层次人才需求为己任，不断创新工作思路、改进工作方式，用心用情用力打造高层次人才满意的服务窗口，为营造识才爱才敬才用才环境积极作为。

实践

北京："局处长走流程"用脚步丈量行风

北京市人社局原局长　徐　熙

人社系统行风建设三年专项行动开展以来，北京市人社局坚持以习近平新时代中国特色社会主义思想为指导，深入践行以人民为中心的发展思想，认真贯彻落实党中央、国务院"放管服"改革和优化营商环境工作部署，按照北京市委深化"接诉即办"改革工作要求，创新开展"局处长走流程"专项活动，以政策"懂不懂"、流程"通不通"、体验"好不好"为标尺，从企业群众视角深入查找工作中的堵点、痛点，以实打实、心贴心的服务，着力打通政策落地"最后一公里"、优化政策制定"最初一公里"，以首善标准打造群众满意的首都人社服务品牌。

坚持"向前一步"，不断拓展升级"走流程"专项活动

一是组织局处长以三种身份"走流程"。以企业群众身份"走流程"，通过线上、线下两个渠道亲身体验办事流程，重点检视人社政策是否符合群众需求、政策宣传是否到位、咨询渠道是否畅通、经办地点和服务网址是否为群众所知晓、全程网办是否顺畅便捷。针对查找出的工作短板，制定出台 5 类 31 条整改措施并在北京市人社局网站公布，主动接受全社会监督。31 条整改措施在 8 个月内全部完成，受到群众好评。以工作经办身份"走流程"，通过直接受理审批服务事项，重点检视企业群众填报表格能否再简化、办事材料能否再精减，取消证明事项、告知承诺制能否落实到位，业务办理时限能否再压缩、再提速，制定推进"场景式服务"实施方案，将流程相似、材

料相近、结果关联的 189 项服务事项整合为 24 项"服务场景",通过业务经办流程深度再造、信息系统深度融合等方式,实现人社经办服务从"方便管理"到"方便办事"转变。以接线员身份"走流程",选派部分机关处级领导干部和青年干部到 12333 电话咨询服务中心,现场接听市民电话,解答群众咨询和体验诉求办理、转办、回访、督办等环节,聚焦群众关切,及时完善政策,改进服务。同时,研究制定进一步加强全市人社行业"接诉即办"工作的通知,建立定期通报、协同办理、首接负责、优化接收转办、完善考评五项机制,助力提升响应率、解决率、满意率。

二是向更宽、更深、更前拓展"走流程"。邀请特约监督员"走流程"。以企业群众办事高频事项为基础,主动梳理形成政务服务 18 个高频事项流程精简优化清单,邀请 8 位第三方特约监督员(包括人大代表、政协委员、法官、律师等)实地"走流程",通过模拟窗口办事、现场咨询体验等方式开展监督检查。市级窗口单位着力推进"四减、一推、一增"(减环节、减材料、减流程、减时限,推行告知承诺制,增加电子印章应用),9 个事项精减申报材料 17 份,3 个事项取消申报材料并推行"告知承诺制",5 个事项优化办事指南,9 个事项提出提升审批通过率举措。选派青年干部"走流程"。选派 8 名青年骨干到基层一线、企业单位开展"青年干部走流程"专项活动。鼓励青年干部从全新的视角审视工作、发现问题、创新思考,研究破题思路,在为群众排忧解难中开阔视野、磨砺品质,不断增强为民服务

北京市人社局领导干部深入高校毕业生家中,倾听家长心声

本领。

三是向全市人社系统推广"走流程"。为持续提升全市人社领域服务群众水平和行风建设成效，制定下发全市系统"局处长走流程"实施方案，市区两级坚持上下联动，协力推进专项活动落实落细。北京市各区人社局参照市人社局做法，开展"局科长走流程"专项活动，工作卓有成效。例如东城区人社局围绕人社部"快办行动"共推进 29 项流程优化再造，涉及 14 个服务场景，累计取消 34 项经办过程性材料，报送 20 个典型案例；再如西城区人社局紧盯"接诉即办"，开展"我来邀您全体验"活动，围绕 8 个场景、30 项政务服务事项推出 79 条整改措施，工伤认定 30 日内结案率达 96.4%，持续提升辖区企业群众在人社领域服务便利度、满意度。

坚持做到"三个一"，着力提升人社服务效能

一是走好群众路线这"一条路"，为民服务更"实"了。"局处长走流程"走的是"流程"，更是为民服务的根本宗旨和初心使命。脚下有泥，心里才会有底。通过开展专项活动，全市人社系统干部职工，对为民服务的理

"副处长送外卖 12 小时赚 41 元"上了热搜

解有了更深的认识，从单纯强调"于法周延"到主动追求"于事便捷"，从习惯"被动接受"到积极向"主动治理"转变。截至目前，全市人社服务办事材料精简率和办事时间压减率在 2019 年的基础上分别提升 26% 和 24%。

二是用好群众诉求这"一面镜"，政策制定更"准"了。人社部门是重要的民生保障部门，政策制定精准，才能惠及民生。通过专项活动，制定出台会议审议"三同步"机制，要求北京市人社局各单位在提请局党组审议文件时，必须同时将上位依据、政策解读、经办流程一并提交会议审议，全部通过后方可印发执行，让政策真正反映民心民意，解决现实需求。

三是扛好为人民谋幸福、为民族谋复兴这"一副担"，初心使命更"强"了。党史学习教育开展以来，北京市人社局围绕制定惠民政策、实施利民项目、简化办事流程、提高服务水平等方面，研究确定了"我为群众办实事"16 项重点民生项目清单，党员干部想群众之所想、急群众之所急，想方设法、设身处地地为群众解决好急难愁盼的问题，在办实事解难题中不断增强人民群众的获得感、幸福感、安全感。

坚持常态化推进，持续提升行风建设水平质量

行风建设没有终点，为民服务永无止境。北京市人社局将以党史学习教育"我为群众办实事"实践活动为契机，以"接诉即办"为主抓手，进一步巩固和深化"局处长走流程"专项活动成果，持续推进改革、提升服务，切实办好民生实事，推进行风建设提质增效，为实现首都高质量发展做出更大的贡献。

一是完善考评机制，构筑专项活动工作体系。建立健全全市人社系统优化营商环境和行风建设考评机制，发挥绩效考核指挥棒作用。结合人社政务服务"好差评"工作，落实"部门＋行业"评价机制，采取明察暗访等方式，开展实地效果检验评价，及时梳理企业群众共性诉求，并纳入行风监督考核内容，持续推动专项活动科学化、制度化、长效化。

二是强化法治思维，促进人社服务规范有序。习近平总书记指出，"在整个改革过程中，都要高度重视运用法治思维和法治方式""发挥法治的引领和下一步推动作用"。要用好"双随机、一公开"和"互联网＋监管"方

式，通过加强和规范事中事后监管，不断提升监管精准化、智能化水平。畅通群众监督渠道，确保服务全程可追溯、服务安全有保障、服务规范不走样、服务质量不降低。

三是加强宣传推广，让更多民生实事惠及人民群众。加大专项活动成果宣传力度，深入企业群众，做好上门解读，及时整理推广典型案例向社会宣传报道。采用抖音、短视频等群众喜闻乐见的方式，全方位多角度宣传解读新政策新举措，让人民群众和广大企业的获得感成色更足、幸福感更可持续、安全感更有保障。

北京市人社局工作人员深入一线，现场征求办事群众意见建议

天津：让"民生窗口"服务更有温度

天津市人社局局长　沈　超

加强人社系统行风建设，是深入贯彻落实习近平总书记关于党风作风建设重要思想、把人民放在心中最高位置的直接体现，是加快转变政府职能、深化"放管服"改革的具体行动。人社部自 2018 年开展行风建设三年行动以来，将行风建设作为事业发展的战略支点、推动工作的重要载体、破解难题的金钥匙，聚焦解决人社服务痛点堵点，坚持高位推动、精准发力、持续推进。天津市人社系统坚决落实人社部部署安排，扎实践行以人民为中心的发展思想，坚持从"根子"上抓起、从"里子"上强起、从"底子"上严起，聚焦思想、制度、监督三个关键环节，严字当头、实字托底、抓常抓长、落实责任，持续改作风、净行风、树新风，努力让"民生窗口"服务更有温度。近年来，群众对天津人社服务的满意度逐年提升，2020 年度在全市各委局社会评价成绩中排名第一，人社服务品牌在津沽大地越发响亮。

从"根子"上抓起，树牢为人民服务的思想

思想是行动的先导。要从思想深处弄清"我是谁、为了谁、依靠谁"这个根本问题，真正把以人民为中心的思想理念融入事业血脉、植入干部灵魂。三年来，局党组从思想建设入手，教育引导系统干部职工聚焦群众疾呼，走到群众身边，解决群众所急所盼，将人社行风建设体现在：思想上为了群众、感情上贴近群众。

一是开展思想教育。在全市系统开展"改作风、净行风、树新风"专项

行动，聚焦解决全市系统管理服务过程中存在的"脸难看、话难听、事难办"作风顽疾，去除"官气盛、官威盛、官僚盛"做派习气，对人社政策制度制定、经办服务效能、工作管理水平等开展全面自查检视和整改提升，通过从思想、作风、工作、纪律方面开展对照检查，使全市系统干部职工受教育、知敬畏、明底线，把维护群众利益作为做好工作的第一职责，把群众满意作为衡量工作的第一标准，切实做到思想上尊重群众、感情上贴近群众、工作上凝聚群众、行动上服务群众。

二是搭建活动载体。开展"千名干部进千企"活动，立足人社"民生局"的定位，通过主动上门送政策、送服务、问需求、解难题，让企业群众真真切切感受到人社服务的温度、实实在在得到人社政策的实惠。活动开展期间，共走访联系企事业单位、社区（村）8000 余家次，解决各类问题近2000 个，受到企业群众普遍好评。开展"我为群众办实事""我与群众心连心"活动，共走访帮扶企业 2000 余家，走访帮扶群众 4300 余人，整改基层问题 318 个，组织窗口轮训 194 批次，增设便民服务设施 1200 余件，切实搭建人社部门联系、服务企业群众的"船"和"桥"。

三是狠抓典型引领。积极发挥榜样力量，注重发掘人社系统服务典型代表，展示人社服务为人民良好形象，大力弘扬服务发展正能量。三年来，我

天津市人社部门行风建设互评互学活动评查小组现场开展评查工作

们聚焦一线窗口单位，选树了 97 名人社标兵、60 个示范窗口、38 名先进工作者。当前，我们正在开展"天津人社服务标兵"选树活动，从历年全系统标兵中优中选优，进一步选树 8 名服务优良、业绩突出、群众认可的典型代表，在全社会树立人社系统干部"为民、便民、惠民"新形象，在比学赶超氛围中，激发忠诚担当、爱岗敬业、扎实苦干、创先争优工作热情，持续提升人社服务的温度。

从"里子"上强起，搭建制度管理体系

无规矩不成方圆，有敬畏才知行止。三年来，局党组坚持制度先行，不断建立健全行风建设管理和服务保障机制，做到有章可循、有据可依。

一是聚焦服务标准化。先后出台《天津市人力社保系统窗口单位管理规范》《天津市人社系统行风建设评价标准》，对人社窗口业务开展、服务提供、硬件投入、日常监督、评价考核等方面列明标准、作出规范，推进全市系统行风建设标准统一、步调一致。

二是聚焦队伍优质化。深入落实人社部《关于进一步加强人力资源社会保障窗口单位经办队伍建设的意见》，先后出台《市人力社保局关于印发

天津市高新区人社局工作人员现场办结社保服务事项

〈绩效奖励差额化分配办法〉《天津市事业单位工作人员奖励实施细则》《市人社局系统干部交流轮岗实施办法》等一系列文件，坚持向一线窗口倾斜，鼓励扎根基层、服务群众，通过健全选拔、培养和激励机制，充分激发一线窗口服务人员积极性、创造性。

三是聚焦评管常态化。建立互评互学机制，每年组织全市 16 个区人社局、5 个功能区人社部门和 3 个局属窗口单位等基层部门，分别组成 5 个评学小组，在小组内的单位、区域间开展相互的监督、评价、学习，形成分片组织、分段实施、分层指导、分类监督的常态化评学新机制。三年来，通过评学活动，推动基层窗口单位完善服务制度 60 余件，互查并解决窗口服务问题 300 余个，达到了自主交流、互通互鉴的目的，被人社部作为典型。

从"底子"上严起，完善有效监管机制

堤溃蚁穴、气泄针芒。如果缺乏必要的监督措施，制度标准就成了不带电的高压线。三年来，我们突出问题导向，强化"100-1=0"的责任意识，坚持把组织监督与群众监督结合起来，形成覆盖全系统、服务全流程的监督体系。

一是发挥明察暗访"哨点"作用。率先建立明察暗访机制，每年委托第三方专门机构，对照人社行风建设评价标准，采取模拟办事、询问群众等方法，对全市系统窗口开展明察和暗访，将暗访视频剪辑成警示教育片，组织系统干部职工开展警示教育，推动全系统作风行风持续好转。

二是发动企业群众"监督"作用。建立行风问题线索办理机制，先后在 12333 服务热线、局门户网站和信访部门建立行风问题举报投诉窗口，接受企业群众监督，相应建立转办督办机制，形成发现问题、解决问题、反馈问题的闭环管理，做到有诉必应、有举必查、查必有果，有效提升群众对人社窗口服务的体验感。

三是发挥通报问责"利剑"作用。建立行风问题通报问责机制，在行风问题线索收集、转办基础上，建立行风问题办理清单，明确责任单位、整改时限，列明问责情况，每月在全市系统内进行通报曝光，达到"问责一个、教育一片"警示教育作用。三年来，全市人社系统共处置和通报了 589 件服

天津市社保中心系统练兵比武现场

务不热情、说话不好听、办事脸难看的行风作风问题，其中，给予114名相关责任人第一种形态处理，对10名负有领导责任的干部进行严肃问责，约谈5个行风问题高发、频发的区人社局主要负责人，持续释放整治行风顽疾的强烈信号。

行风建设永远在路上。今后，我们将深入贯彻习近平新时代中国特色社会主义思想，坚持以人民为中心的发展思想，进一步落实"正行风、树新风，打造群众满意的人社服务"总体要求，夯实"管行业必须管行风"的理念，推动行风建设与党建工作深度融合，与业务工作共频共振，锚定目标，激扬奋进，努力开创人社事业发展新局面。

河北：稳就业 强保障 引才智 严管理 优服务

河北省人社厅厅长　王景武

人社部门作为重要民生部门，每一项工作都与人民群众息息相关。人社工作一头连着党委政府，一头连着人民群众，承担的任务都是"国之大者"。行风建设，是人社事业的战略支点，是优化服务的重要载体，是破解人社难题的"金钥匙"，需要常抓不懈、常抓常新。

行风建设开展三年以来，河北省人社系统科学谋划部署，压实工作责任，狠抓推进落实，坚持以"快办行动"整合优化服务，以"练兵比武"提升人员素质能力，以"一体化建设"打造智慧人社，各项重点工作有序开展，群众办事堵点痛点难点得到纾解，群众的获得感、幸福感、安全感普遍增强。2021年，结合党史学习教育，我们在全省人社系统开展"稳就业、强保障、引才智、严管理、优服务"活动，就是要按照"严细深实快"的要求，扎实开展"我为群众办实事"实践活动，持续巩固提升系统行风建设成果，立足"最先一公里"到"最后一公里"全链条，聚焦企业和群众生产生活全周期，补齐打包融合度不高、服务能力不足、系统支撑不强等短板弱项，进一步提升人社服务效能，为"十四五"开好局、起好步奠定坚实基础。

深推"快办行动"，人社服务更加标准规范

"快办行动"是持续深化人社系统行风建设的核心内容，是一场刀刃向内的自我革命。河北省围绕"清事项、减材料、压时限"，明确关联事项打

包办、高频事项提速办、所有事项简便办等工作任务，压实工作责任，加大推进力度，取得积极成效。

一是合多为一"打包办"。按照"能包尽包"原则，梳理服务事项、制定打包清单、规范业务流程，已完成10个"一件事"打包办，其中8个实现线上办。

二是以快为先"提速办"。按照时限"能压尽压"的原则，全面梳理高频服务事项，逐项挖掘提速空间，实现120个事项提速办，其中84项实现即时办结，占比70%，即时办结的办理时间不超过30分钟；31项限时办结事项实现提速50%以上，占比25.8%。

三是化繁为简"简便办"。按照"应简尽简"的原则，进一步缩减证明材料，158个事项实现"简便办"，申请表由原来的53套缩减到13套，减少75.5%。办事证明材料由原来的226件次减少到22件次，其中8项实行告知承诺，30个事项实现"跨省通办"，统一了事项办理的实施要素。

四是随处可见"就近办"。充分利用银行网点多的优势，推进社银一体化合作。目前，已与工商银行签署合作协议，建设社银一体化网点110家，布放社税银一体机138台，覆盖了所有社银一体化网点。自助一体机、网点

河北省人社系统窗口单位业务技能练兵比武现场

河北省人社系统领导干部基层调研

柜面系统均已实现参保人信息查询、参保证明打印等功能，最大限度利企便民。

深耕"能力建设"，人社服务更加精准到位

窗口单位服务能力，是行风建设走深走实的关键，关乎人社政策是否能落实落地。我们开展"稳就业、强保障、引才智、严管理、优服务"活动，进一步明确"严细深实快"的要求，提高干部职工责任意识、标准意识、时效观念，全面提升服务能力，提供更加精准到位的服务。

一是紧抓"练兵比武"。扎实开展窗口单位业务技能"练兵比武"活动，对标岗位职责和群众需求，采取集中轮训学、结对互助学、个人思悟学等多种方式，引导系统窗口干部常态化、碎片化学习练兵，在全系统掀起"学政策、钻业务、强技能、优服务"练兵热潮。认真备赛全国晋级赛，对标先进地区，组建"精英队"和"尖子队"，模拟对抗赛情景，齐头并进，分别备战。组织进行有针对性的封闭式训练，适时邀请省、市人社领域的行业专家进行一对一辅导，各地涌现出一批"人社服务标兵""人社知识通"和"最美燕赵人社人"。

"稳就业、强保障、引才智、严管理、优服务"活动动员部署会现场

二是紧盯短板弱项。依托线上全流程体验、线下"走流程"、调研暗访等方式相结合，查摆政策落实和经办管理服务中的突出问题，查找能力短板，形成"三个清单"，及时查漏补缺，逐项整改落实。2021年以来，结合"我为群众办实事"实践活动，9名厅领导、80余名处室负责人、200余名机关干部分别到省社保中心、省人才中心等单位及各地开展"走流程"活动，对企业招用员工、职工退休等"打包办"事项的申请、受理、审核、反馈各经办环节进行全流程体验。对发现的问题，能立即整改的，要求立行立改；需要长期整改的，要求制定整改方案。

三是紧扣民生实事。2021年以来，把"我为群众办实事"实践活动与省委开展的"三重四创五优化""三基"建设年等活动和持续实施20项民生工程有机结合，聚焦深化"放管服"改革、建设人社村级服务平台、开展技能培训、根治欠薪、直播带岗、社保卡便携办理等内容，梳理出人民群众紧密联系的103项实事，重点推动落实，进一步优化提升人社服务供给。持续开展政务服务"好差评"，做到"三个及时"，及时分析数据、及时发现问题、及时整改反馈，主动向群众做好答疑解惑，提升群众满意度，不断提高好评率，三年来，政务服务好评率均达到98%以上。

深谋"一体化平台"建设，人社服务更加高效便捷

加强人社公共服务一体化建设，打造"智慧人社"，是推进人社系统治理体系和治理能力现代化的重要举措。我们坚持把一体化建设放在基础建设的优先位置来筹划，依托信息化、数字化赋能全面严格管理，健全与之相配套的制度机制，推动人社工作向全数字化的现代治理方式迈进。

一是着力推进全业务标准化。信息化的基础是标准化。全面摸清管理服务事项工作底数，按照事权划分，逐条逐项编制事项清单、办事指南和经办规程，制定统一的人社政务服务标准。细化了50项目标任务，梳理事项清单400余项，编制事项目录和实施清单，明确时间节点、责任人，实行挂图作战。

二是着力推进全流程再造。从方便企业和群众办事的角度出发，落实"放管服"改革和"流程最简、时限最短"要求，做到减事项、减材料、减环节。整合关联事项办理流程，坚持一次受理、集成服务。加强跨地区、跨层级信息共享，能通过信息共享得到的，一律不让群众提供，真正让数据"多跑路"，让群众"少跑腿"。

三是着力推进全业务上网。坚持上网是原则、不上网是例外，所有对内管理、对外服务事项全部纳入平台。加强上下贯通、左右协调，搭建统一决策指挥平台、统一智能办公平台、统一服务经办平台。涉及省本级政务服务事项共计151项，其中131项实现网上可办，年底前实现75个政务服务事项"全流程网办"。河北省正在集全厅之力推进一体化平台建设，2021年底，将初步实现业务经办标准化、公共服务智能化、决策管理数字化、安全监督全域化，人社治理能力现代化水平将进一步提升。

"志不求易者成，事不避难者进。"行风建设永远在路上，我们不能有任何喘口气、歇歇脚的念头。要锲而不舍、久久为功，过了一山再登一峰，跨过一沟再越一壑，持续推进行风建设再上新台阶，助力人社服务高质量发展。

山西：打造"人人持证、技能社会"建设名片

山西省人社厅厅长　陈振亮

加强人社系统行风建设，改进人社领域公共服务，是持续推进人社事业改革发展、促进各项政策落实落地的重要基础。2018 年以来，山西省人社系统坚守初心使命，始终保持昂扬向上的斗志和自我革命的精神，按照"正行风、树新风，打造群众满意的人社服务"总要求，着眼就业这一最大民生，大力开展"人人持证、技能社会"建设，让更多劳动者实现一技在身、一证在手、一条致富路在脚下铺就，交出了一份人民满意的人社答卷。

着眼人民群众"急难愁盼"

习近平总书记在党史学习教育动员大会上指出："党史学习教育既要立足眼前、解决群众'急难愁盼'的具体问题，又要着眼长远、完善解决民生问题的体制机制，增强人民群众的获得感、幸福感、安全感。"人社部门作为重要的民生部门，做好保障和改善民生工作是义不容辞的政治责任。为补齐劳动者技能不足的短板，化解"就业难"与"招工难"并存的就业结构性矛盾，我们紧贴党中央要求，紧贴人社部门实际，紧贴群众需要，为企业和群众办事创业提供更快更好的服务，得到了群众的支持和拥护。从 2018 年起，山西省全面启动"人人持证、技能社会"建设并持续强力推动，走出了一条培训带动就业、就业促进增收的路子。4 年来，累计培训 510 万人次，173 万人取得各类技能证书，技能人才总量达 500 万人，山西省技能人才队伍总量明显提升，人才结构持续优化。

山西省职业技能鉴定中心在吕梁市送政策上门

紧贴时代发展形势任务

进入新时代，人民群众美好生活的内涵不断丰富、层次不断提升，人社事业发展面临一系列新任务新要求，推动实现更高质量和更充分的就业，有许多重点、难点问题需要破解，要求我们必须以加强系统行风建设为改革突破口。为进一步推动"人人持证、技能社会"提质增效，2021年，山西省委、省政府提出了技能培训"2211"的目标任务：投入20亿元，培训200万人，100万人取证，新就业100万人。职业技能培训全部通过电子培训券方式进行，每一名群众申领电子券时都要填报培训意向，从发券、培训、持证到兑换实现闭环管理，培训监管部门、行政机构、培训机构之间实现信息共享，谁领了哪张券、是否参加了培训、在哪个机构参加培训都一目了然。技能培训中，我们采取菜单式、订单式、定向式等多种方式，群众可以根据自身特点选取适合自己的培训项目。培训时间更加灵活，可以避开农忙时节参加培训；培训模板更加精准，可以选择定向就业的项目；培训合格后直接就业，确保了培训质量，有效激发了群众参加技能培训的积极性。只有站在群众的角度来想问题，真正了解群众的需要，才能做好人社服务工作。只有实实在在的便民举措和优良的行风，才能让人民群众实实在在享受到党和国家的民生政策红利。

紧紧扭住就业增收的关键环节

民生连着民心。人社部门肩负着惠民生的重要责任，只有行风建设抓好了，才能让人民群众更多感受到党和政府的关怀。"人人持证、技能社会"建设，就业增收是关键环节。技能培训后能否就业、就业后收入高不高，是影响群众参加培训积极性的关键，与山西省劳务品牌在国内的认可度以及在国际国内劳务市场的竞争力息息相关。山西省一直注重劳务品牌的打造，2021年全省提出"一县一品牌"的品牌培育目标，劳务品牌总量超过100个，其中，吕梁山护工、天镇保姆、定襄车工、古虞电建工等一批品牌，在全国的就业市场上形成竞争优势，并将逐步进军日本、新加坡、以色列、韩国等国际市场。为解决外出务工人员就业后的后续维权保障问题，我们设立

首届山西职业技能大赛汽车维修技能展示现场

"山西省外出务工人员服务总站"，依托我省驻环渤海、珠三角、长三角3个招商局设立区域服务中心站，在务工人员相对集中地区布局114个劳务服务工作站，主动服务，及时解决外出就业人员困难，全力做好就业的后续维权保障，让山西劳动者出得去、留得住、干得好。人社系统每一名工作人员只有心怀人民至上的理念，切实转变工作作风，增强服务意识，把行风建设作为推动各项工作的重要抓手，才能推动人社事业高质量发展，才能持续提升三晋百姓的获得感、幸福感、安全感。

坚持永远在路上的不懈追求

行风建设永远在路上，加强系统行风建设是推动技能人才建设的必由之路。"人人持证、技能社会"实施以来，通过实施技能培训、劳务品牌打造、拓展劳务输出渠道、提供就业后续保障等措施，技能人才队伍得到长足发展，为山西省经济社会发展提供了强有力的人才智力支撑。当前，山西省正处在转型发展蹚新路的关键节点，迫切需要各行各业的创新人才、能工巧

山西省人社系统窗口单位业务技能比武省决赛现场

匠、大国工匠，迫切需要我们提供更为精准、便捷的培训服务，打造更多适应市场需求的劳务品牌，拓展更广的劳务输出渠道，为外出就业人员提供更加周到全面的后勤保障服务，让"人人持证、技能社会"建设成为山西省的一张亮丽名片。

人社工作关系千家万户的生计，把群众关注的实事都一件一件做实、做细、做好，让群众心中再没有"急难愁盼"的烦恼事，需要我们发扬"久久为功，利在长远"的"右玉精神"，把加强系统行风建设这一"刀刃向内"的自我革命持续进行下去，真正以人民群众利益为重，以人民群众期盼为念，用行风建设这把金钥匙，去破解人社领域难题，以技能人才队伍的蓬勃发展，推动山西全方位高质量发展。

内蒙古：以数字化改革为牵引 全面提升人社公共服务水平

内蒙古自治区人社厅厅长 翟瑛珺

进入新时代，人民群众对美好生活需要的内涵不断丰富、层次不断提升，期盼更便捷、更智能、更有温度的人社公共服务。近年来，内蒙古自治区厅党组顺应国家要求和群众需求，以人社数字化改革为动力，转作风、强行风，重监管、优服务，着力提高人社公共服务标准化、信息化、均等化水平，倾力打造群众放心、人才称心、社会安心、干部用心、服务尽心的"五心"人社，努力以行风建设实效增强群众幸福感、获得感、安全感。

立足数据共享，搭建人社数字化集约平台

坚持以"搭建大平台，提供大服务，应用大数据"为目标，强化顶层设计，注重优化协同，着力构建起全区标准统一、公平普惠、方便快捷、优质高效的人社公共服务体系。

实现数据信息"大集中"。按照"数据向上集中、服务向下延伸"的原则，以"数据实时同步、业务实时管控"为目标要求，全面开展劳动就业、社会保障、人事人才信息化工程数据大集中建设，建成全区统一的劳动关系、就业创业、社会保险、人事人才、社会保障卡等核心业务信息系统和数据中心，总入库人数达到2670万人，数据量达到120T，形成覆盖全区范围内自治区、盟市、旗县（市、区）、乡镇（苏木）、嘎查（村）五级服务网络，率先实现金保工程自治区数据大集中和一体化，实现了数据标准统一和

自治区级集中管理。

推动信息资源"大共享"。按照"纵向贯通、横向联通"的目标要求，积极推进信息共享与业务协同，通过架构梳理、制度重塑、流程再造，实现跨业务、跨层级、跨部门的高效协同。纵向上，对人社部、自治区下发的共享数据接口应接尽接，实现人社领域跨地域数据共享；横向上，与政务服务局、公安厅、市场监督管理局、税务局、卫健委、民政厅、教育厅、发改委等部门建立了跨部门信息共建共享机制，实现各业务系统入口统一和基本信息唯一，为公共服务平台提供准确一致的数据支撑。

打造服务群众"大平台"。围绕"网上办""掌上办""一窗办"的目标要求，深化全流程内部监管，拓展大数据应用分析，建设全区人社系统线上服务平台和线下综合受理平台，搭建起线上线下相衔接、全覆盖的全区统一的公共服务平台，为全区人社业务经办、公共服务、基金监管和宏观决策等提供有力支撑，实现人社业务全区"一网通办、一窗受理"，切实为企业、群众提供更加快捷，更加优质的"数字化人社公共服务"。

立足数字赋能，推进人社数字化场景应用

坚持以落实"信息化便民服务创新提升行动"为抓手，全力推进人社数字化场景应用，精准化管理、高效化服务，切实让信息多跑路、群众少跑腿。

全面推行线上"一网办"。按照"一网通办"要求，已实现就业创业、

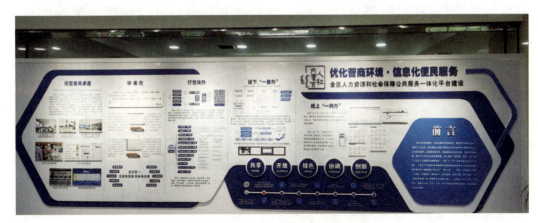

内蒙古人社信息化改革全景图

劳动关系、社会保险、社会保障卡等业务网上办。目前，全区共有 19.2 万家单位注册并使用全区人社"一网通办"平台，各类业务网上申报月平均 15 万件左右。特别是新冠肺炎疫情发生以来，为有效降低疫情对经济社会的影响，开通了"以工代训"补贴、失业保险金和失业补助金等网上申领渠道。

扎实推进便民服务"掌上办"。以"内蒙古人社"手机 APP 云平台为载体，为群众提供"全天候"24 小时服务的在线查询和人社业务办理。目前，已开通养老待遇资格认证、个人参保证明打印、失业保险金申领、专业技术职称查询、社会保障卡业务等 73 项高频服务事项。

全力推动社保缴费"零跑腿"。为切实解决参保企业和群众在人社、税务两头跑、排长队的问题，会同税务部门升级改造社会保险费信息共享平台，优化征缴流程，实行"人社部门核定、税务部门征缴，信息网上流转"的办理模式，实现企业和群众社会保险费网上核定、网上缴费，办理时限大幅缩短。

立足便捷体验，提升人社数字化服务效能

坚持以"传统服务与智能化服务并行"为重点，增强服务意识，优化服务流程，在"春风化雨"中实现我们的服务目标，切实增强群众的获得感、幸福感、安全感。

稳步推进线下"一窗办"。为着力解决群众办事"多地跑""重复排队""重复提交材料"等突出问题，整合就业创业、社会保险、劳动关系、

内蒙古人社线下经办服务大厅

人社服务快办行动窗口

社会保障卡等服务事项，在全区全面推行"前台综合受理、后台分类审批、综合窗口出件"的"综合柜员制"服务模式，让群众"到一窗办好人社所有事"。全区人社"一窗综合办理平台"的成功上线，标志着人社对外服务开始由单一形态走向系统集成，由单一业务服务走向多项业务协同，既解决了群众办事找对应窗口、重复排队、异地往返跑路的问题，又提高了业务办理和服务效能。

着力优化老年人服务。为切实解决老年人在运用智能技术方面遇到的困难，及时梳理人社系统涉及老年人等特殊服务群体的高频服务事项，逐项完善服务政策，改进服务措施，优化服务方式，在传统服务上，为老年人提供更有温度的服务保障；在智能技术上，为老年人改造成"适老化"的职能应用，着力解决老年人的急难愁盼。比如，针对老年人关心关注的"社保待遇资格认证""养老待遇发放明细""社会保障卡密码重置"等高频事项，"内蒙古人社"APP进行了"适老化"改造，推出了老年版（即大字模式），根据个人实际需要，可在老年版和标准版之间实现自由切换。

推动服务向基层延伸。通过整合人社业务系统服务和网络，推动人社服务进乡镇街道、进农村社区，积极与银行、邮政等机构合作，加强"社银一体化"和"社邮一体化"服务网点建设，充分利用银行和邮政营业网点多、辐射面广的优势，委托合作网点代办社保账户维护、参保登记、就业补助申领以及社会保障卡跨部门应用等23项业务，推动人社业务最大限度向下延伸、向群众身边延展。同时，积极发挥社会综合治理网格员作用，依托网格员代帮代办社保参保、社保待遇资格认证、就业登记、求职招聘信息手机发布、劳动用工服务等人社业务，让群众不进人社门，也能办好人社事。

"十四五"期间，我们将把人社公共服务标准化、信息化、均等化作为增强人民群众获得感、幸福感、安全感的重大任务抓紧抓实，以更大的力度、更优的作风、更实的举措，不断提升公共服务能力水平，构建覆盖全民、城乡一体、均等可及、高效优质的人力资源社会保障公共服务体系，努力开创新时代人社事业高质量发展新局面。

辽宁：纠建并重　多轮驱动　持续提升服务效能

辽宁省人社厅厅长　李安财

习近平总书记强调，"作风建设永远在路上""民心是最大的政治"。人力资源社会保障部门作为政治机关，肩负着惠民生的重要责任，民生连着民心，民心凝聚民力。辽宁省人社厅积极践行以人民为中心的发展思想，以打造群众满意的人社服务为总目标，积极开展行风建设三年行动，将加强系统行风建设作为优化人社领域营商环境的重要载体平台，坚持纠建并重，着力"多轮驱动"，持续提升人社服务效能，优化人社领域营商环境。

"建"字为要，着力打造"制度建设驱动轮"，
多点发力拧紧行风"发条"

坚持高位推动，组建工作专班。实行"一把手"工程，全省各级人社部门成立由主要领导任组长、其他领导任副组长、各处（科）室和单位负责人为成员的行风建设议事协调领导小组，并下设办公室（简称行风办），选调专人组建专班，统筹协调、指导督导、宣传引导行风建设工作，系统上下形成"一盘棋"，强力推进、久久为功。

坚持系统观念，搭建工作格局。在全系统构建起以人社服务标准化、信息化为支撑点，以整治行风突出问题为主线，以打造群众满意的人社服务为总体目标，以就业人才、社会保险经办服务为"两翼"的"一点一线一体两翼"行风建设工作格局。系统上下牢固树立"100-1=0""人人都是行风建设者"等理念，积极打造并深入践行"早、小、细、实、严""五字"工作法，筑牢"管行业必须管行风"的思想自觉和行动自觉。

注重建章立制，创建制度机制。从加强系统行风建设入手，建立通报制度、约谈制度、信息报送制度和监督员管理办法、明察暗访实施办法以及"好差评"机制、问题整改机制"三制度两办法两机制"。从强化窗口队伍建设入手，建立学习培训制度、巡查巡视制度、轮岗挂岗制度和绩效评估机制、容错免责机制、满意度测评机制以及 12333 电话服务质量监控管理办法"三制度三机制一办法"。特别是结合实际，注重人性化管理，创新在通报制度中突出强调对首次出现问题"一对一"通报、同一问题再次出现全系统通报；在约谈制度中，视问题严重程度采取层级约谈形式进行谈话。

"纠"字为先，着力打造"问题查改驱动轮"，
多措并举整治突出问题

组建"百人监督团"，加强内外监督。坚持目标导向、问题导向、成果导向相统一，邀请人大代表、政协委员、服务对象、有关专家，优选窗口一线业务骨干担任监督员，组建"百人监督团"，采取定期考核聘用方式，实行资格准入和持证上岗制度，加强内外监督，动态查摆问题，提出整改建议，督导整改落实。

设立专线专区，广泛搜集问题。在认真做好 12345 服务热线咨询投诉问

人社服务快办行动引导服务

题并整改落实的同时，开设行风专线（省12333热线电话）、行风专区（厅网站厅长信箱），广泛搜集问题并建立问题清单和整改台账，实行销号管理，解决一个、销号一个、巩固一个。本着"领导牵头、逐级落实"的思路，投诉问题办理结果由"一把手"签字并由承办人向投诉人跟踪反馈。

紧盯突出问题，开展专项整治。持续动态聚焦梳理群众反映强烈的"证明材料多、排队时间久、办结时限长、工作纪律差、设施不便民、热线不好打"六类突出问题及其新表现、新形式，实施"双百工程"（"百名厅局长走访流程""百名监督员暗访基层"）以及组织处（科）长"进大厅、进企业、进社区、进讲堂、进村镇""五进"活动，开展行风突出问题专项整治。

大连市人社局创新实施人社服务承诺公告制度，每日窗口晨会教育提醒

"专"字为重，着力打造"创新提升驱动轮"，纵深推动系统行风建设

创新开展为民服务解难题专项提升行动。坚持聚焦群众所需所盼、难点堵点以及工作短板弱项，突出"三个聚焦聚力"（聚焦群众需求，聚力为民解困；聚焦难点堵点，聚力重心下沉；聚焦问题短板，聚力创新破题），落实"五大工作任务"（就业创业、社会保险、人事人才、劳动关系、综合服务）。结合本地实际，突出地方特色，从群众关切出发，建立"22+X"工作任务清单，通过开展"人社政策基层行"，密集跟踪督导落实，着力解决群众的操心事、烦心事、揪心事，力求以为民谋利、为民尽责的实际成效，让群众真切感受到人社服务的温暖。

创新开展练兵比武专项提升行动。坚持"接地气、重实效、求节俭、多元化、全覆盖"原则，在系统内全员练兵比武的同时，积极引导和鼓励服务对象参与练兵学习，在系统内外推动形成"学政策、钻业务、练技能、强服务"的浓厚氛围。以人社服务全业务以及行风突出问题为重点，通过开展"日日学、周周练、月月比"在线答题活动，创新采取试点观摩、点抽笔试、千人笔试、能手选拔笔试、评委赴实地窗口问询政策业务并评分以及组织社保专项赛、人社业务综合比赛等多元形式，推动练兵比武常态化，3 年来累计 100 余万人次参与练兵比武活动。注重选树省级典型，评选练兵比武优秀团队 40 个，个人最佳风采奖 37 名，"人社知识通"和"岗位练兵明星"各100 名，充分发挥了引领示范带动作用。

创新开展"人社服务优办快办"专项提升行动。通过创建多元综合督导模式，坚持高位督导、以点督导、动态督导、现场督导、嵌融督导，全力推动关联事项"打包办"、高频事项"提速办"、所有事项"简便办"。建立 46 个省、市、县区三级联系点，以点促面、全面推进。支持鼓励基层创新创造，沈阳市皇姑区人社局创新实施部门联合、事项组合、窗口整合、人员融合"四合"举措；丹东市人社局在常规窗口"优办快办"的同时，创新建立"办不成事"反映窗口，得到企业和群众的点赞好评，省委、省政府充分肯定并要求在全省推广。各级窗口单位全部实施"一件事"打包办；累计实现

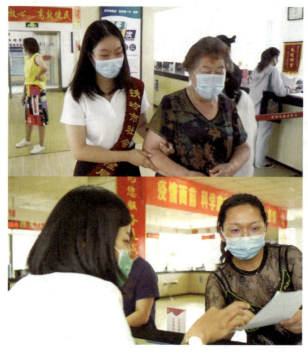

开通特殊人群绿色通道

20个以上高频事项提速50%办结;"简便办"方面,在全面取消125项证明材料的同时,大力推行告知承诺和容缺受理,全系统已有2200多个窗口服务站点可在高德地图检索和导航。

3年来,经过系统上下的共同努力,窗口服务效能不断提高,累计26家窗口单位和11名同志被评为全国人社系统优质服务窗口和先进个人;群众满意度持续提升,2020年行风评分与2018年相比提高近10分;各类媒体广泛关注,《人民日报》《中国劳动保障报》《中国组织人事报》等多次刊载辽宁经验做法。

为民服务初心不改,行风建设永不止步。展望"十四五",辽宁"人社人"将深入践行以人民为中心的发展思想,聚焦群众需求、对接企业关切,守初心、担使命,找差距、抓落实,办实事、开新局,振奋精神、扎实工作,常态化开展练兵比武,持续提升业务技能,深入实施"优办快办",以行风建设的新成效持续推动人社事业高质量发展,不断增进人民群众的幸福感、获得感、满意度。

吉林：争当"就业辅导员""人才服务员"

吉林省人社厅厅长　王　冰

吉林省作为老工业基地，在走出一条质量更高、效益更好、结构更优、优势充分释放的发展新路上，急需更加丰富的人力资源、更加稳定的就业环境、更加牢靠的社会保险制度、更加和谐的劳动关系，人社部门在助力振兴发展的过程中责无旁贷。2018 年人社系统开展行风建设三年专项行动以来，吉林省坚持以标准化、信息化、智能化建设为牵引，通过抓行风带政风、转作风、促工作，"想就业找人社、缺人才找人社"的理念深入人心，人人争当"就业辅导员""人才服务员"的氛围更加浓厚，在全省疫情防控、脱贫攻坚、建设生态强省、乡村振兴等重大工作中展现了人社系统党员干部的过硬作风和良好风貌。

加强人社系统行风建设，是实现人社事业高质量发展的助推器

行风体现作风、反映政风、折射党风。习近平总书记曾指出，党的作风，就是党的形象。作为"政治机关"的人社系统，更应深刻领会习近平总书记重要指示精神，全身心投入行风建设。

行风建设是践行"两个维护"的必然要求。坚决做到"两个维护"，必须有优良的行风作为保障。全省人社系统党员干部自觉在思想上政治上行动上同以习近平同志为核心的党中央保持高度一致，在谋划设计人社工作、推动落实中，把握新发展阶段，贯彻新发展理念，构建新发展格局，努力成为党的政策方针的引领者、实践者、推动者。

行风建设是践行"以人民为中心"发展思想的关键举措。守江山就是守人民的心。实现共同富裕，是社会主义的本质要求，也是全体人民的共同期盼。人社工作时时连着党的政策，处处代表政府形象，事事连着民生改善，在稳定扩大就业、优化收入分配结构、兜牢织密保障网络、集聚人才激发活力、防范化解重大风险等工作中，应牢记"以人民为中心"的发展思想，不断提高人民群众生活水平，确保想事、谋事、干事都以人民为中心。

行风建设是践行服务型政府理念的首要前提。人民对美好生活的向往，给政府公共服务提出了更高要求。以党史学习教育、"作风建设年"活动为契机，在全省人社系统大力培树"严、新、细、实"的工作作风，加快服务型、数字型政府建设，为企业群众提供优质、高效、便捷服务，与时俱进提高人社服务品质。

加强人社系统行风建设，是提升服务满意度的催化剂

始终扭住行风建设的"牛鼻子"不放松，以智能化便捷化为目标，以标准化为切入点，以信息化建设为突破口，切实推动行风建设水平提挡升级。

一是狠抓组织领导促行风。全省各级人社部门坚持把行风建设作为一号工程，建立由各级人社部门一把手为组长的领导小组，抽调专人组建行风机

吉林人社电子政务大厅办事服务工作现场

构，形成了省市县三级人社系统"一把手"主抓的行风建设管理模式。着力加强思想政治建设，扎实开展"不忘初心、牢记使命"、党史学习教育等主题教育，深入企业、社区、市县人社系统党支部，实施"合聚变"工作法，开展党建"七个一"活动，建立健全党风廉政建设责任体系，引导全系统干部职工牢固树立"四个意识"，践行"两个维护"，管业务也管行风的理念深入人心。

二是狠抓标准化信息化优行风。吉林省人社政务服务事项标准化实现了统一事项名称、编码、流程和材料，完成了"全省统一，横向到边，纵向到底"的人社一体化信息系统建设。对标人社部审批服务事项清单，全面梳理吉林省人力资源社会保障行政审批和公共服务事项清单，共计39个主项，189个子项，减办事条件15个，减经办环节17个，减申报材料80个，减工作时限126个工作日，减办事证明66项。对标人社部"提速办"清单，全省实现事项提速50%以上的目标。发行了三代社保卡和电子社保卡。建成并应用"吉林智慧人社"信息系统，205个业务功能基本实现"零跑动"办理，被电子政务理事会评为"互联网＋政务服务"先进单位，在吉林省统一开展"好差评"网上评价中，连续两年"好评率"保持100%，群众满意度稳居吉林省直机关前列。

三是狠抓能力提升保行风。为满足群众办事需求，着力加强窗口单位队

吉林省人社厅机关干部深入人社服务窗口体验群众办事流程

伍和作风建设，大力开展"优化营商环境、擦亮行业窗口"活动，新建省本级"一窗式"实体大厅，实行"前台综合受理、后台分类经办、统一窗口出件"的服务模式，并实现与省政府政务大厅联动，确保办事群众的"就近办"。在全系统持续开展以"学法规、学政策、学业务"为主要内容的大练兵大比武活动，全省1072个窗口单位干部职工积极参与，累计5万余人参加了岗位练兵活动，业务技能水平不断提升，为民服务能力不断增强，全省先后有12个优质服务窗口、5名优质服务先进个人受到人社部表彰。涌现出以全国人社系统"十大服务标兵"于砚华、全国"人社知识通"张轩为代表的一批先进典型。在近3年全国练兵比武活动中，吉林省分获三等奖、二等奖和区域赛第一名的优异成绩。

四是狠抓监督检查正行风。严格贯彻落实中央八项规定，组织开展"大走访大调研"活动，累计解决四个方面26个问题，形成一批调研成果。认真开展干部作风大整顿，建立厅局长直通车、企业直通车制度，开展"厅局长走流程、机关干部下基层、为民服务体验行"活动，坚持明察暗访常态化，定期检查制度执行情况和软环境建设情况，不断强化制度的硬约束，努力使转作风、强服务、严管理、促规范成为各级的自觉行为，有效促进了行风建设常态化长效化。

吉林省人社系统实施厅局长直通车、企业直通车制度

加强人社系统行风建设，是推进经济社会发展的常修课

通过持之以恒抓行风建设，吉林省人社系统各项业务工作成效显著，企业群众获得感进一步提升。

一是积极推进改革创新。落实优化营商环境要求，深入推进放管服改革，梳理确定了企业和群众办事事项49项，向国家级开发区下放行政职权42项，深化人才体制机制改革，进一步下放职称评审权限，事业单位工作人员公开招聘权限全部下放到市县。针对吉林老工业基地振兴发展实际，推出改革举措80余项。特别是在社保领域改革过程中，努力克服困难，聚力攻关，率先同步建立养老、失业、工伤三个险种基金统收统支省级统筹制度。

二是民生保障成效明显。就业是最大的民生，在疫情期间，全省人社系统严格按照党中央国务院"六稳""六保"任务要求，深入实施就业优先战略，通过建立领导包保、定期调度会商等制度，打好政策、服务、平台组合拳，多措并举稳住全省就业"基本盘"，稳定了人民群众工资收入。结合党史学习教育，深入开展"我为群众办实事"实践活动，计划完成126项实事。

三是人才活力竞相释放。聚焦吉林省"一主六双"高质量发展战略，研究制定了吉林省人力资源开发促进产业发展"十四五"规划，创新出台激发人才活力支持人才创新创业的若干政策措施（2.0版）、支持人才服务乡村振兴的政策措施，深入推进职称制度改革，开展吉林省首批乡村振兴优秀人才选拔，召开吉人回乡座谈会，组织参加全国首届职业技能竞赛，吉林省引才聚才环境氛围不断优化，2020年，首次实现高层次人才流入数量大于流出数量，高校毕业生留吉就业人数大幅提升，为吉林老工业基地振兴发展夯实了人才基础。

在下一步工作中，吉林省人社系统将按照人社部统一部署，持续巩固加强行风建设成果，以实施"想就业找人社、缺人才找人社"服务创新提升工程为载体，着力促进形成高质量充分就业和人才服务新模式，营造行政帮扶与市场配置紧密结合促进就业和人才服务新生态，激发促进就业和集聚人才新动能，构建人社事业协同发展新格局，全力推动吉林省人社事业创新发展、高质量发展，为吉林振兴发展做出应有贡献。

黑龙江：全力打造"阳光社保""便捷社保"

黑龙江省人社厅厅长　沙广华

近年来，黑龙江省人社厅以打造"阳光社保、便捷社保"为目标，聚焦"办社保不求人"，下大力"清减压"，提能力优服务，努力打造优质、高效、便捷的社保经办服务，不断提升民生的温度、增强幸福的质感。

强化信息支撑，全面实施"网上办"

一是拓展网办渠道。以人社网上办事大厅、自助终端、黑龙江人社APP、黑龙江人社微信公众号等线上渠道为依托，大力推进"在线办""掌上办""网上办"，实现群众办社保"不跑腿、不见面、不找人"。目前，全省网上服务大厅开通企业 11.15 万户，有效办理业务 379.94 万笔；个人用户数达到 693.21 万人，有效办理业务 20.48 万笔。

二是整合经办资源。加快推进"五险合一"工作进程，合并经办机构和经办人员，方便办事群众，目前，全省社保经办机构"五险合一"13 个地市级已经完成 12 个，74 个县级已经完成 68 个。开展个人退休金"看得懂算得清"专项行动，开通了企业养老保险退休待遇网上预测功能。

三是加大宣传力度。着眼构建外在多元、内在统一的网上经办模式，在利用政务服务网站、经办服务大厅、咨询热线电话、微信公众号进行宣传的基础上，加大社保政策和业务办理宣传力度。加强对办事指南宣传，让群众知晓并理解办事必需的材料、必要的流程、一定的审核时间，让群众"要件清楚、流程清晰、心中有数"。

瞄准清压简办，优化流程"一次办"

一是前置预审环节。规范落实退休审核预审制度，将退休审核工作前置，加快退休审核进程，明确市（地）级以上人社部门提前半年完成特殊工种提前退休预审，县（市）级人社部门提前一年完成正常退休预审。遇特殊情况，最晚不得超过参保人退休当年 12 月底前完成。采用"抽审 + 督导"方式，检查落实预审制度情况，并将预审工作完成情况纳入对市（地）的考核指标，加强监督力度，确保退休人员及时享受养老金。截至目前，2021 年全省企业退休人员共申报 211268 人，完成预审 210250 人（其中正常退休 188699 人、特殊工种提前退休 21551 人），完成率为 99.52%（其中正常退休 99.51%、特殊工种提前退休 99.55%）。

二是精简经办流程。按照"能放则放"原则，瞄准环节最少、路径最优、程序最简，通过综合研判、资源整合、事项归集，针对办理企业职工养老保险相关 48 项窗口服务事项进行分类整合，精简为 39 项，取消了 6 项要件。编制省社保中心打包"一件事"办事指南，制作打包"一件事"申请表，优化经办流程，精简证明材料，最大限度方便企业和群众办事。目前，完成企业招用员工、企业与员工解除终止劳动合同、事业单位聘用工作人员、职工退休、申领工亡人员待遇、退休人员过世等 6 个"一件事"打包办理，6 个"一件事"共包含 26 项业务。

三是实施综合柜员制。探索企业养老保险业务综合柜员制经办模式，统一编制业务经办流程，开发编制企业养老保险综合柜员制业务经办模块，在齐齐哈尔、佳木斯、牡丹江、鹤岗等市地进行企业养老保险综合柜员制经办试点，逐步推开企业养老保险"一窗通办"。

建立制度机制，疑难业务"我帮办"

一是建立重点权益告知制度。参保企业或档案托管部门申报特殊工种提前退休时，告知特殊工种提前退休相关政策以及对职工个人待遇核定、今后调整基本养老金的影响、相关法律责任等，保障其知情权，做到权责明晰。

参保人员达到正常法定退休年龄预审时限时，由单位或档案托管部门按正常程序将涉及本人权益重要事项告知本人。在退休审核中，将权益告知作为前置条件，保障参保人员对自身权益的知情权。

二是建立疑难档案联审制度。规范实施疑难档案联审制度，针对档案资料不完整、关键材料缺失等问题，结合实际定期依法依规开展疑难档案认定工作，形成认定意见并按规定存档备查。截至目前，全省人社行政部门共召开疑难档案联审会议 232 次，认定疑难档案 2854 本。

三是建立复杂业务领办带办制度。严格落实"四零"服务承诺和首问负责制，针对需要跨地区、跨部门办理的复杂社保业务，在服务大厅设置咨询台，安排专门工作人员，详细告知群众办事程序、办事要件、宣传政策等事项，积极主动引导群众办理业务，为群众帮办代办各种疑难社保业务 6255笔。对于需要特殊认定的企业职工养老保险档案问题，由当地人社部门疑难档案联审小组集体研究，重大疾病及特殊病种授权市地开辟"绿色通道"，每季度组织病检，确保群众"走进人社门、难题有人解"。

实施便民举措，下沉服务"就近办"

一是延伸服务触角。充分发挥社会服务机构、银行、商业保险机构等市场资源优势，拓展社会保险服务渠道，先后与省建设银行、省工商银行签署合作框架协议，研发在手机银行、ATM 机上实现查询、认证等功能，推进"社保服务进金融"。疫情期间，在建设银行手机银行 APP 上线了政务服务

热心服务群众

指导群众使用自助机

黑龙江板块，实现企业养老保险"个人信息查询""参保信息查询""个人账户查询""缴费信息查询""发放信息查询""个体缴费设置""待遇领取资格认证"7项功能，同时，在全省399家建设银行营业网点里设置了智慧柜员机1220台，提供与手机银行相同的业务查询和办理服务。

二是创新服务方式。推广预约服务、延时服务、上门服务，最大限度方便群众办事。疫情防控期间，大力推行"线上＋线下"服务，实行点对点服务预约办，实现"防控有要求、服务不打烊"。

三是开展专项行动。省、市、县（区）三级同步开展经办机构提升服务质量攻坚行动，深入开展百名厅局长"走流程"、百名处科长"坐窗口"活动，连续两年巩固提升服务质量攻坚行动成果，实现了服务流程更优化、服务方式更多元、为民服务更到位、服务监管更有力的目标。

聚焦练兵比武，提升素质"马上办"

一是坚持高位推动。省市两级成立工作专班，全面统筹推进练兵比武，形成主要领导亲自挂帅推动，分管领导具体负责督导，其他领导班子成员齐抓共管的工作格局。依托在线学习答题平台，积极参加"日日学、周周练、月月比"活动，各市地、县区分层建立督导、促学评练的有效机制，实现了上下联动、同步推进。

二是坚持常态常效。在"人员全覆盖、层级全覆盖、业务全覆盖"的基础上，把县级窗口单位工作人员开展练兵比武活动作为重点，着力推进练兵比武常态化，每年组织网上答题赛、选拔赛、地市初赛、全省决赛等竞赛活动，做到以比促学、以比促练。

三是坚持鲜明导向。牢固树立"练兵比武建擂台、成长进步有平台"的鲜明导向，大力培养人社干部队伍，优秀选手逐渐成长为各自业务领域的中坚力量，发挥了很好的示范作用。大庆市人社系统参加练兵比武荣获人社部、省级表彰的23人中，有14人已获得提拔晋升，其中有10人直接提拔为副科级实职，截至目前，全省人社系统已有21人被提拔任用。通过拿出实实在在的举措，加强对优秀选手的表扬激励，培养树立更多群众身边的人社"知识通"、业务"一口清"，大力营造人人愿学、真学、精学的良好氛围。

上海：以群众关切为导向　以群众满意为标尺

上海市人社局局长　赵永峰

政风行风是一个系统干部队伍作风的集中体现，不仅关乎百姓的幸福感、获得感、满意度，也关乎党和政府在人民群众心目中的形象。作为政府的重要民生部门，人社工作与百姓生活苦乐密切相关，行风好坏更是直接关系党与群众的血肉联系。正由于此，上海人社系统历来高度重视行风建设，2003 年率先成立行风（政风）建设督查办公室，组建覆盖市区两级的政风行风监督员队伍，从体制机制上筑牢工作基础。党的十九大以来，围绕人社部关于"正行风、树新风，打造群众满意的人社服务"的总体要求，我们又进一步坚持以人民为中心，多举措推进行风建设，取得了新的成效。

实施"好差评"，让群众当行风建设评价的主角

人社行风建设抓得好不好，企业和群众的切身感受最直观、最鲜活，也最有发言权。近年来，依托网络信息技术的快速发展，上海人社领域民生民意的反映渠道持续拓宽，群众表达意见诉求的积极性、主动性不断提升。但由于种种因素制约，人社行风的评价体系中，群众依然未能成为评价主角，这就导致行风建设常说常抓，却始终与群众的真实期许存在差距。为从根本上打破这一局限，根据国务院和市委、市政府有关要求，我们聚焦服务企业和群众的基层一线，通过全面推行"好差评"制度，把行风建设的最终评价权交到群众手中。2019 年 7 月，这一制度在人社系统各政务服务窗口、网上平台全面施行，企业和群众办事后，扫描评价二维码，便可对办理情况

进行满意度评价。为提升群众参评率，2020 年，我们又积极推进"好差评"三对应精准评价，将服务窗口评价设备全部升级为触摸屏，对于满意或不满意的具体原因，如可否全程网上办理、服务是否热情高效等，也可直接屏幕点选，大大提升了评价的便利度和精准度。

在让群众成为评价主角的同时，我们严格落实"好差评"制度规定，全力抓好差评件责任整改，要求 1 个工作日内联系评价人核实情况，情况属实的，一般事项 5 个工作日、复杂事项 10 个工作日内完成整改，确保所有评价都能像电商用户评价一样管用有效，真正形成参评激励。为进一步加强整改督查，除建立月通报机制、电话回访外，我们还在局系统 30 岁以下年轻干部中开展了"差评件走流程"活动，通过第三方的换位观察，有力破解办事工作人员可能存在的"当局者迷"问题，从而更有针对性地改进服务。这些措施的落地，对基层工作人员形成了良性压力，极大挤压了不良作风的存在空间，窗口形象焕然一新。据统计，2020 年上海人社系统"一网通办"市级办理事项近 1849 万件，累计收到差评 249 件，差评率仅为 0.013‰。

狠抓"快办行动"，跑出回应群众关切的加速度

随着信息化智能化的快速普及，群众对人社服务的期盼，已不再局限于

上海市 12333 咨询热线接线员接听群众来电

有没有，而是好不好、效率高不高。为此，我们急群众所急、想群众所想，变坐等上门办事为跨前一步、主动出击，从系统性、整体性、协同性角度，对上海人社服务进行全面整合与优化提升，大力推动各项工作跑得再快一些、再好一些。比如，上海市企业职工办理退休事项，之前需要前往人社、卫生、民政等多个单位，跑 5 次现场，耗时 41 个工作日。通过会同相关单位推动企业职工退休"一件事"跨部门、多事项联办，全程减少申报材料 22 份、重复填报信息 82 项，只需 1 次网上办，20 个工作日就可办结。2020 年疫情期间，上海人社领域推出了多项稳就业保民生的惠企政策。考虑到各条线政策散而多，企业可能出现漏申请、错申请等情况，我们探索推出了线上点单式服务平台。企业只需登录，就可在一个界面内，点击查询所有惠企政策的办事指南，平台也会根据企业基本信息，自动初筛出符合申请条件的惠企事项，并通过勾选框的明暗直观反馈给企业，大大提升了办事效能，优化了营商环境。该探索已作为国务院第七次大督查典型经验，在全国通报表扬。2021 年 10 月，为压缩就业时间成本，我们探索上线了"上海公共招聘新平台"，用人单位、经营性人力资源服务机构都可在平台上注册"开店"，求职者通过"智能管家"的大数据分析，一键就可进行人岗匹配，十分便利与快捷。

抓班子、带队伍，持续推动行风建设走深走实

行风建设说到底，是关于人的工作，只有系统内每一名干部职工都发自

上海市人社窗口单位业务技能练兵比武活动现场

上海市人才中心"网上办、马上办、上门办"现场

内心地重视、参与、改进，才能积水成渊、聚沙成塔，取得最大成效。为此，2020年以来我们在上海人社系统部署开展"抓班子、带队伍、促工作、上水平"专项行动，充分发挥各级领导干部的"头雁效应"，激活普通干部职工的内生动力，上下一心，推动行风建设持续走深走实。

领导干部层面，以"局长走流程"为抓手，要求市、区局领导班子成员，市局各机关处室以及局属各单位负责人等，走出办公室，深入服务窗口、基层一线和企业单位，换位体验人社业务办理全过程，亲自感受办事群众的酸甜苦辣，主动查找人社服务存在的漏洞和冗余流程，积极为优化改进行风出谋划策。比如，上海海外人才业务量较大，之前都集中在市人才中心窗口办理，对于郊区或出行困难的企业和群众非常不便。而且全市业务集中于一个地方办理，也容易造成工作积压，增加办事企业和群众的时间成本。发现问题后，经深入研究，我们决定进一步简政放权，将海外人才相关经办业务全部下沉至16个区，用人单位可自主选择注册地或实际经营地就近办理业务。目前，已有超过2100家用人单位选择了区级经办网点办理相关业务。2021年9月，市委书记李强对"局长走流程"活动作出专门批示，要求在市级机关推广，《人民日报》《解放日报》等主流报刊媒体纷纷开展专题报道，引发社会各界的普遍关注和广泛好评。

在抓好各级领导班子带头作用的同时，为进一步提升干部队伍的整体业务能力和职业素养，以便在面对企业和群众时，政策明晰、业务熟悉、态度亲和，我们又以"应知应会、行家里手"为标准，大力组织开展全市人社系统窗口单位业务技能练兵比武，积极培养"业务经办小能手""业务知识政策通"，努力营造"比学赶帮超"的浓郁氛围。我们还结合党建工作，不断加强教育引导，推动所有干部职工重视优良作风的养成，杜绝脸难看、话难听等情况的发生，力促政风行风为之一新。

江苏：一切为了快办好办

江苏省人社厅厅长　戴元湖

加强系统行风建设的三年，也是江苏加速实施"宽进、快办、严管、便民、公开""人社服务快办行动"的三年。围绕打造群众满意的人社服务，江苏坚持以人民为中心发展思想，在加强系统行风建设中重点抓快办好办，将全省分散独立的人社信息系统整合为一个互联互通、业务协同、信息共享的"全省人社一体化信息平台系统"，以"一窗受理、一网通办"为目标，形成"一端受、集中批、联合审、快递送"的服务体系，实现各项人社业务"就近办、一门办、一窗办、一网办、全省办、快速办"。回顾一切为了快办好办的工作历程，"五个强化"助力江苏人社服务行稳致远。

健全组织架构，强化工作机制。 构建制度化常态化工作机制，成立由厅主要领导挂帅的行风建设暨快办行动工作领导小组，健全厅局长联系挂钩市县制度，确保快办行动组织领导有架构、责任细化有层级、跟踪问效有机制。完善阶段性调度制度，定期召开快办行动工作座谈会、推进会，对全省面上情况进行谋划部署，组织交流经验做法，按级督促任务落实。完善落实"五制""四公开""三亮明"服务规范，对内部工作人员进行优化重组，设岗定位赋权，规范窗口配置，公开身份承诺。以广泛开展"练兵比武"为契机，创新落实加强基层队伍建设意见，多形式加强针对性、适应性培训，熟悉掌握系统操作技能，全面提升服务本领。充分发挥"人社知识通""岗位练兵明星"作用，建立健全厅局长值班、处长带班机制，做到群众来人社窗口大厅有人迎、咨询有人应、办事有人引。建立健全舒心服务、便捷服务机制，开设无障碍服务窗口，营造温馨等候区，主动贴近老年人、残障人士等特殊群体，为确有特殊情况的服务对象开辟"零距离"服务通道。

整合精简流程，强化部门协同。在人社部的政策指导和技术支持下，坚持把持续推进"清减压"、群众办事更便捷作为一体化信息平台建设的出发点和落脚点。一是破立并举。从业务经办流程的起点入手，举全系统之力化繁为简，推动系统流程再造，梳理形成全省人社政务服务事项清单377项、人社业务证照清单30项，精简材料232份，减少环节32个。二是内部融通。细化内部需求，完善协同场景，加大共享频次，实现人社系统内部信息的全面融通与无条件共享，并逐步拓展与相关部门的共享范围，推动流程精简和共建共享。三是部门协同。建立健全跨业务、跨层级、跨地域、上下联动、左右联通的部门协同工作格局，从以职能部门审批的"一个事项"为中心，转向以企业和群众办理的"一件事"为中心，积极与公安、地税、市场监管、交通、民政等部门联动，不断打通部门壁垒，牵头推动"一件事"联办，推动个人全生命周期"一件事"服务联合相关部门办理。在此基础上，不断延伸人社公共服务链条，将能下沉的业务尽可能下沉，尽量精简中间环节，真正让群众在家门口就能享受便捷高效的人社服务。

打通数据壁垒，强化信息支撑。建设大平台、大数据、大系统，是加快推进"打包办、提速办、简便办"的关键所在。为实现底层数据到全域数据的"一窗共享"，采用"大中台，小前台"的建设思路，组织实施综合柜员制改革，全面推进"大厅咨询引导、前台综合受理、后台分类审批、限时办

江阴市人社服务大厅快办综柜咨询台

结送件、全程公开透明、服务优质高效"的经办模式。通过业务中台、数据中台、技术中台和 AI 中台进行互联互通，实现全层级、全业务、全流程、全环节的紧密耦合、一体联动、数据共享、服务智能、创新引领。为全面打通数据壁垒，强化信息支撑，建立经办业务、行政审批、公共服务纵向 5 级人社部门的集中统一、横向内外系统集约整合、纵横对接一体的网络体系，实现前台窗口和后台送审的无缝对接，推动一网进入、一键处理、实时反馈。与此同时，创新审批服务模式，对后续监管一样可以达到审批效果的事项实行"后置＋承诺"的服务方式，对企业群众办事缺失的次要材料允许延后补充。同步拓展网办大厅、移动终端、服务公众号、小程序等各类网上办事渠道，坚持各项人社业务"应上尽上、全程在线"。仅用 2 年多时间，圆满完成人社部 LEAF6.2 最新技术架构和社会保险核心平台及人社业务板块统一软件的试点任务，精准落实省政务办、省大数据管理中心关于"一部门一系统"建设要求，为人社事业高质量发展提供了坚强有力的信息化支撑。目前，全省 8000 多万常住人口和 300 多万企事业单位可通过一体化信息平台全天候办理人社全部业务，真正实现"一网通办""全程快办"。

扬州市生态科技新城政务服务中心人社"就业一件事"综窗

落实经办监管，强化风险防控。在大力推行"快办行动"的同时，坚持依法依规经办，充分运用信息化手段实施过程监管和风险防控，分析可能存在的风险点，有针对性地制订处理预案。严格制度管理，将风险要素、防控手段、经办程序全部纳入一体化平台的稽核风控模块，做到事前能控、事中能管、事后能查，全程跟踪、全程监管、全程留痕。通过系统内部核查、部门之间行政协助、必要的现场勘查等方式，对相关办理要件进行流程监管，真正做到在打通服务群众"最先一公里"和"最后一公里"的同时，将风险预防关口前移到"经办一线"，传导至"神经末梢"。

立足群众满意，强化服务评价。金杯银杯不如群众的口碑。为确保"快办行动"经得起检阅，结合党史学习教育"我为群众办实事"实践活动，全面推行人社服务电子地图定位、人社政务服务"好差评"评价制度，对每个办事事项、办事流程，主动接受服务对象的多元评价，做到一事一评、全程可评。按照"谁办理、谁负责"的原则，同步建立差评核查整改闭环，对接收到的差评，对标"接诉即办"要求，细化处置流程，实行在线流转。今年三季度，收到评价近50万条，差评整改率达100%。与此同时，通过开展"厅局长走流程"、启动第三方调研暗访，共同体验窗口服务，同步加强对各地事项整合数、快办提速量、材料精简数，以及窗口优化、服务规范、系统整合等情况的阶段性检查和调度，将快办好办实施情况纳入窗口评优内容，助推系统上下服务质量比学赶超。自一体化信息平台系统全面上线以来，全省人社办件量平均每天30.1万件、查询量424万件、新制社保卡4.8万张、社保卡刷卡895万次、网办注册用户总量573.9万、CA用户总量38.3万。目前，全省23项"提速办"服务事项，完成率达100%，平均提速65%以上，其中，8个事项提速后实现即办即结。"招聘一件事""就业登记一件事""退休一件事"等14个全省"人社服务一件事"打包办陆续推开，"一网通办"渠道进一步畅通，企业和群众的体验感和满意度持续提升。

浙江：以数字化改革为引领　重塑人社公共服务

浙江省人社厅厅长　吴伟斌

2018 年 7 月，人社部作出全面加强人社系统行风建设的重要决策部署以来，浙江省以"最多跑一次"改革和数字化改革为引领，人社系统行风建设不断走向深入，全省人社公共服务"优质、高效、智能"的服务理念深入人心，在企业群众中树立起"贴心、便捷、专业"的好口碑。

坚持群众视角，全力为民"增便利"

民有所呼，我有所应。我们自觉践行以人民为中心的发展思想，以"最多跑一次"改革和数字化改革为引领，始终站在群众的角度考虑问题、制定政策、优化服务。

我们以群众和企业最现实、最紧迫、办事量最大的事项为切入点，聚焦"办事慢、办事繁、办事难"的痛点，在规范办事标准、精简申请材料、推动数据共享等方面进行重点突破，推动人社业务从简、从近、便捷办理。2019 年，聚焦群众眼中"一件事"，加大跨部门业务协同力度，将程序相近、材料相同、结果关联的"多件事"整合为"一件事"，全省共推出员工招聘、退休、失业等 5 个"一件事"。

2020 年人社部作出人社服务快办行动的部署后，我们自我加压、提高标准，共牵头实施 13 个"一件事"，扩展"申领工亡人员有关待遇"为工伤处理"一件事"，涵盖了工伤认定、劳动能力鉴定、工伤待遇支付等三大业务环节；将"事业单位聘用工作人员"扩展为事业单位工作人员职业生涯全周期"一件事"，以"全周期""全链条""全覆盖"为目标，依托省集中业务系统，实现全省业务同标、数据同源、办事同步。2021年，我们继续拓宽"一件事"改革的宽度和深度，新增6个"一件事"，其中，社保医保参保"一件事"实现社保医保参保、信息变更、查询打印等12个事项联办，切实解决了因机构改革社保、医保部门分设，业务经办使用两套系统等原因，给办事对象造成的办事不便问题。

坚持标准先行，精准开展"清减压"

政贵清简。面向老百姓的事，必须删繁就简、标准规范、一目了然。我们坚持"材料应免尽免、时限可减尽减"原则，通过实施"一目录一规范一工程"，持续开展"清事项、减材料、压时限"，将办事材料、办事时限往极限压缩。

一是迭代升级政务服务事项目录。对照《全国人社系统审批服务事项目录》，对我省原有政务服务事项目录进行重新梳理，发布面向群众和企业的依申请政务服务事项243项，清晰亮出所有办事事项的家底。

二是编制业务经办规范。首次在全国提出办事事项名称、依据、材料、

天台县社银联通工程启动仪式现场

流程等"八统一"规范，并作为浙江"最多跑一次"改革经验做法写入中办、国办《关于深入推进审批服务便民化的指导意见》。在此基础上，整合人社部办事指南要求，修订全省人社系统依申请政务服务事项业务经办规范，每个事项包括 38 项要素。

三是建设政务服务 2.0 工程。按照字段归一、材料共享、业务协同的要求，进一步细化梳理流程、表单、材料、情形、法律依据等办事要素，完成业务经办系统与统一收件出件系统对接，确保办件信息在各系统之间准确、实时流转。

坚持技术支撑，大力推进"信息化"

实现优质、高效、智能的人社服务，标准化是前提，信息化是支撑。我们运用数字化思维，集中整合数据资源、优化再造服务流程，全面深化政务服务"一网通办""全域通办""一件事集成办"，健全全省统一、线上线下融合的公共服务体系，推动人社公共服务从"快办"向"智办"升级。

一是全数据共享。完善数据资源目录体系，推进数据交换共享平台建设，形成共建共用的人社数据资源体系。基于数据仓，运用大数据技术为用人单位和个人"画像"，形成人社电子档案袋，支持个性化服务。

二是全服务上网。依托浙江省人社一体化经办平台，完成 133 个政务服务事项智能路由改造，实现省内"一网通办"。统一身份认证体系，解决企业和群众线上办事在不同渠道间重复注册验证、用户体验不一致等问题，实现政务服务事项统一收件，全管控事项统一办件，方便企业和群众"一次注册，全网通行"。

三是全业务用卡。全面实现 95 项人社领域社会保障卡应用建设，加载"交通联合"功能的社会保障卡可通乘全省所有地区的地铁、公交，全省累计 294 个文化旅游场景支持全国社保卡"一卡通"。

坚持就近服务，用心打造"服务圈"

人社服务涉及千家万户，"就近能办""多点可办"始终是我们的努力方向。我们通过广设服务网点，下延服务事项，上下联动，社银联通，充分尊重基层首创精神，鼓励基层大胆创新，全力打造人社便民"服务圈"，实现人社业务"更近"办理，"更快"办好，营造"人社在你身边，服务随时相伴"的暖心氛围。

一是下放服务事项。坚持上下联动，层层放权，把能够放到基层的事项最大限度下放到基层，特别是把老百姓办事频率高的事项下放到乡镇（街道），进一步提升人社公共服务的可及性、便捷性。目前，80%的"最多跑一次"事项可在乡镇（街道）办理，一些地方甚至将就业创业补贴、城乡居保参保等事项下放到社区（村）。

二是深化"社银合作"。充分利用银行、邮政等部门基层网点多、经办能力强、覆盖面广的优势，大力开展社银合作。牵头编制了全国首部社银合作相关的省级地方标准——《银行办理社保经办业务服务指南》，已于2021年4月12日实施。截至10月底，已建成社银合作网点10175个，实现办事群众、人社部门、银行三方共赢。编制完成全省人社服务经办网点"电子地图"，确保企业群众办事"查得到""找得着""好办事"。

三是实施"减窗行动"。通过推进自助区、网办区、咨询导服区建设，推行"人机联办""无前台审批"等办事模式改革，让窗口人员走出柜台，

工作人员引导群众办理自助业务

主动服务，将有限的人员力量投入到提升群众的服务体验中去，积极引导办事企业群众"自助办""网上办""掌上办"，实现服务"零距离"。行动以来，全省人社系统的人工窗口数量减少 57%。

"行之力则知愈进，知之深则行愈达。"三年来，我们边学边干、不断提升，对行风建设的认识理解把握进一步深化，在工作实践中积累了三条宝贵经验。

一是加强行风建设，必须"一把手"亲自抓。加强行风建设，是一项系统工程，复杂而艰巨。我们始终将其作为"一把手"工程，一任接着一任干。全省人社系统主要负责同志既挂帅又出征，变"给我上"为"跟我上"，形成"一把手"领衔、班子带头、全员紧跟的良好氛围。

二是加强行风建设，必须加强顶层设计。加强行风建设，是一场自上而下、刀刃向内的自我革命。在实践中，我们深切体会到，如果没有人社部在标准制定、技术设定、证明清理等方面的整体布局，高效便捷的人社公共服务就不可能真正落地；如果没有浙江全省上下"最多跑一次"和数字化改革大的氛围和背景，人社系统的快办好办易办就难达到预期效果。做好这项工作，必须加强顶层设计，统筹协调推进。

三是加强行风建设，必须坚持以人民满意为目标。人民是否满意是衡量我们工作成效的最高标准。为了了解群众的满意度，根据人社部部署，我们组织开展明察暗访专项督查活动、实施人社政务服务"好差评"、开展"厅局处长走流程"，通过代群众办事、与办事群众交谈、向经办人员咨询、现场查看等方式，发现并解决还存在的影响群众满意度的问题。部分地区还专门建立了局领导"每周一跑"制度，班子成员轮流到窗口值班，加强督查指导，现场解决难题，目的就是要不断提升老百姓的办事满意度和获得感。

行风建设永远在路上。下一步，浙江人社系统将以"尽力尽到无能为力、尽心尽到无愧于心"的精神状态，充分运用数字化改革成果，持续加强系统行风建设。深入推进实施"人社服务快办行动"，持续深化"一件事"集成改革；持续推进政务服务标准化；持续丰富服务供给，将民生事项100% 下沉基层。进一步巩固成果，形成长效机制，擦亮浙江人社公共服务品牌，不断提升民生的温度，增强幸福的质感。

安徽："五坚持"打造人社服务品牌

安徽省人社厅厅长　徐　建

人社部行风建设专项行动启动以来，安徽省人社厅着力提高政治站位，真正把行风建设扛在肩上、抓在手上、落实在行动上。全省各级人社部门深入贯彻中央深化"放管服"改革优化营商环境的决策部署，聚焦"练兵比武强技能、人社服务树新风"主题，持续深入开展业务技能练兵比武，生动展现了安徽人社系统干部职工的业务能力和形象风采。安徽省代表队先后荣获2019年全国人社系统窗口单位技能练兵比武总决赛二等奖、2020年度线上比试团体一等奖，2021年度成功晋级全国总决赛。2020年我省人社总体政策满意度达81.58分，行风建设政策指标得分82.86分，均位居全国第一方阵。

坚持正行风、树新风，牢固树立管行业必须管行风理念

人社系统行风好不好，关系到党和政府在人民群众心目中的形象。加强人社系统行风建设，是深入贯彻落实习近平总书记关于党风作风建设重要思想、把人民放在心中最高位置的直接体现。厅党组深刻认识加强行风建设的必要性、紧迫性和战略性，按照"谁主管、谁负责"和"管行业必须管行风"的原则，切实加快行风文化培育，真正使优良行风成为人社系统的文化基因。

健全责任体系，明确各级人社部门党组织主体责任和主要负责同志第一责任，严格落实"一岗双责"，专题研究部署开展加强行风建设工作，推进行风建设和人社业务同部署、同推进、同落实，当好行风建设领导者、执行

者、推动者。

强化思想教育，结合"不忘初心、牢记使命"主题教育、党史学习教育，组织开展"行风建设人人谈"征文和行风建设大学习大讨论活动，引导干部职工增强行动自觉和思想警醒。

畅通监督举报渠道，自觉接受人民群众监督；按季度开展常态化明察暗访，收集分析问题、加强督促整改。

坚持人人知、个个练，统筹推进全省人社系统"全民健身"

开展业务技能岗位练兵，是提升干部职工服务意识、服务水平、服务能力的基础。全省各级人社部门坚持上下联动、合力共为，组织开展形式多样的岗位练兵。省、市、县、乡、村五级全覆盖，各地人社部门层层发动、广泛动员，做到人社系统干部职工全员参与、全程学习，3年来全省参与岗位练兵共 7.9 万人次。

坚持专全结合，学习内容全覆盖，政治理论与就业创业、社会保障、人事人才、劳动关系以及人社扶贫全部纳入学习内容，抓好本职业务学习的同时兼顾人社业务，着力提升干部职工政治素养和业务能力，争做政治过硬、

2020 年度安徽省人社系统窗口单位业务技能练兵比武总决赛现场

业务过硬的"人社人"。

坚持线上线下相互促进，采取个人自学、集中培训、轮岗实践等方式，依托练兵比武在线平台学习参加"日日学、周周练、月月比"活动，引导干部职工充分利用业余时间加强学习，推动线下学习培训与线上学习答题相结合，寓练兵于日常工作，培养出更多群众身边的人社"知识通"、"一口清"、业务能手，使"学政策、钻业务、强技能、优服务"在全省人社系统蔚然成风。

坚持真比武、实竞技，着力打造人社业务技能"行家里手"

比武竞赛是对干部职工业务能力的集中检验。在广泛开展岗位练兵的基础上，组织一系列练兵比武活动，以比促练、以练促用，在全省人社系统迅速掀起比学赶超的热潮。

精心部署、层层开展，建立常态化工作机制，县、市、省三级自下而上组织比武竞技，变"盆景"为"风景"，引导干部职工广泛参与。3年来，全省各地人社系统先后举办练兵比武活动近100场次、参赛选手近2300人次、现场学习观摩人员万余名。

2021年度安徽省人社系统窗口单位业务技能练兵比武总决赛现场

形式灵活、丰富多彩，采取线上比、现场比，日常比、集中比，业务部门内部比和跨业务部门比等多种形式开展各具特色竞赛活动，引导干部职工比理论、比技能、比服务，在系统内部掀起持续比武热潮，让业务行家里手从一枝独秀到百花齐放。

搭建平台、集中展示，精心组织省级业务技能练兵比武晋级赛、总决赛，集中检验各市练兵比武成效、选拔全国赛参赛选手。3 年来，省级比赛中共产生 18 名最佳风采选手，并培育选拔了一批政治过硬、业务精通、作风优良的人社工作"行家里手"，进一步提升了系统干部队伍的整体素质和服务水平，提升了窗口单位服务质量和服务效能。

坚持立标杆、作表率，积极培树广大群众满意"服务标兵"

坚持典型引路，充分发挥先进典型示范引领作用和负面典型警示教育作用，推深做实行风建设。积极培树人社系统服务标杆，我省共有 13 个集体和 5 名个人被人社部评为优质服务窗口和优质服务先进个人。广泛宣传他们的先进事迹，着力打造人社服务品牌，形成见贤思齐的生动局面。充分挖掘在全省各级各类练兵比武赛事中涌现的优秀骨干，建立我省窗口单位业

12333 全国统一咨询日活动现场

务技能练兵比武优秀团体及优秀选手信息库。我省遴选出 22 名人社服务标兵，组织拍摄人社标兵宣传片，开展人社标兵宣讲活动，积极展示行风建设成果。注重夯实基层工作基础，合理配置工作人员、提升服务能力、规范服务行为、完善保障措施，持续加强人社窗口单位经办队伍建设。加强工作监督，畅通举报渠道，加大曝光力度，建立约谈制度，确保行风建设取得扎扎实实成效。

坚持抓业务、促融合，全面促进人社业务水平"提挡升级"

练兵比武重在以比促练、以练促用、以用促进。全省各级人社系统干部职工系统学习人社领域业务知识和操作技能，人员队伍建设进一步强化，服务群众能力进一步提升，人社部门服务效能得到不断优化和提高，全面实现练兵比武与日常工作深度融合，切实做到"两不误、两促进"。

全省人社系统坚持以"放管服"改革为重点，以信息化建设为支撑，深入推进审批服务标准化，全面梳理权力、责任、公共服务事项等清单，进一步优化服务流程、简化办理环节、减少申请材料、缩短办理时限。深入推进审批服务便民化，实施行政事项集约化办理，稳步推进不见面审批服务，大力推进政务服务下沉。省本级全力推进为企业招用员工等 6 个"一件事"打包办，40 个事项提速办，32 个事项"秒办"，31 项证明事项实施告知承诺制，4 项优化审批服务，直接取消申请材料 106 项。2021 年上半年我省人社政务服务好评率为 98%，第三季度好评率为 100%，人社服务"提挡升级"受到群众认可，人社工作群众满意度进一步提升。

习近平总书记多次强调，作风建设永远在路上。练兵比武是状态，行风建设是常态，要让良好的练兵比武竞技状态转化为优化作风建设的常态。全省各级人社部门将深入贯彻落实人社部各项决策部署，拓展业务技能练兵比武内涵和外延，把行风建设摆在更加突出的位置，持之以恒、久久为功，全力打造群众满意的人社服务。

福建：着力"四个融合"深化行风建设

福建省人社厅厅长　孔繁军

福建省人社厅坚持以习近平新时代中国特色社会主义思想为指导，坚持以人民为中心，深入实施"行风建设三年行动"计划，服务大局，着力"四个融合"，将行风建设与政治建设相融合、与"放管服"改革相融合、与练兵比武相融合、与效能建设相融合，把系统行风建设贯穿人社事业发展各领域、全过程，取得显著工作成效。

与政治建设相融合

一是提高站位。以"群众满意"为目标，把行风建设作为人社事业发展的战略支点、推动各项工作的重要载体、破解重大问题的"金钥匙"，将行风建设与党建、业务工作同部署、同落实、同检查，抓本级，带系统，着眼群众亟待解决的操心事、烦心事、揪心事，狠抓痛点、难点、热点问题，每年列出20项左右行风工作任务和数十项绩效指标，以抓铁有痕、踏石留印的精神狠抓落实。

二是深化教育。扎实开展"不忘初心、牢记使命"专题教育、党史学习教育，开展经常性政治思想教育，引导干部职工树牢"四个意识"，坚定"四个自信"，做到"两个维护"，把行动统一到为民惠民、提供优质人社服务上来。

三是大兴调研。2021年结合"再学习、再调研、再落实"活动，开展"厅局长走流程"，省本级确定32个项目，由厅领导带队，通过线上体验、窗口调研、随访服务对象、座谈会等，全面查堵点、深入摸需求、广泛听意见、扎实促整改，有针对性地完善政策措施，打通政策制定"最先一公里"到经办落实"最后一公里"。

四是营造氛围。积极树立典型、宣传典型，发挥先进人物示范效应。我省推出的"全国人社服务标兵"鲍道榕，参加近20个省份的事迹宣讲。举办全国人社服务标兵（福建站）大型宣讲活动，并组织全省人社系统观看，"人人是窗口、处处是形象"的理念不断深入人心。

与"放管服"改革相融合

深化职能转变，简化行政审批，优化服务供给，扎实推进人社领域"放管服"改革，为老百姓提供有速度、有温度、有规范的服务，概括起来就是"五办""四减""三规范"。

"五办"包括：一是马上办。全面压缩办理时限，简化办理流程，全省审批服务事项实现一趟不用跑占比45%，其余事项全部实现最多跑一趟。二是网上办。对行政许可及公共服务事项，应进必进，群众网上申请办理、网上评价。三是就近办。建设社会保险村级便民信息化平台，在7739个行政村（社区）实现线下申办不出村；收集更新11000多家各级窗口单位电子地图，方便群众就近办事。四是"一窗办"。大力推进"一窗通办"。五是掌上办。打造"福建人社"新媒体，开发"掌上服务大厅"，建设12333公共服务平台，入驻闽政通APP，提供便捷的手机办事服务。

练兵比武笔试现场

"四减"包括：一是"减事项"，委托下放审批和公共服务19项，取消11项，停止国务院取消的434项职业资格认可和认定事项；陆续下放工程、卫生等职称评审权。二是"减材料"，全面清理证明事项和中介服务，取消厅本级全部证明事项3项，提出证明事项清理建议29项。三是"减环节"，所有审批服务事项办理均控制在"受理—审核—办结"3个环节之内，减少审批随意性。四是"减时限"，所有审批服务事项承诺时限压缩到法定时限50%以内，推行多证合一，建立与福建省审批信息共享平台对接交换机制，压缩企业开办时间。

"三规范"包括：一是规范清单。建立清单管理制度，先后编制、公布省级行政权力、责任、权责清单、政府内部管理事项清单等6张清单。二是规范标准。在全省统一项目名称、统一申报材料、统一审批标准、统一办理流程"四统一"。三是规范监管。开展"互联网＋监管"，确定监管事项13项，30个子项，逐项编写检查事项实施清单，制定检查内容34条，全部进驻省监管系统，对接国家平台。

与练兵比武相融合

将窗口单位业务技能练兵比武活动作为建设忠诚干净担当的高素质干部队伍的重要举措，掀起练兵比武热潮，形成"全员学本领，岗位大练兵"的浓厚氛围。

福建省人社系统业务技能练兵比武大赛现场

一是精心筹划。福建省人社厅和市、县（区）人社局高度重视，成立练兵比武活动领导小组，精心研究制定工作方案，明确责任，层层抓好部署落实。二是全员参与。实现了三个"全覆盖"：参加对象全覆盖、业务内容全覆盖、技能考察全覆盖。组织"日日学、周周练、月月比"等在线学习答题活动，累计参学72万人次。三是强化督导。加大工作调度，及时掌握进展。加强工作通报，适时推出福州、南平等地经验供全省借鉴学习。完善激励机制，对在练兵比武中表现突出的先进个人，在评先评优、年度考核、晋级晋升等方面给予政策倾斜。四是逐级比武。自下而上逐级举办比武活动，全省三年累计举办赛事260多次。成功举办三次全省赛，2020年现场大赛通过网络面向公众直播，吸引12万人观看，有力宣传了我省人社事业的发展成就。积极参加全国赛，2020年进入全国前10名，获得二等奖；2021年进入全国8强，获得总决赛资格，为全省人社系统争得了荣誉。

通过练兵比武活动，激发了全省人社系统学业务、强技能、优服务的热情，干部职工政治素质和业务能力不断提高，大批业务尖子脱颖而出，发挥了骨干带头作用。

与效能建设相融合

一是抓监督。每年安排1—2次明察暗访活动，每次暗访40—60个窗口单位，现场体验，发放问卷，倾听群众呼声，查找窗口服务不足，并做好

台湾同胞领取职业技能等级证书

福建省技工院校学生创业创新大赛现场

通报。完善12345、12333平台诉求件办理答复工作机制，加强与诉求人沟通协调，着力解决群众问题。2019年以来，办理12345投诉件5590件，及时查阅率、按时办结率均为100%，群众满意率99.98%。开展人社政务服务"好差评"工作，印发差评整改流程，以群众评价为导向改进窗口服务。及时受理行风投诉，做到件件有落实。

二是抓整改。根据部行风办窗口单位暗访情况通报、窗口单位专项整改要求，结合省委巡视组巡视整改意见，组织深入查摆人社领域政策出台、工作推进、经办服务存在的问题，举一反三，完善长效工作机制。

三是抓激励。坚持严管与厚爱相结合，会同省财政厅出台贯彻落实人社部、财政部关于加强窗口经办队伍建设的意见，就合理配置人员、提升服务能力、规范服务行为、完善保障措施等提出要求。积极推优评优，三年来，我省24个单位被人社部评为全国"优质服务窗口"，18位窗口工作人员被评为"优质服务先进个人"。

通过持续努力，福建省人社系统作风、能力、效能建设全面提升，形成一支政治坚定、业务精通、作风过硬的人社队伍，人民满意率稳步提升，全省人社政务服务好评率持续保持在99%以上。

《淮南子》有言："事难成而易败，名难立而易废。"行风建设不进则退，永远在路上。我们将夕惕若厉，只争朝夕，为打造人民满意的人社服务砥砺前行。

江西：让民生更有温度　让幸福更有质感

江西省人社厅厅长　钟志生

人社部门作为直接服务群众的重要民生部门，各项工作与群众利益密切相关。人社系统行风好不好，关系到党的民生政策的落实，关系到党和政府在群众心目中的形象，必须下力气抓实抓好。

近年来，江西人社部门深入践行以人民为中心的发展思想，坚持需求导向、问题导向，多措并举加强系统行风建设，持续擦亮"人社服务为人民"金色品牌，让人社服务更有温度、民生更有质感。

健全体制机制，推动行风建设常态化长效化

行风建设是一项复杂而艰巨的系统工程，转观念、转作风、转职能不可能一蹴而就，必须在"常、长"二字上持续用力、久久为功。我们坚持强身健体，着力加强自身建设，不断健全体制机制，持续激发行风建设活力。一方面，健全管理体制，加强组织领导。紧紧抓住党政机构改革和事业单位改革契机，在厅机关将原来分散在多个处室的相关职能进行整合集中，新组建起省直单位中第一个专门负责全系统政务服务工作和行风建设工作的职能处室；在省本级将 19 家厅属事业单位整合成 5 家，将行政部门 45 项"办"的事务性工作交由事业单位承接，事业单位"管"的行政职能全部回归行政部门，引导市县人社部门事业单位改革上下衔接、同向发力，推动全系统行政部门工作重心聚焦"管行业"，事业单位工作重心聚焦"优服务"，行风建设的职责任务进一步厘清强化。另一方面，健全工作机制，压实工作责任。建立厅局长示范引领机制，推动各级人社部门主要负责同志先后开展 400 多人次"厅局长走流程"活动，推动 100 名人社局长以 100 部微视频方式为"最

美人社窗口"代言,带头亮服务、亮承诺、亮作风。建立"内强素质、外树形象"机制,连年组织全系统窗口单位进行全员练兵、逐级比武,推动学政策、钻业务、强技能、优服务蔚然成风,队伍素质和能力水平明显提升,涌现出一批优质服务窗口和"全国人社服务标兵""人社知识通"等先进典型。建立考核推进机制,每年将行风建设重点任务纳入年度市县高质量发展考核人社指标体系,有效推进各项任务落实落地。建立常态化监督机制,不定期开展明察暗访,全面推行"好差评",畅通投诉举报渠道,对媒体曝光的基层人社部门"怕慢假庸散"问题进行重点督促整改,推动建立完善一批打基础、管长远的制度措施,为持续深入推进行风建设创造条件。

办好民生实事,推动行风建设成果可及可感

加强行风建设,根本是要为群众排忧解难,让群众得到实惠、感到温暖。我们突出主责主业,坚持从群众最关心的事情抓起,出实招硬招,把行风建设成果融入稳就业、保民生的具体措施中,转化为推动工作、改善民生的实际成效。针对群众关心的疫情下能不能稳定就业、有没有稳定收入问题,出台减负稳岗扩就业 10 条措施,累计减轻参保单位和个人社保缴费负担 366 亿元,每年帮助 10 多万家参保单位稳岗稳工,促进城镇新增就业140 万人,帮助 255 万人参加技能培训。针对群众关心的失业了怎么办、生

自助服务厅为群众提供 24 小时自助服务

活怎么保障问题，加大就业援助，帮扶48万名城镇失业人员实现再就业；将失业保险金提高到最低工资标准的90%，扩大失业补助范围，发放失业保险金和失业补助金16.6亿元，保障了26.7万名失业人员的基本生活。针对群众关心的融资难、创业难问题，降低创业担保贷款门槛，加大对小微企业和个人帮扶，新增发放贷款489亿元，直接扶持个人创业和带动就业155万人次。针对困难群众希望有社保、能领养老金问题，出台新一轮助保贷款政策，提供3.3亿元助保贷款帮助7200名缴费困难群众接续养老保险；继续实施城乡居民养老保险财政代缴政策，为186万名困难群众代缴养老保险费10亿元。针对群众希望劳有所得、没有欠薪问题，持续开展根治欠薪专项行动，查处各类劳动保障违法案件4400起，向公安机关移送拒不支付劳动报酬案件239起，追回工资等待遇6.4亿元，帮助5.8万名农民工领到辛苦钱、血汗钱。

优化便民服务，推动行风建设有亮点有口碑

行风好不好，群众最有发言权，关键是看群众办事顺利不顺利、满意不满意。我们紧扣"放管服"改革，把全面推进公共服务体系建设作为重点，举全系统之力提供更加便捷高效、暖心爽心的人社服务。针对材料多、证明多问题，统一195项业务办事标准，共享12个部门118类全国或全省数据，

南昌市人社局深入基层开展人社政策宣传活动

推行职业资格证、职称证、就业创业证、个人权益记录单等高频业务电子证照，同步精简48%的申请材料、43%的办理时限、14%的办事流程，特别是在全国第一个以地方性法规（即《江西省人力资源市场条例》）形式推行人力资源服务许可"告知承诺制"，取消所有证明材料，凭"一纸承诺"现场领照、直接开业，大大降低了市场准入门槛。针对跑腿多、跑多门问题，向132家用人单位下放职称评审权，设置445个人社综合窗口，推行部分事项"免申即办"，特别是在全国率先将就业、社保、人才人事、劳动关系、社保卡等业务信息系统集成到一个综合平台，实现"一网通办、全省通办"，累计为4.8万户企业"一次不跑"直接办理参保登记、为90多万人次实现"家门口就近办事"、为10万人次实现"在当地办好异地事"。针对排队长、等候久问题，建设网上办事大厅、掌上服务专区、24小时自助服务厅，开通12333电话自助服务及老年人专属服务。针对跨部门跨领域办不了事的问题，在全国率先推行社会保障卡"一卡通"服务，初步实现7大领域22个部门的"一卡通用"。针对社保政策待遇看不懂、算不清问题，拍摄投放12部专题宣传片，制作投放3组大型宣传海报，开展百万网民学人社法律政策活动，在"江西人社"APP上线提供养老保险待遇测算服务。针对认证难、认证慢问题，全面推行养老保险待遇领取资格"静默认证"模式，利用大数据共享比对方式，为774万名退休人员实现"无感认证""零打扰"。通过努力，群众夸赞"江西人社让政务服务坐上高铁"，群众对江西人社的好评率提高到99%。

作风建设永远在路上，为民服务没有最好，只有更好。立足新发展阶段，我们将深入贯彻习近平新时代中国特色社会主义思想，坚定不移把加强系统行风建设摆在突出位置，注重政策集成、要素集聚、集团作战，推进全省人社领域数字化转型升级，以数字化思维、数字化技术"强服务、转作风"，促进人社服务供给更加智能化、便捷化、高效化，加快建成"城市十分钟、农村半小时"人社服务圈，推动惠企利民政策早落地早见效，使群众更多受益、让群众更加满意。

山东：在"走流程"中问民需集民意解民忧

山东省人社厅厅长　梅建华

　　2021 年以来，山东省人社系统按照人社部的部署要求，把人社干部"走流程"作为党史学习教育"我为群众办实事"的重要内容，对政策落实和业务经办的全流程、全环节、全过程进行"体检"，着力解决群众反映强烈的痛点、堵点、难点，以人社干部的辛苦指数、奋斗指数换取人民群众

送服务到群众家

的幸福指数、满意指数。截至 8 月底，全省各级人社部门共计开展"走流程" 11969 次，发现问题 3937 处，整改完成 3391 项，整改率达到 86%。

带着初心走，走出"人民至上"的为民情怀

人社部门作为重要的民生部门，政策是否落实到位，服务是否便捷高效，直接关系到群众的获得感和满意度。自全省部署开展"人社干部走流程"以来，各级人社干部坚持"以百姓心为心"，走到群众身边、走进窗口一线，深入了解企业群众办事遇到的"中梗阻""绊脚石"，认真倾听一线工作人员的意见、建议，深化制度创新，加快流程再造，解决了一批企业和群众反映强烈的操心事、烦心事、揪心事，用人社干部的实际行动让广大群众获得感成色更足、幸福感更可持续、安全感更有保障。在上半年政务服务"好差评"中，人社部门好评率达 99.88%，位居省直部门前列。

奔着问题走，走出"刀刃向内"的坚定决心

山东省人社部门以壮士断腕的决心、刮骨疗毒的勇气，把人社干部走流程作为一次大战和大考，聚焦影响人社事业发展的利益樊篱、机制弊端、流程障碍，聚焦群众反映强烈的痛点、堵点、难点，向自己动刀子、出重

人社服务体验师聘用仪式现场

拳、下猛药，努力为市场"腾位"、为企业"松绑"、为群众"解绊"。一是坚持问题导向。紧盯人社政策落实、经办管理服务两个方面，通过线上、线下两种渠道，对人社业务申请、受理、审核、办结（反馈）开展全流程检验，重点检验政策知晓、业务流程畅通、办事材料精简、办理时限压缩、服务便民、政策落实等情况，及时发现并加以整改。二是创新方式方法。坚持两种身份、三种方式走流程，"沉"下去查问题，"提"上来找症结。两种身份即人社干部分别以办事群众、经办人员身份，通过亲身办、陪同办、亲手经办，开展全流程检验。三种方式即"交叉走""上下走""重复走"，"交叉走"，即各业务板块、处室单位交叉体验、换位思考，推动办事环节协调联动、高效衔接；"上下走"，即瞄准集中统一的业务系统和网办系统，上级部门到基层一线体验实际应用情况，查找薄弱环节，提升系统功能；"重复走"，即对整改问题开展"回头看""再体检"，确保整改到位。三是坚持务求实效。坚持"边走流程、边查问题、边抓整改、边促提升"，建立问题、责任、整改"三张清单"，通过立行立改和限期整改，进一步疏通堵点，补上断点，攻克难点。省厅通过明察暗访等形式，对各地"走流程"工作开展督查，确保"走"出实效。

打通堵点走，走出"政策畅通"的完整闭环

一方面，优化政策制定"最初一公里"。依托"走流程"，深入了解群众急难愁盼，系统梳理人社现有政策，着力在制度创新上下功夫。比如，聚焦群众更充分更高质量就业需求，强化就业优先政策，启动实施"创业齐鲁·乐业山东"行动，完善重点群体就业支持政策。聚焦新职业群体职称评审需求，探索开展快递工程、技术经纪、新型职业农民等新职业群体职称评审，创新开展开发区特色职称评审，畅通民营企业人才职称申报渠道。聚焦技能人才成长需求，全面推行企业技能人才自主评价，将职业技能评价与专业技术职称评审贯通领域扩大到8个职称系列，搭建技能人才成长的"立交桥"。聚焦新就业群体权益保障需求，制定出台维护新就业形态劳动者劳动保障权益的实施意见，把平台网约劳动者纳入职业伤害保障范围，维护新业态从业人员合法权益。另一方面，打通政策落实"最后一公里"。盯紧"走

流程"中发现的人社政策落实不够均衡、不够协同、不够高效、不够精准的问题，进一步疏通堵点，补上断点，攻克难点，真正让黄金政策发挥黄金效益。比如，创新开展"人社政策畅通行"，一体化研究、谋划、推进人社政策宣传、解读和落实，真正让人社政策落地见效、惠及民生。建立常态化政策直达惠民机制，在企业养老保险待遇、失业保险待遇等领域，推广"政策找人"，利用大数据技术，自动搜索符合政策的群众，自动兑现各类惠民政策，社保待遇实现"免审即享"。建立常态化信息定向推送机制，充分运用多种形式向享受人群定向推送政策服务信息。

重塑流程走，走出"省时省力"的办事体验

山东省人社部门坚持问题导向、效果导向，将人社干部走流程与人社服务快办行动相结合，与实施"双全双百"工程相结合，打了一场破旧立新的"流程革命"，推动工作流程重构升级，让人民群众更方便、更快捷地享受人社服务，打造了有温度的人社服务品牌。一是大力推行标准服务。针对各市之间、市县之间事项名称、申请材料、办事流程"零散化"的问题，把"标准化"作为流程再造的突破口，梳理规范全省159项政务服务事项，推动人社服务事项名称、依据、表单、流程、时限等省市县"三级十七同"，并全部纳入山东省政务服务事项管理系统，实现同一事项无差别受理、同标准办理。二是大力推行简便服务。针对群众办事材料多、时限长、手续烦琐等问题，着力在减材料、减时限、减手续上下功夫。截至目前，全省人社部门申请材料压缩64.6%，办理时限压缩41.5%，省级即时办理事项达到79项，占比达到49%。对6项社保业务和12项考试报名事项，实行告知承诺制试点，证明材料由过去的"一大堆"压缩到"一张纸"，全省已有86万余名办事群众获得"无证明"办事体验。2021年底，我们将进一步拓展至83个人社服务事项。三是大力推行集成服务。针对群众在办理"一件事"时，跑多个窗口、跑多次等问题，树立系统观念，以群众眼里的"一件事"为标准，把分散在不同处室、单位的事项按场景进行梳理、整合、优化，将"一事一流程"变为"多事一流程"，提供套餐式、主题式集成服务，实现"一次申请、多事联办、一次办好"。四是大力推行智能服务。针对群众日益增长的

山东省"人社干部走流程"活动现场

线上服务需求，力推"互联网＋人社服务"，依托省级政务服务平台、人社网上服务大厅等线上平台载体，扩大网办事项，拓展网办深度，打造24小时不打烊的"屏对屏服务"新模式，企业和群众办事实现"随时办""零跑腿"。目前，网上办理的省级事项占97.3%，全程网办事项达到75项。依托"爱山东"APP，将34个高频事项"搬"到"掌"上，群众动动手指即可办理人社业务。在政务大厅设置自助服务机，20余项人社服务实现"就近办"。

河南："快"出服务高效率 "办"出行风新气象

河南省人社厅厅长　张国伟

"行风建设三年行动"实施以来，河南省人社厅坚持以"贴近民生、让群众满意"为标准，以大数据智能化建设为关键抓手，大力推进简政放权、减证便民，全面推行网上办、马上办、就近办、一次办、掌上办、打包办等，审批服务效率和政务服务能力明显提高，营商环境不断优化，企业群众的满意度、获得感显著提升，展现了河南人社政务服务"新气象"。

以便民利企为根本，实施"人社服务快办"行动

急群众所急、盼群众所盼，密集出台一系列便民利企政策措施，做到优办快办。

一是推进"打包办"提质扩面。制定"一件事"打包办规范引导，推进十个"一件事"打包办在全省人社系统全面推广，开展企业群众满意度调查，持续调整完善流程和标准，推动更多"一件事"打包集成办理。

人社系统工作人员进企业、社区提供上门服务

二是推进"提速办"提速增效。通过流程再造，合理设定办结时限，推动政务服务事项承诺时限平均压缩70%，推行"四减一优"，重点行政许可办理时限压缩95%，其中63%实现现场即办。聚焦稳就业、保就业任务，在全省范围内重点推进"就业登记""社保卡申领"等25个高频事项优先提速，7项现场即办。

三是推进"简便办"规范便捷。全面梳理政务服务事项申请材料，对符合"六个一律取消"要求的证明事项材料"应减尽减"。探索推进"无感智办""免申即办"。借助银行、基层平台等社会服务机构力量，推进人社服务"就近办"。

以改革创新为突破，优化审批服务流程

深化制度创新，加快流程再造，实施告知承诺制，实现事项当事人"一纸承诺"，增加人社"工作量"、减少群众"跑动数"、增强企业群众"满意度"。

一是推进证明事项和涉企行政许可告知承诺制。全面梳理各类证明事项，确定9项证明事项实行告知承诺制。落实"证照分离"改革，对3项涉企经营许可实行告知承诺制方式改革。科学编制告知承诺工作规程，完善相关业务平台系统，让企业群众免"证"即办。

二是推进"豫事办"对接。全面推进政务服务"掌上办"，推动96个事项接入省政府"豫事办"APP，全省累计办件2.3亿人次。"豫事办"APP的民生服务中社保查询服务、社保资格认证服务成为最受群众欢迎的民生服务事项，实现人社民生服务掌上办、随身办。

三是推进"一证通办"。加强分类集成和信息共享，开创信息数据应用新领域，实现21项人社高频事项全省"一证通办"，探索实行"一证通办一生事"。

四是推进"全省通办"。建立健全"全省通办"异地收件、业务流转、问题处理、监督管理、责任追溯等工作机制，促进线上线下深度融合，推动18个事项跨省通办，530项高频社保业务实现全省通办。

以标准化、数字化为抓手，提升网上政务服务能力

全面加强系统改造，依托在线政务服务平台、国家数据共享交换平台、省集中信息系统等，加强数据信息共享，实现事项标准化、经办数字化、数据"跑腿核验"，政务服务更加便捷高效。

一是打造标准化政务服务体系。完成政务服务事项"颗粒度"拆分，扩大政务服务事项覆盖范围，推进事项精细化。统一规范政务服务事项的申请材料、办事流程、办理结果等32项基本要素，实现政务服务事项要素省市县三级规范统一，推动同一事项在全省范围内实行无差别受理、同标准办理。

二是推进"不见面"办事。推动省本级227个事项实现不见面审批，对现场核验、签字、领取等环节，采取电子认证、"快递 + 政务服务"等方式解决。

三是打造一体化政务服务模式。推行"前台综合受理、后台分类审批、统一窗口出件"的"一窗通办"服务新模式，打破业务专窗的传统模式，统一办事渠道。

四是推动"全服务上网""全数据共享"。对照人社系统行政审批和公共服务事项清单，持续推动各项审批服务事项在省政务服务网"应上尽上"。推进人社系统内部数据共享，内部共享数据达到10.6亿条，累计查询2695万次，人社部数据接口累计调用量73.4万次。

以精准化服务为导向，提升老年人等特殊群体服务质效

围绕方便老年人等特殊群体办事，推出精准举措，人社政务服务更加人性化。

一是推进智能办。坚持传统服务与智能化服务"两条腿"走路，开展网站和APP的适老化改造，完善实体政务大厅线上办理区和自助办理区建设，加强对线上办理、自助办理的宣传引导和咨询辅导。

二是推进就近办。探索"社银合作"便民服务新模式，全省开通2380

个银行网点办理社保卡业务，建设社银一体化服务网点 318 个、基层服务网点 179 个，实现 220 项社保业务在家门口就能办，实现了养老金领取、待遇资格认证等高频事项办理向基层延伸。

三是推进上门办。通过信息系统或数据共享，对老年人等特殊群体建立台账并实施动态管理，依托经办机构、街道（乡镇）社区劳动保障服务平台等力量，提供更多"不申报、不跑腿、不见面"的自动服务、主动服务。2021 年上半年共提供上门服务 80 余次，最远的到西安，为一位瘫痪在床的工伤职工组织上门鉴定。

四是推进代理办。建立健全并落实便利老年人办事的现场帮办、代办等服务机制，在服务大厅设置"绿色通道"，从接待、答疑、受理到办理、反

社银一体化服务网点

馈 "一站式" 服务，依法接受授权代理、亲友代办等服务申请。

下一步，我们将拿出精准措施，从突出的短板弱项抓起，从企业群众最不满意的地方改起，进一步振奋精神，凝聚力量，推动优化营商环境工作再上新台阶。以更强决心深化 "放管服" 改革。加大 "放" 的力度，全面推进不见面审批，实施告知承诺制，健全 "管" 的机制，打造 "互联网＋监管" 模式，加强事中事后监管，改革创新审批服务方式，提升人社信息化便民服务水平，打造标准化政务服务体系。以更高标准推进系统行风建设。完善以企业群众需求为导向的政务服务 "好差评" 制度，加强调研暗访、跟踪问效，正风气、树新风，营造亲清政商关系。常态化开展练兵比武活动，提升人社系统服务效能和工作人员专业素养，不断适应优化营商环境的新任务新要求。以更强宣传阵势营造良好舆论氛围。通过多种形式宣传我省人社部门推进 "放管服" 改革的做法和成效，及时跟进解读出台的各项改革措施和政策文件，提高政策知晓度，高效解决重点难点问题，及时回应社会关切，合理引导预期，广泛凝聚各方共识，营造良好舆论氛围。

湖北：全力打造"23℃人社服务"品牌

湖北省人社厅厅长　刘艳红

行风体现作风，系统行风建设是事业发展的战略支点、推动工作的重要载体、破解难题的金钥匙。近年来，湖北省人社系统认真落实人社部和省委、省政府关于行风建设部署要求，落实以人民为中心的发展思想，围绕"正行风、树新风，打造群众满意的人社服务"总体要求，坚持全省联动，纠建并举，抓机关带系统，扎实推进三年行风建设专项行动，全力打造"23℃人社服务"品牌，为群众提供舒心舒适有温度的公共服务。经过持续努力，系统行风建设取得明显成效。

坚持标准先行，全力提升为民服务质效

将群众高不高兴、满不满意作为行风工作成效的根本检验标准，精心制定《湖北省人社系统窗口单位"23℃人社服务"标准（试行）》，紧紧围绕环境舒心、服务贴心、办事省心、群众放心"四心"目标，聚全省之力打造群众满意的人社服务。

一是细致暖心制定标准。统一明确全省人社服务场所的功能布局标准、全程服务标准、事项流程标准、网办热线标准、质量评价标准，建立23℃人社服务标准体系。部署设立"23℃人社绿色通道""23℃人社工作日午间延时服务窗口"服务标准，推行潮汐窗口、绿色通道、午间延时、容缺受理、"无否决"等针对性服务。

二是全面扎实推动实施。把行风建设特别是标准落实作为"一把手工

程"，全省各级人社部门主要负责同志工作部署必讲、调研督办必看、明察暗访必查；全省各级人社部门均组建行风办统筹推进，省人社厅成立宣传教育与政务服务处常态化抓行风，全省上下"一盘棋"，全力抓好落实。三年来，全省规范设置人社服务场所功能区，设立"23℃人社综合服务站""24小时自助服务区"；设置老年人等候专区、爱心专座，印制大字全彩办事指南，提供老花镜、医药箱等便民设施，规范配备导服员，重点帮助老年人等特殊群体办理业务。各地全面落实服务标准，深入解决群众"麻脑壳"的办事烦问题。

三是及时精准评价反馈。畅通反馈投诉渠道，设立行风投诉举报专用邮箱，主动接受群众评价和监督。省级部门每年组织两次窗口单位行风明察暗访，采取"四不两直"方式，深入市州、县市区、乡镇街道等人社窗口实地督查，并结合省政府大督查、纪检监察部门线索开展。搭建人社服务"好差评"数据库，截至2021年10月下旬共归集1145457条有效人社政务服务评价数据，其中好评数1144922条，"好评率"达99.95%。

四是从严从实问效问责。健全评价、反馈、整改、监督全流程闭环工作机制，实现服务事项全覆盖、评价对象全覆盖、服务渠道全覆盖。对投诉、督查、暗访等工作中发现的问题，点到具体地区、单位、人员，予以定期通报，逐一建立台账，立查立改，整改销号，见底清零，并举一反三，建立长

湖北省人社系统窗口单位业务技能练兵比武省赛晋级赛现场

效机制，狠抓专项整改，及时开展问题整改"回头看"，确保行风持续改进。群众投诉举报问题全部及时办理，发现问题整改全部按时销号，投诉举报问题数量每年同比呈现明显下降趋势。

坚持改革引领，全力推进"高效办成一件事"

我省坚持思想破冰引领发展突围，以"人社服务快办行动"为抓手，深入推进"高效办成一件事"改革，着力打造流程最优、材料最简、时限最短、效率最快、反响最好的"23℃人社服务"，企业群众办事便捷度、体验感、满意率不断提升。先后两次在省政府"高效办成一件事"专题会议上做经验交流和汇报演示。

一是推进"一网办"。规范政务服务事项管理，实现事项名称、申请材料等要素省市县"三级八同"，通过湖北政务服务网在全省提供同标准、无差别、均等化服务。

二是推进"更快办"。两轮对标先进省市减时限，我厅即办件比例达到44.09%，总承诺办结时限相比总法定办结时限压缩了69.25%。

三是推进"简便办"。集中组织对人社政府服务事项申请材料中的证照类材料名称进行规范和关联，其中省本级89个证照类材料全部完成了证照"免提交"标记，"硬减"申请材料63份。完成对罗列组合型、选择组织型、身份证明型和"代办人"型等4类申请材料名称和材料形式的梳理和修改完善。

武汉市首家24小时自动服务点

鄂州人社窗口工作人员热心服务老年群众

宜昌人社系统推行"站迎服务""无否决服务"

四是推进"掌上办"。积极推进人社高频服务事项上线鄂汇办 APP，企业和群众只需一部手机，就可随时随地办理 35 个人社高频服务事项，预计年底前可实现 53 个高频事项掌上办。

五是推进"免申办"。制定印发《"免申办"政务服务事项办理工作规程（试行）》，探索推进第一批 4 个惠企利民事项免申即办，让企业群众免申请、免材料、免跑腿，切实减轻企业群众负担。

六是推进"就近办"。通过手机 APP，采集了省、市、县、乡、村的 7040 个人社服务机构（窗口）信息，构建精准的人社政务服务电子地图，方便企业群众轻松、准确找到最近的办事地点，解决企业群众找错门、走错路、来回跑的问题。

坚持典型示范，全力营造行风建设浓厚氛围

选树人社行风典型和先进人物，发挥榜样的示范带动作用。一是树立业务经办工作典型。以行风持续优化引领业务提质增效，从业务经办"小切口"入手，创新和完善工作措施，以点带面，典型引路，大力提升业务经办

能力水平。如我省将失业保险待遇"畅通领、安全办"工作作为党史学习教育为群众办实事的重要举措，大力推进"一事联办"，做到申领环节"三减少"（减少证明材料，减少跑腿次数，减少办结时间）、联办事项"三同步"（同步办理失业登记、同步获取相关数据、同步申请关联待遇）、服务供给"三增加"（增加服务窗口、增加线上服务渠道、增加线下服务能力）、风险防控"三强化"（强化事前提醒、强化事中拦截、强化事后监控），切实保障失业人员基本生活。在全省作经验交流，省政府主要领导给予充分肯定。

二是树立政务服务改革典型。将问题导向、目标导向、结果导向紧密结合，主动探索改革措施，强化制度设计，力争实现理念思路、体制机制、工作模式的深刻变革，以服务改革推动治理能力提升。如襄阳市从体制机制入手实施"三权重构"改革，统一管理人员、经费、设施、考核，重构管理权，优化经办权，完善监督权，为推动"一窗通办""一岗通办"改革闯出一条新路。该做法被《中国劳动保障报》、《中国组织人事报》、《湖北日报》、学习强国平台等深度报道，并被提名推荐为第三届"湖北改革奖（单位奖）"。

三是树立先进集体和个人典型。在全省人社系统广泛开展向全国"人民满意的公务员集体"——宜昌市劳动就业管理局、全国"人社服务标兵"——易盛荣、"全国人社系统优质服务先进个人"——彭涛等先进典型学习活动。承办"永远跟党走 为民办实事"——"人社服务标兵万里行"宣讲（湖北站）活动。全省人社系统干部职工学习先进、宣传先进、争当先进，积极参加岗位练兵、在线学习答题和比武活动。截至2021年10月下旬，全省在线学习答题"日日学"324066人次，"周周练"482570人次。我省多名干部在全国晋级赛中取得优异成绩，荣获全国"人社知识通""岗位练兵明星"称号。省级12333电话咨询服务中心荣获全国妇联颁发的"全国巾帼文明岗"称号。"湖北12333微信公众号"连续三年荣获"湖北十佳政务微信平台"称号。

行风建设只有进行时，永远没有休止符。全省人社系统将始终坚定理想信念，站稳人民立场，走好群众路线，激发全系统干部职工敬业奉献，追求卓越、优质服务的原动力，以正视问题的自觉和刀刃向内的勇气，查找工作上的短板，查找服务上的不足，拿出务实管用的措施，从深处细处实处入手持续发力，以实际行动践行初心和使命，推动人社事业持续高质量发展！

湖南："五个一"跑出人社服务加速度

湖南省人社厅厅长　唐白玉

民生无小事，枝叶总关情。人社部门作为重要的民生保障部门，应当始终坚持以人民为中心的发展思想，自觉站稳人民立场，用心用情用力解决好人民群众"急难愁盼"问题。近年来，湖南省人社系统深入学习贯彻习近平新时代中国特色社会主义思想，坚持以政治建设为统领，以"五型双一流"创建活动为抓手，打造"政治型、学习型、创新型、服务型、廉洁型"机关，建设一流队伍、创一流业绩，深入开展以一图就懂、一呼就应、一算就清、一办就结、一听就明为主要内容的"五个一"活动，着力在解决人民群众的操心事、烦心事、揪心事上下功夫、求实效，不断提升人社政务服务质量和水平，跑出了湖南人社政务服务加速度，人民群众的获得感成色更足、幸福感更可持续、安全感更有保障。

手机电筒照亮人社政务服务大厅

邵阳市人社政务服务窗口工作人员热情服务

"一图就懂"让办事群众更省心

"为民办实事"在于知民情、帮民困、解民忧。人社政策涉及群众的切身利益，群众关注度高、社会敏感性强。按照"正行风、树新风，打造群众满意的人社服务"总体要求，我们坚持公开透明、通俗易懂、上下结合、分类推进的原则，区分就业、社保、人事人才、劳动关系4个业务板块，积极推动人社政策让办事群众"看得懂"，从而能够更好地理解政策、运用政策、支持政策。比如，在主流网络媒体开设"一图就懂"专栏，采取"长图""H5"等人民群众喜闻乐见、易于接受的方式，解读各业务板块和群众密切相关的政策法规。这种新颖、灵活的宣传方式，把复杂繁多、枯燥深奥的人社政策转化为图文并茂、浅显易懂的文字图片，让人社政策的宣传解读"活"起来，"靓"起来，"潮"起来，让更多人社利好政策走进千家万户、惠及寻常百姓，得到省领导及人民群众认可。

"一呼就应"让办事群众更暖心

民有所呼，我有所应；民有所求，我有所为。自今年党史学习教育开展以来，我们以"五型双一流"机关建设为契机，结合"厅局长走流程"，聚焦群众"急难愁盼"问题，通过开展体验式调研，主动回应群众关切，努力做到事事有回音、件件有着落，第一时间解决好人民群众最关切的实际问题，确保把"实事办好、好事办实"。通过系统梳理12333热线接听的30余万条电话信息，针对企业和群众反映比较集中的养老保险接续、失业金申领、劳动争议、社保卡等30个问题，主动面向社会、面向群众进行回应，为群众答疑解惑。结合各类群众重点关注关心的问题，我们归纳梳理出59项"我为群众办实事"清单进行集中研究解决，所有实事项目由厅级领导挂图作战，明确牵头单位、工作步骤、完成时限等，确保各项工作落细落实，取得实绩实效。点滴映初心，小事暖人心。我们只有把一件件小事办到群众的心坎里，人社政务服务才会更加有温度。

"一算就清"让办事群众更放心

古人讲："知屋漏者在宇下，知政失者在草野。"做好民生工作的关键在于摸实情、谋实招、求实效，以换位思考的清醒、一叶知秋的敏锐，聚焦人民群众最关心最直接最现实的问题，多做"雪中送炭"、群众点赞的事情。结合"我为群众办实事"实践活动，在摸准群众心思和需求的基础上，我们积极倡导马上就办、真抓实干的作风，把复杂的事简单办，简单的事用心办，创新方法手段为办事群众提供精准测算服务，真心实意为老百姓"算好账、算细账、算实账"，让老百姓更加直观实在地了解到相关待遇，从心底打消各种顾虑。比如，我们有效结合"互联网＋人社"建设，实现自助服务和窗口服务同频共振、同步发力。通过在"智慧人社"APP中加载查询测算功能，用于人民群众查询和测算社保缴费明细、各类保障性补贴明细、养老待遇明细等，使群众能够"线上"自主测算待遇和查询个人参保缴费记录

服务大厅

等。同时，省、市、县三级人社服务大厅同步提供人工服务。通过"线上"发力与"线下"联动有机结合，进一步提高了办事群众的满意度，让人社政务服务更加可亲、可信、可靠。

"一办就结"让办事群众更舒心

只有数据多跑路，群众才能少跑腿。为加快推进我省人社政务服务提质增效，我们在全省人社系统深入实施人社服务"快办行动"，持续擦亮"一件事一次办"这个企业欢迎、群众满意的湖南工作名片，让"墙内开花，墙内更香更鲜"。比如：在养老保险上，实现城乡居保待遇资格认证"掌上办""畅通办"，社保卡申领实现立等可取；在工伤保险上，优化劳动能力再次鉴定受理流程，从现场鉴定到鉴定结论作出，控制在一个月内；在失业保险上，开通了失业保险金网上申领端口，全面取消失业保险金申领60日限制和一切失业保险待遇申领附加条件，打通了失业保险待遇申领的最后一公里。特别是我们创新推行的"线上全程办、预约错时办、主动帮代办"，实行政务服务"好差评"、行政效能"红黄牌"等，都受到办事群众的广泛好评。各市州结合实际细化落实，长沙市设立了"身后一件事"窗口，邵阳市在叫号系统中设置可以预约选择不同业务类型，岳阳市推出综合柜员制经办模式等举措深受群众欢迎。

"一听就明"让办事群众更安心

宣传人社政策不仅要走新，更加要走心。我们注重在宣传资料、标语、口号等方面，在文字表述上力求少用或不用专业术语和生僻的词汇，做到简单明了、通俗易懂，让老百姓一听就明。结合日常工作调研梳理，各市州人社局、厅机关各处室、厅属各单位选择受众面最广的1至2项政策或工作思路，由市州人社局和处室单位主要负责同志出镜，进行政策解读，相关"小视频"通过网络媒体及其他宣传渠道向全社会公布，目前累计推出的10期"小视频"播放量超百万次，受到人民群众认可；采取"新闻纪实片+FLASH动画"方式，有效提高工伤预防知识社会普及度，进一步从源头上控制和减少安全事故。

悠悠万事，民生为大。回望过去，一项项民生新政，一桩桩民生实事，落地三湘四水，开出幸福之花。"民生为本、人才为先、真抓实干、马上就办"已成为全省人社系统上下共同的理想追求和道德风尚，推动着全省人社政务服务提质增效、行稳致远。展望未来，作为重要民生保障部门，必须始终坚持以人民为中心的发展思想，始终同人民想在一起、干在一起，做到项目选定为了人民、项目建设依靠人民、项目成效惠及人民，让民生实事更有温度，让民生幸福更有质感。

广东：以大数据思维打造"智慧人社"

广东省人社厅厅长　陈奕威

　　加强信息化建设是提升行政效能、优化办事流程、塑造优良行风的基础支撑和必然要求。近年来，广东人社系统坚持把行风建设作为"一号工程"，以大数据思维为突破，以一体化平台为载体，以数字化转型为驱动，向创新要活力、向科技要效率、向管理要质量，着力提升"智慧人社"水平，为行风建设注入源源不断的数字力量，全力打造广东人社服务的金字招牌。

集聚资源、协同共享，打造集中统一的大平台

　　省集中基础平台是实现资源整合、业务协同的"数字底座"。针对过去分散建设、数据割裂、服务碎片的局面，我们利用世行贷款，全面整合信息资源，打造省、市、县、镇、村五级人社服务和公共就业、社会保险、人事人才、劳动关系四大业务板块为一体的省级集中统一平台。

　　一是抓顶层设计。创新"平台＋应用群"架构模式，82个应用系统基于集中统一的基础平台联动协同，支持应用系统"即插即用"，实现不同时期、不同业务、不同技术路线的应用系统兼容并包。

　　二是抓重点突破。聚焦用户管理、数据交换、结算支付等高频公共支撑能力，建设统一的身份认证平台、数据交换平台、金融交易平台等15个应用支撑平台，为各地提供基础性、通用性服务，解决了地域分割、多头管理、重复建设等问题。

　　三是抓要素汇聚。建设以主数据库、业务生产库、一卡通数据库为核心

的人社大数据中心，实现全省 1 亿多人口，超 340T 基础信息、参保信息、就业信息等数据集中汇聚和统一调度，打通"上下左右"共享通道，实现跨部门获取户籍、死亡、低保、服刑等 53 项全省信息。

纵深一体、打破孤岛，构建互联互通的大系统

一体化信息系统是提高数字化综合服务、综合管理、综合决策能力的重要支撑。我们按照统一标准、统一系统的思路，推进核心业务系统省级集中，做到化零为整，融为一体。

一是标准一体化。同步推进业务、技术"双标准"，建立全省统一的技术标准规范体系，239 个事项在全省实现同一事项业务名称、办理流程、办理时限、提交材料等要素"十统一"，为全省人社服务同一事项无差别受理、同标准办理提供有力支持。

二是业务一体化。以业务协同平台为"中部枢纽"，将 82 个子系统联结整合为"统一整体"，形成全省互联互通的大系统，支撑跨业务、跨地区、跨层级的流程衔接、数据共享和业务协同，方便群众异地办事。2021 年 4 月我省依托一体化系统取消了企业养老保险关系省内转移手续。

三是服务一体化。建成公共服务管理平台，对内实现全省服务资源的全

广东省智慧人社中心

面整合和统筹调度，对外统一接入省政府政务服务网、"粤系列"、各级人社服务平台等服务渠道，群众可通过粤省事、"广东人社" APP 等多元化渠道享受同标准、无差别的人社公共服务。

挖掘潜力、融合应用，发展智慧赋能的大数据

大数据是重要的战略资源，是促进服务创新、监管精准、决策科学的新动力。我们建成全省数据集中的智慧人社中心，发挥数据"聚变效应"，让数据多"跑路"、会"说话"，塑造高标高效高质的行业新风。

一是推广数字服务。全省累计签发电子证照 141 种超 1 亿张，开通网办业务、职业技能鉴定、专技人员资格考试证书等 8 类电子印章，累计压减办事环节 36.8%，精简办事材料 55.6%，压缩办理时限 50% 以上，基本实现群众非必要材料"不用交"、重复表格"不用填"。

二是完善数字经办。推行一键智能填表，减少人工操作。通过数据比对支持全省 200 多万人超 64 亿元失业补助金、364 万人 50 亿元以工代训补贴精准发放。与中西部 22 个省区、省教育厅等部门数据比对核查贫困劳动力

中山市社保局工作人员到基层一线窗口走流程

信息，精准推送招聘岗位信息。

三是强化数字监管。联合税务、公安、司法等 9 部门通过数据共享打击欺诈骗保。整合劳动监察指挥、考试指挥监控、办事大厅监控等监控系统，实现一个中心管全域、一个总控室集中调度、一张电子屏实时监测，有效支撑全国第一届职业技能大赛全程指挥调度、2021 年全省考试录用公务员笔试 180 个考点超 1 万个考场全程网上巡考。

四是探索数字决策。开展养老、工伤保险海量数据测算，为省级统筹改革提供支撑。开展就业失业、基金运行、调解仲裁、技能人才等 20 个主题的数据分析，为我省出台 3.0 版"促进就业九条"、改革企业养老保险过渡性养老金计发办法提供了有力的数据支持。

聚焦民生、疏通堵点，集成便民高效的大服务

集成服务是创新服务模式、提升服务效能的有效举措，旨在最大限度便民利企，助推服务型政府建设。我们围绕治痛点、疏堵点、破难点，在创新服务模式上求突破、出实招，提升人社服务效能。

一是全服务上网。坚持全部人社业务"应上尽上、全程在线"，全面发展"网上办""指尖办"等新型服务方式，省市县三级人社政务服务实施事项 2.13 万项中可网办 2.06 万项，网办率 96.7 %；全程网办 1.73 万项，占比 81.2 %。创新提供电子地图定位、智能审批等服务应用，推出一批"秒批、秒办"事项，以智能服务提升群众办事体验。

二是全区域通办。推行"全程网办"的跨域通办模式，60 个事项实现"省内通办"，29 个事项实现"跨省通办"。一次性养老待遇核定、离退休待遇停发等第一批高频服务实现"窗口通办"。推进"人社服务快办行动"，制定 17 个"打包一件事"清单，全部人社事项提速 50 % 以上，群众办事更加快捷高效。

三是全业务用卡。全省社保卡持卡人数超 1.18 亿人，普及率 99%，电子社保卡签发数 8437 万张，实体卡、电子卡数均居全国首位。全面推进身份凭证用卡、补贴待遇进卡、工伤结算持卡，人社部 95 项用卡事项开通就业失业登记、养老保险待遇申领等 82 项，开通率 86%，本省扩展的失业补

助金申领、金融功能跨境应用等 57 项应用全部开通。

四是全事项评价。以群众评价作为业务优化标准，将"好差评"嵌入各项业务系统，主动接受群众对人社经办和行风建设的监督评价，以"好差评"倒逼流程再造、业务优化。

完善机制、凝心聚力，营造共建互利的大生态

营造开放协作、共建互利的大生态，是提升政务信息化水平的重要保障。我们始终注重凝聚各方共识、调动各方力量、整合各方资源，着力营造"智慧人社"生态圈，彰显开放合作、携手共建新风尚。

一是构建良好工作格局。建立厅信息化领导小组，强化业务领域间、业务与技术间的工作合力。加强省市协同，省级定框架、抓基础、促融合，各地依托省级资源推应用、做改造、促创新。加强与税务、教育、公安、民政、医保等部门的数据共享和信息比对，联动开展暂定死亡人员养老保险待遇等公共服务。

二是对接数字政府改革。向省政务大数据中心共享超 90 亿条数据，向省疫情防控大数据平台共享参保缴费、技校教职工及学生等 2.5 亿条数据。人社服务进驻省政务服务网 239 项，粤省事 160 项，粤商通 19 项，政务服务一体机 43 项。

三是引入社会力量参与。借助世行专家智慧力量，吸纳国际先进理念建设省集中式人社一体化信息系统。实施首席数据官制度试点，整合数字广东、联通公司、知名高校等力量组建支撑团队。联合工商银行、腾讯等知名企业，开展技工院校"智慧校园"建设。

下一步，我们将牢固树立以人民为中心的发展思想，全面开展人社服务快办行动和信息化便民服务创新提升行动，持续深化"智慧人社"建设，强化大平台支撑能力、大系统保障能力、大数据应用能力、大服务触达能力、大生态协作能力，助推行风建设走深走实，着力打造风清气正、为民便民、优质高效的人社行风。

广西："快办"绘就人社服务为民"底色"

广西壮族自治区人社厅厅长　唐云舒

人社部门作为重要的民生部门，肩负着保障和改善民生的重要职责，做的工作都是"国之大者"，做好人社工作必须要有良好的行风来保障。2020年4月人社部部署"人社服务快办行动"以来，广西人社部门坚持人民至上理念、统一服务标准、构建全区"一张网"，全面推进人社服务快办，带动系统行风整体提升，取得良好成效。据统计，广西12个"打包办"累计为群众减少跑腿29.41万次、降低跑腿频率55.56%，20个高频服务事项提速50%以上，25个事项实现"跨省通办"，企业和群众综合好评率达99.98%。

坚持人民至上，是做好快办服务的"根本"

民心是最大的政治。人社系统行风好不好，关系到党和政府在人民群众心目中的形象。广西人社部门把"人社服务快办行动"作为行风建设的突破口，进一步筑牢"人人都是窗口、处处都是窗口"的服务理念。

把快办服务作为一种责任。 为企业和群众提供优质高效的服务是人社部门的责任。全区各级人社部门在推进"人社服务快办行动"中，均成立厅（局）长任组长、分管领导为成员的工作领导小组，进一步压实压细工作责任。自治区本级设立打包办、提速办、简便办、信息技术、服务体验等17个工作专班，由业务处长任班长，确保懂政策、熟业务、强执行。创新推出行风办专员联络制、人盯项目管理制、重要问题跟办制，确保工作有人盯、盯得住、能落地。

　　把快办服务作为一种要求。提升人社干部业务水平，是推进"人社服务快办行动"的必然要求。广西人社部门组织 395 名快办业务骨干分 31 期进行 1 对 1 现场跟班学习，采用"理论学习 +1 对 1 窗口带班"相结合的方式，对"打包办""提速办"等快办业务进行学习，并开展业务受理、流转办理等实际操作，"快办业务能手"脱颖而出，带动全区人社服务快办经办人员提升业务水平，有效解决了快办知识不熟、业务能力不足等普遍问题。

　　把快办服务作为一种理念。老百姓期盼什么、人社改革靶向就对准什么，是推进人社服务快办必须坚持的理念。自治区人社厅围绕群众"急难愁盼"问题推进"人社服务快办行动"，厅领导先后赴市县开展专题调研指导 63 次，参加快办"厅局长走流程"12 次，通过 17 个工作专班加强对市县联络指导，实现对自治区本级、14 个市和 111 个县（市、区）快办服务工作指导"全覆盖"，在全区人社系统形成通过快办服务解决群众期盼的共识。

推进"三个统一"，是做好快办服务的"关键"

　　统一标准才能提升效率，标准化管理是现代管理的必然趋势。广西人社部门紧紧抓住标准这个"牛鼻子"，在全区推行统一的服务大厅、服务模式、服务流程，让人社快办服务在硬件和软件上趋于统一，从根本上提升人社服务质量和效率。

　　统一服务大厅。实现人社服务快办，统一的硬件是保障。广西制定整合工作方案，在区市县三级建设统一的人力资源社会保障服务大厅，实现

"人社服务快办行动"窗口

一个标识、一条绶带、一个臂章、一张海报、一排综窗、一块显示屏、一处宣传栏"七个一"整合，规范设置"综窗受理、业务咨询、结果反馈"三个窗口。除少数市县因办公场地限制等原因未能整合外，全区111个市、县（市、区）已完成整合。统一全区人社系统快办业务用章，将66个打包快办事项全部归口大厅受理。

统一服务模式。实现人社服务快办，统一的模式是前提。自治区人社厅在开展25次专题调查、摸底、研讨的基础上，制定全区人社服务快办实施方案，确定12个企业和群众眼里的"一件事""打包办"、20个高频事项"提速办"、30个事项"跨省办"、更多事项"就近办"、全部服务事项"简便办"，全部按照"一窗受理、后台审核、限时办结、统一反馈"的模式办理，为群众提供一体化无差别的人社公共服务。鼓励各市县在统一模式下，结合不同层级办理权限等实际自主创新，实现区市县三级同步实施。广西统一的快办服务模式在覆盖层级和实施范围上走在全国前列。

统一服务流程。实现人社服务快办，统一的流程是核心。在实现全区人社系统217项行政审批和公共服务事项统一的基础上，广西人社部门组织工作专班多次到联系点开展深入研讨，遵循"事项更清、材料更简、时限更短"原则，深入梳理快办业务事项清单，采取成熟一批、推出一批的方式，有节奏地公开发布、提供服务。全区已制定12个"一件事"打包办《服务手册》、20个高频服务事项《服务清单》，实现事项名称、适用对象、材料清单、办理流程、办理方式、办理地点和办理机构、收费标准、结果送达"八统一"。

"人社服务快办行动"服务大厅

构建全区"一张网",是做好快办服务的"支撑"

当前,社会已进入"互联网+"时代,信息系统已深入社会管理的各领域、全过程。要实现人社服务快办,必须构建全区统一的信息网络,为人社服务插上信息的"翅膀"。广西人社部门以信息系统建设为突破口,搭建全区统一的快办系统平台,实现各业务板块的横向联通和区市县的纵向贯通,为人社快办服务提供强大的信息支撑。

搭建快办平台。围绕"人社服务快办行动"一个平台、一个窗口受理的要求,结合多业务信息系统并存的实际情况,调剂专项经费,创新搭建"广西人社打包办信息系统平台"。快办平台聚焦业务受理、数据流转、结果反馈、资料存档等关键环节,对业务信息系统进行统筹整合,形成"一包受理—包可大小—拆包推送—按责办理—分项反馈—统一办结—按责归档"和"线上系统打包办和线下手工跑腿办"相结合的广西"打包办"特色。

实现横向联通。通过加强跨业务工作衔接,联通就业创业、社会保障、人才人事、劳动关系等多个相对独立的业务系统,破解多个系统"信息孤岛"问题。将原来需要企业和群众分别去就业中心、社保中心、人才中

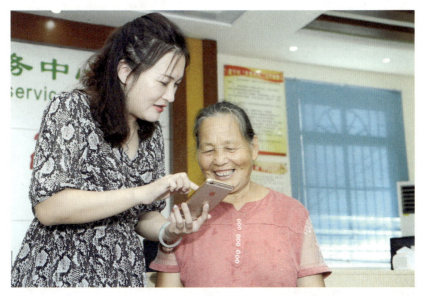

广西建设 14268 个村级就业社保服务平台,群众不出村就可享受人社服务

心、鉴定中心等多个地方办理的业务，通过快办平台"打包办"后，企业和群众只需在各级人力资源社会保障服务大厅就能一次办理"包"里相关联的 4—15 项不同业务，实现让信息"多跑路"、让企业和群众"少跑腿"。

推进纵向贯通。以 66 项全区统一的打包服务事项为基础，推动各市县以系统直连、接口对接、业务推送等方式，将自建或独立使用的人才档案、工资、事业单位人事管理等信息系统接入全区统一的快办信息系统平台，将自治区本级、14 个市、111 个县的信息系统贯通起来，提供全区快办业务办件跟踪、数据统计、工作调度等功能，实现全区企业和群众跨层级办理快办业务。同时，为全区 1.42 万个村配备"广西人社村级服务平台自助终端"，提供养老待遇资格认证等 20 项人社业务。在 9139 个银行网点、1.87 万台银行终端提供社保经办服务，为群众提供就近就地服务。

为民服务永无止境，行风建设永远在路上。广西人社部门将始终坚持以人民为中心，以高度的政治责任感和强烈的担当精神，坚持不懈抓好系统行风建设，持续推动"人社服务快办行动"走深走实，让人民群众获得感成色更足、幸福感更可持续，为建设习近平新时代中国特色社会主义壮美广西贡献人社力量！

海南：打造"一卡通"服务管理新模式

海南省人社厅厅长　宋少华

近年来，海南人社系统坚持以习近平新时代中国特色社会主义思想为指导，认真贯彻落实人社部行风建设相关部署，对标自由贸易港营商环境建设对人社工作提出的新要求，先行先试，锐意创新，建立覆盖全岛的社会保障卡"一卡通"服务管理模式，全方位提升海南人社便民服务工作水平，推动人社系统行风建设取得扎实成效。

提升"高度"，强化法治保障完善政策体系

长期以来，因公共服务机构各自发卡，多种公共服务权益凭证互不联通，导致群众一人手持多张卡，且每张卡只能办理单一事项，极为不便，与行风建设所倡导的高效政务服务以及自贸港建设所需的优质营商环境等要求不相适应。为从根本上解决这一问题，海南省人社厅遵循自贸港建设背景下公共服务均等化、集成化、便利化的要求，大力推行社会保障卡"一卡通"服务管理模式。通过加强顶层设计、确保高位推进落实，建立了涵盖地方性法规、政府指导性文件、实施方案及部门联合发文为一体的多层次政策保障体系，从法治和制度建设高度推动优化营商环境。

2020年1月1日，全国首个社会保障卡领域地方性法规《海南省社会保障卡一卡通服务管理条例》正式施行，明确了社保卡在政府公共服务领域的"一卡通"定义和应用功能，突出社保卡一卡通在养老待遇、医疗补助、社会救助、财政惠民等民生待遇补贴发放及身份信息识别、查询服务、证明

服务等方面的应用；指明了"一卡通"应用方向，鼓励开发智慧城市服务、社会便民服务等民生领域的应用功能，为推行"便捷、高效、共享"的一卡通服务管理新模式提供了坚实的法制保障和制度基础。此外，海南省政府专门印发指导性文件，全面指导部署一卡通服务管理工作，明确各部门责任分工和任务。海南省政府办公厅印发一卡通工作实施方案，进一步夯实责任，细化措施，确保各项举措落地落实。海南省人社厅会同有关部门制定实施一卡通事项清单，明确各部门管辖领域内的一卡通事项，并会同相关部门针对具体事项应用联合发文，通过建章立制逐步建立健全社会保障卡管理体系。

加快"速度"，统筹线上线下优化公共服务

为切实提升公共服务质量，海南人社部门结合人社服务快办行动，通过压缩申领时限、提供"一站式"服务、创新信息化建设等，着力强化社会保障卡一卡通服务管理能力。

为方便群众申领社会保障卡，海南大幅缩短社会保障卡制卡周期，各市县开设 74 个即时制卡网点，在街道、社区等基层平台布放 96 台一卡通自助

工作人员深入乡村提供社会保障卡激活服务

上门为退休人员办理待遇资格认证

智能机，为群众就近提供"立等可取"服务，累计即时制卡（含补换卡）逾85万张。全省实现社会保障卡申领、统一制发，社会保障卡的激活、密码修改重置、挂失解挂、补换等业务全省通办，与省政务服务平台实现身份认证互信、服务共享协同，形成了覆盖各级人社部门、基层平台和合作银行的社会保障卡线下服务网点。

全省各市县均设立社会保障卡服务窗口，以便民、利民、惠民为宗旨，实现"一站式"服务，并依托基层工作人员、合作金融机构，为老年人等行动不便的人群提供社会保障卡的信息采集、发放、激活等"一条龙"上门服务，还在广东、湖北、湖南等地提供省外服务，实现贴心服务送到家。

在不断完善线下服务的同时，海南依托"互联网＋人社"，积极拓展社会保障卡线上服务，通过网上业务大厅、海南一卡通手机APP、自助服务一体机等渠道实现人社业务办理。目前已在支付宝、微信、掌上12333海南农信手机银行、工商银行融e联、平安城市一账通、银联云闪付等12个APP渠道上线电子社会保障卡签发应用，签发数量31.47万张，推动线上享受多领域民生服务，逐步实现电子社会保障卡的广泛应用，形成线上线下相结合的综合应用模式。

拓展"广度"，打破信息屏障加强部门联动

2020 年 8 月 20 日，习近平总书记在扎实推进长三角一体化发展座谈会上强调"要探索以社会保障卡为载体建立居民服务'一卡通'，在交通出行、旅游观光、文化体验等方面率先实现'同城待遇'"。为此，海南省人社厅加快拓展社会保障卡在居民服务、政府公共服务等领域的应用，着眼于"全省一盘棋，全岛同城化"，实现线上线下融合、跨地区全网通，推动全省和跨省一卡通服务管理事项全覆盖。

为破除各部门、机构之间的数据壁垒，打造信息互通的民生服务网，海南通过建立三个机制，有效推进整合各类民生服务卡，促进社会保障卡一卡通跨领域、跨行业集成应用。

一是建立政府部门协调联动机制，政府各部门分工负责，协同管理，通过"多卡合一"，遏制发卡过多过滥，降低政府运行成本，优化政府管理流程和服务效率。二是建立金融机构协助配合机制，通过合作金融机构遍布城乡的服务网点和高效服务能力，全方位多渠道协助配合做好"一卡通"信息采集、制卡发卡、激活应用、政策宣传等基础性工作。三是建立社会广泛参与机制。利用社会保障卡"一卡通"优势，广泛发动景点景区、图书馆、酒店、医院等社会力量，积极参与一卡通智慧城市服务，进一步拓展一卡通

协助老年人做认证

功能。

通过各部门机构的信息共享和业务协同，海南逐步实现变"群众来回跑"为"部门协同办"，推动建立以社会保障卡为载体的居民服务"一卡通"。

一是社会保障应用领域。海南在社会保障领域实现全业务用卡，持卡人可通过社保卡在线上线下办理所有社会保障业务，包括领取社会保险待遇、就医服务、办理本地及异地就医结算、发放就业补助资金、农民工工资等。

二是政务服务应用领域。可通过社保卡办理各类政务服务事项，如发放各项财政惠民补贴、财政供养人员工资，提取住房公积金等。此外，海南在全国率先开展社保卡公安应用，省内外居民申请落户时可以社保卡作为身份凭证。目前在洋浦4家大型酒店试点开展凭社保卡办理住宿登记，后续将在全省推广。

三是智慧城市服务应用领域。通过社保卡将城市的系统和服务打通，优化城市管理和服务，改善居民生活质量。我省推出"海南社保卡一卡通旅游年卡"，居民申购后可凭社保卡游览省内30家优质景区，现已累计发行2.77万张，拉动旅游6.18万人次。同时在海口等城市可凭社保卡乘坐公交车，享受优惠待遇，还可凭社保卡在省图书馆办理注册、借阅等业务。

民之所望，政之所向。海南省社会保障卡一卡通服务管理新模式的推行，是海南省人社部门立足于人民群众的所需所盼、坚持以人民为中心发展思想的形象注脚，是不断夯实人社行风建设的切实举措，也是积极推动海南自贸港营商环境优化的生动缩影。下一步，海南省人社厅将持续深化改革、促进制度创新，将"为民服务解难题"作为人社事业的价值追求，将"打造群众满意的人社服务"融入政策制定、流程优化、服务落实的各个环节，以实打实、心贴心的惠民政策造福于民，以看得见、摸得着的服务优化取信于民，为人社系统的行风建设添砖加瓦，也为海南自贸港的蓬勃发展扛起人社担当。

重庆：坚守人民情怀　培树行业新风

重庆市人社局局长　黎　勇

民心是最大的政治。作为重要的民生工作部门，重庆市人社局坚持以习近平新时代中国特色社会主义思想为指导，始终把人民放在心中最高位置，把行风建设作为人社事业发展的战略支点、推动工作的重要载体、破解难题的"金钥匙"，以"刀刃向内"的勇气和决心，深入推进行风建设，全力打造人民群众满意的人社服务。

加强组织领导，推进行风建设常态化制度化

以理顺机制为基础，建立抓行风建设常态化运行机制。成立以局主要负责人为组长，党组成员及各处室（单位）负责人为成员的行风建设工作领导小组，切实加强对行风建设工作的组织领导和统筹调度。实行一把手负总责和分级负责相结合，把行风建设纳入党风廉政建设目标责任，纳入干部职工奖惩评价体系。逐年印发年度行风建设实施方案，明确重点工作、分解目标任务、压实工作责任，将行风建设和业务工作统一研究部署、统一组织实施、统一督促检查，切实做到两手抓、两促进、两不误。

以压实责任为动力，形成人人抓行风建设的良好格局。局党组及各处室（单位）牢固树立"管行业必须管行风、谁主管谁负责"的意识，在督导业务工作的同时，不断加大对行风建设的指导力度，持续强化党风廉政建设，结合实际开展行业性、系统性警示教育200余场次，我市人社系统"人人都是窗口、处处都是窗口"的服务理念不断深化。

川渝人社公共服务"跨省通办"工作座谈会现场

以解决问题为目标，抓实问题整改促进行风持续向好。三年来，我局紧紧围绕全市人社系统政务服务存在的信息化程度不高、办事流程不优、服务能力不强等问题，常态化开展调研暗访，全面排查，持续整改。深入开展"我为群众办实事"实践活动，全市各级人社干部利用出差、调研、会议等机会"走流程"1200余人次，整改问题1300余个。特别是2021年以来，我市常态化开展"大走访大调研大落实"专项行动，围绕人民群众反映集中的信访问题、关心关注的人社服务，组织300余名机关干部职工深入基层一线探情况、收建议、解难题，累计形成调研材料12篇，收集建议262条，整改问题272个。

聚焦群众关切，提高群众获得感、幸福感和满意度

服务"提质"，流程"更优"。结合我市企事业单位和群众生产生活全周期特定阶段办事需求，探索推动在补贴申领、人才服务、培训鉴定等更多方面推进"一件事"打包扩面。规范服务流程，整合重构新的办事场景166

窗口工作人员积极参加"日日学、周周练、月月比"活动

个，全面推进 194 个事项简单整合向深度融合转变。累计打包办理事项超过 168 万件次，办事材料平均精简率达 60% 以上，清理取消证明材料 195 项，办理时限在法定时限的基础上压缩 66%。建成市人力社保政务服务中心，日均提供线下服务超过 6000 件，创新推进重庆英才"渝快办"和"重庆英才服务港"建设，在市政府最新通报中，我局政务服务能力列全市第 1 位。

服务"提速"，周期"更短"。全力推进"智慧人社"建设，打通人社各业务信息系统信息壁垒，为快办服务提速提供支撑。全面推行证明事项告知承诺制，实现 20 个高频事项在规定时限基础上提速 50% 以上。落实"前台综合受理、后台分类审批、综合窗口出件"受审分离经办模式，缩短群众排队等候时间 30 分钟以上。全力推进"一网通办"，通过"重庆人社"APP、"渝快办"、门户网站、微信小程序、公众号等平台，实现 193 项公共服务及高频服务事项全部上线，市区（县）两级审批和公共服务事项"网上办"分别达到 83.7%、76.4%，三年来累计为群众提供网办服务超过 1500 万件次。将"川渝通办"作为"跨省通办"样板打造，已实现业务通办 38 项，累计办理业务 24.6 万件，日均通办 900 余件。

服务"提升"，体验"更好"。持续强化窗口单位经办能力建设，常态化开展练兵比武活动，制定出台激励措施，提高活动参与的主动性、积极性，全系统在线学习平台上线人数达 15000 余人，上线率超过 95%。落实线上线下政务服务"好差评"制度，在全市服务场所设置评价器、张贴服务评价二维码，以服务对象评价倒逼服务质量提升，2021 年我市人社政务服务好评率达到 99.93%。为老年人、残疾人等特殊群体提供"一站式"或全程代办服务超过 120 万人次。深化"人社政务服务电子地图"实现人社服务"就近可办"，聚焦企业群众关切的高频事项推行"免申即办"。针对交通不便、留守老人较多的地区，累计提供上门办等便民服务约 5.12 万人次，切实提高企业群众获得感、幸福感和满意度。

收官不收劲，行风建设永远在路上

三年行风建设，收官不收劲，行风建设永远在路上。下一步，重庆人社系统将始终坚持以习近平新时代中国特色社会主义思想为指导，围绕新时代赋予人社系统的新任务，继续实施行风建设提升行动，促进人社政务服务高质量发展。

持续提升服务本领不停步。我们深学笃用习近平总书记对作风建设的系列重要论述，抓常抓长行风建设，使优良行风成为重庆人社系统的文化基

社保服务到农家

因、薪火相传。同时，进一步加大"练兵比武"组织力度，用好用活激励政策，鼓励每一名干部职工争当"人社知识通"，使"学政策、钻业务、练技能、强服务"成为一个习惯、一股清流、一种氛围。

持续推进"清减压"不松劲。我们以企业群众满意为标准，不断推进资源整合、服务优化，在"清、减、压"上继续用力，能清则清、能减则减、能压均压。全面抓好事项清单和办事指南的落实落地，推进更多流程相近、材料相同、结果相关的事项整合打包成"一件事"办理。持续推进"减证便民"，减少办事企业和群众的材料提供。大力推行"一网通办""跨省通办"，探索人社各领域板块服务模式创新，将"川渝通办""重庆英才服务港"等特色服务打造成全国样板。

持续整改问题不懈怠。坚持问题导向，聚焦问题、深挖问题、解决问题，在解决好企业群众反映的具体问题的同时，举一反三建立健全制度，从源头上避免类似问题的重复发生。进一步做实"局（处）长走流程"、调研暗访、满意度第三方评价等工作，开展全市人社系统"大走访大调研大落实"专项行动，对重点地区、重点问题排查整改。用好"互联网＋督查"、群众来信来访、媒体监督及12333服务热线等，在查找问题上更聚焦、整改措施上更具体，坚决防止整改"两张皮"。

四川：优化服务供给 建设"温暖人社"

四川省人社厅厅长 胡 斌

党的十九大报告指出，要转变政府职能，深化简政放权，建设人民满意的服务型政府。人社部门作为政府最大民生部门和经济发展重要助推部门，工作全部涉及人，大部分涉及民生，与群众切身利益、切身感受息息相关。人社服务是政府基本公共服务的重要内容，群众对人社工作满意不满意，很大程度上也代表着对党和政府的工作满意不满意。

近年来，四川人社系统以习近平新时代中国特色社会主义思想为指引，始终把人民放在心中最高位置，按照人社部转行风、树新风要求，把行风建设作为破解人社领域系列重大问题、引领人社事业高质量发展的"一号工程"，鲜明提出"温暖人社"行动计划，实施通办服务、智慧服务、优质服务"三大行动"，推动了一场从理念到体制机制刀刃向内的自我革命，全力打造群众满意的人社服务，不断增强群众获得感、幸福感和安全感。2020年全省系统行风建设群众满意度测评综合指数为91.48，较2018年提高5.55，达到非常满意水平。

实施"通办服务"行动，打通企业群众办事"中梗阻"

人社业务面宽量大，政策繁复，针对群众办事难、办事慢、多头跑、来回跑等堵点痛点，我们强化集成思维、系统思维、创新思维，大力推进"通办服务"，从关联事项"打包办"、高频事项"提速办"，到所有事项"简便办"、全域服务"规范办"；从"跨省通办""川渝通办"再到"就近办""上

| 练兵比武大赛现场 | 练兵比武活动现场 |

门办"，企业群众办事材料越来越少、流程越来越简、时间越来越短。

三年来，我们推出 12 个企业群众眼里的"一件事"场景打包办理，三分之一的高频服务事项在规定办理时限基础上提速 50%，精简各类证明材料 200 余项，实现省、市、县综合柜员制全覆盖。

我们坚定践行为群众办实事要求，利用成渝地区双城经济圈建设战略契机，携手重庆人社先后推进招聘求职"一点通"等"五件大事"和社保卡应用"一卡通"等"十件实事"，实现 38 项服务"川渝通办"，办理电子社保卡异地签发、档案跨省转接等服务 15 万余件次，有力促进省域间要素自由流动，切实把实事办好、好事办实。

我们以群众需求为导向，借助银行、邮政、微信、支付宝等第三方力量，创新推出"人社 + 银行"一体化实体建设合作模式，放大"1+1 > 2"的聚合效应，有效拓展人社服务时间和空间，着力构建"农村 5 公里、城市 10 分钟"人社服务圈，让群众在家门口即可"就近办"。全省共建成"社银一体化"网点 1870 个，基本实现企业群众在就近银行网点即可全流程办理社保卡制卡开卡、养老保险生存认证、参保登记、参保查询、权益证明打印等高频业务，尤其是依托全省联网的 4900 余个快速制卡银行合作网点累计办卡 2334 万张，群众零散办卡实现立等可取，深受群众欢迎。

实施"智慧服务"行动，推进人社治理数字化转型

当今世界，新一代信息技术日新月异，为推进人社治理体系和治理能力

"社银一体化"服务点

现代化带来了发展良机。我们坚持把信息化作为打造群众满意的人社服务的"头等大事"，以信息化便民服务创新提升行动为主线，全力推动全数据共享、全服务上网、全业务用卡，让信息多跑路、群众少跑腿，推动人社数字化转型发展。

三年来，我们全力推进核心业务系统省集中，从基础数据库到公共服务信息平台，从业务系统建设到融入政府一体化平台，累计完成 5 个自建系统对接、43 项快捷应用接入、1360 余万条电子证照数据归集，实现服务事项 100% 网上可办，95% 以上"最多跑一次"，85% 以上全程网办，有效地融合了政府数据、企业数据和社会数据，更好地参与了智慧城市建设、助推经济发展、服务社会治理。

我们充分利用社保卡这一服务社会治理的基础设施，积极探索以社保卡为载体的"一卡通"服务场景和模式，让社保卡成为惠民惠农政策落地的唯一载体，同时加快推广社保卡在政务服务及居民服务领域应用，在身份认证、交通出行、文化体验等方面率先实现"同城待遇"，让社保卡真正成为"民心卡"。三年来，全省通过社保卡发放惠民惠农财政补贴工作，共计受理申请 3.36 亿人次，发放资金 1117.77 亿元。

同时，顺应人口老龄化趋势，坚持传统服务与智能化服务创新并行，针对不会上网、不会使用智能手机的老年人等群体，推进人社服务适老化改造，及时解决信息化发展带来的"数字鸿沟"，为老年人提供更便捷、更周全、更贴心、有温度的人社服务。

实施"优质服务"行动，提升人社服务专业化水平

群众办事体验和感受是衡量和评判人社服务水平与服务质量高低的重要标尺。我们坚持以提升服务体验为导向，积极推进窗口靓化提升、服务专业提升、协同能力提升等工作，让人社服务的场景更加舒适、办事更加快捷、服务更加专业。

三年来，我们始终把干部素质提升作为推进事业成功的关键，持续深入开展岗位大学习大练兵大比武，建立健全人员全覆盖、业务全囊括、线上线下有机结合的练兵机制，全省组织各类比赛 600 余场次，5 万余名人社干部厉兵秣马，培养全国、全省"知识通"55 名、业务尖兵近千名，我省连续两年夺得全国练兵比武总冠军。

我们全力推进多样化便民服务措施，推行预约服务、延时服务、上门服务、代办服务、延伸服务等便民之举，满足不同群众服务需求。

我们加大行风建设监督检查力度，领导干部深入基层走流程，组建专班常态开展明察暗访，形成问题清单和解决措施清单，逐项整改落实到位。

我们加强人社政策宣传，组织"人社服务标兵"和"人社知识通"深入市、县开展宣讲，对企业群众关心关注的各类政策，采取群众喜闻乐见的融媒体等方式立体推送，共计发布各类政务（策）信息 1000 余条，召开专题新闻发布（通气）会 52 场次，真正让群众"看得懂算得清"，让人社政策更有"人情味"。

贵州：创建"10+9"基层优质服务窗口

贵州省人社厅厅长　潘　荣

　　人社系统窗口直接面对人民群众，是联系党委政府和群众之间的重要桥梁和纽带，窗口单位行风好不好，关系到党和政府在人民群众心目中的形象，关系到人社事业的持续健康发展。2021年，贵州省人社系统在全省范围内启动10+9基层优质服务窗口试点创建工作，即在全省9个市州分别选取10个县区开展省级优质服务窗口试点创建，市州配套开展9个市级试点创建，积极打造基础设施健全完善、机构设置科学、数据互联互通、人员配备合理、工作队伍稳定的基层人社服务窗口，取得明显成效，赢得了办事群众的广泛赞誉。

全面推进便民化改革

　　一是加强调查研究。深入开展"我为群众办实事"实践活动，以"厅局长走流程""人社工作大调研活动"等为抓手，聚焦人社经办服务的重点难点热点问题，深入一线开展调查研究28次，开展"厅局长走流程"30余次，发现和整改问题50余个，确保便民化改革目标明确、措施有力。二是优化服务流程。试点窗口对所有政务服务事项进行重新梳理，逐项编制办事指南，并主动向社会公开，为办事群众提供清晰指引。建立健全一次性告知、并联办理、限时办结等制度，积极推行一站式办理、一条龙服务、上门服务、预约办理、网上办理、委托代办等，彻底打通服务群众"最后一米"。三是推行"一窗通办"服务。按照"一窗受理、一次办好"改革要求，加快推进"前台综合受理、后台分类审批、统一窗口出件"的人社综合服务模式。创新"不见面审批""秒批""社银合作"等服务模式，实现更多人社事项网上办、就近办、自助办。在试点先行的基础上，在全省人社窗口推进"无差别"综合受理服务。

加快标准化信息化建设

一是推进服务标准化建设。健全完善人社公共服务标准体系，建立标准化清单，大力抓好落实，打造名称统一、标识统一、柜台统一、着装统一的服务品牌。坚决杜绝各类奇葩证明，推广证明事项告知承诺制，推进"减证便民"深入开展，方便企业和群众办事。二是提升信息化服务水平。加快人社领域业务信息系统整合提升，进一步推进"互联网＋人社"，大力推广网上服务、电话服务等形式，推动业务数据互通共享、一网通办、一卡通办。开发"一件事"打包办业务系统，打造统一受理入口，规范省市县三级经办流程和岗位权限，群众在手机或自助机上可以自行办理。三是畅通评价渠道。按照人社部和当地政府要求，推动实施人社政务服务"好差评"，及时归集分析评价数据，建立健全差评和投诉问题调查核实、督促整改和反馈机制。针对中评以下评价，责成相关部门及窗口进行认真整改，并及时向评价人员进行意见反馈。

着力提升窗口服务水平

一是加强窗口队伍建设。通过经办力量下沉、编制内人员调剂等方式，充实窗口单位经办队伍。建立轮岗制度，定期选派经验丰富的优秀干部到窗口一线锻炼。制订年度培训计划，确保窗口每名工作人员每年至少培训1次，新进人员必须经过岗前培训且考核合格后才能够上岗。依托人社部在线学习平台开展练兵比武，不定期开展分管领导或业务骨干授课。二是优化窗口服务环境。改善硬件条件，结合试点单位建设实际情况，合理设置群众休息等待区、自助服务区、政策宣传区、爱心专区等，完善业务休息座椅、饮水机等服务设施设备。未入驻政务中心的办事大厅自行配备自助查询机、叫号机、评价系统、监控设备等。三是强化窗口文明服务。加强服务人员礼仪培训，推行窗口服务文明用语，杜绝禁忌用语和不规范、不文明的语言，进一步做到服务语言规范，表达清晰准确，语气亲切温和，手势、姿态有亲和力。清理表达生硬、不合时宜的服务标识标语。

加大督察整改工作力度

一是严格执行纪律要求。细化完善工作制度，做到"四杜绝"，即严格依法依规办事，杜绝徇私越权现象；严格信息管理，杜绝泄露服务对象隐私现象；工作时间坚守岗位认真履职，杜绝擅自脱岗"空窗"现象；保持饱满的工作热情和精神状态，杜绝慵懒散漫现象。二是健全自查整改机制。试点单位定期对窗口单位进行全面自查，对不符合有关要求、影响服务质量的风险点逐一列出清单，建立台账，明确整改措施、整改责任和整改时限。对存在问题的单位及时督促整改，对各类不作为、慢作为、乱作为、吃拿卡要等影响窗口行风建设的行为，一经核实，严肃处理和追责。三是强化上级监督。自上而下开展"厅局长走流程""察民情访民意"等活动，通过亲身体

窗口人员认真办理业务

验，与群众交谈等，查找人社服务中存在的问题，研究对策措施，促进问题整改。建立明察暗访长效机制，适时开展"回头看"，对发现问题的窗口单位"零容忍，快整改"，确保问题有效解决。

强化工作组织保障

一是建立健全领导机制。建立以厅主要领导任组长，其他厅领导任副组长的行风建设工作领导小组，统一领导全系统行风建设工作。各级人社部门比照成立由主要领导牵头的行风办，形成行风建设工作大格局。二是落实经费保障。省厅对每个省级试点提供创建经费，专款专用，从就业经费中列支，用于窗口创建工作，但不得用作购买办公设备等，各市（自治州）和各试点县（市、区）协调其他经费配套使用。市级试点的创建经费由各市（自治州）人社局解决。三是加强舆情应对。畅通群众举报投诉渠道，积极回应群众关切。完善网络、微博、微信、报刊等舆情监控措施，建立舆情回应机制，明确舆情回应主体责任。加强研判，快速反应，做到不回避、不拖延、不推诿、不敷衍，努力将舆情产生的不良影响降到最低限度。

深入企业宣传保障农民工工资支付条例

　　通过努力，贵州省试点窗口服务质量和水平不断提升，实现窗口服务标准化、制度化、规范化，形成机构名称统一、服务标识统一、业务流程统一、窗口建设统一、制度规范统一、人员管理统一的人社服务体系，做到服务质量更优、所需材料更少、办理时限更短、办事流程更简的服务标准。贵州省 79 个事项的办理流程进一步调整优化，93 个事项推行告知承诺制，省本级行政许可事项全部下放，16 个高频事项由原来的 500 个工作日压减到 228 个工作日，总体压减办理时限达 54.4%，有 40% 的事项做到了即时办理，办事材料总体削减 165 项，平均 1 件事项办理仅收取 2.5 项材料，135 项事项"全省通办"，19 项事项"跨省通办"，企业和群众办事更加便捷，全省人社系统政务服务好评率稳定在 99% 以上。

　　时代是出卷人，我们是答卷人，人民是阅卷人。贵州省人社系统将继续坚持人民至上、服务至上的服务理念，常怀为民之心、恪守利民之责、善谋惠民之策、多办利民之事，以务实的工作态度、过硬的业务能力、高效的办事效率，持续优化提升系统行风建设水平，打造环节最少、时限最短、服务最优、体验最好、人民群众满意的人社服务。

云南：将群众满意作为行风建设重要标准

云南省人社厅厅长　杨榆坚

加强系统行风建设，是推进全面从严治党、加快转变政府职能、促进人社事业改革发展的必然要求，是改进人社部门为民服务、提升服务品质的迫切需要，是巩固党的执政基础、推动经济发展方式转变、提高干部队伍素质的重要载体，是加强人社部门建设的永恒主题。2018 年以来，云南省人社系统坚决落实人社部"人社系统行风建设三年攻坚行动"部署要求，以"正行风、树新风，打造群众满意的人社服务"为目标，树牢"忠诚于党、一心为民，服务至上、铁肩担当，实干敬业、清正廉洁"的根本理念，立足云南实际、把握省情特点，狠抓"规定动作"、创新"自选动作"，全力打造人社服务品牌，切实增强人民群众的幸福感、获得感。

坚持系统谋划，推进整体落实

我们先后出台《关于全面提升人社服务质量的实施意见》等一系列文件，组织"立足职责找差距、结合岗位查问题、提质增效促跨越"大讨论，找准问题，明确要求，压实责任。深入开展人社政策"大竞赛"、人社岗位"大练兵"、人社业务"大比武"、人社知识"大讲堂"活动，广泛开展"十大优质服务集体""十大优质服务明星""十大业务能手"评选，认真抓好"人社服务标兵"宣讲，营造氛围，激发活力，增强效应。全面组织人社政策"进社区、进乡村、进企业、进学校、进家庭"宣传活动，制定人社政策解读"一本通"，推进线上、线下"两手抓"，发送公益短信5166万条，发放宣传资料 203.34 万份，服务社区 489 个、村镇 3912 个、企业 6186 个、学校 906 个、家庭 180174 个，推动人社惠民政策举措快落地、早见效，人社服务延到边、深到底。

坚持精准施策，瞄准重点发力

大力推进人社服务标准化建设，编制了 245 项政务服务事项实施清单，修订完善《业务手册》和《办事指南》，实现服务事项、服务流程、服务标准、服务形象"四统一"，形成服务规范、服务跟踪、服务评议、服务督办"链条式"管理体系。持续深化"放管服"改革，省本级人社权责事项从原来的 169 项精简到 70 项，取消 60 余项证明材料事项，免予提交纸质申报材料事项占比 68%，承诺件办理时限压缩 53%，最多跑一次事项占比 83%，政务服务事项网上可办率达到 96%，全程网办事项占比 47%，群众办事更便捷、更省心。

"双语窗口"确保少数民族群众办事听得懂、办得了

坚持需求导向，优化服务供给

针对部分群众"办事找不到门"的问题，推动8800多个服务网点上线高德地图，每个网点都有名称、有图片、有地址、可定位；针对群众出行不便、"跑腿多"的问题，全面推行"一部手机办事通"，上线服务事项60个，注册用户471.42万人，提供服务898.63万人次，实现群众办事"指尖可达""掌上可办"；针对云南脱贫攻坚任务重的实际，发放精准到户联系卡，搭建人社扶贫"连心桥"，让人社帮扶直达群众，建档立卡贫困劳动力转移就业322.44万人、技能培训155.75万人次；针对新冠肺炎疫情带来的影响，迅速实施系列惠企政策，抓实"摸底、动员、扩岗、转移、调剂、稳岗"全链条就业服务，组建"人社服务专员"队伍，主动对接、上门服务，面对面问需求、点对点抓转移，农村劳动力转移就业数量连创新高，2021年已实现转移就业1558.19万人；针对云南少数民族众多的特点，在少数民族聚集区人社服务点设立"双语窗口"，开展少数民族语言引导服务，确保办事群众听得懂、办得了。

推行"一部手机办事通"，群众办事"指尖可达"

坚持标本兼治，强化问题整改

把社会评价与自我改进、自我提高相结合，开展"证明材料多、排队时间长、办结时限长、工作纪律差、设施不便民、热线不好打"6类问题专项整改，着力打通便民惠民"最后一公里"。把发现问题与严格处理、加强警示相结合，在门户网站开辟投诉举报专区，着力发现问题，扎实推进整改，严肃追责问责，群众对人社领域行风建设的满意度显著提高，省人社厅连续3年在民营企业对政府职能部门评议中名列前茅，在2020年省政府开展的政务服务能力调查评估中位列省直部门第一。

实践证明，行风建设既管当前又管长远，既利于人民群众又利于部门建设，必须作为一项基础性、长久性工作紧抓不放。加强人社系统行风建设，就是要深刻把握人社部门作为重要政治机关、民生部门、服务行业、窗口单位的定位和特点，以永远在路上的恒心和韧劲，以刀刃向内的决心和勇气，强化政治引领、责任担当，从讲政治的高度认清民生工作、人社服务，始终将行风建设作为政治建设的重要内容，作为当前和今后一段时期人社工作的一个战略支点，牢记"国之大者"，扛起"主体责任"，通过构建"职责清晰、履责有力、问责有效"的责任体系，不断将行风建设引向深入；突出人社为民、服务至上，将人民满意作为行风建设的唯一标准，把行风建设的成效体现到不断满足人民群众对美好生活向往的各个方面，既巩固好前期取得的成果，又看到人民群众的新期盼、新需求，分门别类，对症下药，立足实际制定良策，以实打实、心贴心的便民举措造福于民，以看得见、摸得着的服务改善取信于民；注重长效建设、久久为功，把握行风问题具有顽固性、反复性的特点，坚持长期抓、持续抓、常态抓，既着力解决当前突出问题，又着眼长远建章立制，态度不变、力度不松，去伪存真、不留死角，驰而不息地把行风建设抓紧抓好、抓出成效。

下一步，我们将持续深化认识、提高站位，坚决把加强行风建设的责任扛起来，把各项工作抓到位，以新的起点、新的姿态，不断把全省人社系统行风建设向纵深推进。一是紧盯认识摆位这个前提，坚持行风建设与业务工作同部署、同检查、同考核，广泛开展大学习、大讨论、大宣讲，凝聚正行风、树新风的思想共识和工作合力。二是紧盯平台建设这个基础，规范政务窗口建设，强化信息平台支撑，推进信息系统融合，扩大社保卡使用范围，着力打造信息共享、数据集中、线上线下联动的人社服务平台。三是紧盯简政便民这个核心，深化"放管服"改革，以"人社服务快办行动"为载体，持续"清减压"、提质"打包办"、增效"提速办"、挖潜"简便办"，推动人社服务更简明、更快捷、更方便。四是紧盯作风形象这个要害，牢固树立"人人都是窗口，人人都是形象"的思想，严格工作纪律，端正服务态度，保持良好风貌，切实扎紧作风建设的"篱笆墙"。五是紧盯能力素质这个支撑，深入开展"学理论、学法规、学政策"和"察民情、听民意、解民忧"活动，建立线上线下有机结合的能力素质培养、长效练兵比武机制，营造你追我赶、练兵强能的浓厚氛围。六是紧盯监督检查这个保障，健全多角度、全方位的监督体系，畅通民主监督渠道，及时发现问题，着力解决问题，有力推动行风建设向上向好。

西藏："互联网＋人社"推动人社服务提挡升级

西藏自治区人社厅党组书记　李富忠

　　"互联网＋人社"是未来发展的必然趋势，是实现人社工作精准化管理、人本化服务、科学化决策、创新化发展的必然要求，具有基础性、战略性、全局性作用。长期以来，西藏人社系统信息化建设基础差、底子薄、层次低，为扭转这一局面，我们坚决贯彻落实党中央、国务院关于加快推进信息化建设的决策部署，将"互联网＋人社"作为全区人社系统行风建设的重要载体，作为一项基础性工程来抓，分三年稳步推进全区人社信息化建设，明确 2018 年为"基础建设之年"、2019 年为"系统归集之年"、2020 年为"提

全国海拔最高的乡镇——山南市浪卡子县
普玛江塘乡群众喜领社会保障卡

档升级之年"。三年里，全区人社系统立足后发优势、全力攻坚破难，实现西藏人社信息化从无到有、从局部建设到区域覆盖、从分散无序到系统集成、从落后孤岛到同步并进的巨大突破，西藏信息化建设成为全区行风建设的一张名片，成为提高全区人社服务质量的强力支撑。

人社信息化从无到有，群众乐享"云服务"

在推动全区人社信息化建设过程中，我们主要采取了以下措施：

一是上下联动、高度统一，实现人社信息化建设的集约发展、整体发展。由于自身技术力量十分薄弱，在人社部的大力支持下，我们建立了"人社部＋西藏"工作模式，签订共建协议，助推西藏高起点谋划信息化建设。自治区级成立人社信息化建设工作领导小组，厅主要领导直接主抓，各业务部门协调联动，全区人社所有信息系统均实行统一规划、统一建设、统一管

西藏人社系统工作人员冒雪上门为农牧区
群众采集社保卡信息

理，形成了"全区一盘棋"的工作格局，实现了全区人社数据的高度集中、业务的高度协同、标准的高度统一。2020年，率先建成覆盖区市县三级的"人社部门视频会议＋经办大厅监控平台"，为新冠肺炎疫情常态化防控下的"网上办公"奠定了基础。"西藏公共就业招聘系统"实现区市县三级协同，疫情发生后，线上招聘、线上培训在全区第一时间开展，为打赢稳就业"保卫战"提供了有力支持。

二是扭住重点、全力攻坚，实现第三代社保卡区域户籍人口全覆盖。将制作发放第三代社保卡作为信息化建设的"重头戏"，于2018年全面铺开此项工作。各级人社工作人员深入偏远农牧区、高海拔地区，上门开展信息采集，做到"不漏一户、不落一人"，率先建成覆盖所有区县的即时制卡网点、率先实现异地补换卡，截至目前，全区累计制发卡318万张，成为全国唯一的第三代社保卡全省（区）批量发放、一步到位试点地区。在此基础上，2020年西藏人社全面推进以"一卡通"为载体的居民服务新模式，已经实现惠民资金、政策补贴、待遇领取等多领域"一卡通"发放，在"西藏人社""拉萨掌上社保"等10余个网上平台启动电子社保卡试点，开展二维码就医购药，并将社保卡应用延伸至公共出行、旅游购物、生活缴费等各个领域，"西藏社保卡"微信公众号关注人数占全区总人口的20%、城镇人口的70%，社保卡已经逐步成为西藏各族人民群众"最离不开的卡"，西藏社保卡用短短3年时间实现了社保卡应用20年的跨越。

三是提速提质、优化服务，实现所有应用系统全部迁移上政务云。围绕行风建设，持续推进标准化建设，推动各项业务"上网上云"，集中人力物力完成对原有分散落后应用系统的彻底改造，实现所有人社应用系统全部"上云"、全面切换到电子政务外网运行，所有人社服务全部进驻自治区"三级政务大厅"，各项数据与公安、教育、税务等部门共享，极大减少了人社服务证明材料数量，人社各项业务实现"一窗通办、跨地联办"。全区集中统一的12333电话中心全年接听话务量超10万次，各类咨询投诉办结率达到100%。在"人社抗疫行动"中，人社公共服务平台发挥了重要作用，"减免缓"政策实现"不见面"办理，各类企业第一时间享受到政策红利。在信息化建设的助力下，全区行风建设持续深入开展，人社"线上＋线下"综合服务能力得到有力提升，人社服务质量效能得到群众普遍认可。

以信息化为媒，打造群众满意的"人社窗口"

面向未来，我们将继续推动行风建设向纵深开展，持续推进"互联网 + 人社"建设行动，积极把握疫情常态化防控下"线上服务"快速被群众所接受的有利契机，持续推进"一卡通"服务模式，迅速扩大人社信息化服务的覆盖面，全面提升人社公共服务质量和水平。下一步，我们将重点推进以下工作：

一是以信息化建设提升人社服务效能，让群众享受到更加优质便捷的服务。坚持以信息化建设为抓手，推动人社系统"全数据共享、全服务上网、全业务用卡"，促进互联网、大数据与人社工作深度融合，提升"互联网 + 人社"便民服务能力，推动建立以社会保障卡为载体的居民服务"一卡通"新格局，支持社保卡在交通出行、旅游观光、文化体验等方面实现同城待遇。加快完善全区人社基础信息库，建成一体化人社在线政务服务体系，建

西藏自治区社会保障卡首发仪式现场

立人社大数据服务平台，全面深化人社大数据应用，促进与相关部门数据资源共享共用和大数据应用支撑监管决策，实现人社线上线下服务衔接有序、高效安全、一网通办、风险可控。通过信息化建设在人社服务领域的全面贯通，让人民群众的幸福感不断增强。

二是以信息化建设拓宽人社服务半径，让边远地区群众享受更加均等的公共服务。围绕解决艰苦边远地区特别是边境地区人社公共服务相对薄弱的难题，加快推动基层一线的信息化建设，重点推进就业服务信息化建设和应用，着力打造"互联网＋公共就业服务"，探索公共就业服务项目化，创新就业服务模式，充分发挥人力资源市场和公共职业技能实训基地作用，稳步提升全区公共就业服务能力和信息化水平，推进公共就业服务资源向基层群体倾斜；重点推进"互联网＋社保"服务，实现社保系统全区联网联通，建成线上、线下、自助终端服务的现代化多功能服务平台，推进社保卡更广泛应用，让群众随时随处都能办理和掌握社保业务，形成线上线下的社保综合服务能力。

三是以信息化建设提高人社综合服务水平，让人社服务更加标准化规范化地开展。坚持以信息化建设带动和推进标准化建设，依托人社业务系统的集成，全面精简优化人社服务流程，梳理规范业务事项清单，推广规范化、智能化服务指引，全面推行一窗通办模式，为特殊人群设立"绿色通道"。优化行政审批服务，持续推进人社领域"放管服"改革，持续推进"减证便民"行动，持续推进12333服务能力提升工作，努力让"人社窗口"成为群众最满意的窗口，让"人社服务"成为全区政务服务的一面旗帜。

陕西：用情用力用心打造群众满意的人社服务

陕西省人社厅厅长　张光进

习近平总书记强调，"江山就是人民、人民就是江山，打江山、守江山，守的是人民的心"。人社行风事关民生、影响民心。按照人社部和省委、省政府部署安排，陕西省人社系统紧紧围绕"正行风、树新风，打造群众满意的人社服务"总目标，把行风建设作为体现人社部门政治担当、为民情怀的"试金石"，作为破解人社事业难题、推动人社事业发展的"金钥匙"，积极转变思维方式、工作方式、服务方式，锻造"勤快严实精细廉"过硬作风，聚焦群众所急所需所盼，不断推动人社服务理念变革、手段变革、效能变革，持续提升三秦百姓的获得感、幸福感、安全感。

用真情凝聚思想共识

与群众联系密切不密切、为群众服务周到不周到，关键看是否用情。我们坚持以思想为引领，努力破除惯性思维束缚和传统路径依赖，从思想上、机制上、作风上汇聚抓行风建设的合力。

一是狠抓学习明方向。围绕人社服务中的先进典型和反面案例，在全系统深入开展行风建设大学习大讨论，引导大家深入思考"为什么抓行风、行风抓什么、怎样抓行风"，树立"人社部门不仅是民生部门，更是政治机关""管行业必须管行风""人人都是窗口、处处体现行风"的鲜明导向。

二是完善机制强推进。站稳群众立场，改变工作方式和理念，将行风建设作为"一把手"工程，从全省抽调精兵强将组建厅行风办，推动行风建设与党建工作、业务工作同谋划、同部署、同落实、同检查。指导全省各地普遍建立"一把手"亲自抓、分管领导具体抓、专门机构抓统筹的组织领导体系，形成"条""块"融合、合力抓行风的工作格局。坚持抓点示范，把工作推进较好的市县树为全省标杆，以点上突破带动面上铺开。

三是倾听民意找差距。走好群众路线，充分运用信访诉求、12333 电话热线咨询问题、"好差评"数据统计分析，全面了解群众所急所需所盼。组织开展百名处长下基层大调研活动，摸清摸透农村劳动力就业现状及需求。全省 300 余人次开展"厅局长走流程"，形成 1500 余份"问题清单、措施清单、建议清单"；实现行风建设实地督导检查、咨询热线电话抽查"两个全覆盖"，发现问题，及时反馈，跟踪整改。

下大力夯实服务根基

根深才能叶茂，本固才能枝荣。我们坚持系统思维，聚焦行风建设的重点难点关键点，深化改革创新，立足当前，着眼长远，不断夯实行风建设的

陕西省练兵比武全省现场赛

莲湖中心业务骨干前往社区开展养老保险政策宣讲

基础。

一是在服务事项标准化上持续用力。把统一事项清单、规范办事指南作为实现清权、减权、晒权、制权的有力抓手，按照能整合的坚决整合、能简化的坚决简化、能减掉的坚决减掉的原则，研究确定六大类 162 项事项，实现与部指导目录的全面对应，在全省范围内实现事项名称、办理层级、办理材料、办理时限、跑路次数等 11 项要素规范统一，及时向社会公布，为提升我省人社系统政务服务标准化、规范化水平奠定了基础。

二是在服务手段信息化上持续用力。立足自身实际，对标全国先进地区，充分发掘我省信息化比较优势、后发优势，依托人社部信息化便民服务创新提升行动，稳步推动人社服务数字化智能化转型发展。积极搭建一体化受理平台和数据共享平台，推进全数据共享、全服务上网、全业务用卡，人社服务数字化智能化水平大幅提升，"网上办""掌上办"已成为我省人社服务的主渠道，全省 25 个高频事项平均提速 60.84%，90% 以上养老保险事项实现"不见面服务"，为行风建设提供了坚实的技术保障。

三是在服务队伍专业化上持续用力。把打造高素质专业化干部队伍作为加强行风建设的关键，构建起"五级联动、全员覆盖"常态化练兵比武格局，2.5 万人在线答题，两名同志荣获全国"人社知识通"，积极营造"比学赶帮超"浓厚氛围。充分运用激励鼓励、容错纠错、能上能下"三项机制"，对练兵比武、业务竞赛优胜个人以及出色完成急难险重任务的党员干部，优先提拔使用、破格晋升、评先评优，激励鼓励干部职工创先争优。坚持严管与厚爱结合、激励与约束并重，深入开展"四不两直"督导检查，构建全过程监督管理体系，及时发现和纠正问题，推动行风建设走心走深走实。

以诚心赢得群众满意

群众高兴不高兴、满意不满意是衡量行风建设成效的根本标准。我们坚持以百姓心为心，紧盯"急难愁盼"问题，从好办事、办成事出发，出实招、办实事、求实效，行风建设成效初步显现。

一是快捷服务让群众更省心。坚持省级统筹、市县落实、分级协作、上下联动，建成一体化受理平台，全省实现高校毕业生就业、创业等11个"一件事"打包快办。取消133项证明事项，人事考试、社保经办21个事项实行告知承诺制，20项企业职工养老保险业务实现全省通办。建成职称评审平台，实现信息发布、资料提交、部门审核、会议评审、网络投票等"全程在线、单点登录、一网通办"。全省429家银行网点1580台自助柜员机实现就近好办，45项人社服务累计办件量已达3.4万余件。

二是精准服务让群众更舒心。推进效能变革，充分利用数字化智能化手段，建成覆盖城乡劳动力2426.3万人的动态精准就业服务系统，搭建常态化用工供需对接平台，为劳动者累计提供精准化个性化服务4585万次。开发人社电子地图，精准关联1128个网点可办事项，实现"知点找点""知点找事""知事找点""链接直办"。运用"陕西省农民工工资支付监控预警平

延安市宝塔区人社干部为贫困户送岗上门　　　　人社干部深入一线"走流程"

台",实现工程建设项目审批、资金落实、施工许可、劳动用工、工资支付等关键环节信息实时共享和全过程监控,及时排查化解隐患,劳动者维权渠道更加畅通。

三是主动服务让群众更暖心。转变服务理念,变坐等受理为主动上门,深入开展"减负稳岗千企万户行",强化宣传引导,做到"政策讲透彻、流程弄清楚、金额算明白",累计减免企业社保费 273.71 亿元。系统梳理、主动公开 43 项应对疫情政策和便民措施清单,加强政策解读,优化流程环节,方便群众办事。聚焦老年人残疾人等特殊群体,开辟业务办理绿色通道,提供上门办、帮代办等便民服务,完成陕西养老保险 APP 适老化改造。及时做好因灾受灾影响就业人群帮扶,送岗位、送培训、送服务到村到人,帮助群众温暖过冬。

服务群众没有休止符,行风建设永远在路上。我们将进一步解放思想、改革创新、再接再厉,深入开展行风建设提升行动,切实增强人民群众的获得感、幸福感、安全感,奋力谱写陕西人社事业高质量发展新篇章。

甘肃：激活事业单位人事管理"一池春水"

习近平总书记指出，"要着力破除体制机制障碍，向用人主体放权，为人才松绑，让人才创新创造活力充分迸发，使各方面人才各得其所、尽展其长"。总书记的重要指示精神，是我们加强事业单位人事管理、促进人才强省战略实施的根本遵循。

进入新发展阶段，甘肃省面对重大发展机遇，对人才工作特别是事业单位人事管理工作提出了更高要求，迫切需要引进和培育大批高层次和急需紧缺人才，发挥人才对经济社会高质量发展的支撑作用。为落实人社部关于"人社服务快办行动"推进事业单位人事管理"一件事"服务的部署安排，结合我省工作实际，我们进行了有益探索，总结出利用"加减乘除"法，最大限度释放和激活事业单位人事管理体制机制改革的效应。

发挥"加法"效应，做好"让利"文章，
变"单招单打发力"为"打出政策组合拳"

做好加法，就是强化"人才是第一资源"的理念，增加政策福利，采取"引进+培养""政策+落实"，盘活人才队伍，拓宽引才渠道，优化人才环境，将各行业、各系统人才优惠政策统筹使用，在岗位设置、工资收入、职称评定、人才引进等方面形成政策叠加，在全方位、多领域、各行业释放政策红利。

为助力扭转我省人才总量不足和高层次人才匮乏的局面，我们坚持"小切口、大突破"的思路，聚焦高层次和急需紧缺人才培养引进，着力破解制度、政策、薪酬、环境等制约因素，打出政策"组织拳"。出台关于加强人才引进和培育支持营商环境、事业单位特设岗位设置、公开招聘、特殊人才职称评价、绩效工资管理等一系列政策文件，建立起以省委省政府《关于加强新时代人才培养引进工作的实施意见》为"纲"，以《"陇原人才服务卡"制度实施办法》等10个配套政策为"目"的"1+N"政策体系，对各个层次、各个类别、各个领域的人才引进培育和开发利用作出布局安排，让科研人员名利双收、基层人才福利落到实处，让各方面人才充分享受到政策红利。

发挥"减法"效应，做好"放权"文章，
变"多次多头跑"为"最多跑一次"

随着网络信息时代的迅速发展和简政放权政策实施，以往一个手续多个部门、多个环节的审批流程已远不适应当前需要，因此要紧贴实际，精准施策，做好减法，提升效能。

我们对事业单位人事管理领域的审批、备案事项专项清理，全面梳理工

特殊人才职称评价会现场

作流程、办理环节及证明材料，超出工作所必需的全部取消，采取备案制、承诺制、限时办结制等措施，最大限度减少对事业单位开展人事工作的直接干预。建成职称信息系统，申报职称实现"不来即享"，事业单位公开招聘、人员聘用、工资审核备案等业务实现"最多跑一次"。建立政务服务"好差评"制度，将部分手续由线下转为线上，省级经办事项中125项可实现线上评价。全面开展"人社服务快办行动"和练兵比武活动，开展"厅局长走流程"，推动各项政策及重点工作任务有效落实。岗位管理凸显架梯搭台理念，提出"一下放、两单列、两特设、三提高"举措，将岗位设置和聘用人员权限全面下放；对持有"陇原人才服务卡"的2115名高层次人才和扎根基层工作20年以上评聘中级、30年以上评聘高级的10067名乡村事业单位专技人才单列岗位；对引进和特聘的179名助力乡村振兴急需紧缺人才设置特设岗位；对事业单位正高级岗位、工勤技能二级以上岗位、专业技术内部等级岗位比例进行提高，解决人才晋升岗位不足问题。注重发挥薪酬改革激励作用，提出"四下放、三强化、一提升"举措，下放绩效工资分配权限、总量审核权限、高出部分审核程序和日常管理权限，减少审核"关口"；强化绩效工资统一管理、常态化管理和监督管理；提升绩效工资动态调整审核服务。据我们估算，"四下放"平均可以让省属事业单位每年少跑主管部门以及人社、财政等单位30趟左右。

助复工保就业座谈会现场

发挥"乘法"效应，做好"搞活"文章，
变"院内院外栅栏"为"有形无形之手"

简政放权并非一放了之，而是将政府"有形之手"和市场"无形之手"充分结合，将突出市场导向与完善宏观调控有机统一，该由政府宏观调控的工作，发挥出政策的"乘数效应"，将依据体制机制改革制定出的好制度、好政策落细落实落到位，激活人才不断创新创造创业。

出台《关于高技能人才与专业技术人才职业发展贯通的实施办法》，在全国较早建立了高技能人才与专业技术人才队伍职业发展贯通机制，释放政策倍增效应。支持和鼓励事业单位选派专业技术人员到企业挂职或者参与项目合作、兼职创新或者在职创办企业、离岗创新创业。将事业单位科研人员职务科技成果转化现金奖励纳入绩效工资管理，将科技成果奖励和报酬的最低标准从 20% 提高到 50%。落实用人单位自主权，提出"六个招聘类型"，即高层次和急需紧缺人才自主招聘、博士和高级专技人才考核招聘、普通岗位联考招聘、特殊人才灵活招聘、照顾性岗位校园招聘、基层人才放宽条件招聘，真正实现谁用人、谁招聘，做到政策找人、人岗相适，确保在政策落实过程中起到事半功倍的效果。该由市场运作的交给市场，鼓励人才敢于冒尖，大胆创新，发挥潜能。依托创业园区及人才资源服务等社会机构，举办各级各类各行创新创业大赛和技能比武、岗位练兵、劳动竞赛、科技创新等活动，鼓励专业技术人员及科研人员积极参与"双创"，让他们充分展现才华，发挥潜能，迸发工作热情，在本职岗位上不断创新创造。

同时，我们着力转变服务理念，开展"上门纳谏"活动，深入卫生、教育、科研院所、高校等省直部门和企事业单位上门服务，就人事人才工作与服务对象代表进行座谈交流，送政策、送服务，询工作、解难题，有效化解在职称评定、工资收入、人才引进等方面的难点问题和历史顽疾。创新建立联系技能大师工作机制，处级以上党员干部联系 35 个国家级、81 个省级技能大师工作室，常态化开展上门服务解难题、跟踪落实支持政策、搭建技艺传承平台、广泛宣传先进事迹"四个一"活动，让技能人才切实感受政府重视技术技能的"亲情"和"温度"，激发他们的创新创业热情。

发挥"除法"效应，做好"松绑"文章，变"戴着脚镣跳舞"为"放开手脚干事"

常格不破，大才难得。松绑的关键就是顺应人才期盼，直击制约人才发展的难点、打通束缚创新的堵点，破除束缚人才发展的条条框框和体制机制顽疾，把人才从不合时宜的政策樊篱和制度羁绊中解放出来，最大限度释放人才活力。

我们在人才评价上突出重品德、重能力和业绩导向，破除学历、资历、论文等限制；在人才激励上围绕完善创新创业载体链条，支持人才带着成果到企业转化或创新，举办首届博士后创新创业大赛，发挥高层次人才的引领作用；在职称评定上，引导各类人才将论文写在祖国大地上，产生了第一位"工人教授""农民教授"。率先出台关于按系列制定职称评价条件标准的指导意见等"1+16"宏观指导政策，配套"1+52"全省有效和"1+10"基层有效评价条件标准，体现了"干什么评什么"。率先出台县以下高级职称单独分组单独评审办法，三年来共有 3.5 万名基层人才获得高级职称。特殊人才不受学历、资历、台阶、论文、身份、岗位限制，开通职称评价"直通车"。制定出台快递工程专业职称评价条件标准，全省有 857 人获得"快递工程"职称，在全社会树立了行业不分工种和岗位，只要付出努力，就能得到社会广泛认可的评价导向。

青海：打造更加高效更有温度的青海人社服务

青海省人社厅厅长　武玉嶂

行风就是形象，行风就是担当，行风就是民心。2018 年以来，青海省人社系统全面贯彻落实习近平新时代中国特色社会主义思想，坚持以人民为中心的发展思想，把加强行风建设作为人社事业发展的战略支点、推动工作的重要载体、破解难题的一把金钥匙。同时，针对青海自然条件艰苦、经济欠发达等实际，按照"省级支撑全省、一网支持全域、老特群体专享"的建设理念，努力打造符合省情、独具特色的青海人社服务。

坚持思想引领，始终坚持以人民为中心的发展理念

青海人社系统以习近平总书记考察青海重要讲话为遵循，深入学习贯彻"四地"建设重大要求和人社部、省委省政府关于行风建设和"放管服"改革工作的决策部署，把行风建设与人社业务同安排同部署、同推进同落实、同督导同考核，推进行风建设融入人社业务全过程、全链条，做到同向发力、相融共促。为推进全省"一盘棋"，通过建立"互联网＋人社"平台、全面取消社保待遇领取资格集中认证、失业保险金"畅通领安全办"、援企稳岗"免审即领"、职称评审"全程网办"等一系列优化服务、惠企便民的务实创新举措，推进企业和群众对人社服务的满意度稳步提升。

省级带动引领，努力打造高效便捷暖心的人社服务

紧扣"立足新发展阶段，贯彻新发展理念，融入新发展格局，推动高质量发展"要求，以加强行风建设为契机，打造青海人社的精品服务。

（一）大力实施"清减压"，人社领域"放管服"改革进展有突破。一是"清"事项，优化服务流程。按照服务事项清单"四统一"标准，对全省人社系统的 8 项行政审批事项、181 项公共服务事项，省本级的 6 项行政审批事项、147 项公共服务事项全面摸底梳理，逐项制定标准化办事指南，明确细化事项办理条件、办理渠道、办理时限、反馈方式、监督渠道，推动服务事项规范化、标准化，为推进全省人社业务"一个标准办理""无差别受理"提供了前提和统一标准。二是"减"材料，减轻群众负担。落实国办关于证明材料"六个一律取消"的要求，持续推进减证便民行动，通过打通行业数据壁垒、"人社服务快办行动"等措施，结合行政审批和公共服务事项清理，公布取消 110 个烦扰企业和群众的证明材料。同时，逐步推进 36 个证明材料进行告知承诺，全力减轻办事企业和群众"证明负担"。三是"压"时限，提高办事效率。聚焦人社领域高频服务事项，对省级 56 项养老、失

人社服务小分队到西宁市敬老院开展养老待遇领取资格认证工作

业、工伤保险实行提速快办，办理时间全部压缩50%以上；制定发布"不见面""一次办"等便民服务清单，291个公共服务事项实现"一般事项不见面、复杂事项一次办、无谓材料不用交"，有关工作做法得到省委、省委深改委、省政府多种内参转发推广，省政务服务监管局连续4次在全省通报表扬并转发全省推广推进提速办理。

（二）坚持"双轮驱动"，行风建设基础更扎实。一是标准化建设稳步推进。充分发挥标准化对人社事业高质量发展的基础支撑作用，在完成全省人社系统行政审批、公共服务事项的标准化制定的基础上，根据需要随时进行动态调整，确保标准常学常新、常做常新、常用常新。同时，强化基础设施建设，省级实训基地项目已竣工交付，海西、海北、黄南州级创业孵化基地和海西、海北、海南、玉树州级公共职业技能实训基地全部建成，化隆县、兴海县、泽库县和黄南州实训基地已立建设。二是信息化建设提质增效。按照"互联网+人社服务"建设要求，建成青海省人社政务服务一体化平台，就业、社保、人事人才等方面高频服务事项实现网上受理、智能分办、网上查询、网上反馈；大力实施"互联网+人社"2020行动计划，积极参与

74岁的工伤职工刘进才在青海省社保服务窗口"老年人绿色通道"咨询政策后，为工作人员热情服务点赞

全国一体化在线政务服务平台建设，实现与全国一体化在线政务服务平台和青海政务服务网对接，同时，大力推进信息化便民服务创新提升行动，整合业务资源和信息系统，延伸服务触角，实现53项部省共享服务100%共享、全省6项行政审批和182项公共服务事项"一网通办"、75个事项"一卡通办"、29个事项"跨省通办"、20个事项"就近可办"。

（三）强化"专业化"建设，窗口服务质量有跃升。一是加强队伍建设。会同省财政厅制定印发《关于进一步加强人社窗口单位经办队伍建设的实施意见》，大力推行"五制""四公开""三亮明"，同时，组建"人社业务讲师团"，并先后带领40余人次深入基层一线开展业务讲解，进一步规范服务行为、提升经办能力，服务的效率更高、人情味更浓，群众的体验感更好。二是加强练兵比武。组织全省人社窗口单位干部职工开展"三强化、三持续、一竞赛"，开展"日日学、周周练、月月比"活动，并组队参加全国赛、区域赛，取得较好成绩，窗口单位经办队伍的业务水平和能力素质明显提升，充分展现了人社良好形象。近年来，全省20个服务窗口被人社部评为"全国人社系统优质服务窗口"，10名工作人员被评为"优质服务先进个

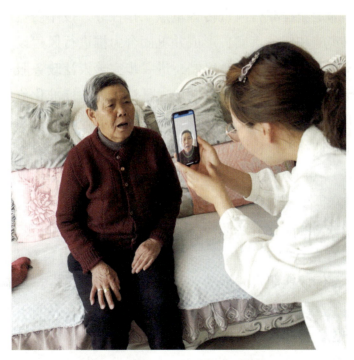

帮助老人完成养老待遇领取资格认证

人"，省社保局、海西州人社局 2 名同志被评为"全国人社服务标兵"；省厅 12333 电话咨询服务中心被团中央等国家部委评为"全国青年文明号"。三是加强监督整改。通过建立健全来信来访办理机制和以"厅长信箱"为主的网民留言办理机制，做到快速收集、快速分办、快速答复，2018 年以来，累计办理群众信访案件 300 余件、网民留言 4000 余条，答复率 100%，满意率 95% 以上，我厅在近几年政风行风评价中始终位居省直部门前列。2018 年以来，调研暗访实现县区全覆盖，先后派出 7 个组对市州、县区窗口单位作风建设情况进行暗访，同时，大力开展"人社干部走流程"，对累计发现的 220 多个问题进行及时反馈、督促整改。充分运用人社政务"好差评"机制，建立差评核查整改工作流程，厅门户网站设立行风建设投诉举报专栏专区，省本级 12333 设置了举报投诉功能，确保发现差评、投诉、举报等问题第一时间处置，及时有效予以解决，全力补齐短板、建强弱项。

始终常抓不懈，聚力推进行风建设不断引向深入

一是持续健全行风建设制度机制。持续抓好快办行动、练兵比武、调研暗访、人社干部走流程和行风宣传等重点工作任务，按年度梳理重点工作任务，抓好组织实施和任务落实，形成并巩固合力推进行风建设工作格局。建立常态化行风建设问题专项整改机制，进一步完善人社政务服务"差评"监督、整改、反馈全流程闭环工作机制。二是深入推进标准化信息化建设。进一步优化推进人社政务服务平台建设，实现就业创业、社保经办、人才服务等重点领域和培训补贴申领、社保关系转移接续、养老保险待遇申领等高频事项高效办理。三是努力探索务实管用举措办法。紧贴中央要求、切合地方实际、服务群众需要。尊重基层首创精神，鼓励因地制宜、大胆探索，根据业务特点、服务对象、工作条件，制定符合我省实际的制度、政策、机制，形成有特色、有亮点的"土特产""一招鲜"。四是全力培育人社行风文化。持续践行民生部门职能职责，推动"我为群众办实事"常态化制度化。积极收集总结典型经验做法，借助新媒体传播优势，以群众喜闻乐见、生动活泼的形式，全方位、多层次、立体化讲好人社系统行风故事，展现人社干部队伍良好精神面貌。

宁夏：当好行风建设实干家 增强人民群众获得感

宁夏回族自治区人社厅厅长　李晓波

加强行风建设，推进简政放权，提升服务效能，是促进人社惠民政策落实落地的重要举措。近年来，宁夏人社系统认真落实自治区党委、政府和人社部工作部署和要求，以开展行风建设三年专项行动为契机，建机制、强基础，补短板、强弱项，持续推进"放管服"改革和政务服务便民化，着力提升行风建设"含金量"，不断增强人民群众"获得感"。

健全"三个机制"，压实行风建设责任状

一是健全领导机制。自治区及市、县（区）人社部门层层成立主要负责同志挂帅的行风建设领导小组，下设行风办和四个专项工作组，构建了主要领导全面抓、分管领导具体抓、其他领导协同抓，区市县三级联动的行风建设组织领导机制，确保行风建设各项工作扎实有序推进。

二是健全责任机制。厅党组专门印发《关于进一步加强全区人社系统行风建设工作方案》《全区人社系统加强行风建设工作任务表（2018–2020 年）》等文件，按照"清单制 + 责任制"模式，分年度建立台账，明确时间表、路线图、任务书，实行挂图作业，对行风建设工作任务，逐项明确牵头厅领导、牵头单位、责任人和完成时限，层层传导压力，逐级压实责任，齐心协力推进系统行风建设。

三是健全监督机制。将行风建设纳入厅督查督办体系，由分管厅领导、

驻厅纪检监察组长带队，采取"五不两直"的方式，先后6次对各级经办服务窗口进行明察暗访，并结合人社部督查组明察暗访反馈问题，一盯到底抓好整改。

坚持"四个强化"，提升行风建设含金量

一是强化宣传引导，营造行风建设良好氛围。结合"我为群众办实事"实践活动，利用门户网站、12333咨询热线、微博、微信、新闻媒体适时宣传解读新出台人社政策，扩大政策知晓面，促进政策更好落实。通过组织开展"行风建设人人谈暨建言献策"征文、"人社大讲堂"和行风建设"大学习、大讨论"、社保"解民忧、转作风"等活动，引导干部职工真正把"正行风、树新风，打造群众满意的人社服务"总体要求内化于心、外化于行，增强自我净化、自我完善、自我革新、自我提升的自觉性。

二是强化练兵比武，助力人社服务直抵末梢。全程调度、积极动员开展"日日学、周周练、月月比"练兵比武活动，加大力度磨砺精兵，实现业务学习常态化，锻造了一批人社"知识通"，进一步提升了全区窗口队伍的能力素质。2019年，在全国业务技能练兵比武中宁夏代表队获得第4名、二等奖的好成绩；2020年、2021年，在全国业务技能练兵比武中，宁夏代表队又连续两年获得三等奖。

三是强化民意收集疏导，推动行风问题有效化解。畅通民意反映渠道，通过开展"厅局长走流程"、开通厅长信箱和在线咨询专栏、完善12333投诉举报模块功能、购买第三方服务收集网络舆情等措施，对群众信访诉求安排专人及时协调办理，对投诉举报及时批转相关单位调查处理，做到事事有回应、件件有答复。截至2021年10月底，厅长信箱、在线咨询收到群众反映问题及咨询667条，12333热线收到群众投诉举报89人次，人工接听量20.12万个，提供咨询服务36.62万人次，第三方网络舆情监测到群众投诉举报及反映问题487条，厅信访室受理群众来信来访440件次，全部及时予以回复，有效化解了矛盾。

四是强化信息化标准化建设，提升人社经办窗口服务能力。大力推进"互联网＋人社"和"社保云应用服务平台"建设，依托自治区政务服务平

台，初步建成了覆盖公共就业、劳动关系、劳动监察、社保卡应用、事业单位人员及工资管理的人社一体化服务系统，并在 7 个县区试点运行，实现了人社服务直达社区。同时，全区各级人社窗口全面落实"五制""四公开""三亮明""20 个禁止"等服务规范，并按照"十统一"要求，科学划分窗口业务功能区域，实现前台服务与后台办公相对隔离，着力打造规范、文明、优质服务窗口，积极为群众营造便利舒适友好的办事环境。

推进"三项改革"，增强人民群众获得感

一是大力推进"放管服"改革，确保人社服务优质高效。厅本级行政职权、行政许可事项分别由 2012 年底的 119 项、43 项压减到 87 项、5 项，非行政许可审批事项全部清零。全区人社系统 300 项政务服务事项有 261 项实现不见面、马上办。推行人社服务快办行动和"跨省通办"，全面开展乡镇赋权事项试点工作，20 个乡镇赋权事项实现了乡镇民生服务中心全流程办理。全面推进企业职工养老保险、机关事业单位养老保险、城乡居民养老保险、企业职工养老保险与城乡居民养老保险互转、退役军人养老保险关系跨省转移接续等业务网上办理，落实利企便民 31 项举措，提升社保经办水平。完善工伤医疗即时结算信息系统，推进区内跨市县工伤医疗审核支付和资金清算，保障工伤医疗结算工作顺畅。

二是大力推进职称制度改革，逐步落实用人单位主体作用。分类推进人才评价机制改革，首次开展经济、统计、会计等 7 个系列正高级职称评审，

并在全国率先设置全民健身体育教练员职称。注重发挥用人单位主体作用，将高级职称评审权下放到本科院校、科研院所、三甲医院、大型骨干企业和地市，部分系列（专业）中级职称评审权下放到具备条件的行业厅（局）、高职院校、中专学校、技工学校，并将部分专业职称评审逐步转由具备条件的行业协会（学会）承接。健全职称评审"两随机一公开""阳光评审"和倒查追责机制，增强了职称评审工作公信力。完善宁夏专业技术人员服务平台功能，实现职称申报、审核、公示网上办理。开发职称信息查询系统，将1998年以来的任职文件扫描上传，向社会提供网上查询服务。

三是推进行政执法改革，切实维护劳动者合法权益。争取自治区党委、政府支持，将原来分散在人社系统各相关单位行使的行政处罚权、行政检查权、行政强制权统一交由各级劳动保障监察执法机构行使，全区80%以上的劳动保障监察执法机构设立了独立的投诉举报接待大厅。面向社会公开各级劳动保障监察机构举报投诉电话，开通12333电话咨询服务热线、人社掌上服务手机APP、宁夏人社一体化系统、根治欠薪线索反映平台等线上服务新模式。健全规章制度，落实首问负责制，每年组织开展隐患问题大排查、明察暗访、集中大接访活动，发挥"考核"指挥棒作用，扎实推进劳动保障监察机构队伍行风建设。2021年1月至10月，全区共检查各类用人单位6499户，受理欠薪举报投诉2390件，立案查处案件112件，结案率99%。实施劳动关系能力提升三年行动，开展用人单位诚信等级评价、劳务派遣、小微企业劳动用工和新业态企业劳动用工专项检查，畅通农民工等困难群体劳动争议处理"绿色通道"。截至目前，全区劳动人事争议仲裁结案率、调解成功率分别达到84.4%、62.3%。

新疆：塑造行业新风　提供优质服务

新疆维吾尔自治区人社厅厅长　热合满江·达吾提

实践证明，抓行风建设，不仅出形象，也出效率、出生产力。行风好，才能单位兴，人心齐，士气旺；行风好，才能亲民心，便民利，促民富。新疆人社系统坚持把加强行风建设作为强化系统作风建设的重要内容，充分认识搞好行风建设工作的重要性和紧迫性，切实增强工作自觉性和主动性，塑造行业新风，提供优质服务。

增强服务意识，转变服务观念

窗口服务是关系单位整体形象、影响各项活动的综合性工作，必须增强党员干部服务意识，努力提高窗口整体服务水平和服务质量。

受各种因素影响和条件制约，新疆部分县、乡两级基层人社服务网点服务观念的转变滞后于业务发展，一些基层网点职工认识程度有限，服务意识不强。因此，要积极引导全员树立服务是一种文化的科学理念，树立为民服务无小事的理念，使之成为为企业群众提供优质服务、打造人社服务品牌的核心能力。

加强形象建设，提高服务质量

优美舒适、宽松和谐、美化亮化的服务环境是推动党员干部自觉做好优质文明服务的外在动力，是为群众提供优质贴心服务的重要保障。

随着人社服务覆盖面的不断扩大，一些基层网点服务大厅面积小，功能不全，设施落后，群众诉求多，一定程度上影响了人社部门外在形象和服务质量。因此，必须加大硬件设施投入，树立良好外部形象；要积极开展文明服务月、星级窗口和争创文明服务单位、争当文明服务标兵等"争先创优"服务活动；要设立职工之家、报刊阅览室和经常举办文体娱乐活动，进一步丰富文明服务内容，营造服务氛围，提升服务形象，提高社会认知度。

强化责任监督，解决突出问题

经办服务机构要制定窗口服务规程，通过对操作程序、职业道德、语言规范、服务态度、职业形象、服务纪律、服务技能、服务场所、服务设施和受理群众投诉等内容的明确规定和相应的奖惩办法，建立一整套规范有序的责任监督体系。领导干部要坚持把加强党员干部队伍作风建设与反腐倡廉建设一起部署、共同推进，带头研究新情况、解决突出问题：一要着力解决为政不廉问题，树立党员干部清正廉洁的形象。要坚持标本兼治、综合治理、惩防并举、注重预防的方针，以构建惩治和预防腐败体系为龙头，全面推进教育、制度、监督等工作，加大查办违纪违法案件的力度。二要着力解决律己不严问题，树立党员干部严于律己的形象。要在强化教育和监督的同时，

第 8 届 12333 "全国咨询日" 活动现场

更加重视制度创新，更加严格执行廉洁自律的各项制度，认真解决党员干部廉洁自律方面存在的突出问题。三要着力解决为政不勤问题，树立领导干部执政为民的形象。必须把完善干部管理机制放在更加突出的位置，以改革创新精神深入推进干部人事制度改革，营造干部干事创业的良好环境。同时，要强化行政效能监察，查找薄弱环节，对带有普遍性的问题进行专项治理。

聚焦群众需求　优化人社服务

近年来，新疆人社系统坚决贯彻落实党中央治疆方略，牢牢把握社会稳定和长治久安总目标，紧紧围绕"学党史、悟思想、办实事、开新局"目标要求，以"争当表率、争做示范、走在前列"的使命担当，聚焦企业群众的操心事、烦心事、纠心事，坚持以集成服务、简约服务、创新服务、规范服务为原则，以企业群众需求为导向、以信息化共享业务协同为支撑、以加强经办能力建设为基础，着力构建流程优化、服务智能、便民高效的人社服务格局，方便企业群众享受更快更好的人社服务。一是"打包快办"再优化。在 2020 年开展"人社服务快办行动"的基础上，通过优化申请表单、改造受理系统等方式，将更多场景、事项纳入"打包一件事"清单，减少事项信息填报，推动"打包快办"提质增效，不断增强企业群众的满意度。二

窗口工作人员热情接待办事群众

新疆练兵比武晋级赛现场

是"减证便民"再升级。落实"五个一律取消"要求，进一步梳理人社领域政务服务事项证明材料，不断推进"能减尽减"。2021年核查取消了326项证明材料，改为申请人告知承诺、部门内部核查、网络核查、部门间数据共享核验等方式。三是"一网通办"再发力。针对企业群众日益增长的服务需求，拓展网上办事广度和深度，实现97个事项"不见面"服务、111个"最多跑一次"服务、31个事项"跨省通办"，努力提供多样性、多渠道、便利化服务。四是经办服务再延伸。部分地州市针对企业群众反映办理社保业务路途远、成本高的问题，将县市经办服务机构就近设立在乡镇，将触角延伸至偏远农牧区，打通经办服务"最后一公里"。五是"绿色通道"再便捷。推进鉴定信息化建设，推广工伤网上客户端、手机微信端预约工伤鉴定，为企业群众提供更加公平便捷可及的人社服务。

　　面对自治区"十四五"改革发展稳定各项任务，新疆人社系统将深入贯彻落实习近平总书记关于作风建设的重要指示精神，始终把人民群众放在心中最高位置，进一步强化管行业必须管行风和抓好行风是本职、抓不好是失职的工作理念，为各族群众提供优质高效的人社公共服务。

新疆生产建设兵团：
狠抓队伍建设　提升服务效能

新疆生产建设兵团人社局局长　李华斌

近年来，新疆生产建设兵团人社系统认真贯彻落实人社部关于加强系统行风建设决策部署，坚持把打造一支政治过硬、本领过硬、作风过硬的高素质人社经办队伍作为加强系统行风建设的基础性工作，作为打造群众满意人社服务的重要抓手，坚持党建引领、全员练兵、全面培训、监督评价，狠抓经办队伍建设，为提升人社窗口服务效能提供队伍保障。

抓党建引领，提升政治素养

一是强化宗旨意识。坚持以习近平新时代中国特色社会主义思想为指导，坚决贯彻落实党中央决策部署，以政治建设为统领，落实全面从严治党要求，深入开展"不忘初心、牢记使命"主题教育、党史学习教育，组织党员干部积极参与"访民情、惠民生、聚民情""民族团结一家亲"等活动，深入践行以人民为中心的发展思想，推动党建工作与业务工作深度融合、高效联动、同向聚力，有力增进党群干群关系，不断提升党员意识、窗口意识和服务意识。

二是加强支部建设。打破窗口经办单位隶属关系，成立人社政务大厅联合党支部，把"支部建在大厅"，使人社政务服务大厅隶属不同单位、处于不同岗位、从事不同业务的党员干部联合起来，充分发挥基层党组织战斗堡垒和党员干部先锋模范作用，把党组织凝聚力战斗力感召力作为政治建设、业务建设的根本常抓不懈，努力建好人社经办服务战斗堡垒，为兵团人社事业高质量发展提供坚强的组织保障。

三是争创服务明星。积极开展"党员先锋岗""文明示范岗"等活动，设置窗口服务"明星榜"，定期评选服务明星，制作宣传专栏学习，发挥先进典型的示范效应，带动窗口工作人员向先进看齐，激发窗口单位抓学习、强服务、创业绩、争先进的内生动力，营造人人争当服务明星、争创示范窗口、热心服务群众的浓厚氛围，努力推动人社政务服务大厅作风效能建设再上新台阶。

抓练兵比武，提升能力素质

一是坚持常态练兵。引导窗口单位工作人员寓练兵于日常工作之中，依托人社部练兵比武学习平台，组织窗口单位工作人员参加"日日学、周周练、月月比"在线学习答题和"人社日课"学习。建立晨学晨练、周末讲

老年群众"点赞"人社政务服务

坛、"师傅带徒弟"等学习制度，把"要我学"变为"我要学"，"要我练"变为"我要练"，做到学在日常、练在经常、用在平常。坚持把理论学习向经办能力转化，提升为群众解决实际问题的能力，为全面推行综合柜员制改革培养和储备"全口径""全能型"业务人才。

二是坚持定期比武。树立"内强素质、外树形象"的工作思路，采取现场比、异地比、线上比等多种方式，自下而上、逐级组织开展单位赛、师市赛、兵团赛等形式多样的业务技能比武活动，营造"比学赶帮超"氛围，激发系统干部"学政策、钻业务、强技能、优服务"的热情，着力将窗口经办队伍打造成一支服务人民的"精兵劲旅"。近年来，积极克服人员数量、经费保障等方面困难，每年选拔优秀选手组队参加全国业务技能比武，先后取得优胜奖、二等奖的成绩，展现出兵团人社系统队伍良好的精神风貌。

三是坚持典型激励。近年来，通过组织开展窗口单位业务技能练兵比武活动，选树43名兵团人社"知识通"、118名兵团人社"岗位练兵明星"，优秀选手逐渐成长为各自业务领域的骨干力量。树立鲜明的激励导向，对练兵比武表现突出的，在评比表彰、晋级晋职、绩效工资等方面予以优先考虑。先后将3名练兵比武成绩突出的同志，推荐为全国人社系统优质服务先进个人，充分发挥练兵比武先进的典型示范作用，激发和调动系统工作人员参与练兵比武活动。

兵团社会保险事业管理中心深入基层一线宣讲社会保险政策

抓业务培训，提升业务水平

一是开展依法行政培训。采取"走出去"与"引进来"相结合的方式，组织开展依法行政培训，着力提升系统干部法治思维和依法行政能力。近 4 年来，先后组织 9 批兵团人社系统 338 名干部赴上海市参加依法行政培训，学习借鉴上海市人社部门好的经验做法和工作理念。邀请自治区人社厅和兵团办公厅、司法局等单位专业人员开展依法行政辅导讲座。2021 年，先后分 2 批组织兵团人事争议仲裁干部赴重庆市基层仲裁院跟班学习，不断提升仲裁工作人员业务水平。

二是开展各类业务培训。深入开展"能力提升年"行动，坚持"干什么学什么、缺什么补什么"的原则，采取线上和线下相结合的方式，组织全系统全人员开展类型多样的业务培训。2021 年，先后举办就业政策、社保经办、劳动能力鉴定、工伤认定、工资薪酬、职称制度改革、劳动争议仲裁、社保基金监管等 8 大类 12 个培训班，为工作人员"充电""加油"，全面加强干部队伍建设，促进人社业务水平提升。

三是开展案例交流研讨。针对工伤认定和劳动能力鉴定工作中存在的重难点问题，组织召开工伤认定典型案例分析研讨会、劳动能力鉴定疑难案例交流研讨会，剖析典型案例，总结交流经验，不断提升工作人员政策水平和业务能力，切实把好"政策关"，为民"服好务"。

四是统一规范经办流程。针对就业创业、社会保险、职称评聘、事业单位公开招聘、工伤认定、劳动能力鉴定、退休待遇审批等工作中存在业务经办不规范的问题，逐项制定业务操作指导手册，统一规范经办流程，为各项业务经办提供政策指导和操作指南，既有力促进窗口业务经办标准化建设，又有效解决基层经办人员"不会干"的问题。

抓监督评价，提升服务质量

一是畅通投诉举报渠道。加强兵团 12333 电话咨询服务建设，将其作为听民声、畅民意、聚民智、解民忧的重要渠道，作为"我为群众办实事"的重要载体，作为加强窗口经办队伍建设的"利剑"，作为打造群众满意人社的重要抓手。畅通群众业务咨询和投诉举报渠道，形成闭环处理流程，及时解答群众疑惑、回应群众关切、受理投诉举报、倾听意见建议。

二是开展明察暗访活动。采取明察与暗访相结合，通过现场察看、模拟办事、电话咨询等方式，加强对人社窗口单位服务内容、服务水平、服务作风、服务环境等方面的监督检查，对发现的问题现场指出、书面通报、跟踪整改，督促窗口单位牢固树立"人社服务为人民""小窗口展现大作为"思想，不断提升为民服务意识。组织开展局处（科）长走流程，深入窗口一线调研了解企业群众办事的痛点堵点，倾听窗口工作人员意见建议。

三是推行"好差评"制度。印发《兵团人社政务服务"好差评"管理办法》，建立五级评价体系，改造信息系统，完善政务服务"好差评"评价、反馈、整改、监督全流程闭环管理工作机制，主动接受办事群众和服务对象政务服务监督，让群众当"裁判员"。

今后，兵团人社系统将坚持以人民为中心的发展思想，进一步巩固行风建设三年行动成果，持续加强系统行风建设，促进兵团人社政务服务高质量发展，打造人民满意的人社服务。

劳动保障监察大队人员到工地宣传劳动保障政策

创新

"办不成事"反映窗口
打造"痛快办"服务新路径

辽宁省丹东市人社局

摘要： 丹东市人社局在实施"人社服务快办行动"，创新开展网上办、一窗办、自助办、掌上办、就近办、上门办"六个办"服务模式的基础上，坚持刀刃向内，补短板、强弱项，首创"办不成事"反映窗口。明确"两个目的"，建立"三种处理方式"，实行"1、3、5"办结机制，开辟"四种受理渠道"，制定"五项制度"，倒逼常规窗口实现"优办快办"。对"应该办、无政策障碍"的事项痛快办，"应该办、有政策瓶颈"的个案规范程序、特事特办，"应该办、有政策障碍"的共性问题创新机制解决，从教育引导、能力提升、舆论氛围、制度规范、机制创新和监督问责等方面持续发力，着力打造"痛快办事"的文化。

关键词： "办不成事"反映窗口　人社服务　优办快办

辽宁省丹东市人社局自觉践行以人民为中心的发展思想，坚持目标导向与问题导向相统一，发扬斗争精神，以刀刃向内的勇气，创新设立"办不成事"反映窗口，确保群众"求助有门、门中有人"。

一、创建背景

（一）从国家层面看

党的十八大以来，以习近平同志为核心的党中央高度重视东北振兴发展，习近平总书记先后在部分省区党委主要负责同志座谈会、十二届全国人大五次会议辽宁代表团审议会议，以及深入推进东北振兴座谈会上作重要讲话，提出"四个着力""三个推进"要求，指出东北振兴存在的"四个短板"，明确"六个方面重点工作"，为辽宁乃至东北振兴发展把脉定向、掌舵领航，特别是围绕推进干部作风转变、完善体制机制、优化营商环境等提出了新的更高要求。

（二）从省级层面看

辽宁省针对营商环境建设工作提出"四个标准""四个办"要求。"四个标准"即：建设"办事方便、法治良好、成本竞争力强、生态宜居"的营商环境。"四个办"即：对不该办的事情，要坚决说"不"；对该办能办的事情，痛痛快快去办；对该办但有政策瓶颈的个案问题，要规范程序、阳光操作、特事特办；对该办但有政策障碍的共性问题，要作为制度创新的机遇，以改革创新办法解决问题并形成制度创新成果。

"办不成事"反映窗口热情接待群众

为群众解答疑问

（三）从市级层面看

丹东市针对优化营商环境提出"四大行动"工作要求，即在全市范围内开展"应该办""服务效能提升""降低企业成本"和"法治环境优化"四个专项行动，推动丹东营商环境持续优化升级。

（四）从人社系统看

为进一步推动人社领域"清事项、减材料、压时限"，2020 年，人社部在全系统开展"人社服务快办行动"，通过关联事项"打包办"、高频事项"提速办"、所有事项"简便办"，为企业群众提供更加优质便捷高效的服务。辽宁省人社厅持续推动"我是人社人、人人都是营商环境、个个都是开放形象"教育实践活动，全面优化提升人社服务"优办快办"。

（五）从丹东人社局自身看

2020 年 4 月，丹东市被辽宁省人社厅确定为全国"人社服务快办行动"联系点。丹东市人社局抢抓机遇，本着"少花钱、多办事，善办事、办成事""既要少花钱，还要高质量、高标准"的原则，改造升级原有的办公

领导干部在"办不成事"反映窗口值班，为群众现场解决问题

场所、基础设施、平台、系统、载体，创新建立了"1+4+5+X+N"平台系统，创新开展了"六个办"服务模式，大幅度提高常规窗口办事效率和服务质量。

常规窗口是在材料、条件、程序等各方面都符合要求的前提下进行的一种高效业务经办模式，如果出现特殊情况，即终止办理。常规窗口受办结时限、工作权限和窗口人员数量有限等限制，难以及时有效处理一些疑难问题、历史遗留问题、因政策瓶颈导致的个案问题及因政策障碍导致的共性问题。

二、创新做法

在多数企业和群众已经在常规窗口"快办优办"的基础上，以解决少数企业和群众"办不成事"问题为目标，丹东市人社局设立"办不成事"反映窗口。该窗口不是一个孤立的窗口，而是人社政务服务体系不可或缺的组成部分，与常规窗口相互促进、相互补充、有机融合，倒逼常规窗口提升办事效率和服务质量，促进人社政务服务提质升级。

（一）首创"一个窗口"

2021年初，丹东市人社局党组解放思想，转变思维，下定决心，在三楼咨询服务台正式挂牌，创立了"办不成事"反映窗口。"办不成事"反映窗口遵循"公开、公正、合法、高效、便捷、痛快"的工作原则，受理人社系统提供政务服务过程中群众反映的"办不成事"问题。

这个窗口是有工作基础和工作经验的。丹东市人社局开展"快办行动"以来，按照一楼咨询服务台规格、业务要求、工作人员配置等一模一样、完全复制，在三楼"快办行动"大厅新建一个业务咨询服务台。2020年11月19日，业务咨询服务台随着快办行动一同上线运行。这个咨询服务台主要任务就是接待群众求助和投诉。时隔两个月，丹东市人社局在这个咨询服务台基础上正式挂牌成立了"办不成事"反映窗口。

"办不成事"反映窗口不是一个实体意义上的人社政务经办窗口，不能也没有权限经办任何具体业务，它本质上是一个以实体窗口为外在形式的一套特殊政务服务工作制度和工作机制。为确保"办不成事"反映窗口真正发挥作用，丹东市人社局党组授"特权"、出特招、谋特办，针对群众反映的疑难问题规范程序、创新制度、特事特办，给予"办不成事"反映窗口更加灵活的办结机制、办结方式及办结时限。

（二）实现"两个目的"

——通过"办不成事"反映窗口，发挥倒逼作用，刀刃向内，提高所有窗口的办事效率和服务质量，促进人社政务服务提质升级。

——为使"办不成事"的群众投诉有门，丹东市人社局开辟专门渠道，只要群众在人社系统有办不成的事，都可以到"办不成事"反映窗口反映，让"办不成事"群众有地方找、有人帮。

有的群众"办不成事"习惯找人、找关系、到处上访缠访，一定程度上扰乱了政治生态和社会生态。针对这种现象，丹东市人社局通过建立"办不成事"反映窗口，保障了"正常的事到常规窗口办，疑难问题到'办不成事'反映窗口按程序办"，在防范化解廉政风险的同时，切实提高了办事群众获得感、幸福感，提升了人社政务服务信誉度、满意度。

（三）实行"三种处理方式"，建立"1、3、5"办结机制

办事群众到"办不成事"反映窗口反映问题后，工作人员将对问题进行编号登记，填写《市人社局"办不成事"反映窗口受理问题转办单》，根据"办不成事"不同原因，分类处理：

——第一种方式，对因群众诉求不清、材料不全等主观原因导致的"办不成事"，由"办不成事"反映窗口工作人员负责引导、指导群众办理办结。能马上办的，一次性告知所需材料、办理环节，引导群众到常规窗口直接办理；不能马上办的，经请示值班领导，调度业务科室或部门负责人到窗口研判，帮助办理；对可实行容缺受理的事项，经值班领导同意后，实行非主审要件缺项受理和审批；对不符合法律法规政策规定的事项，说明不予办理原因，处理完成后，及时销号。

——第二种方式，对因正常窗口工作人员思想不解放、服务意识不强、方法不够灵活、政策掌握不全面等主观原因导致的"办不成事"，由

"办不成事"反映窗口工作人员第一时间调度科室（部门）负责人现场答复群众。同时，丹东市人社局党组赋予"办不成事"反映窗口工作人员和值班领导特殊权限，根据解决问题需要，可以代表局党组随时调度上至局长，下至科员，现场解答解决问题。"办不成事"反映窗口值班领导实行"首问负责制"，即一经受理、跟踪到底、负责到底。处理完成后，及时销号，丹东市人社局党组将严肃追究相关工作人员、科室负责人以及分管领导责任。

——第三种方式，对因历史遗留问题、因政策瓶颈等客观原因导致的"办不成事"，规范程序、阳光操作、特事特办，用改革创新办法解决问题，并形成制度创新成果。

建立"1、3、5"办结机制：

——"1"是指，对相对简单事项，由值班领导、"办不成事"反映窗口工作人员调度各方1天之内研究解决。

——"3"是指，对相对复杂事项，由中心党委3天之内研究解决。

——"5"是指，对中心党委研究后，仍然没有解决的疑难问题，提交局党组会议5天之内研究，做出决定。

办事群众送锦旗点赞人社快捷服务

（四）开辟"四种受理渠道"

——线下1种受理渠道。即在大厅三楼设置"办不成事"反映窗口，选拔8名工作人员，每天由一名副处级领导值班，值班领导可以代表局党组随时调度上至局长，下至科员（任何领导、任何科室、任何人员），现场解答解决问题。设立了"办不成事"反映窗口研究室，如果窗口人员多，问题涉及多部门、多科室的复杂业务，值班领导召集组织相关科室和部门到研究室集体研究。同时，在"办不成事"反映窗口安装上访视频监控系统，实时监控窗口人员办事态度和方法，防止借用"办不成事"反映窗口特殊权限违规违法办事。

——线上3种受理渠道。即3105883电话热线、6912333业务热线和丹东人社官网（http://rsj.dandong.gov.cn），非工作时间采取录音记录、官网留言、次日上班第一时间回复的受理模式，提供全天候服务。

线上受理渠道与线下受理渠道互为补充，提升"办不成事"反映窗口受理效能和服务水平。

（五）制定"五项制度"

制定《政务服务窗口"办成事"工作制度》《"办不成事"反映窗口工作制度（试行）》《"办不成事"反映窗口工作人员岗位责任制度》《"办不成事"反映窗口值班制度》《"办不成事"反映窗口奖惩制度》五项制度，用创新的工作制度解决疑难复杂问题。

在建立"办不成事"五项工作制度基础上，针对所有窗口，建立健全"好差评""流动红旗"评比、"服务之星"评比、行风建设通报、约谈谈话、学习培训、巡视巡查、轮岗挂岗、绩效评估、容错免责、首问负责、一次性告知、窗口服务规范、否定备案等一系列工作制度，实现权力规范化运行、业务精细化管理，为"办不成事"反映窗口有序、规范开展工作提供有力保障。

三、成效反响

"办不成事"反映窗口自成立以来，为群众提供咨询、指导等，解决简单问题 3 万余件，解决相对复杂问题 98 件，解决疑难问题 59 件，得到了社会各界的广泛关注和好评。辽宁省委书记张国清要求将这一做法在全省推广。新华社、《辽宁日报》等媒体相继对丹东人社经验做法进行总结介绍；《人民日报》"我为群众办实事"专栏开篇点赞丹东"办不成事"反映窗口做法。

四、经验启示

人社部门是最大的民生部门，窗口一线面对的都是基层群众、困难群众、老年人（丹东老龄化率比辽宁省高 10 个百分点）等特殊群体，办理的每一件业务背后都关乎着千家万户的利益。

"办不成事"反映窗口建立以前，群众办事遇到常规窗口无法办理的情况，往往无所适从、孤立无援，特别是涉及多部门、不同历史时期、新老政策交替和政策自身限制等复杂问题，咨询窗口也难以答复、指导，有的"久拖不愈"成为历史遗留问题，有的激发成为上访缠访案件，有的走上漫长的涉法涉诉程序，有的热衷找人托关系，有的因为私利走上违法道路，等等，这些情况对党和政府的形象与公信力造成不良影响，扰乱了政治生态和社会生态，产生了廉政风险隐患。

"办不成事"反映窗口建立以后，人社系统发生了"鲇鱼效应"，它的工作制度和工作机制倒逼干部主动作为，同时也为敢担风险、敢于负责者担当。即使为群众解决一个问题需要占用大量人力、时间和精力，即使结果可能最终不能如群众所愿，也义无反顾，努力争取。全体干部以服务群众为宗旨，以解决问题为目标，只要窗口受理问题需要，干部随叫随到，不讲条件、不讲理由，按制度办理，按机制执行。"办不成事"反映窗口对常规窗口办不了的疑难杂症探索了一条解决路径，让群众的闹心事儿、烦心事儿求助有门，降低了企业群众因"办不成事"而"暗箱操作"违规找渠道的风险，解决了困扰企业群众多年的疑难问题，降低了信访风险，优化了人社政务服务环境，让全体干部在为民为企纾困解难的实践中进一步解放思想，转变观念，践行"以人民为中心"的服务理念。

五、未来展望

作风建设永远在路上。"办不成事"反映窗口是丹东市人社局审时度势、自我革新的一项创新之举，是直面矛盾、动真碰硬的一项解题之策，同时也是为进一步优化营商环境献出的一项利民之计。丹东市人社局将继续总结经验、弥补不足，不竭余力守护好"办不成事"反映窗口，推动两类窗口相互促进、互为补充、相得益彰，推动人社政务服务迈上新台阶。

退休"一件事"改革　让群众"最多跑一次"

黑龙江省齐齐哈尔市人社局

摘要：近年来，齐齐哈尔市人社局始终坚持加强系统行风建设，积极为群众办实事解难题，持续推动人社服务由"有"向"优"的转变。为解决办理退休时限长、手续烦琐、群众往返跑的问题，齐齐哈尔市人社局推进全市社保经办机构进驻各区政务中心，群众"只进一扇门"即可办理退休业务；通过黑龙江省"金保工程"大数据筛查下年度退休人员信息，工作人员提前预审档案，实现退休手续即时办结；制定《齐齐哈尔市企业职工疑难档案认定工作实施细则（试行）》《企业职工档案审核工作指南（试行）》等工作制度，统一工作程序标准；优化服务流程，取消现场指纹录入和影像采集，将申请材料由 6 份压减至 2 份，办理退休实现"最多跑一次"。

关键词：退休"一件事"　优化流程　提升质效

一、背景沿革

黑龙江省齐齐哈尔市人社局坚持以习近平新时代中国特色社会主义思想为指导，全面贯彻党的十九大和十九届二中、三中、四中、五中、六中全会精神，不断增强"四个意识"、坚定"四个自信"、做到"两个维护"，始终坚持以人民为中心的发展思想，不断深化"放管服"改革，着力优化营商环境。

2018 年 6 月以来，人力资源社会保障部把加强系统行风建设作为人社事业发展的战略支点、推动各项工作的重要载体、破解重大问题的金钥匙，齐齐哈尔市人社局不断提高认识、查找差距，紧密对接企业和群众需求，着力打通政策落地堵点、群众办事难点、便民服务漏点，不断完善服务措施，提升窗口服务质效，积极打造优质、高效、便捷的人社服务，切实提升群众的满意度和幸福感。

改革前，由于传统的审批流程不优、办事效率低，群众办理退休"一件事"，需提前 3 个月申请，提交身份证、户口簿、银行卡、缴费票据、《企业离退休人员进入社区登记表》《养老保险手册》、档案等 6 个要件，申报人员要往返人社、社保、社区、银行、税务等不同部门分散的办公地点。办理退休"往返跑"、审核速度慢、手续繁是群众反映较多和比较集中的问题。

二、做法经过

（一）统一思想，压实改革责任

为彻底啃下退休"一件事"这块"硬骨头"，齐齐哈尔市人社局首先在全局服务理念上统一认识，深入贯彻落实习近平总书记关于新时代作风建设工作的新内涵、新要求，坚守为民情怀，以民之所望作为施政所向，明确推进改革的坚决态度，变僵化固守为改革创新，以工作观念的转变推动服务方式的变革，破解官本位思想、惯性思维、怕麻烦的想法等，确保改革工作的顺利推进。

（二）经办整合，优化业务流程

本着问计于民的原则，向服务对象开展大规模、大范围的调研，就办理退休"一件事"过程中的问题充分听取群众意见建议。一是整合审批、经办一地办公。在全市 7 个区推进养老保险行政与经办整合到属地政务大厅办公，行政审批和经办业务同一地点受理，实现只跑一地、只进一门即可办结社保全流程业务，改变了以前办理退休要在行政和经办部门之间多次跑的状况。以齐齐哈尔市铁锋区为试点，整合人社行政审批与社会保险经办业务流程，实现退休审批"一窗受理"，退休申报人员只需携带身份证、档案保管手册到社保综合窗口申报业务，在"养老保险信息确认表"填写姓名、身份证号码、居住地址等基本信息，后续工作由区社保中心与区人社局内部网上传递，审批结果以手机短信方式推送给本人，群众办理退休业务只到一个窗口，即可在法定退休月份的下月起领取养老保险退休待遇。二是创新优化业务流程。针对群众反映的办理退休流程繁琐、材料繁多的问题，取消退休人员到社区登记环节，取消现场指纹录入和影像采集，取消群众办理工资卡环节，宣传推广退休人员使用社保卡领取养老金，办理退休群众自愿选择发放养老金账户。将身份证、户口簿、银行卡、缴费票据、"企业离退休人员进入社区登记表""养老保险手册"、档案等6个要件压减为身份证、档案保管手册2份申请材料。同时，取消"退休审核表"等材料审批、经办间纸质传递，通过电子邮箱等线上方式传递，提高工作效率。三是制定精细的办事指南。退休审批业务的办理流程、办理方式、办理要件、办理部门、办理时限等均通过办事指南及流程图进行告知。利用政府门户网站、微信公众号、鹤城在线APP等线上渠道进行对外公示。通过纸质服务指南、二维码专区、咨询电话、咨询台等线下方式告知服务对象。

（三）提前预审，压减办结时限

建立退休提前预审制度，在黑龙江省人社厅的大力支持下，利用基金监督系统通过大数据筛查等手段，主动查找下一年度退休人员数据信息并下发

工作人员服务群众场景

各县（市）、区人社局。各县（市）、区人社局依据筛查的数据主动查找参保人员的档案，提前审核拟退休人员信息。退休审核工作前置一年，确保法定退休日之前档案审核完毕，符合退休条件的参保人员退休申报之日即是手续办结之时。对于查找不到档案的，工作人员主动联系当事人查找职工档案，及时完成预审，避免因申请晚而影响待遇领取的问题。退休审批由过去的3个月缩短到现在的10个工作日，从而保证了职工退休当月就能办完手续，下月就能领取待遇，实现了手续办理和待遇领取"零时差"。

（四）统一标准，提升认定质量

齐齐哈尔市属于老工业基地，国有、集体企业多，职工数量多，近些年来，很多企业改制、破产，职工档案的管理标准和水平参差不齐，企业破产、倒闭后的档案、账册交接不到位，造成部分职工在办理参保和退休时困难重重。针对上述问题，在广泛调查研究、多方征求意见、分析原因的基础上，齐齐哈尔市人社局依托政策开拓创新，在全省范围内率先制定完善《特殊工种相关规定及审核工作中要把握的标准（试行）》《齐齐哈尔市企业职工疑难档案认定工作实施细则（试行）》《企业职工档案审核工作指南（试行）》等多项工作制度，县（市）、区分级组建企业职工疑难档案联审小组，明确联审小组成员和工作内容，制定了统一的工作程序标准，有针对性地解决了特定历史时期企业职工和特殊群体疑难档案的认定难题。

（五）扩展渠道，提供多样化服务

在保留大屏机指纹认证、视频认证、上门认证、指纹机居家认证、现场辅助认证等多种认证方式的前提下，齐齐哈尔市人社局全面推行"龙江人社"APP人脸识别认证，使广大离退休人员足不出户就能在网上认证，极大程度地方便了广大离退休人员。实现了线上智能"随时办"；线下多点"就近办"；耐心指导"我教办"；上门认证"我帮办"，满足退休人员和有特殊需求人员的认证需要，保障了退休人员顺利完成认证，确保了养老金的按时足额发放。

（六）线上流转，推行"全城通办"

为创新服务方式，打破办理社保业务时必须到参保地的社保机构办理业务限制，加快推进养老保险经办数字化转型，齐齐哈尔市人社局通过"一体化政务服务平台"，采用受理和审批分离模式，建立"就近受理申请、审批权属不变、数据网上流转"的运行机制，实现了市域范围内县（市）、区间办理要件的相互传递，线下政务服务大厅提供远程实时经办服务。目前，共有退休人员死亡丧葬补助金和抚恤金申领业务、企业离退休人员养老保险待遇发放账户维护申请业务等 7 项高频业务实现"就近办"，方便了退休人员就近跨县（市）区办理社保业务。

（七）规范管理，提升服务质效

社保业务全面实施综合柜员制窗口改革，对窗口人员充分授权，强化人员力量保障，提升窗口即办件比例和经办效率。窗口综合服务实现四个统一，即统一业务操作、统一业务步骤、统一表格形式、统一管理模式。全市人社系统通过开展常态化的"练兵比武"，促使干部职工认真学习政策和操作流程，提高了队伍的整体素质。群众办事真正实现"进服务大厅一个门，见服务窗口一个人，规定时限办成一件事"，极大方便了群众。

三、成效反响

（一）集中受理，让服务对象"最多跑一次"

改革前，办理退休时限长、材料繁、跑路远。改革后，参保人员申请退休时只需提前 10 天提交 2 个要件一次即可办结。申请材料压减率（由原有 6 份压减至 2 份）67%；办理环节压减率（由原有 4 个压减至 1 个）75%；跑动次数压减率（由原有跑 4 次压减至 1 次）75%；办理时限压减率（由原来 3 个月压减至 10 天）88%。2019 年以来，共筛查完成退休预审 7.7 万多人。退休"一件事"实现了让"信息多跑路、群众少

工作人员上门为退休人员认证

跑腿"，拉近了党群干群关系，更多得到群众的夸奖和点赞。根据齐齐哈尔市营商局统计，全市人社政务服务"好差评"好评率达到100%。

（二）以人为本，持续提升群众满意度

急群众之所急，想群众之所想，是民生部门的根本宗旨。2019年以来，齐齐哈尔市联审小组共审理疑难档案62份，保证了企业职工能够准确及时地享受社保待遇，维护了当事人合法权益。目前，齐齐哈尔市本级新退休人员社保卡使用率已达到88.15%，进一步发挥社会保障卡便民利民惠民的作用，方便离退休人员待遇领取。2021年"全城通办"业务上线运行以来，共受理200多条，全部实时办结，群众满意度达到100%。开展人脸识别认证工作以来，通过发放21万多份操作宣传单和工作人员手把手讲解，截至2021年9月末，全市已有517611人通过人脸识别方式认证。齐齐哈尔市龙沙区社保工作人员利用个人闲暇时间，主动到辖区行动不便退休老人家中为其进行生存认证，确保养老金能够按时发放。以现居住在老年护理院的卧床老人孙明忠为代表的退休职工，通过送锦旗、拨打电台热线等方式，表达了对工作人员的感谢。

（三）夯实基础，队伍建设水平不断提升

齐齐哈尔市人社局以退休"一件事"改革工作为契机，紧密结合党史学习教育，自觉强化为民服务意识，持续加强业务学习和能力建设，严格规范业务经办流程，持续提升服务质效，系统干部职工队伍综合素质得到较大提升，人社工作规范化水平得到较大提高。2019年，齐齐哈尔市人社局社保中心获评全国人力资源和社会保障系统2017—2019年度优质服务窗口；2021年，齐齐哈尔市人社局荣获全省人社窗口单位业务技能练兵比武决赛团体二等奖，多名工作人员获得"人社知识通""最佳风采选手""岗位练兵明星"奖项。

四、经验启示

（一）开展便民服务创新是做好人社工作的有效手段

齐齐哈尔市人社局始终把加强系统行风建设作为一项严肃的政治任务、

一项重大的民心工程抓紧抓好。推进退休"一件事"改革，就是提高党风政风行风的具体行动，要进一步提高政治站位，不断增强责任担当，着力打造便民服务型政府，切实提高政务服务质量与实效，最大限度利企便民。这也是人社工作的目标和努力方向。

（二）开展便民服务创新是保障群众利益、增进人民福祉的迫切需要

人社工作关系民生福祉，群众关注度高。只有以服务人民为中心，以改善民生保障、增进人民福祉为主线，带着感情和责任做好了解民情、集中民智、维护民利、凝聚民心的工作，才能让人民群众有更多的获得感、幸福感、安全感。

（三）开展便民服务创新是推动工作高质量发展的重要举措

人社工作作为国家保障和改善民生的重要工作，要实现高质量发展，关键是要找准抓住工作着力点，真正在解决群众"急、难、愁、盼"上下功夫。开展"退休一件事"改革工作就是聚焦社保民生问题，坚决从制度机制、业务规范、方法手段、工作作风各方面补短板、堵漏洞、强弱项，不断提升新时代人社工作的现代化水平。

五、未来展望

齐齐哈尔市人社局将始终贯彻习近平新时代中国特色社会主义思想，持续深化"放管服"改革，提升政务服务效能，集中整合数据资源，推进数据共享，简化办理要件，优化业务流程，深化社保业务"全城通办"，推动人社高频业务"就近能办"，实现更多人社业务"一网通办"，全面提升人社信息化便民服务水平，凝聚发展共识，积极担当作为。同时，以系统党建为引领，创建"先锋人社 惠泽民生"党建品牌，进一步深化行风建设，推进人社工作质效全面提升，为实现"两个一百年"奋斗目标贡献力量。

"电子版退休证"
打通惠老服务"最后一公里"

上海市社会保险事业管理中心

摘要： 为积极响应国务院关于加快推进"互联网＋政务服务"的工作要求，2021年7月底，上海市社保中心创新推出"上海市养老金领取证"电子证照服务。养老人员只需通过手机动动手指，随时随地就能查询和使用，真正实现"零材料、零跑腿"。同时，发证范围包含600余万名领取上海市城镇职工基本养老金和城乡居民基本养老保险待遇的人员，实现了"全覆盖"，开创了全国先河。电子证照的实施，不仅解决了"如何将退休证装进手机"的问题，方便百姓办事，同时也实现更大范围的社保信息数据汇聚、互联、共享，让老百姓切实感受到社保服务能级不断提升、社保业务"触手可及"。

关键词： "电子版退休证" 惠老服务 "最后一公里"

一、背景沿革

（一）新要求

根据《2020年上海市深化"一网通办"改革工作要点》及相关指导文件精神，上海市对电子证照的应用提出了新的要求。退休证作为退休人员领取养老金的重要凭证，具有一定的法律效力和行政效力，推出电子退休证势在必行。

（二）新期待

当今社会已全面进入信息化和大数据时代，参保群众对政府公共服务多样化、信息化的呼声更为强烈，对便捷化、人性化、高质量的社保经办服务也有了更高的期待。2020年9月，上海市社保中心推出企业职工退休"一件事"便民举措，企业参保人员（含灵活就业缴费人员及停止缴费人员）仅需一次申报，即可联动办理包括"基本养老金申领""年老一次性计划生育奖励费领取"等退休相关事项，实现退休事项"一次申报、联动办理"。但企业职工退休"一件事"全面推展开后，到单位或社保经办机构领取实体证成为退休人员仍然绕不开的"跑腿"问题，与"零次跑、零材料"的要求仍有差距，也成了实现"全程网办"的堵点和痛点。同时，实体证容易丢失、携带不便的问题也日益凸显，近年来关于电子退休证的咨询也有所增加。解决"将退休证装进手机"的问题，已经成为新时代贯彻"放管服"改革新要求、回应人民群众新期待的必然选择。

二、做法经过

面对养老人员的期待，上海市社保中心倾听群众呼声、主动自我加压，聚焦大数据资源，提出了"让退休证申领使用更为便捷"的工作目标，分步

城乡居保人员电子证照

城镇职保人员电子证照

实施、逐步推进"上海市养老金领取证"电子证照服务（以下简称"电子证照"），致力于打通惠老服务"最后一公里"。

（一）回应民声，创新思路"谋突破"

为切实响应群众呼声，回应群众关切，上海市社保中心刀刃向内、谋新思变，在实体退休证可继续有效使用的基础上，提出增设电子证照的创新工作思路，力求从"根源"上解决"根本"问题，让退休人员尽享电子证照的"数字红利"。考虑到《社会保险法》出台后，相关文件中的表述，均以"符合养老金申领条件"替代"符合退休、退职条件"，为此，上海市社保中心确定电子证照名称为"上海市养老金领取证"，并加盖"上海市社会保险事业管理中心业务专用章"电子印章。电子证照无疑具有更省事、易携带、更安全的特点，不仅有效推进"减证明、减材料"，促进提高服务效率，也实现了更大程度的利企便民，温暖广大退休人员的心。

电子退休证宣传单

（二）应势而动，网络投票"攒人气"

上海市社保中心结合人社窗口服务形象和养老人员使用习惯，组织动员全市社保分中心原创设计了 32 个电子证照备选方案。通过实用性、亲民性、美观度等方面的综合评价，从中遴选 10 个优秀设计方案，通过"上海社保"官微，面向全市开展网络投票活动，主动问需于民、问计于民，得到服务对象的热烈响应。一周时间内，近万人参与投票，中选作品得到各方的高票共识，为电子证照的顺利推行接了地气、攒了人气。

（三）顺势而为，数字赋能"便捷办"

鉴于电子证照的发放、使用工作是一项涉及面广，且影响较大的民生工作，为确保相关工作顺利开展，上海市社保中心线上先行先试、线下同步推进，真正实现线上智慧政务和线下实体大厅服务"双线并举"。线上依托上海市"一网通办"平台，从上海市大数据中心证照库调用个人照片信息，养老人员无须另行提供，只需登录"随申办市民云"或"上海人社"APP平台，即可查询个人电子证照，随时随地随查随用。线下及时优化服务软硬件设施，在大厅配备彩色打印机，为没有智能手机等无法申请电子证照的养老人员提供查询打印服务。

三、成效反响

（一）秒办秒用，"一键式"申领更轻松

上海市社保中心发挥数字化转型优势，依托上海市的"一网通办"平台，将电子证照与居民身份证、居民户口簿等证件一并集成至"随申办市民云"APP"我的证件"栏目，方便个人领取和使用。电子证照统一使用"上海市社会保险事业管理中心业务专用章"电子印章，实体退休证专用章同步进行调整，确保线上线下对外服务一致性，真正实现"零材料、零跑腿"。

（二）惠老助老，"家门口"办事更便捷

为将便利送到群众家门口，同步在全市社区事务受理服务中心"一网通办"自助终端设备配套上线电子证照办理功能。对于网上操作确有困难的养老人员，可就近前往家门口的社区事务受理服务中心，由社区工作人员手把手提供服务指导，养老人员无须携带任何材料即可轻松查询打印。2021年8月至10月，上海市社保经办机构为1500余名老人提供了电子证照的线下查询和打印服务。

（三）为民所想，"全覆盖"发证更暖心

为最大限度方便养老人员，电子证照的服务对象实现了"全覆盖"，即面向 600 余万名领取上海市城镇职工基本养老金人员（含机关及企事业单位退休人员）和领取上海市城乡居民基本养老保险待遇人员，实现"统一标准、一证通行"。不仅让已经领取实体退休证的老人感受到了便利，也让原来未申领过实体退休证的老人，感受到了政府的关怀。

四、经验启示

要确保电子证照上线后能有序开展、顺利过渡，上海市社保中心主要面临两个难题。一方面，社区事务受理服务中心作为社保服务的第一线窗口，如何在时间紧、任务重的情况下，让全市 220 个社区事务受理服务中心能快速掌握这门全新的业务，并按统一要求执行。另一方面，如何让老人在较短的时间内快速适应和接受电子证照，也是上海市社保中心亟待解决的问题。

厅局长"走流程"

（一）强化保障，确保工作稳落地

上海市社保中心坚持想在事前，加强现场管理，及时更新调整相关对外办事告知，并印制宣传折页，放置于经办大厅告示栏和经办柜台等醒目位置，方便服务对象领取。同时，上海市社保中心通过大会授课、"腾讯课堂"等多种方式，讲清背景、讲透政策、讲明要求，做实做好社区社保工作人员培训，将经办要求同步传达至社区服务窗口，确保口径一致、执行一致，并建立指导联系人制度，实时指导社区工作中遇到的特殊问题，实时关注群众使用体验，确保服务不断线，为社区服务提供有力支撑。

（二）加强宣传，做强宣传更便民

电子证照上线后，上海市社保中心依托上海市人社局"两微一端"和"上海社保"官微平台，持续做好服务宣传，提高知晓率和满意度，先后被"学习强国""上海发布"转发，受到社会的高度关注。随后，上海各大新媒体平台又先后对电子证照上线事宜进行多次报道。2021年10月11日，《新闻晨报》头版头条登载了"上海上线电子版退休证"的信息，10月14日，上海市社保中心应上海电视台新闻综合频道邀请，接受了"民生一网通办"主题采访，对企业职工退休"一件事"及电子证照等老人关心的问题进行了解答。上海市社保中心通过老百姓喜闻乐见的方式，多渠道、深层次地开展宣传活动，有效提高了社会的知晓率和接受度。

五、未来展望

上海市增设推广"上海市养老金领取证"电子证照，是关乎百姓切身利益的实事、好事，是贯彻落实习近平总书记以人民为中心发展思想的直接体现。上海市社保中心将继续推进落实此项工作，切实方便百姓办事，提升群众幸福指数。下一步，上海市社保中心将继续自我加压，推进落实好养老金领取证电子证照服务，探索开发更多拓展功能，以数字化转型赋能社保事业的高质量发展，实现更多服务事项"打包办、提速办、简便办"，为企业群众提供更加优质便捷高效的服务。

事业单位"一件事"改革
探索"智治政府"新模式

浙江省人社厅

摘要： 为认真贯彻落实习近平总书记重要指示精神，奋力打造"重要窗口"，浙江省于 2020 年 4 月全面启动事业单位工作人员职业生涯全周期管理"一件事"改革（以下简称事业单位"一件事"改革）。2021 年，按照浙江省委、省政府的决策部署，以数字化改革为引领，进一步深化事业单位"一件事"改革。本文结合浙江省事业单位"一件事"改革和事业单位人事管理数字化改革实际，简要介绍浙江省推进事业单位"一件事"改革工作路径、取得成效、遇到的难点堵点及其解决措施，以期进一步优化事业单位人事管理工作，为全国事业单位"一件事"改革提供浙江经验。

关键词： 事业单位　职业生涯　全周期管理　"一件事"改革

一、背景沿革

（一）改革背景

2016 年 12 月，浙江省全面启动实施"最多跑一次"改革，主要面向群众、企业的办事事项进行"放管服"改革。2020 年，实现省市县三级"最多跑一次"事项 100% 全覆盖，实现率、满意率分别为 90.6% 和 96.5%。

习近平总书记在 2020 年春天考察浙江时指出,"要以'最多跑一次'改革为牵引,破除条条框框,深入推进重要领域和关键环节改革,加快取得更多实质性、突破性、系统性成果,为浙江省乃至全国的改革探索路子、贡献经验"。习近平总书记的重要指示,再次强调了"最多跑一次"改革的牵引作用、主攻方向、示范地位,为浙江省全面深化改革提供了根本遵循。

深化"最多跑一次"改革主要以民生关切、涉企服务、机关运行 3 条主线为核心内容。着眼机关运行这条主线,浙江省人社厅会同省委组织部、省大数据局共同推进事业单位"一件事"改革,找准切口,刀刃向内,打破部门壁垒,实现多跨协同,改革成效获得社会各界认可,新华社《国内动态清样》就这项改革做了专题报道。

(二)改革前存在的难点堵点

事业单位"一件事"改革涉及跨部门跨层级跨区域数据共享、流程再造、业务协同,需要加强系统谋划、坚持整体智治,打破事业单位人员管理服务的条块分割,整合职业生涯全周期组织人事相关业务,运用数字技术塑造业务办理的新形态新模式。但实际操作中存在多方面难点堵点:

1. 事业单位人事管理事项梳理问题。人事管理事项名称、办事依据、办

事业单位"一件事"平台联调

理程序、申报材料、办理时限的统一规范，是实行人事管理信息化，推进"一件事"改革，做到全省集中、一网受理、一次通办的前提和基础。

2.各相关职能部门之间协调问题。出入编、社保、医保、公积金等经办系统，各地基本都自成体系，由多部门负责，协调任务重、难度大，各个经办系统之间存在信息数据互通互认、接口对接等问题。

3.各地各单位"个性化需求"问题。"一件事"改革推进过程中，既要考虑系统架构总体安全和功能统一完整，又要兼顾各市县的实际做法和个性化需求，两者如何保持平衡是个难题。

4.后续运行维护管理问题。日常维护工作量大，后续管理职责分工需要进一步厘清。如何保证平台的运行安全，运行维护经费如何保障，都有待形成长效机制。

二、主要做法

为解决上述难点堵点，经过反复调研，浙江省人社厅提出搭建事业单位"一件事"平台，"前端"与人事工资管理服务系统对接，"后端"与出入编、社保、医保、公积金等经办系统联通，按照办事环节最少、申报材料最简、办理时限最短的要求，统一办事流程和标准，重塑业务经办体系，实现部门信息共享，将人事工资与后续经办业务整合成"一件事"，实现"一张表单申请、一个平台联办、一次不跑办成"。

（一）工作机制

着力于解决"做什么""谁来做""怎么做""怎样才算做好"等问题，经过两年多的探索，浙江省人社厅探索建立了包括职责分工、业务标准、办理流程、内部审核、考核评价、信息安全等在内的制度体系，并建立了"每周一例会、每月一对账、省市同步推、定期回头看"的工作机制。

（二）具体举措

一是制定一个业务标准。按照"八统一"要求，浙江省组织、人社、机构编制、医保、公积金等部门对人事工资管理事项和后续经办业务进行全面梳理，制定《事业单位工作人员职业生涯全周期管理"一件事"改革业务标准》，在事项名称、业务流程、申报信息、申报材料和数据格式等方面力求统一规范。

二是开发一个经办系统。事业单位人事工资管理服务系统由浙江省人社厅统一开发，全省各级事业单位、主管部门和人事综合管理部门统一使用，实现人员信息、业务经办"省集中"。发挥大数据优势，与机构编制实名库、养老保险等相关业务系统数据库互联互通、数据共享，将人事工资系统中的人员、岗位和工资等信息，作为办理养老等相关业务的唯一数据源。

三是搭建一个服务平台。浙江省搭建跨层级、跨区域、跨部门的事业单位人员"一件事"管理服务平台，通过数据共享、流程再造、业务协同，塑造人事管理相关业务办理的新形态新模式。搭建省本级和11个设区市两级平台，横向上，省市平台分别与社保、医保、公积金等业务系统相互链接，纵向上，省市平台互联互通、统分结合、上下贯通，形成全省"一张网"，各项业务变"串联办理"为"并联办理"。

四是集成一张申请表单。打破传统组织人事业务办理模式，对人事、工资及其关联业务进行集成创新，将养老、医保、公积金等后续经办业务所需信息、附件材料作必要性筛选，归并成一张总表单，由事业单位登录"一件事"管理服务平台发起业务。

五是组建一个工作专班。事业单位"一件事"改革涉及面广、政策性强、任务重、难度大，必须加强系统谋划、凝聚改革共识、形成工作合力。由浙江省人社厅与浙江省委组织部、省大数据局牵头成立专班，医保、公积金等多部门全力配合参与，工作专班集中办公、实体运作，各部门各司其职，全力以赴抓好落实。

三、成效反响

（一）有力推进机关效能建设

随着"一件事"改革的不断推进，人事工资管理以及社保、公积金等业务从线下转到线上，工作模式从层级式行政组织向扁平化共享形态探索，经办流程更简化、业务办理更顺畅、办事过程更透明，从"最多跑一次"到"一次不用跑"，把组织人事干部从繁琐的事务中解放出来。改革前，事业单位人员人事工资业务落地后，需先后到编办办理出入编，社保部门办理养老、工伤、失业，医保部门办理医保，公积金主管部门缴纳公积金等后续业务，有的还前后关联、互为掣肘，一个环节卡壳，整个流程就要停顿；改革后，事业单位通过登录"一件事"管理服务平台，在线发起业务申请，各业务部门在线办理，实现"一个平台办理、一张表单申请、一次不跑办成"。

（二）有力撬动机关内部改革

浙江省各地各部门刀刃向内，着眼提升整体效能，推动内部管理升级。压缩办理时限，办理周期从最长 1 个多月压缩到 2 天；减少材料申报，以公开招聘人员为例，办理养老保险、医疗保险、工伤保险、失业保险、公积金和社保卡，改革前需要向各个业务经办系统重复提交 6 次《新增人员审核表》，现在只需提交 1 次；效能有效整合，比如，浙江省医保局把"原单位办理停保、新单位办理参保"两个环节整合为"新单位办理参保后原单位自动停保"一个环节，医保参保窗口业务量从平均每月 700 多单减少到 60 多单，普通换证换卡业务窗口从 5 个减到 1 个。

人社厅、大数据局、医保局对事业单位"一件事"平台进行联调

（三）有力塑造组织人事部门良好形象

顺应机构改革后新形势新要求，推动相关组织人事业务管理从多头分散向集成集中转变，统筹事业单位人员发展成长的全周期管理，为广大事业单位人员提供更高质量、更为贴心的普惠式管理服务，覆盖省市县乡四级共计3万多家事业单位，以及108万名事业单位工作人员，成为新时代组织人事部门优质服务的崭新名片。

（四）有力推进政府数字化改革

突出数字化引领和赋能作用，通过建成横向到边、纵向到底的省市县"一张网"，使服务方式从"碎片化"转变为"整体化"，对分散割裂的流程进行整合优化，打破部门在权力、数据、信息上的本位主义，突出数据开放共享和创新应用，推进党政机关整体智治、提质增效。比如，公开招聘一件事必要填写字段为35个左右，从全省事业单位人事工资管理服务平台自动获取25个字段内容，自动取值率达到71%。

四、经验启示

（一）改革必须敢于担当积极作为

习近平总书记指出，改革推进到今天，比认识更重要的是决心，比方法更关键的是担当，不真刀真枪地干不行。本次改革，组织人事部门主动扛起改革重任，既当设计员，又当施工员，勇于打破制度藩篱，破除部门壁垒，推动改革取得实质性成果。

（二）改革必须找到最大公约数

习近平总书记指出，改革把最大公约数找出来，就能事半功倍。本次改革，人社部门与组织部门紧密协同主动作为，各相关部门充分沟通、形成共识，让被改革者转变为改革者，形成推进改革的强大合力。

（三）改革必须步步为营久久为功

改革不能零敲碎打，想到哪改到哪；也不能一蹴而就，紧一阵松一阵。

在改革框架上，加强顶层设计、系统谋划；在改革实施中，发扬钉钉子精神，加强改革进程调度，坚持抓细抓实，确保改革有效落地。从集中部署到分级培训，从更新答疑手册到定期督查通报，从云验收到后台检查，省市县三级联动，2021年，继续将系统平台使用情况纳入浙江省人社厅对市县人社部门年度综合考评内容，旗帜鲜明树立一抓到底的改革导向。

（四）改革必须上下同心内外联动

本次改革，聚焦事业单位人员的烦心事、揪心事，坚持上下同心合力推动，着眼社会与机关内外联动，大刀阔斧进行内部改革，进一步增强改革者的获得感，提高干部的改革意识和改革动力，以内部改革促社会改革，实现两个轮子齐头并进。

五、未来展望

改革只有进行时，没有完成时。浙江省人社厅将认真贯彻落实人社部信息化便民服务创新提升行动和浙江省委省政府推进数字化改革部署要求，持之以恒，精耕细作，加快改革，迭代升级，探索党政机关整体智治新路径，加快打造多部门跨系统应用场景，努力把这项改革打造成为数字政府应用的示范项目，交出改革高分报表。

（一）提升服务能级

建立边界清晰、权责明确的后续管理机制，进一步规范各地材料申报、录入字段、办理流程等标准，深度推进数据共享，提高系统集成水平，实现"材料零纸质、全程零跑次、填报一表单、业务一日结"。

（二）打造改革升级版

在确保信息安全的前提下延伸改革链条，进一步优化完善管理服务平台功能，让运行更稳定、界面更友好、服务更智能。加强平台经办业务监测，完善"好差评"制度、业务退回率制度，定期通报业务办理量、办理情况，维护改革的权威性、严肃性。把数字化改革实践上升为理论成果，固化为制度性成果，转化为治理效能。

（三）强化数据挖掘运用

加强数据归集挖掘，探索开发综合研判、效能监测、预警提醒、精准溯源等深度应用场景，让沉淀的数据活起来、跑起来、用起来。目前，已基本搭建完成"事业单位人事管理在线"场景，推动人事管理工作决策更加科学、治理更加精准、服务更加高效。

（四）确保信息安全

安全保障是前提，事关改革走多快、走多远。"一件事"平台前端连接的是浙江全省人事工资管理服务系统，浙江始终将数据安全放在第一位，牢固树立底线思维，落实最严格的信息安全制度，人防、物防、技防三管齐下，确保万无一失。加强软硬件建设，及时进行网络升级，积极开展网络安全检查，打好补丁，补上缺口。强化技术支撑，运用成熟的安全控制技术措施，确保平台安全高效运行。

"五全"工作法　推进人社服务"好办""快办"

安徽省宣城市人社局

摘要：近两年来，宣城市围绕"持续推进清减压，人社服务更快办"要求，积极开展人社服务快办行动，创新"五全"工作法，打造了宣城人社服务品牌。2021年，宣城市结合党史学习教育"我为群众办实事"活动，开展与群众想在一起、干在一起，"两个一起"专题实践活动，推进实现更多人社服务"打包办""提速办""简便办""跨省办""愉快办"，加快构建"一窗通办、一网通办、一卡通办"的人社服务新格局，着力解决企业和群众的操心事、烦心事、揪心事。截至2021年10月，宣城市已为9.2万人提供"打包办"服务，办理业务21.7万笔，减少群众跑腿13.3万次，群众跑腿频率降低近51％。

关键词：人社服务　"五全"工作法　"打包办"服务

一、背景沿革

近年来，安徽省宣城市人社局以实现标准化、信息化、一体化人社公共服务为目标，深入推进人社服务"快办行动"，推进打包办提质、提速办增效、简便办挖潜，让企业、群众办事跑腿越来越少、材料越来越简、时限越来越短、体验越来越好、效率越来越高。

2020年5月，人社部印发通知，提出以"持续推进清减压，人社服务更快办"为主题，在全系统开展"人社服务快办行动"。宣城市积极响应，快速谋划，吹响了"不跑少跑，一次办好"人社服务改革集结号。

二、主要做法

宣城市坚持"精打细包"、唯"快"不破，积极探索"五全"工作法，推进人社服务快办行动创新创优、提质提效。

（一）以"新理念"推动全系统思想融合

在工作中，宣城市开展"双服双争"和"三个转变"思想解放大讨论，由让自己"不麻烦"向让群众"不麻烦"转变、由"我觉得"向"群众觉得"转变、由"我不行"向"我能行"转变。确定"双线并举、窗口先行，市级带头、县级跟进，因地制宜、实事求是"的总体思路。实行周报告、旬调度、月小结制度，开展练业务比服务、练技能比效能、练行风比作风"三练三比"活动，为快办行动打下坚实的工作基础。

（二）以"少跑腿"倒逼全流程优化整合

从整合服务窗口突破，全面推行综合柜员制，将36个服务窗口精减为9个人社综合窗口。围绕"天地人和"业务板块，推出就业创业、社会保障、人事人才、和谐劳动关系四个基础包，将每一个基础包的内延做大。在流程整合中，明确流程再造牵头科室，明确打包准备时间节点，明确受理一

启动高校毕业生就业和社保卡申领打包"一件事"

建立机关科长到窗口轮流带班制

条龙流程，明确首席代表制、机关科长轮流带班制、量化平时考核办法"两制度一办法"管理模式，全面加强窗口办理全流程管理。

（三）以"一张网"构建全链条集成契合

一是畅通内部流转"微循环"。抓住受理、审核、反馈等关键环节，创新"后置＋承诺"审批服务机制，实现业务办理在人社系统内部流转"零障碍"。比如，在推进社保卡申领提速及打包一件事上，引入银行、基层平台等力量开展合作办理或委托办理，全市范围内建成 347 个社保卡一站式服务网点，覆盖所有城区和乡镇，办理时间由 60 天压缩到 10 分钟，实现即时即办、立等可取、一次办好。二是打通外部协同"大动脉"。积极推进跨部门、跨领域事项的系统融合，推进"整链条办理"。比如，在高层次人才服务"打包一件事"中，将原涉及 13 家单位 16 项服务事项、23 项具体事项打包一件事，设立市高层次人才服务专窗，共性材料只需一次提交，后续免交；在推进"城镇职工养老关系转移接续"提速办中，打通部门壁垒，建立"备用金"制度，转移接续申请从 45 个工作日压缩到 15 个工作日，提速 200%。三是全力开动服务"直通车"，推行"免见直办""免报直发""免跑直查"。2021 年 1 月至10 月，宣城市通过"免报直发"等方式为全市 9479 家符合条件的中小微企业发放就业风险储备金、稳岗留工补贴等 3366 万元，为全市 11000 余家参保企业综合减负 7500 余万元。四是打造信息通行"健康码"。围绕"全数据共享、全服务上网、全业务用卡"，完成建设网上公共服务平台、掌上个人办事平台、标准接口共享平台、人社大数据决策平台，四大平台和电子档案袋系统、其他业务管理系统"4+2"智慧人社工程，推动人社公共服务由实体政务大厅向网上、掌上办事大厅转型。五是绷紧政务服务"作风弦"。抓好人社政务服务"好差评"工作，确保实现评价服务事项全覆盖、评价对象全覆盖、评价渠道全覆盖。聚焦企业群众政策"懂不懂"、流程"通不通"、体验"好不好"问题，开展"人社干部走流程"专项活动。组建人社系统效能建设"百人监督团"，以常态化监督整肃行风。

（四）以"知识通"激励全人员培训联合

一是突出重点学，按照综合柜员制要求，开展跨科室、跨业务的轮岗交又学习；二是突出全面学，开展"学理论、学政策、学业务"活动，制定理论学习、政策学习、业务学习三个清单，构建起"导学、讲学、比学、践学、考学"相结合大学习体系；三是突出双线学，开展"千人大练兵"，积极组织全市人社系统1700名工作人员参加"日日学、周周练、月月比"练兵比武活动；四是突出相互学，紧贴人社业务板块和行风建设要求，在全市范围内开展互评互学活动。

（五）以"优体验"拓展全方位提标耦合

把学习与推进同步，把对标与提标共进，找准宣城特点、对标先进做法，从对标先进地区、对标群众需求、对标长三角一体化，推进"人社服务快办行动"更优更快更便捷。

三、成效反响

（一）"打包办"让群众跑腿更少

宣城市按照流程相似、材料相近、结果关联的整合标准，推进更多关联事项"打包办"。实现15个企业群众眼里的"一件事"打包办理，涉及163个人社服务事项，占窗口服务事项的72%。

宣城市人社服务快办行动"打包办"前后对比一览表

序号	打包"一件事"	打包前				打包后			
		部门/窗口办理（个）	提供材料（份）	填写表格（张）	办结时限（天）	部门/窗口办理（个）	提供材料（份）	填写表格（张）	办结时限（天）
1	企业招用员工	5	21	6	15	1	1	1	5
2	企业与员工解除终止劳动合同	4	7	4	15	1	1	1	5
3	高校毕业生就业	6	16	4	3	1	1	1	1.5

续表

序号	打包"一件事"	打包前				打包后			
		部门/窗口办理（个）	提供材料（份）	填写表格（张）	办结时限（天）	部门/窗口办理（个）	提供材料（份）	填写表格（张）	办结时限（天）
4	事业单位聘用工作人员	7	7	14	120	1	1	1	15
5	创业	5	34	9	2	1	1	1	1
6	职工退休	4	15	6	70	1	1	1	30
7	申领工亡人员有关待遇	1	22	5	15	1	1	1	5
8	退休人员过世	3	12	3	30	1	1	1	5
9	申领社会保障卡	2	1	1	60	1	1	0	5分钟
10	失业	3	7	7	15	1	1	1	1
11	高层次人才服务	13	76	23	10	1	20	1	3
12	工伤	3	12	3	60	1	1	1	30
13	劳动维权	3	20	2	60	1	1	1	30
14	灵活就业	3	4	3	45	1	1	1	10
15	退役军人	4	5	4	45	1	1	1	10
合 计		66	259	94	565	1	34	14	151.5

（二）"提速办"让办事时限更短

宣城市在优化流程、精简材料、压缩时限上做足文章，推进更多高频事项"提速办"。30个高频服务事项全面提速，平均提速率为73%。

宣城市人社服务快办行动"提速办"前后对比一览表

序号	事项名称	提速前办结时限	提速后办结时限
1	社会保障卡申领	60 个工作日	即办
2	存档人员党员组织关系的转移	3 个工作日	即办
3	遗失技能人员职业资格证书补发申请	3 个工作日	即办
4	失业保险金申领	10 个工作日	5 个工作日
5	稳岗返还（稳岗补贴）申领	3 个月	1 个月
6	技能提升补贴申领	10 个工作日	5 个工作日
7	失业登记	3 个工作日	即办
8	就业登记	3 个工作日	即办
9	《就业创业证》申领	3 个工作日	即办
10	创业补贴申领	15 个工作日	即办
11	创业担保贷款申请	15 个工作日	即办
12	就业困难人员认定	15 个工作日	7 个工作日
13	就业困难人员社会保险补贴申领	15 个工作日	即办
14	求职创业补贴申领（就业困难人员）	3 个工作日	即办
15	高等学校等毕业生接收手续办理	15 个工作日	即办
16	就业见习补贴申请	15 个工作日	即办
17	求职创业补贴申请（高校毕业生）	5 个工作日	即办
18	高校毕业生社保补贴申领	15 个工作日	即办
19	事业单位公开招聘工作方案、招聘信息审核备案	30 天	3 个工作日
20	事业单位拟聘用人员备案	60 天	3 个工作日
21	职工正常退休（职）申请	70 个工作日	30 个工作日
22	城镇职工基本养老关系转移接续申请	60 个工作日	15 个工作日

序号	事项名称	提速前办结时限	提速后办结时限
23	失业保险关系转移接续	60 个工作日	15 个工作日
24	工伤认定申请	60 日	30 日
25	劳动能力鉴定申请	60 日	30 日
26	发放待遇账户信息变更	3 个工作日	即办
27	企业参保登记	3 个工作日	即办
28	社会保险人员变更	3 个工作日	即办
29	缴费基数申报	10 个工作日	3 个工作日
30	建筑企业农民工参加工伤保险	3 个工作日	即办
平均提速率			73%

（三）"简便办"让材料提交更简

宣城市全面推行证明事项告知承诺制，持续推进"减证便民"行动，做到"能减尽减"。21 项证明事项实行告知承诺制。"减证便民"累计减少 185 项申请材料，精简整合材料比例达 62.4%。

宣城市"人社服务快办行动"经验做法获评 2020 年安徽省政务服务改革创新优秀案例。

打造"一窗一卡一次"人才服务综合体

开展全员业务大培训

四、经验启示

要真正让群众得到实惠，发展更有底气，就要集中做好"四个必须坚持"：

（一）必须坚持人民至上，注重民生关切

针对群众办事不方便问题，宣城市引入银行、基层平台等力量，开展人社服务合作办理或委托办理，打造城区步行15分钟、乡村辐射5公里的人社服务圈。在全市范围内建成347个社保卡一站式服务网点，覆盖所有县（市）区的城区和乡镇。同时，还在各县（市）区社保业务大厅、市民服务中心和乡镇（街道）、村（社区）基层服务站（所）设置社保自助服务终端869台，推进社保卡新制卡、补换卡、查询、挂失等服务下沉，实现群众就近能办、多点可办。

（二）必须坚持创新引领，实现共享共用

"快办"事项要有强大的大数据平台作为支撑。宣城市已上线建设汇聚互联网数据、政府部门和社会数据一体化的宣城"智慧人社"数据资源平台。该平台纵向打通安徽省厅公共服务平台、业务系统的数据接口，开放县级公共服务平台、业务系统接入数据接口；横向延伸至安徽政务服务网数据通道，实现数据互通、共享、共用。同时，与宣城市内其他部门、机构建立授权调取查阅机制。目前，宣城市142项人社服务事项和15个打包"一件事"实现"全程网办"，30个事项实现"跨省通办"，19个事项实现"秒办"，61项事项实现"掌上办"。宣城市居民服务"一卡通"暨第三代社会保障卡正式发行，已在政务服务"一卡通办"、待遇补贴"一卡通领"、便民服务"一卡通用"、交通出行"一卡通行"、文化体验"一卡通享"等方面实现了102个场景应用，为群众提供"便利＋福利"的优质服务。

（三）必须坚持靶向思维，推动服务提效

宣城市组织人社服务专员开展"快办行动进园区、校区和社区三区"专

项行动，为企业和群众送政策、送产品、送服务，促进"快办行动"定向定靶定位。同时，针对偏远山区及老年人等特殊群体，还通过"走亲戚式"的方式推行"背包客"上门服务。自快办行动开展以来，宣城市共为企业和群众办理"打包一件事"3.1万余件，办理高频服务事项4.4万余项。为老年人开辟绿色通道、实行告知承诺制等办理业务2900余人次，为全市130余名偏远山区及老年人等特殊群体上门办理人社业务。7万人通过皖事通手机APP完成养老待遇领取资格自助认证。

（四）必须坚持纠建并举，夯实行风建设

宣城市将"人社干部走流程"作为党史学习教育"我为群众办实事"的一项重要内容，聚焦人社政策落实和经办管理服务中的堵点、痛点、难点问题，通过线上体验、线下窗口调研、陪同服务对象办事、召开座谈会、暗访、查阅卷宗等多种方式，建立政策制定"最先一公里"到服务落地"最后一公里"的全闭环工作机制。针对作风不实问题，组建人社系统效能建设"百人监督团"，每月至少明察暗访一次，突出问题导向，对发现问题的单位和个人点名通报、逐一反馈整改。

五、未来展望

下一步，宣城市将持续提升完善以企业群众需求为导向、以信息共享业务协同为支撑、以经办能力建设为基础，着力构建流程优化、服务智能、便民高效的人社服务格局，努力实现"快"到企业群众的期待中，"办"进企业群众的心坎里。

（一）推动人社快办由"关联包"向"集成包"转变

结合宣城实际，根据企事业单位和群众生活全周期特定阶段办事需求，逐一梳理每个"一件事"所涉及事项，确保应进必进，打包办理。同时，加强与相关部门横向联系，推动事项并联办理，形成"一件事"若干办事场景，整合重构"一件事"业务流程，推动打包办由简单关联向深度集成转变。

（二）推动人社快办由"加速度"向"精细度"转变

按照"打包服务提速、高频事项提速、办证业务提速、待遇补贴提速"的要求，进一步扩大提速事项范围。推动更多事项向移动客户端、自助终端、服务热线等延伸拓展，开通老年人、残疾人等特殊群体"绿色通道"，提供"一站式"或全程代办服务，特殊情况提供"上门办"服务。

（三）推动人社快办由"简便办"向"智能办"转变

全力推行"就近可办"，深化"人社服务电子地图"应用，实现办事地点和业务范围精准查询、一键导航。聚焦企业群众关切的高频事项，探索"免申即办"，实现免填表、免申报的"政策找企、政策找人"。探索"智能审核"，在健全业务规则、风控措施的基础上，由系统进行数据自动核验、标准化审核，提升人社服务智能化、规范化、便民化水平。

"静默认证"："舒心""省心""安心"

江西省人社厅

摘要： 针对养老保险待遇领取人员"现场认证有点烦""手机刷脸有点难"的烦心事，基层一线经办机构面临的"人工比对难度大""上门认证任务重"的难题，江西省人社厅全面实行以信息比对"静默认证"为主的认证新模式，有效改进和提升了认证服务体验，确保了社保基金安全。

关键词： 养老保险待遇领取　资格认证　"舒心""省心""安心"

一、背景沿革

养老保险待遇领取资格认证，是防范冒领社保待遇、确保社保基金安全和参保人合法权益的重要制度性措施。全面取消待遇领取资格集中认证以来，江西省积极探索创新资格认证方式方法，先后推出了网上视频认证、指纹静脉认证、微信刷脸、"江西人社"APP和"赣服通"手机刷脸认证等方式，取得了积极成效，但仍存在认证方式不够灵活、认证效率不高、群众操作不方便等问题。比如，认证周期固化为一个自然年度，群众平时忘记认证、年底扎堆集中认证；再如，人脸识别认证功能适老性不强，界面不够醒目，步骤不够简明，老人不会刷脸、操作存在障碍。随着政务服务改革的深化推进和大数据、云计算等技术飞速发展，现有的认证方式难以适应社会化、多样化、信息化发展趋势，群众迫切期待资格认证更加方便、操作更加简单。

二、做法经过

为全面改进资格认证服务体验、提升资格认证便捷度，江西省人社厅结合开展党史学习教育，将推行养老保险待遇"静默认证"列入"为民服务办实事"实践活动重点实事项目，全面攻难点、解痛点、疏堵点，不断提升群众获得感和满意度。

（一）推行"无感认"模式，让退休群众认证"没烦恼""不跑腿"

以前，每年的养老保险待遇领取资格认证，退休老人到现场去认证感觉"有点烦"，用手机刷脸操作"有点难"，认证成为困扰退休老人的烦心事。江西省人社厅着眼解决群众身边的急难愁盼问题，全面实行以信息比对"静默认证"为主、人脸识别自助认证为辅、社会化服务现场认证为补充的认证模式，加快实现"寓认证于无形""寓认证于服务"。一是推行大数据"静默认证"方法，通过信息比对核验领取待遇人员生存状态，让大数据"跑路"取代群众"跑腿"，让社保经办机构主动核验取代群众自我证明，实现了由"群众自证"向"主动服务"的转变。二是适应老年人特殊需求，优化人脸识别自助认证功能，采用"大字版"简明界面，简化刷脸操作步骤，刷脸时无须群众做张嘴、摇头、眨眼等动作，有效提高了自助认证便捷度。三是健全高龄、患病、行动不便等老年人工作台账，采取基层社区健康体检、文娱

社保中心工作人员在地铁站宣传"静默认证"便民做法

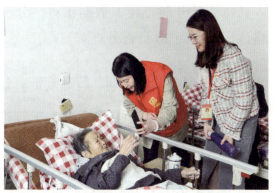

社保中心工作人员走进夕阳红老年公寓为退休老人提供待遇资格认证服务

活动、走访慰问等方式，主动为特需老人提供上门现场认证服务。线上线下相结合、大数据和社会化服务相促进的"三位一体"认证模式，逐步形成了"有可信行为轨迹的无感认""会操作智能设备的刷脸认""有特殊需求的上门认"格局，实现了资格认证"不跑腿""零打扰""不用烦"。

（二）构建"云比对"算法模型，让信息核查"智能加速""效能倍增"

江西全省有近 900 万名退休人员，人员基数大、分布广、跨地域流动多，行为轨迹难以实时追踪、可信生存状态认定难度大。江西省人社厅主动与江西省卫健委、医保局、信息中心等部门沟通，建立跨部门数据共享协作机制，加强各类数据关联分析，构建全景式生存行为算法分析模型，分级确定各类数据在模型中的有限级别和认证权重。一是将新冠肺炎疫苗接种、"赣通码"扫码、医保住院结算、老年公交卡年检和部级下发辅助认证等 5 类实名验证数据作为强认证数据，可直接认定生存状态；二是以社保卡应用、医保门诊就医、移动通信、公交（地铁）出行、金融业务办理等 5 类数据作为弱认证数据，通过概率统计算法分析，并与公安、民政、卫健等部门死亡数据比对检验，综合研判确认生存状态。新一轮的数据比对获取了新的生存行为轨迹，可以自动向后递延认证周期、让群众持续享受"免认证"福利，群众还可以通过"江西人社"APP、"赣服通"随时查询自己的认证状态和认证周期。大数据、统计等新技术的加持，让资格认证从传统的人工核查、线下比对升级到"上线上云""智能算法"，既大幅提高了资格认证效能和准确度，又有效减轻了基层一线经办压力。2021 年 1 月至 10 月，江西省人社厅累计开展三轮大数据比对，分析各类数据 1089 万人次，拉动提升资格认证率达到 20 个百分点。

（三）建立"全周期"管理规范，让安全防护网"织得密""扎得牢"

以往的资格认证工作通过人工管理，"谁认证了""谁没认证"，底数掌握不全不准；现场认证大多通过线下审核，台账记录不够规范完整、难以追溯核查。江西省人社厅将加强资格认证管理作为防范化解社保基金风险的重要内容，出台养老保险待遇领取资格"静默认证"便民化措施，统一数据共享类型，明确信息核查要求，规范经办审核流程，建立举报奖励机制，不断提升资格认证管理水平。加快社保待遇资格认证系统建设，完善资格认证经办审核功能，实现大数据比对结果自动应用、经办审核自动留痕，操作行为和数据来源皆可溯可查。建立资格认证调度考核机制，将资格认证率指标列入江西省市县高质量发展综合评价考评体系，自动抓取系统关键数据，以可视化图表形式统计基本态势、分析发展走势，全面压实落细资格认证管理责任。全周期集成化、规范化的管理形式，让资格认证从简单的人防向制度防、技防转型发展，实现由"粗放式管理"向"精细化管控"转变。

三、成效反响

截至 2021 年 10 月底，江西省领取养老保险待遇应认证人员达 854.3 万人，已完成认证的有 817.7 万人，认证率达 95.7%。从认证方式来看：信息比对"静默认证"的有 736.6 万人，占已认证人员的 90%，发送免认证告知短信 294 万条；人脸识别自助认证的有 57.3 万人，占已认证人员的 7%；社会化服务认证的有 23.8 万人，占已认证人员的 3%；从信息比对"静默认证"大数据种类分析：新冠肺炎疫苗接种数据比对的占 84%，"赣通码"扫码数据比对的占 9%，医保住院门诊结算数据比对的占 4%，部级下发的铁路、民航出行等数据比对的占 3%。目前，"静默认证"已经成为江西省养

养老保险业务经办技能练兵比武省级决赛

老保险待遇领取资格认证的主要方式，得到了广大退休群众的好评。经验做法被江西省推进政府职能转变和"放管服"改革简报转发，被中国政府网、《中国组织人事报》、《中国劳动保障报》、《江西日报》、江西卫视等报道。

2021年1—10月全省养老保险待遇资格认证图

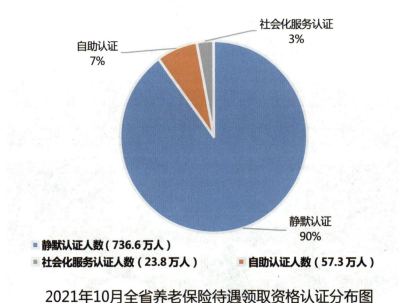

- 静默认证人数（736.6万人）
- 社会化服务认证人数（23.8万人）
- 自助认证人数（57.3万人）

2021年10月全省养老保险待遇领取资格认证分布图

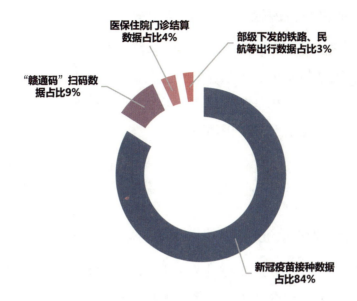

医保住院门诊结算数据占比4%

部级下发的铁路、民航等出行数据占比3%

"赣通码"扫码数据占比9%

新冠疫苗接种数据占比84%

2021年10月"静默认证"数据类型分布图

四、经验启示

（一）必须始终坚持以人民为中心的目标导向

推进社会保险经办服务提质增效，必须要牢固树立以人民为中心的发展思想，始终坚持把保障和改善民生作为根本指导思想，把提高群众的满意度和获得感作为根本出发点和落脚点，坚持目标导向、问题导向、需求导向，着力破解困扰群众办事服务的痛点堵点难点问题。

（二）必须始终坚持以改革创新为根本动力

推进社会保障事业高质量发展，必须要深化对社会保障事业发展规律的思考认识，积极适应新时代社会化、多样化、智能化的发展趋势，发挥改革的突破性和先导性作用，运用大数据、云计算等信息化技术手段，全面破除制约改革发展的机制障碍，提升精细化管理服务水平，推进社会保障数字化转型。

（三）必须始终守住基金安全的防范底线

推进社会保障制度可持续运行，必须要强化风险意识，树牢底线思维，统筹好便民、利己与安全的关系，既要全面深化政务服务改革、让群众办事更方便更舒心，又要强化基金管理、防范化解风险隐患，守好管好老百姓的养老钱，确保社保基金安全平稳运行。

五、未来展望

（一）健全"静默认证"常态化机制

健全跨部门常态化数据比对机制，扩大跨部门数据共享种类和范围，逐步将社保卡消费、公交地铁出行、移动通信、银行临柜业务办理等数据纳入比对范畴，全面筛查领取待遇人员生存行为轨迹；探索建立退休人员生存行为大数据算法模型，通过赋分、概率、统计等算法分析，与跨部门共享的死亡数据、基层村（社区）死亡报告信息交叉比对，综合研判领取待遇人员生存状态，持续向后递延更新认证周期，让更多的退休老人享受长期稳定的"无感免认证"服务。

（二）提升资格认证信息化管理水平

加快资格认证系统建设，完善经办审核和预警联动功能，实行基层村（社区）死亡报告"线上填报"，会同民政部门联合探索推行"身后一件事"联办，加快实现大数据自动比对、结果自动应用、风险自动预警、大数据可视化展示，全面构建资格认证"全数据共享、全程网办、全流程管控"的信息化管理体系。

（三）加强资格认证宣传引导

利用群众喜闻乐见的语言风格，制作资格认证宣传小动漫、小视频、小折页，通过抖音、地铁电视、地铁灯箱和各地电子显示屏等渠道播出，利用社保经办大厅、银行柜台和各类宣传活动散发，广泛宣传"静默认证"便民做法，全面普及人脸识别自助认证操作方法，进一步扩大资格认证政策宣传覆盖面。主动向通过"静默认证"免认证退休人员推送"江西人社"APP、"赣服通"账号消息，提前向认证周期临期人员发送认证提醒短信，定期向超期未认证人员的单位或社区和本人发出超期提示，加快实现资格认证人员险种全覆盖。

"人社服务流程再造" 实现 "一次办好"

山东省东营市人社局

摘要： 2020 年以来，山东省东营市人社局启动 "人社服务快办行动"，攻坚推进人社服务流程再造。其一，将关联事项 "打包办"。在山东全省率先将高校毕业生就业、企业招用员工、创业服务、失业服务、退休、工伤保险等 13 组主题事项打包成 13 个 "一件事"，实行集成化服务，平均每个包集成 12 项日常服务事项。其二，高频事项实现 "提速办"。将人社所有 102 项高频服务事项逐项精简材料、时限压减。提供材料量、办事时限两项指标较改革前均压缩 75%。

关键词： 流程再造 "一件事" 改革 "一次办好"

山东省东营市深入贯彻党中央、国务院关于深化 "放管服" 改革、优化营商环境决策部署，全面落实山东省流程再造攻坚行动有关要求，以 "一件事、一次（链）办" 服务为理念，启动 "人社服务快办行动"，通过流程再造系列改革攻坚举措，推进人社服务关联事项 "打包办"、高频事项 "提速办"、所有事项 "简便办"。

一、背景沿革

近年来，随着 "一次办好" 改革的深入推进，东营市立足群众视角、最大限度优流程、简材料、压时限，人社服务得到极大改善，企业群众在人社部门一个科室、一个窗口办理"一项事"，"跑一次""一次办"已经成为常态。但随着政务服务标准的不断提升，单一部门、单一业务的减材料、提速度、一次办，已经不能满足新形势下群众的新需求。要继续深化"放管服"改革，必须以服务对象理解的"一件事"为标准集成相关事项，实现从一项事"小一"到一件事"大一"的转变。

2020 年 5 月上旬，东营市人社部门从全局出发，发挥融合思维和集成思路，将"一件事"改革"内化"为一种新理念、新思维，"外化"为优化营商环境的一个新方向、推进流程再造的一种新机制和检验"一次办好"的一项新标准，从社会关注度高的退休业务做起，启动退休"一件事"改革，大胆破除部门间、科室间壁垒，将涉及退休业务的 10 个部门 28 个上下游关联事项集成为"一件事"，落实到"一扇窗"，真正实现"一事来办、多事齐知、一次申请、多证齐发"，打响山东省流程再造攻坚行动的"第一枪"。

二、做法经过

（一）高频服务"能快尽快"

秉承极限思维，东营市对照服务事项逐项进行梳理，最大限度减材料、压时限，列出服务事项最快清单。

1. 项目能扩尽扩。东营综合考虑群众需求、部门承载能力等因素，将事项增加 77 项，扩容到 102 项，逐项明确"快办"要求，基本涵盖全市所有人社高频服务事项。

2. 材料能减尽减。利用信息共享、告知承诺、内部查询等手段，变材料由"手上来"为"网上来""内部来"，最大幅度压减群众报送的材料，压减前共需提报材料 365 件、每项平均 4 件，压减后共需 107 件、每项平均 1 件，较改革前压缩 75%。

3. 时限能压尽压。通过提前审、网上审等多种方式，将工作做在前头，功夫下在平时，102 个服务事项全部实现提速办理，压减前每项平均办结时限 4 个工作日，压减后每项平均 1 个工作日，较改革前提速 75%，窗口服务事项"一次办好，即时办结"成为常态。

（二）主题事项"可包尽包"

改革视角始终聚焦到"用户"一方。围绕与群众密切相关的社保、就业、劳动关系等人社业务，东营将群众眼里的高校毕业生就业、企业招用员工、创业服务、退休、工伤保险等13组主题事项全部纳入"一件事"改革，实行"打包"办理、集成服务。以群众视角设计，组织"场景推演"，保证每个"一件事"力所能及地涵盖涉及的所有关联事项、关联人群和关联部门。

打包"一件事"坚持实事求是，不搞"一刀切"。"具体问题，具体分析"，精准再造流程，务求取得实效。对业务流程衔接紧密的，落实"一次办"。比如，企业招用员工、退休等"一件事"，所涉服务内容环节紧扣、线条清晰，严格按"只提供一套材料、只到一个窗口或一个平台、只填一张申请表、只跑一次"标准落实。对业务流程跨阶段、难以一次完成的，实施"一链办"。比如，申领社保卡"一件事"中办卡与挂失、高校毕业生就业"一件事"求职与参保等业务不可能同时办理，本着分段处理原则，段内"只跑一次"，段间有序衔接，确保服务链条顺畅。对特殊事项难以共享数据、上网办理的，实行"帮代办"。比如，在事业单位聘用人员"一件事"

退休"一件事"　　　　社保卡"一件事"　　　　事业单位聘用人员"一件事"

开展"一次办""一链办""帮代办"，分类推进"快办行动"

中，因部分敏感信息难以通过部门系统共享的，由牵头科室根据情况分批分类给予帮办、代办服务，最大限度减少办事人员多头跑、多次跑。

（三）服务人群"能全尽全"

东营市秉承"底线思维"，启动银发关爱攻坚行动，针对老年人等特殊群体，开辟"绿色通道"，在人社服务大厅设立"银发专职引导员""老年人专职服务窗口""老年人绿色引导通道"，形成闭环服务体系。

开展改造智能服务、完善用卡服务、探索代办服务、开展"免申"服务、提供上门服务、延伸传统服务、优化大厅服务、做好咨询服务、提升维权服务和抓好培训服务等"十项暖心服务"。通过"银发关爱行动"，共服务老年人等特殊群体 1600 余人次，切实解决老年人等特殊群体办事难题，让"快办行动"惠及全体群众。

（四）风险隐患"应防尽防"

东营坚持"快办"不忘风险，同步启动"内控外审质效提升行动"，做到"内控制度促规范、外部评审防风险"，将风险防控有机嵌入服务事项事前、事中、事后全程，确保安全平稳。

1. 做好事前预防。依托"内控外审"工作机制，对所有快办事项进行全面排查、详细分析，确定重点风险事项及其风险点，排查出风险点 315 个，逐一对应制定了内部防控措施。

2. 加强事中监管。通过内部核查、部门间行政协助、网上比对、现场勘查等方式，对正在办理事项进行安全管控。对"高风险、易出错"环节，通过信息化设置关键字段和即时提醒，实时事中管控。对各类就业、社保资金支出事项，遇到的现场提报材料不全等问题，实行信用承诺，形成有效震慑。

3. 实行事后评查。对失业保险金申领发放等涉及资金支出的重点风险防控事项定期进行抽查。对发现的问题坚持逢案必查、每案必纠，并举一反三，防止类似问题重现。东营市人社局近几年均委托第三方审计机构对人社风险防控工作进行审计评估，"快办行动"启动以来，则将"外审"重心放在"快办行动"上，并根据审计评估结果对存在隐患的"快办"流程、材料、资金业务等进行整改，借助外力织密安全"防护网"。

三、成效反响

山东省委改革办、山东卫视新闻联播（头条）等均对东营退休"一件事"改革经验进行了推介。2020年，东营市人社局"快办行动"的创新经验做法，被山东省委省政府表彰为"山东省勇于创新奖"。2020年10月22日，人社部在东营召开全国"人社服务快办行动"座谈会，对东营"快办行动"的创新做法给予肯定和推广。

四、经验启示

"快办行动"是一场刀刃向内的自我革命，在推进过程中必然存在困难和挑战。

（一）推进流程再造必须坚持顺应大势、服务大局

有政治高度才有行动力度。推进"快办行动"、推行流程再造，只有在高站位、大格局中统筹实施，才会得道多助、赋能前行。比如，在推进企业复工复产过程中，东营市开展"企业用工精准对接专项行动"，坚持将精准服务和快办服务理念有机融合，设立人社服务专员，全系统全员上阵开展"政策敲门""专员上门"服务，让企业更精准、更快捷享受人社政策。围绕落实青年优秀人才和高端人才引进计划等省市重点任务部署，增设高层次人才服务"一件事"，扩充高校毕业生就业"一件事"服务内涵，使渠道更加便捷，服务中心大局的效果更加突出。

（二）推进流程再造必须坚持系统谋划、整体推进

"快办行动"不是提升服务的单一举措和修修补补，而是从理念、机制到作风的系统化、全方位、深层次变革，必须统筹推进，加快摆脱原有路径依赖，形成服务新模式。一方面，系统谋划设计。在设计快办行动时，事项谋划要"兼顾左右"，流程设计要"瞻前顾后"，确保不漏事项、形成闭环。

按照"时间线"主轴，将与就业创业相关的6个"一件事"（高校毕业生就业、求职招聘、企业招用员工、创业服务、失业服务、人事代理）一体谋划，出台一个大方案，形成一个大循环，让各个"一件事"接力服务、环环相扣。按照"全覆盖"原则，将各"一件事"涉及的所有关联部门和关联业务统一谋划，实现数据共享、窗口合并、事项归一。按照"全链条"思路，拓宽视野，调动资源，发动市内高中毕业班班主任和高等院校班级辅导员担任服务专员，发动高校学子担任联络专员，将高校毕业生毕业前后的就业服务纳入"一件事"服务链，真正让"一件事"的服务链条更完整。另一方面，整体协同推进。"快办行动"是流程再造的深刻革命，需要全方位支撑、协同化推进。近年来，东营市人社系统着力构建"一体五联"上下联动机制，2021年将抓好"一体五联"内涵提升与推进"快办行动"相结合，进一步深化人社公共服务标准化、一体化建设，推动实现名称、依据、材料、流程、时限等服务事项要素规范统一，破解不同行政层级、不同行政区域间的政策落实区块化、业务办理割裂化、数据信息碎片化等问题，确保共建共享、整体提升。

（三）推进流程再造必须坚持换位思考、群众视角

群众办事体验好不好是流程再造成效最终的衡量标准。"改什么""怎么改"必须立足群众视角。一是围绕群众困扰改。在改革事项确定上，什么困

东营市人社服务大厅开展"银发关爱行动"，设立老年人业务办理绿色通道

东营市人社服务大厅"综合柜员"为群众进行退休"一件事"办理

扰群众就改什么。东营市专门设立群众工作项目组，通过 12333、12345 热线和局长信箱、劳动监察仲裁窗口等多种渠道，多种方式收集企业、群众意见建议，并进行深度研判、通盘分析，每月精准分析并集中解决 1—2 个有代表性的突出难题。比如，"快办行动"就将项目组报告中询问率、办理率和反映率高的服务事项全部纳入改革事项清单，最大限度回应群众关切。二是围绕群众需求改。单一部门、单一业务的减材料、提速度、一次办，已经不能满足新形势下群众的新需求。要继续深化"放管服"改革，必须以服务对象理解的"一件事"为标准，集成相关事项，实现从"一项事"到"一件事"的转变。比如，站在"一项事"的视角，工伤保险中涉及的工伤认定、劳动能力鉴定和工伤待遇核发等各单一事项的流程及材料、时限均已"压无可压""减无可减"。而站在"一件事"的视角，开展工伤保险"一件事"改革，实现打包办理，在全省率先完成工伤认定、劳动能力鉴定和待遇发放"三事合一"，通过共享大数据、合并重复项、压减差别项，进一步挖掘精简空间，最终将群众需要提交的材料由原来的 20 余项，压缩为劳动关系确认材料 1 项。三是围绕群众体验改。改革前，实行领导干部轮流到大厅值班，组织进行换位体验；体验人员深入一线开展"场景推演"，及时纠正偏差、打通梗阻。改革后，实施"好差评"制度，重点关注企业、群众对快办事项的感受和诉求，进行效果评价，并加强评价数据分析应用和差评核查整改。

（四）推进流程再造必须坚持技术驱动、信息化支撑

信息化是推进"快办行动"的重要支撑和关键一环。近年来，东营市先后承担了山东省社保、就业、劳动关系"三合一"系统、大业务平台建设试点，在山东省最早建立人社业务综合柜员制，实现数据互联互通、业务一体推进、对外一窗服务，使信息化驱动的新理念逐渐"深入人心"。快办行动开展后，充分利用长期积累的信息化实践经验，全程以信息化思维去思考、布局和实施，加快推进人社一件事综合服务平台试点，打通了"条条块块"，实现了数据共享，开创了人社推进流程再造、助推营商环境优化的"东营样板"。

五、未来展望

"十四五"时期，东营市人社局将继续围绕打造"人社服务快办行动"升级版，在推进全程网办、全市通办、免申即办、"无证明人社"、全周期服务等方面再造流程、再提质效，进一步优化人社部门营商环境，提升人社服务的群众满意度。

"三权重构"改革强力提升政务服务质效

湖北省襄阳市人社局

摘要： 襄阳市人社局立足本地实际，根据人社部"人社服务快办行动"和湖北省"高效办成一件事"有关要求，从体制机制入手，大力实施政务服务管理权、经办权、监督权"三权重构"改革，通过对业务窗口人员、设备、资金、管理制度全面整合和"赋权、削权、控权"，将涉及19个单位（科室）的人社业务整合为一个整体，308项政务服务事项全部实行"前台综合受理，后台分类审批，统一窗口出件"的经办模式，实现真正意义上的"一窗通办"，切实把过去群众一件事"多门办"，变成群众多件事"一窗办"，服务效能做了"乘法"，群众麻烦做了"除法"，深刻诠释了"把麻烦留给自己、把方便送给群众"的服务理念。12345热线综合满意率96.01%，月考核连续15个月排名市直第一，湖北政务服务网办事群众"好评率"始终保持在99%以上。

关键词： 政务服务 "三权重构"改革 "一窗通办"

一、背景沿革

近年来，在深化"放管服"改革的大背景下，为进一步优化营商环境，精准对接多元化的公众需求，襄阳市人社局立足本地实际，围绕打造有力度的就业创业、有温度的社会保障、有高度的产业人才、有余度的劳动关系

"四度"人社战略，在湖北省人社系统率先实现 169 项城镇企业职工社会保险业务"一城通办、一岗通办、一网通办、一次办好"。同时，全面推行预约、延时、上门、代办、自助等服务方式，为市场主体和人民群众提供了高效便捷的办事体验。

但是在实际工作中，群众"办事难"的现象依然不同程度存在。襄阳市人社部门在全面总结以往优化政务服务方面的经验后，找出了服务质效难提升的症结，即：机制创新研究的多，体制改革研究的少；环节加减减的多，流程革命性再造的少；以个体需求加强信息化建设的多，围绕根本治理统筹设计的少；一人能办一件事的多，一人能办所有事的少等"四多四少"问题。最终，立足实际，痛下决心，创新采取第三条路径，即从转变行政思维、改革行政体制、创新行政方式、完善行政保障入手，创新体制机制改革，将涉及 19 个单位（科室）的人社业务整合为一个整体，切实产生"化学反应"，达到治标又治本的效果。"三权重构"改革也由此拉开序幕。

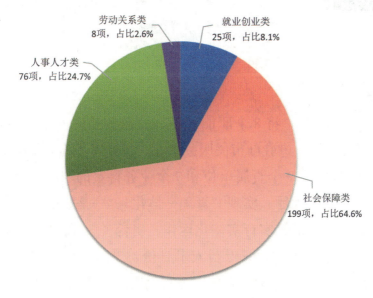

"一窗通办"事项占比情况

二、做法经过

在实践中，襄阳市人社部门坚持问题导向，通过"赋权、削权、控权"

的方式，重构行政管理权、经办权和监督权，实行"前台综合受理，后台分类审批，统一窗口出件"的经办模式。

大厅工作人员为办事群众提供咨询服务

（一）重构管理权

核心在于"赋权"。将8个职能单一、分散各处的办事窗口进行整合，成立市人社服务大厅，进驻新市民服务中心，将分属于养老保险局、劳动就业局、人事考试院等12个直属单位和7个业务科室的"人、财、物"等管理权限统一赋予服务大厅，实现"管理一体化"。一是赋予人员管理权。成立人社服务大厅党支部，实行实体化运作，出台《大厅人员管理办法》，所有工作人员与原单位脱钩，只保留人事身份。二是赋予经费使用权。出台《财务资金分担管理使用方案》和《财务报销管理办法》，按照各单位派驻人员数量、公用经费标准和具体事项需求，从各单位统一调配经费数额，由服务大厅统筹使用。三是赋予设施配置权。制定《固定资产管理制度》，办公设备由大厅统一配置、统一管理，统一使用办公设备，所需经费由派驻单位按比例分担，产权属出资方。四是赋予业绩考核权。制定《人社服务大厅工作人员考核办法》，采用日常考评和年度考评相结合的方式，由服务大厅确定干部职工年终考核结果等次，并直接占用原单位指标。通过重构管理权，有效破除"管理权难集中、部门壁垒难打通、资源难共享、信息难互通"等弊端，服务大厅与各单位（科室）的权责更明晰，衔接更紧密，运转更顺畅，实现由单纯的"物理整合"向"化学融合"转变。

引导办事群众利用 APP 自助办理人社业务

（二）重构经办权

核心在于"削权"。一是削环节，再造流程。在确保业务经办科学化的基础上，通过科室减、专班压、群众提、会议定等方式，精减环节，压缩时限，对业务流程进行革命性重塑，市本级业务 344 个事项减环节 133 个，减时限 6865 个工作日。二是削材料，再树标准。本着"非必要一律减，能共享的一律减，能事后追溯的不预先设置门槛，能用信用承诺的不作为必要条件"等基本原则，对所有人社服务事项逐项梳理、固化，形成统一服务标准，制定《"一窗通办"受办分离操作指南》，削减材料 295 个。三是削壁垒，再建体系。通过大数据、信息化等手段，共享部门资源，创新稳岗返还、"静默认证"等"无申即享"服务 10 项，做到"群众免申报、服务不见面、政策自动享"，经验做法全省推广；大力推进"一事联办"，与医保部门梳理联办事项 13 个，互派工作人员联合办公；大力实施"人社服务网点便民计划"，在市区 58 个建行营业厅开通 11 项高频事项查询经办服务，对

11个社区和2个街道委托下放32项高频事项受理权和23项高频事项经办权，建立以襄阳市人社服务大厅为中心，4个城区经办服务大厅为分支，多个社区、银行为网点的"1+N"服务体系，实现"一城通办"，即在襄阳市区任何一个窗口均可办理全口径人社事项，方便群众"就近办"。四是削层级，再创模式。削减中间管理层审批环节，实行扁平化管理，将分散于各直属单位（科室）的业务经办权统一交由大厅，按照"前台综合受理、后台分类审批、统一窗口出件"的模式经办所有事项，原单位（科室）只负责政策指导和重要事项把关；制定一件事申请表、经办指南，统一业务流程，将原来多个关联事项整合为"一件事"，实现"一表申请、一套资料、一窗受理、一次办结"，已完成"企业招用员工""企业与员工解除终止劳动合同""职工退休"等11个"打包办"事项；规范业务用印，所有业务只使用"襄阳市人力资源和社会保障局业务专用章"，实行"统一管理、统一登记、统一用印"，实现从多枚章分审为一章管总，切实提供无差别"受理"、一站式服务，使"只进一扇门""最多跑一次"成为常态。

业务大厅后台审核区工作人员对受理事项进行分类审核

（三）重构监督权

核心在于"控权"。一是实行业务"受审"分离。设置综合受理窗口24

个，后台分类审（核）批窗口 44 个，统一出件窗口 18 个，并规范各自工作岗位权限，各业务环节互不关联、互相监督、相互制约，做到受理不审批、审批不出件、出件不办理、群众不见面，防控廉政风险。二是实施办件结果比对。出台《人社服务大厅业务办理结果比对制度》，采取系统和人工相结合的方式，提取政务服务经办信息，对办件数量、时间、效果等进行比对，核查业务办结量和按时办理率。三是实现操作全程留痕。出台《全程留痕管理制度》，所有政务服务事项一律通过综合平台受理、业务系统经办，对于暂无系统支撑的 4 项业务，由工作人员对"受理、接收、审核、出件"进行人工操作全程记载，确保做到"可查、可溯、可比对、可追究"，最大限度减少人为因素降低办事效率。四是实时接受群众监督评价。出台《作风建设"七不准"》《政务服务"零拒绝"》《政务服务评价结果运用办法》等一系列制度，主动公开对外服务指南、公示监督电话和"好差评"二维码，邀请服务对象为办事体验进行评价打分，逐月对工作人员进行量化考核，把评价结果作为评先选优、晋职晋级等重要依据，促进服务质效提升。

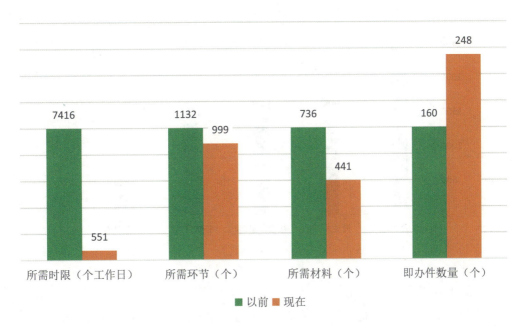

业务流程革命性再造前后对比图

三、成效反响

截至目前，襄阳市市本级进驻市政务服务大厅的 308 项政务服务事项全部实现"一窗通办"。即时办理事项 248 个，数量位列全省第一，"掌上办"事项 98 个，数量领先全国。

从办理事项承诺时限比对来看，99% 优于或达到全国其他先进城市水平。襄阳市人社服务大厅 2021 年 1—9 月办件总量达 14 万余件，连续 5 个季度被评为全市"文明窗口"，"12345"热线综合满意率 96.01%，月考核连续 15 个月排名市直第一；湖北政务服务网办事群众"好评率"始终保持在99% 以上。"三权重构"改革经验多次被中央和省级主流媒体专题报道。

截至目前，12345 热线工单受理量 17958 件。业务分类前五：社会保险政策类 13701 个、工资福利 1617 个、就业创业类 622 个、劳动纠纷类 551个、劳动保护类 172 个。

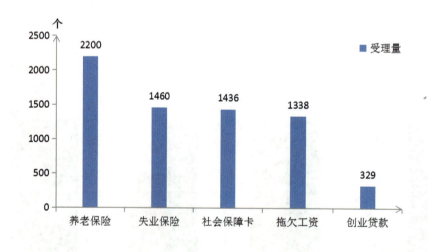

热点诉求分布

主要涉及：咨询养老保险个人社保编号、查询养老保险缴费记录、养老退休金到账情况、失业保险金申领、社会保障卡申领、拖欠工资求助、创业贷款申领资格审查等。

四、经验启示

（一）思想破冰是关键

工作中，有些同志思想站位还停留在"要我做"的阶段，"被动接受"而不是"主动作为"。尤其是各个部门责任不同、分工不同，为规避风险，各部门各自制定政策规定，形成"制度"套"制度"、"锁"上加"锁"的局面。襄阳市人社局本着为人民服务的宗旨思考问题，打破思想桎梏，追溯问题本源，找到了新的思路。比如，加强信息化建设是解决政务服务质效的重要抓手，但不是唯一途径，只有从体制机制改革入手，创新行政方式，才能根本解决政务服务领域"一事联办"难推进、"一窗通办"难实现、服务质效难提升、人民群众难满意等"四难"问题。

（二）决心毅力是核心

"三权重构"改革涉及体制机制调整，更涉及权力再分配，动了大多数人的"奶酪"，必然阻力重重。只有树立以人民为中心的服务理念，才能统一思想；只有站在优化营商环境大局上作为，才能刀刃向内；只有从城市长远发展去谋划，才能破除部门局限。因此，必须坚持"不破楼兰终不还"的必胜信念。

（三）流程再造是基础

再造并不是简单的"减时限、减环节、减材料"，而是从理念上进行根本性转变，站在市场主体和人民群众角度，怎么方便有利，就怎么设计流程，这是颠覆性、革命性的重塑。只有科学合理的经办流程，才能确保高效便捷的政务服务，这对树立政府良好形象具有极大促进作用。

（四）制度创新是保障

全面深化改革更多面对的是深层次体制机制问题，对改革顶层设计的要求更高，对改革的系统性、整体性、协同性要求更强，建章立制、构建体系的任务就更重，需要运用制度威力来应对各种风险挑战的冲击。因此，只有坚持制度创新，把要解决的问题、困难、症结梳理清楚，把好的想法、做法、经验形成制度，实现规范化、标准化，并形成长效机制，才能为推进政务服务领域深层次改革保驾护航。

主要制度目录

序号	名称	文号	印发时间
1	人社服务大厅"六办、六不准"服务规则	襄人社办〔2020〕35号	2020 年 7 月 28 日
2	人社业务服务指南	无	2020 年 8 月 18 日
3	人社业务经办规程	无	2020 年 8 月 18 日
4	襄阳市人社服务大厅人员管理办法（试行）	襄人社办〔2021〕4 号	2021 年 1 月 29 日
5	人社服务大厅财务资金分担管理使用方案（试行）	襄人社办〔2021〕9 号	2021 年 2 月 25 日
6	人社服务大厅作风建设"七不准"、特殊群体"六要"服务制度	襄人社办〔2021〕14号	2021 年 3 月 10 日
7	人社服务大厅固定资产管理办法	无	2021 年 5 月 5 日
8	市人社服务大厅工作人员考核办法	无	2021 年 5 月 25 日
9	优化营商环境工作八大机制	襄人社发〔2021〕70号	2021 年 5 月 31 日
10	人社服务大厅政务服务全程留痕管理办法	襄人社办〔2021〕28号	2021 年 5 月 31 日
11	"12345"公共服务热线突发紧急事件处置办法	襄人社发〔2021〕89号	2021 年 5 月 31 日
12	人社政务服务"零拒绝"制度	襄人社发〔2021〕85号	2021 年 6 月 2 日

序号	名称	文号	印发时间
13	人社服务大厅政务服务事项结果比对办法	无	2021 年 6 月 21 日
14	人社政务服务评价结果运用办法	无	2021 年 7 月 16 日

五、未来展望

"三权重构"改革为从根本上提升政务服务质效、优化营商环境探索出一条新路，"前台综合受理，后台分类审批，统一窗口出件"的经办模式还有很大的运用挖潜空间，可以在打破政务服务部门、地域阻隔上深度推广应用。未来，通过将"前台"延伸至街道、社区、银行网点等服务窗口，赋予"前台"收单或一般事项的办理权限，切实形成以政务服务大厅为中心，街道、社区、银行等为网点的"1+N"人社政务服务体系，实现简易事项"社区办"、一般事项"街道办"、复杂事项"大厅办"。

社会保险志愿服务："暖"在群众身边

广东省社会保险基金管理局

摘要： 为全面贯彻落实习近平总书记关于完善覆盖全民社会保障体系和关于志愿服务的重要论述精神，深入推进人社系统行风建设三年行动，广东省社会保险基金管理局联合团省委、省志愿者联合会，在全省创新开展社会保险志愿服务活动，组建四级社会保险志愿服务队伍 345 个，注册志愿者 1.1 万人，建设志愿服务站 199 个。2021 年，开展"六进"活动 3800 余场，组织经办大厅志愿者上岗 7.9 万人次，号召 300 余个合作机构网点提供社会保险志愿宣传服务，推动系统行风持续好转。

关键词： 社会保险经办　志愿服务　行风建设

一、案例背景

（一）社保政策、经办服务群众知晓度亟须提升

进入新发展阶段，人民群众对政务服务提出了更高的要求，在办事要求上从"办得成"逐步转变为"办得快""办得舒心"，在服务需求上从"少跑腿"逐步转变为"掌上办""上门办""就近办"。但广东省作为社会保险大省，社会保险经办服务人次远超全国平均水平，省内区域间发展极不平衡，部分社会保险经办服务供给能力较参保群众的期望差距较大。为此，广东省社会保险基金管理局积极推动社会保险经办数字化转型升级，大力开展网上

经办服务大厅建设，推出"不见面"服务，全省 87 项服务事项中 81 项已实现全流程网上办理。但是部分地方在推广"不见面"服务方面投入不足，很多方便快捷的服务渠道群众无从知晓，业务实际网上办理比例较低，参保群众"急难愁盼"问题仍待解决。

（二）志愿精神和社保文化的高度契合

"奉献、友爱、互助、进步"的志愿精神和"热情、温暖、真诚、善良"的社会保险文化具有共通性和相容性。基于此，广东省社会保险基金管理局把开展志愿服务活动作为社会保险系统加强行风建设的具体举措，在社会保险领域积极探索开展志愿服务活动。在深圳市探索开展社会保险志愿服务成功经验的基础上，2020 年 9 月联合团省委、省志愿者联合会在全省创新开展社会保险志愿服务活动，拓宽社会保险公共服务领域，扩大社会保险宣传效果，满足参保人对政府公共服务特别是社会保险经办服务的需求，形成全省参与、统一规范、务实便民、影响广泛的政府系统志愿服务新模式，让社会保险志愿服务活动成为促进全省经办事业高质量发展的"动力工程"和服务广大群众的"民心工程"。2021 年 10 月，组织召开全省社会保险志愿服务活动现场推进会，进一步推进志愿服务活动深入开展。

二、经验做法

（一）"两类群体、一支四级团队"，精心组建志愿者队伍

作为省内为数不多全省系统工作人员全部注册为实名志愿者的队伍，广东省社会保险经办系统仅用不到 1 年时间，就组建了组织结构合理、人力资源充沛的志愿服务队伍，为开展活动打下坚实基础。

1. 研究制定活动方案。联合团省委、省志愿者联合会印发《深入开展广东省社会保险志愿服务活动实施方案》（粤社保函〔2020〕411 号），明确开展社会保险志愿活动的总体目标、工作内容、保障措施、日常管理、部门分工和有关要求，推动活动在全省全面铺开。

2. 组建志愿服务团队。按照经办机构基本架构，建立"总队（省级）—

分队（市级）—支队（县、区级）—小队（各级经办机构内设处、科、股）"四级志愿者服务团队，均在广东省志愿服务"i 志愿"系统里进行注册登记，全省注册志愿团体 345 个，志愿者超 9000 人。同时，为进一步提高社会保险志愿服务活动质量，确保规范化常态化开展，还设立了综合保障组、策划执行组、志愿者管理组等 3 个专项工作小组，负责做好日常事务协调、信息报送、活动策划、志愿者招募管理、业务培训、考察评价等工作。

3. 招募社会爱心人士。面向全社会招募爱心人士加入社会保险志愿服务队伍，重点招募社会保险系统的退休干部职工、企业在职或退休的社会保险经办人员、高校（技工学校）学生等，全省登记的社会保险社会志愿者超 2000 人。深圳等市还形成了固定的社会保险志愿服务群体，每天在经办服务大厅用群众最熟悉的方式和话语，为办事群众提供基本的咨询指引服务。

（二）"两项重点、四种形式"，积极开展志愿服务活动

坚持"社会志愿者请进来"和"工作人员走出去"两项重点共同推进，一方面提升服务大厅办事体验，另一方面扩大社会保险宣传网、拓展经办服务覆盖面，有效提升了参保群众的获得感和满意度。

1. 在服务大厅开展志愿服务活动。定期安排社会志愿者在服务大厅值

韶关市人社局在惠民北社区开展"惠企保民生"政策宣讲活动

守，负责解答业务办理流程、派发宣传资料、进行楼层和窗口指引、协助使用自助服务终端和网上服务平台操作等工作，弥补窗口经办工作人员不足的短板，方便群众办事。2021年，在全省各个服务大厅提供社会保险志愿服务的社会志愿者累计参与34325人次，经办机构志愿者累计参与44912人次。

2. 积极开展社会保险宣传志愿服务活动。制订年度活动计划，把志愿服务有机融入中心工作中，围绕落实"双区""两个合作区"建设、"放管服"改革、行风建设等重点工作，结合纪律教育学习月、金秋招聘月等时间节点，组织社会保险志愿者开展进企业、进机关、进社区、进农村、进医院、进校园的"六进"志愿服务活动，围绕社会普遍关心的社会保险问题开展政策宣讲和服务指引。2021年，全省开展"六进"活动3800余场，录制的宣传短视频在"广东人社"微信公众号等多个平台播放超10万次。

3. 开展特殊人群志愿帮扶活动。坚持传统服务方式与智能化应用创新并行，组织社会保险志愿者到养老院、福利院、群众家里，为有需要的老年人、残疾人等特殊参保群体提供"适老化""人性化"上门服务，同时对参保群众提供生活上的帮助和精神上的关怀。

4. 联合合作机构开展社会保险宣传。发挥合作机构志愿服务队伍作用和

广东省社会保险基金管理局工作人员开展打击欺诈骗保专题宣传

网点优势，发动合作银行、定点医院等机构参与志愿服务活动，在机构网点开展社会保险宣传，在日常工作中向服务对象提供社会保险经办指引和网上服务平台操作指导。目前，全省已有 300 多个机构网点开展社会保险志愿服务，提供服务 5000 余人次。

（三）"两重激励、四层保障"，全面加强志愿服务支撑

在积极组织志愿服务活动的同时，全面加强服务支持，为志愿者提供舒心的活动保障。

1. 强化多部门分工合作。各级社会保险经办机构负责组织、培训、统筹、协调和推进工作；各级团的地方委员会定期检查、监督和指导社会保险志愿服务工作；各级志愿者联合会、青年志愿者协会、义工联接受社会保险经办机构的委托，招募、管理社会保险志愿者，推动广东省社会保险经办事业与志愿服务事业融合发展。

2. 建设社会保险志愿服务站。按照社会保险视觉识别标准，在各级经办服务大厅通过安装展台、悬挂标识、放置标牌、张贴宣传画等不同形式设立 199 个志愿服务站。其中，设在社会保险经办服务大厅 143 个，设在综合政务服务大厅 56 个，基本实现县级以上社会保险经办大厅全覆盖。

3. 组织社会志愿者培训。围绕社会保险基础知识、志愿服务理念、日常行为规范、应急处置措施等内容，定期组织培训，确保社会志愿者在上岗前

为志愿小分队授旗

掌握工作职责规范，熟悉社会保险业务经办流程、高频业务自助服务和服务操作方法，提高志愿服务能力。

4.落实志愿服务后勤保障。通过财政资金或志愿服务经费等形式，保障志愿者开展服务时的交通补贴、误餐补贴、人身意外保险等费用，保障志愿服务顺利开展。同时，还采用评优推先和评星定级两重激励措施调动志愿者服务积极性。

三、主要成效

（一）有力提升群众对社会保险服务的获得感

广东省社会保险志愿服务活动坚持以人民为中心的发展思想，精准对接群众需求，把群众社会保险经办领域的"急难愁盼"问题解决好。例如，针对异地务工人员、应届高校毕业生、灵活就业人员、新业态从业人员等群体对社会保险知识了解不深的问题，志愿者通过面对面讲解的方式，增进他们维护社会保险权益的意识；针对老年人、残疾人等特殊群体，志愿者提供资格认证等上门服务，既满足了他们的办事需求，又展现了社会保险服务的温度。

广东省社保局工作人员前往村民家中了解参保情况

（二）有力补充社会保险服务供给

通过发挥社会志愿者力量，有力补充社会保险服务供给。在服务大厅里，社会志愿者善于用群众熟悉的方式和语言解读政策、指引服务，有助于将社会保险惠民利民政策更好地传递到群众心中；在日常生活中，社会志愿者指导亲友邻里使用"不见面"服务模式，应用网上服务大厅、手机服务平台办理业务，享受足不出户的便捷服务。通过社会志愿者的努力，各级社会保险服务大厅的工作压力有所减缓，群众办事跑腿次数明显减少，全省社会保险经办服务满意度逐步提高。

（三）有力探索政府提供公共服务的创新模式

通过搭建志愿服务平台，让广大志愿者、志愿服务组织投入到服务保障基础民生的第一线，彰显理想信念、爱心善意、责任担当，用口口相传的方式传播社会保险政策，致力于使每个社会个体成为积极主动的行动主体，参与到社会保险体系的建设中来。

四、未来展望

社会保险志愿服务取得积极成效的同时，仍存在社会志愿者人数还不多、社会志愿服务组织积极性未充分调动、活动影响力不够大等问题。下一步，广东省社会保险基金管理局将从以下几个方面重点推动。

（一）加大社会志愿者招募力度

主动对接省志愿者联合会和社会志愿组织，团省委组织的"益苗计划"，引导和扶持更多志愿服务组织关注社会保险、支持社会保险、投身社会保险，形成一批示范项目，探索示范性志愿服务组织承接政府购买社会组织服务。

（二）积极策划志愿服务活动

围绕中心工作、群众期盼，继续开展"六进"活动，结合大湾区"社保服务通"、灵活就业人员参保、居民养老保险缴费、工伤保险联网结算、失业保险待遇申领等工作主动开展志愿宣传。

（三）培育社会保险志愿服务品牌

充分利用报纸、杂志、网站、微信公众号、微博等渠道开展社会保险志愿服务宣传，营造良好社会保险经办社会舆论氛围。弘扬"奉献、友爱、互助、进步"的志愿精神和"热情、温暖、真诚、善良"的社会保险文化，积极培育具有广东特色的社会保险志愿服务"暖心"品牌。

"智慧人社"：构建民生服务新生态

广西壮族自治区南宁市人社局

摘要： 南宁市人社部门深入学习贯彻习近平新时代中国特色社会主义思想，紧紧围绕企业群众"只进一扇门、只跑一个窗、只上一张网，办好所有事"服务目标，大胆摆脱条条框框束缚，积极克服各方压力，用创新的思维、改革的办法、持续的韧劲，着力推进人社服务信息化建设，积极探索大数据、人工智能、区块链等新技术在人社领域的应用，在全国率先建成全业务、大集中、一体化的"智慧人社"信息系统；创新建立"线上一网通、线下一门办"人社公共服务新体系；探索推进公共服务"免申即办"改革，打造出民生政策"一出台、即落地"和企业群众"对条件、就享受"的服务新生态。

关键词： 人社数字化转型 "智慧人社" 民生服务新生态

一、背景沿革

近年来，各级党委政府对深化"放管服"改革、"互联网＋政务服务"、政务数据"聚通用"、优化营商环境等方面提出一系列部署要求。但随着适应新形势新要求的信息化建设支撑乏力的问题越来越严重，人社公共服务越来越难以满足企业群众服务需求，企业群众对办事难、办事慢、办事繁等问题反映强烈。

（一）信息系统分散割裂，信息互不共享

人社部门工作涉及就业、社保、人事、人才、收入分配和劳动关系建设等民生服务领域，改革前，基于业务管理需要，南宁市人社部门需按业务使用13个系统，系统之间分散割裂，业务信息互不共享，形成数据"烟囱"、信息"孤岛"，致使业务部门"各唱各调"，导致企业群众办事平台难找、材料繁多、反反复复，一些惠民政策"大打折扣"。

（二）业务窗口散布全市，业务互相割裂

由于部门较多、业务不同、场地有限，南宁人社部门在全市不同区域分设就业、社保、培训、人才、职称、监察、仲裁等各类办事窗口，群众办事需多头跑、多头问、排长队，苦不堪言。同时，各服务窗口标准不统一的办理规范也让企业群众的办事体验不佳，进一步影响了惠企利民政策的落地效率。

（三）工作思维传统僵化，服务消极被动

原有服务思维"管理"至上、"便我"为主，缺乏运用信息化拓展"便民"服务意识。受传统管理思维影响，改革前各业务系统主要停留于怎么方便前台经办、怎么方便自己管理；对如何通过信息共享减少材料、通过业务协同精简流程思考少、顾虑多；对如何利用信息化手段加强数据校验、智能审核、实时监控缺乏思路、不愿尝试。

二、做法经过

（一）"全事项使用一把尺"，确立"服务标准化"规范

人社业务一直具有管理政策多、业务事项多、服务对象多、手工办理多的特点，"业务事项底数不清、规程五花八门、数据七零八落"等乱象长期存在。2017年，以"减证便民""一事通办"等为契机，南宁人社率先梳理并公布了人社服务事项目录（2018年初确定全系统262项对外业务），汇编了全部事项的《办事指南》《工作手册》等，将各事项的办理事项、办理流

程、办理材料、办理时限"四个明确",让办事群众看得清清楚楚、干部职工搞得明明白白,为进一步规划整合业务系统、需求调研、统计分析、服务监控等提供了重要基础准备。

"智慧人社" APP 截图

(二)"全数据融进一盘棋",建成"人社大集中"系统

2018 年,为确保系统整合有序推进,业务开发合理有效,南宁市人社局组织起全系统 300 多名业务骨干,进行半个月的集中封闭征集需求。在充分调研的基础上,全面废除原由各单位和部门按业务分设的 10 多个业务系统,建立起全业务一体化的"智慧人社"系统,建立"一人一号、一企一号"的统一数据库,搭建"内部融通、外部联通、上下贯通"的统一应用平台,为"全区通办""全国通办"预留接口;并将电子社保卡身份认证融入"智慧城市"应用,实现扫码就医、购药、进图书馆、进动物园等"一码通城"服务。依托系统"业务全覆盖""数据聚通用"优势,南宁市还率先推出"政策找人、补贴找企"的"免申即办"服务模式,通过智能比对、实时跟踪,精准筛选合规对象,精准复核服务信息,精准兑现服务结果,精准守护资金安全,实现"零申报""零材料""零跑腿""零见面"的主动服务,打造出民生政策"一出台、即落地"和企业群众"对条件、就享受"的服务新生态。

(三)"全业务集成一体化",打造"一网通、一门办"体系

依托"智慧人社"系统,积极协调人社各窗口部门打破原场地分设、业务自理的服务格局。在线上业务办理方面,清理整合 23 个网站、微信、

APP 等平台，南宁市整合建立起全市统一的"一网一微一端一体机"平台，推进全市 99%（240 项）的对外服务事项网上办理，实现"24 小时不打烊"服务；线下窗口服务方面，将各业务窗口统一规划调整为全业务"一门式"受理的人社服务大厅，实行"一窗受理、系统流转、限时办结、统一反馈"。同时，统一后台管理，让群众不管在哪个平台办事都是一样的标准、一样的体验，实现"进一门能办人社所有事、到一窗办好人社所有事、上一网免跑人社所有事"。

"一门式"受理窗口

（四）"全部门拧成一股绳"，深化"打包一件事"服务

充分发挥"大集中"系统优势，以"大人社"思维梳理服务事项，通过数据共享、业务协同等方式，推进跨业务、跨部门事项简化办理。依托在"免申即办""八步变一步"等方面的创新探索，南宁市深入推进"人社服务快办行动"，按照"一包受理，可大可小；一站接收，可窗可网；一套材料，

可拆可合；一线评价，可好可差"的打包思路，在全国率先或创新上线"高校毕业生就业""劳动维权"等16个"打包一件事"，推动20多个部门50多个事项跨部门"打包办"，提供"打包办""提速办"服务80万人次，工作效率领跑全国。2021年7月，南宁市对人才服务"打包一件事"进一步优化升级，梳理整合全市39个单位72个人才服务事项，上线全国首个多部门、多渠道、多功能集成的"智慧人才"一体化服务平台，实现人才政策"一站宣传"、人才资讯"一窗浏览"、人才待遇"一键测评"，人才服务"一网通办"、人才招聘"一体服务"。

打包快办清减材料成效

办事场景	服务总事项（项）	跨部门事项（项）	减少表格（张）	减少材料（份）	减少填报信息（项）
企业招用员工（B1）	24	2	12	7	172
企业与员工解除终止劳动合同（B2）	13	3	5	4	83
失业（B3）	14	0	3	11	26
高校毕业生就业（含灵活就业）（B4）	23	5	7	13	84
事业单位聘用工作人员（B5）	17	4	15	31	238
创业（B6）	24	2	22	6	121
职工退休（B7）	14	3	11	10	86
申领工亡人员有关待遇（B8）	17	1	10	6	114
退休人员过世（B9）	6	0	2	1	1
社会保障卡服务（B10）	6	0	0	8	6
劳动维权服务（B11）	17	5	6	9	98
个人补贴申请（B12）	11	0	8	12	41
单位补贴申请（B13）	17	0	10	23	51
工伤待遇服务（B14）	21	0	11	5	107
单位培训鉴定服务（15）	5	0	5	7	15
人才服务（16）	38	28	23	24	432
小计	267	53	150	177	1675

"打包快办"清减成效

（五）"全流程置于阳光下"，实行"受审全分离"模式

以扎紧权力"笼子"为目标，将人社"一门式"服务事项全部拆分为受理、经办、反馈三大流程，实行"线上线下多平台统一受理——系统智能推送分头办理——线上线下多平台统一反馈"，实现"受理不办理、办理不见面"，有效防范权力寻租和"人不在岗、业务停滞"；建立"全程跟踪、实时监控"的业务监控平台，让群众随时掌握进度，驻南宁市人社局纪检组可实时跟踪、查看，更好地防范干部"权力任性"和基金"跑冒滴漏"；同时，依托区块链技术，建立"智慧人社"业务平台与金融账户平台直联，联动审计、财政、纪检等部门直接监管的"区块链 + 人社资金监管"平台，实现"家家有账目、事事难抵赖"，形成多方参与、立体监管的阳光服务格局。

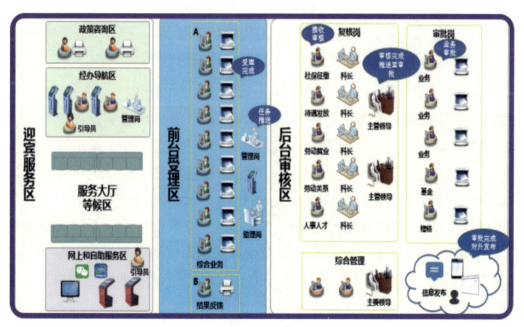

"受审分离"示意图

三、成效反响

（一）群众办事更加方便快捷

目前，南宁市本级已建成 7 个人社"一门式"受理大厅，全市 224 项人社窗口业务全部进入大厅受理，实现企业群众无论在全市哪个大厅都能办人社所有事，无论在大厅哪个受理窗口都可办好人社所有事。"网厅""掌厅"已上线 240 项公共业务查询或办事，网办率达到 99%。自 2018 年南宁"智慧人社"改革至今，全市共减少企业群众"多头跑"78.5 万人次，减少重复填报材料 119.1 万份，提供"一门式"服务 153.5 万人次、"一网通"在线查询或办事 8100 万人次。线下窗口业务量由原来的 80% 降至现在的 20%；电话调查满意度由 88% 提高到 96.2%；有效实现群众办事"不进门，网上办；进一门，一窗办；简便事，自助办"。

（二）政策落地更加高效公平

依托全业务"智慧人社"系统的数据融通、智能比对、业务协同优势，在全国创新推动实现失业人员领取失业金等 29 项公共服务自动审核，实现"即申秒办"；在全国首创稳岗返还等 25 项公共服务免去申办环节，实现"免申即办"。比如，自 2019 年 8 月稳岗返还补贴实施"免申即办"改革以来，3 个月即发放 13032 家企业 3831.44 万元，惠及企业数超过前 5 年全市累计总和，彻底打破民生惠民"谁知道、谁申报、谁享受"的被动格局；再如，自 2021 年 7 月起实施小微企业吸纳高校毕业生社保补贴"免申即办"发放后，2 个月发放 2467 家 3393.01 万元，小微企业受惠数是上一年的 20 倍。

（三）监管决策更加阳光智慧

依托"智慧人社"系统"全程跟踪、实时监控"功能，让群众随时掌握进度，对经办人员智能预警，将原一个人的"封闭操作"变成随机分配的"阳光办理"，可更好地防范干部"权力任性"和基金"跑冒滴漏"，对"庸懒散浮拖"作风问题和失职渎职等职务犯罪形成震慑。此外，依托系统的智慧监控功能，实时监控全市人社系统的任务调度、业务完成、经办投入、经办负荷等方面情况，精准统计分析各业务事项、业务环节的办理情况，为领导决策、干部考评提供直接有效依据。

四、经验启示

（一）统一认识、躬身为群众，是推进改革的首要前提

建设全业务一体化信息系统，涉及权力再调整、利益再分配，并且耗资、耗物、耗人、耗时，需要立足长远谋划、站位全局决策、久久为功打磨。单位党组认识到位，才能统一思想、坚定方向、聚集资源，争取各方支持；党组推动到位，才能拔掉钉子、拆掉藩篱、破除阻力，形成强大合力；党组跟踪到位，才能咬紧目标、压实责任、强化落实，实现改革预期；党组坚持到位，才能有效确保确定下来的改革方向不改变、抛出来的各类问题不阻碍、吹过来的各方压力都顶住。

（二）流程优化、标准化先行，是推进改革的必要基础

政务信息化，就是围绕提升服务、强化管理而建设，定事项、定流程、定材料等标准化工作是首要工作。特别是"一门式""一网通办""免申即办"等具体服务改革，更要有严格的标准化作为支撑，方能服务整合、流程优化、界面规整、风控到位。南宁人社信息化改革正是从流程梳理再造、归并优化开始的。通过对标准化业务流程的不断充分利用，南宁人社得以源源不断地推出"即申秒办""免申即办""打包办"，并进一步延展出"区块链＋人社""智慧民生"等创新应用。

（三）统一思想、一股绳使劲，是推进改革的重要保障

破旧立新，统一思想是关键。外部，南宁市人社局主动汇报，赢得南宁市委市政府的坚定支持和自治区人社厅的肯定鼓励，让干部职工坚定了方向、敞开了思路、放开了手脚；内部，人社局党组"拍板"统一决策、"一

把手"亲自组织动员、分管领导分头推动，召开大大小小动员会、宣讲会、督办会、业务研讨会80多次，最大限度调动干部职工的积极性，形成全市人社系统"上下一心推改革"良好氛围。

（四）成果激励、为改革添彩，是推进改革的重要助力

基于南宁"智慧人社"系统的标杆影响，人社部在2019年、2020年连续两年选择在南宁召开全国现场会或观摩会，3次通过公开文件推广南宁的经验做法或创新。2021年1月，人社部信息中心与南宁市人民政府签约共建智慧人社联合创新实验室。工作成效被人民日报、新华社等权威媒体报道超1000次，全国各省（自治区、直辖市）160多个兄弟单位考察团共计1700多人先后来南宁交流学习，极大地激发了干部职工创新热情。

五、未来展望

当前，南宁"智慧人社"系统平台已成为南宁"智慧城市"的核心服务平台之一，是全市一体化"大政务"平台建设的核心依托。南宁人社改革经验正不断向公共服务领域延伸，"智慧民生""区块链＋民生""智慧人事""智慧自贸""智慧HR云"等改革举措正在不断落地中。但在数字化转型过程中，跨系统、跨业务部门的数据共享和应用有待进一步加强。

下一步，南宁市将按照党中央、国务院有关部署，继续发挥南宁人社在信息化方面的优势，以智慧人社联合创新实验室为重要依托，全力推动大数据、云计算、人工智能、5G、区块链等先进技术在人社领域创新应用研究，以新技术新理念积极推出改进、优化线上线下业务办理流程的尝试和构想，以更大的改革力度、更扎实的改革举措全力推进公共服务改革，全力营造"办事更加舒心、服务更加贴心"的营商环境。

"社银合作"打造人社服务新名片

四川省人社厅

摘要： 四川省坚持把系统行风建设作为引领人社事业高质量发展的"一号工程"，以人社公共服务供给侧结构性改革为主线，结合实际与银行开展合作，推动社银一体化网点建设和"线上""线下"深度融合，成功探索出社银合作服务新模式。这一新型服务模式，充分释放"1+1＞2"的聚合效应，实现人社公共服务的多元供给、有效供给，配合人社公共服务平台打造出"农村5公里＋城市10分钟"人社服务圈的现实图景，实现人社服务家门口"就近办"的美好场景，有力增强了人民群众的获得感、幸福感、安全感。

关键词： 社银合作　人社服务多元有效供给　人社服务就近办

一、背景沿革

四川省面积 48.6 万平方公里，常住人口 8000 万人以上，辖 21 个市（州）183 个县（市、区），镇村两级行政区划调整改革之前镇（乡、街道）达 4600 多个、村（社区）超过 5 万个，各级行政区划数量均长期居于全国首位。四川，素有地域面积广、人口基数大、行政区划多、发展不平衡等特点。一段时期内，这些特点的交织叠加稀释了公共资源，降低了服务效能，制约了经济发展，影响了基层治理，向公共服务提出越来越严峻的挑战。

新时代背景下，人民群众日益增长的服务需求和服务能力不足之间的矛盾逐渐成为人社公共服务的主要矛盾，人社公共服务的供给侧结构性改革呼之欲出，优化提升人社公共服务供给载体是最现实的课题、最关键的一环。

伴随信息化、大数据的"互联网+"衍生服务供给模式虽然逐步成为新的发展趋势，但受传统服务需求惯性和人口总量增长、老龄化程度加深等方面因素影响，人社公共服务实体平台在未来一段时期内仍将是提供人社服务的重要渠道。人社公共服务平台主要依赖于行政层级而存在，传统的科层制组织体系和治理方式在一定程度上影响了服务的供给效率，加之基础设施和服务能力相对薄弱，数量和质量维度、空间和时间维度都难以承载人民群众日益增长的服务需求。总而言之，亟待通过改革创新对既有服务平台体系予以迭代更新和重构。

2018年以来，四川人社系统坚持把"服务平台标准化"作为建设之首、突破之先，与银行等金融机构探索推行"社银合作"模式，把公共服务平台和社银合作平台作为人社服务平台标准化建设的"一体两面"同步推进。

二、做法经过

社银合作服务模式，即在精准匹配人民群众的服务需求、有效整合人社部门服务供给的条件下，借助银行等金融机构的场地、人员、设备、渠道和先进服务理念，办理人社服务事项，宣传人社惠民政策。社银一体化网点，就是把符合条件的银行等金融机构网点打造成人社服务平台，推进人社和银行的元素融合、业务融合，变"银行网点"为"人社窗口"，变"银行人员"为"人社经办人员"，从而拓展人社服务空间，方便群众就近、就地快捷办理人社相关业务。

（一）"一条心"的合作共识，变"各行其是"为"牵手共赢"

打造社银合作这一新型服务模式，核心是要凝聚双方在合作发展上的广泛共识。一是服务理念一致性上的共识。四川人社部门全面建设群众满意的人社公共服务体系与银行等金融机构"顾客至上"的服务理念高度契合，这是合作的基点。二是市场要素优势互补的共识。人社部门具有人员流、信息流、现金流等三方面的资源优势，而银行等金融机构服务网点分布广、服务理念更新快、服务反应灵敏度高、服务行为专业性强，禀赋资金、技术、管理等方面的市场要素，双方在要素上是各取所需的关系，这是合作的关键。三是长期合作实践经验上的共识。人社部门涉及的多项业务与资金相关、与银行相关，双方在长期密切的配合协作中相互了解，具有深厚的合作经验，在人社公共服务领域继续深化合作成为现实可能，这是社银合作的基础。

（二）"一盘棋"的统筹谋划，变"一花独放"为"满园春色"

社银合作紧紧围绕方便群众"就近办"这一出发点，采取"点上先试、面上再推"的实施路径。

2018年，四川省人社厅与工商银行四川省分行达成合作意向，首先在工行雅安熊猫支行网点对社银一体化网点建设开展试点。雅安市以熊猫支行网点建设为切入口，以点带面、标准指路，推动工行制定出台社银一体化建设省级标准，迅速打造社银合作"雅安模式"。在试点中，雅安市人社部门利用工行银联系统和"融e联"APP开通手机人脸识别认证、电子社保卡申领等业务，工行则在营业网点全面植入人社标识标牌、悬挂社银合作灯箱等人社元素；雅安市人社部门与工行雅安分行签署战略合作框架协议，明确将社银一体化网点建设和线上缴费渠道开通情况与社保资金缴存、转移支付资金存款、社保待遇支付等直接挂钩，有效调动了银行积极性，促使银行主动共同推进社银一体化网点建设，全额承担社银便民线上应用系统研发、提供

泸州市合江县联合多家合作银行开展
社银合作业务宣传

社银合作业务宣传现场

人员支持和投放相关设施设备等所有资金投入；同时，大力推动社银合作由中心城区向基层延伸，在市县乡村四级人社平台投放社银自助一体机的同时，研究开发适合田间地头上门服务的便携式服务终端，有针对性地对偏远山区及老弱病残等特殊群体推行"背包客"上门服务，切实打造"可移动"的网点；雅安市人社部门授权工行接入金保核心系统、连接人社网上办事大厅、办理人社低风险业务、使用社保基金票据等，群众和参保企业可在银行网点全流程办理生存验证、参保登记、参保查询、社保缴费、权益证明打印、社保卡办理等6项高频业务；创新推出社保"e"缴费项目，全渠道支持参保个体和单位通过微信二维码扫描、手机银行、自助终端、所有银行卡等缴纳社保费。通过试点社银合作，群众到社银一体化网点办理社保卡，只需带一张身份证，不填表、不排队、不往返跑、不提供照片，整个办理过程从以前批量制卡的2个月缩短到现在只需5—7分钟，全市通过银行渠道全流程发放社保卡比例达100%，通过工行线上缴费渠道累计缴纳社保费50.2万笔，占全市社保缴费业务量的25.1%，带动全市社保线上缴费增长30%以上。

四川省人社厅积极推广雅安模式，召开全省现场推进会，同时把"市县两级社银一体化网点建设覆盖率"指标列入全省人社事业发展年度计划，通

雅安市工行熊猫大道社银一体化网点服务大厅

过柔性引导和刚性约束迅速将"雅安经验""工行模式"推向全省，并在全国人社系统得到广泛宣传推广。

（三）"一张图"的标准引领，变"自发无序"为"规范统一"

社银一体化网点建设在全省推开初期，由于缺乏统一的建设规范，合作网点的建设水平、服务能力参差不齐。为此四川省人社厅在前期建设经验基础上，研究出台《四川省社银一体化网点建设规范》，描绘了全省社银一体化网点的一张蓝图，提出了"规范统一""整合资源""创新引领""风险可控"的16字规范原则，统一了"建设选址""设施设备""功能布局""服务事项"等方面的建设标准，并明确了人社行政部门、人社信息化管理部门、人社业务经办机构和合作银行的责任分工。在统一的标准指引下，工行、建行等发挥在城区网点分布多的优势，农行、农商行、邮储银行等发挥在农村网点覆盖广的优势，形成了社银一体化网点齐抓共建的工作格局。

（四）"一张网"的深度融合，变"单一服务"为"多元供给"

全力打造"线上+线下"授权服务、优势互补、多渠道服务的社银经办模式，把"线上""线下"交织成为一张多元的"人社服务供给网"。依托全省人社公共服务平台、金融交易平台等省级平台基础，分级分类授权合作银行接入核心系统，根据不同网点承接能力确定社会保险经办、社会保障卡经办、就业创业服务等服务权限。联合银行打造培训课程，定期集中培训银行工作人员，加强现场业务指导，提升社银一体化网点人社业务经办能力。积极拓展社银合作线上应用渠道，创新推出"工银就业通"、创业担保贷款网上审批等应用，全渠道支持个人和单位通过微信二维码扫描、手机银行、自助一体机、便捷终端设备等办理人社服务，不断持续提升"智慧人社"服务水平。着力打通服务"最后一公里"，雅安等地创新开展社银"大篷车"进基层宣传活动，宜宾市利用"社银共建"设备把便民服务拓展到银行网点、保险公司营业点、学校等九类场所，泸州市合江县等地把社银一体化网点建进了人流密集的政务服务中心，成都市武侯区红牌楼等社银一体化网点承揽了所在社区绝大部分人社服务业务。

三、成效反响

在社银一体化网点建设的牵引作用下，经过三年的努力，四川全省社银合作服务模式实现了从"0"到"1"的突破、从"1"到"N"的覆盖、从"社保"到"人社"的拓展和从"有没有"到"好不好"的重大转变。

三年来，全省183个县（区、市）社银一体化网点建设基本实现了全覆盖。目前，四川全省已建成标准化社银一体化网点超过1000个。多地实现了"7×24小时"社保自助服务，社银一体化网点把社保卡批量制卡的2个月时限缩短为立等可取的10分钟时限。

四、经验启示

（一）"摸着石头过河"，改革创新是推动事业发展的不竭动力

推行社银合作服务模式、建设社银一体化服务网点，经历了从无到有、从少到多、从有到好的过程，是人社公共服务领域改革创新的具体体现。唯有坚持不懈改革创新，才能不断提升人社公共服务水平，才能持续满足人民

雅安市社保银行一体化服务网点

日益增长的美好生活需要。

（二）"用好两只手"，互利共赢是实现资源配置推进深度合作的坚实基础

只有顺应大势，发展才会有起势；只有互利共赢，发展才会有基础和动力。开展社银合作，实现了政府与市场的"双手联弹"，既让市场主体依据"无形之手"配置资源、满足需求、补充供给，又让人社部门更好发挥"有形之手"调控供给产品的作用，"两只手"相辅相成、互利共赢。

（三）"一个标准管到底"，标准化建设是引领试点经验快速推广的关键手段

党的十九届五中全会明确提出，到"十四五"末基本公共服务均等化水平要明显提高，到 2035 年基本公共服务要实现均等化。开展社银合作，在"设施设备""功能布局""服务事项"等各个重要方面进行了统一规范，很好发挥了标准化的引领作用，实现了由点及面、由面到片的快速规模化推广，带动整个基层服务能力有效提升。

（四）"金杯银杯不如老百姓的口碑"，群众的体验感是检验工作成效的试金石

在社银合作实践中，四川省着力转变服务理念、改善技术手段、优化办事环境、提升供给质量，既注重"智能服务"，也关注"适老服务"，实现了与办事群众的良性互动，为群众带来良好的体验感。群众的信任源于日常的点滴感知，人社公共服务是我们面对群众的一扇窗，只有将窗户打开，窗外的阳光才能照亮群众的心房，让群众心中充满温暖和希望。正因如此，四川人社公共服务群众满意度测评综合指数由 2016 年的 81.51 连续提升到了 2020 年的 91.48。

五、未来展望

在新形势新情况新任务背景下，纵深推进社银合作进而扩大合作范围，

提升人社公共服务水平，还面临多方面的问题和挑战，需要持续用力、不断突破。

（一）适应新的变化，着力提升社银合作的支撑作用

近年来，四川省相继实施机构改革和镇村行政区划调整改革。这两大改革之后，一方面，四川省公共服务的实体平台建设工作自上而下由政务服务部门牵头统一推进，人社部门不再自行建设基层服务平台；另一方面，镇村两级行政区划数量大幅合并减少，全省乡镇（街道）减少1509个、减幅32.7%；建制村减少18429个、减幅40.55%；村民小组减少153713个、减幅39.8%；优化新增社区457个、增幅5.9%。以往在全省广泛覆盖的人社服务所、人社服务站将逐渐退出历史舞台，人社服务的基层实体供给平台和实际工作人员将逐步减少。因此，社银合作平台将在四川省人社服务领域发挥更大作用。这种情况下，既要不断深化社银合作，加快建设步伐，进一步扩大社银一体化网点覆盖的数量；又应加强业务数据交互，科学制定服务清单，把更多人社服务事项纳入社银合作的范畴，让社银合作对人社服务起到强有力的补充作用。

（二）发挥资源优势，广泛调动银行机构的积极性

近几年，随着社保征管体制改革的持续推进，社保领域的资金量大幅减少，在相当程度上降低了银行等金融机构对社银合作的积极性，对更深层次推动社银合作产生了直接影响。为此，一方面，要坚持求同存异，与银行机构凝聚合作的共识，有效激发银行机构的参与热情；另一方面，要发挥人社部门的资源优势，用好就业补贴资金、创业担保贷款资金、农民工工资支付账户资金、社保卡发放惠民惠农财政补贴资金等资源，增强合作的吸引力。同时，要健全完善社银合作机制，进一步明确双方的权利和责任，按照依法依规、权责分明、合理布局、风险可控等原则，与合作银行广泛签署合作协议，常态化制度化推进社银合作。

（三）延伸合作触角，构建开放合作的新格局

近几年，四川省在总结推广"人社＋银行"的社银合作模式基础上，不

断扩大合作范围，积极探索"人社＋通信运营商""人社＋互联网企业"等新的合作模式，先后与电信、移动、联通、腾讯、阿里巴巴、华为等行业龙头企业达成合作意向，在信息化基础支撑、共建大数据联合实验室、就业培训在线监管、农民工服务平台开发运维、社保服务、在线仲裁庭审等方面开始了合作上的探索。正在逐步呈现出的"人社＋"大服务新格局，未来将持续提升人社数字化建设应用水平，增强人社公共服务多渠道多元化供给能力，推动整个人社事业实现创新发展、高质量发展。

人社政务服务"电子地图"提供精准指引

陕西省人社厅

摘要： 为贯彻落实陕西省委、省政府深化"放管服"改革、优化营商环境工作有关要求，不断提升政务服务水平，结合"我为群众办实事"实践活动，聚焦企业群众办事"找不准办事点、不知该带啥资料、不知还能办啥事"等困惑，陕西省人社厅创新服务模式，全力打造具有"知点找点""知点找事""知事找点"及"链接直办"等四大功能的电子地图，着力解决企业群众办事难题。自 2021 年 5 月上线以来，电子地图手机端（陕西 12333 微信公众号、陕西人社微信公众号和秦云就业微信小程序）和 PC 端（陕西人社政务服务网）累计访问 19 万余人次，为企业群众办事提供精准指引。

关键词： 人社政务服务　电子地图　精准指引

为进一步提高人社政务服务水平，根据人社部统一安排部署，陕西省人社厅扎实开展"人社政务服务电子地图"开发应用工作，把实现人社网点"查得到、找得着、好办事"作为解决企业群众办事堵点痛点问题的重要切口，创造性开展工作，将人社网点与可办事项紧密结合，不断拓展服务广度和深度，着力解决企业群众办事难题。

一、背景沿革

随着政务服务环境的不断优化提升，陕西省持续推进线上"一网办""掌上办"、线下"一门办""就近办"等改革举措，给企业群众办事带来了极大便利，但随之也带来了一些新的困惑，如"线上线下网点众多、到底找哪一个最方便""哪一个网点最适合我"等问题。带着这些问题，陕西人社部门开始思考，能否开发一个能提供精准指引的办事地图，将人社部门所有办事渠道"尽收一图"，并通过大数据分析，根据办事群众所处位置、本人参保地等信息，提供精准化指引。恰在此时，人社部在全国范围部署该项工作，并将陕西作为全国试点省份之一。

2020年12月，陕西省人社厅开始收集各级人社服务窗口办事网点，正式启动电子地图"绘制"工作。

经过不断修改完善、反复测试，人社电子地图于2021年5月正式上线，之后立即受到了办事企业、群众的欢迎。实践证明，这项改革虽然切口很小，但可开掘的深度、广度非常大，为群众服务的创意空间还很大，陕西人社部门还将继续创新完善，力争为企业群众办事提供全方位精准指引。

二、做法经过

（一）健全机制，规范采集

制定工作方案，建立"省抓市、市抓县区、管理员抓采集员"的网格化调度工作机制。召开线上视频培训会，下发"易看、易懂、易学"的培训视频和操作手册。统一审核规则和标准，及时解决存在问题，全省2088名网点信息采集员和143名信息审核员用一个月时间高效完成全省6429个政务服务网点信息采集工作。

（二）全面核查，有序推进

建立工作群，畅通沟通渠道，提高协调效率。通过周调度、月通报、重

采集人社政务服务网点门头照

点跟进等方式，对进展缓慢市县跟踪指导，确保进度一致、不留死角。采集信息实时上传，及时审核，做到有疑问立即核实。派专人通过实地踏勘抽查，对已发布网点的名称、地址、服务时间等重要信息进行核查核实，对有问题的信息反馈督促纠正，确保工作有序推进。

（三）梳理事项，夯实基础

陕西省人社厅组织厅属相关单位和各市全面梳理人社服务事项，先后召开 35 次专题会议，完成《陕西省人社政务服务事项清单和办事指南》（2020版），研究确定六大类 162 项事项，实现全省范围内事项名称、事项简述、事项类型、事项编码、设定依据、办理层级、办理材料、办理时限、跑路次数等 11 项要素规范统一，为各级人社服务网点分配事项打下坚实基础。

（四）集智攻关，勇于革新

以人社政务服务网点信息采集和事项梳理标准化工作为基础，组织厅属相关业务处室、软件开发公司集中攻关，制定省级规范、市级分发、县级认领的工作机制，将人社政务服务事项清单和办事指南与人社政务服务网点相结合，全力打造人社政务服务电子地图，全方位为企业群众办事提供精准指引。

（五）注重体验，完善功能

增设反馈模块，广泛征集使用过程中遇到的问题和意见建议（如下图所示），及时梳理汇总、修改完善，提升企业群众使用体验。召开基层窗口单位工作人员座谈会，了解办事群众实际使用情况，从群众视角出发，优化界面设置，提高"产品认可度"。

征集意见建议

（六）加大宣传，营造氛围

充分发挥"两微一端"政务新媒体传播快、受众广等优势，加大"人社电子地图"宣传力度，用通俗易懂的语言、生动形象的情景故事、简单直观的表现形式，将"人社电子地图"如何好用、如何便捷讲清楚。在各级人社窗口单位张贴宣传彩页，印发宣传手册，引导企业群众广泛使用。多家媒体刊发报道，得到广大群众的一致好评。

三、成效反响

（一）"知点找点"

"我想去省社保局办事，怎么去呢"——对于企业群众已知办事地点，输入机构名称，就可以显示人社政务服务网点的准确地址，在地图上点击，即可导航至目的地。同步显示服务大厅门头照、指示牌和导引图，方便群众快速识别，实现从"查得到路"，到"认得准门""找得对窗"升级。

（二）"知点找事"

"省人才中心到底能办啥，我想办的事在这里能办吗"——将人社政务服务事项清单和办事指南与人社政务服务网点紧密关联，所有人社服务网点共对外展示 27086 个具体可办事项（含重复统计事项）。企业群众输入机构名称，在地图上点击选择，即可查询到该服务网点能够办理哪些具体业务。

（三）"知事找点"

"想要办理创业担保贷款，在哪里能办呢"——对全省 162 项人社服务事项的政策依据、业务信息、办理流程等要素进行规范统一，构建"纵向集中统一、横向集约整合、纵横对接一体"的事项管理体系。企业群众有办事需求，输入服务事项名称，就可以查询到哪些机构可以办理该事项，自主选择去哪个机构办理。

（四）"链接直办"

"我的社保卡丢了，在哪里能挂失呢"——进一步丰富拓展企业群众办事渠道，在人社地图部分服务网点加载 83 个网办事项。企业群众点击想要办理的事项名称后，即可显示该事项的网办链接，进入链接即可直接办理该业务，为企业群众提供便利服务。

陕西人社电子地图全面展示 2959 个人社办事网点，其中人社机构 1026 个，关联全量人社政务服务事项清单和办事指南；社保卡服务网点 796 个，可办理社保卡全量业务；标准化创业中心 1137 个，显示创业中心基本情况及可办理业务。

服务网点数量

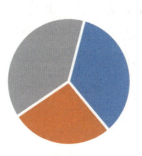

■ 人社机构 ■ 社保卡网点 ■ 标准化创业中心

人社办事网点类型

自 2021 年 5 月上线以来，截至 2021 年 9 月底，各渠道累计访问 19 万余人次，使用量逐月大幅增长。企业群众线下办事查得到路、认得准门、找得对窗、带得齐资料；线上办事免跑路，点击链接直接办，极大方便了企业群众办事。

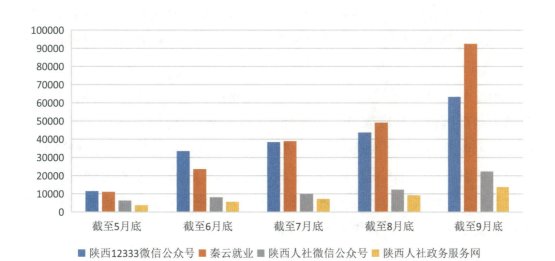

■ 陕西12333微信公众号 ■ 秦云就业 ■ 陕西人社微信公众号 ■ 陕西人社政务服务网

人社政务服务电子地图各渠道使用量

四、经验启示

（一）人社服务的发展趋势——让群众办事更方便更快捷

当前，互联网技术发展迅猛，对传统政务服务造成了很大的冲击。通过开发上线人社政务服务电子地图，陕西省人社部门意识到人社服务要及时从传统思维中解放，并向互联网思维转变，进一步打破内部业务壁垒，推进跨部门信息归集，整合资源、优化流程，推动人社服务从办事"难慢繁"向"易快简"转变，提升办事效能。

（二）人社服务的发展目标——满足群众办事的个性化需求

在开发的人社地图中增加意见建议反馈模块，引导公众广泛参与，全面收集企业群众意见建议，持续优化完善。从群众需求出发，立足实用、好用，预判群众潜在服务需求，探索大数据智能化自动匹配，精准推送"个性服务"，构建"个人画像"，把企业群众体验感受和反响作为检验人社服务是否"接地气"的"试金石"，打造全生命周期闭环人社服务。

（三）人社服务的发展动力——坚持改革创新激发活力

人社电子地图既是对近年来陕西人社一系列为民服务措施的一个系统集成，同时也是陕西人社践行"人社服务为人民"理念、不断探索创新的一个缩影。

2021 年以来，开发应用的实名制动态就业系统实现了对 2426.3 万名劳动力精准画像、精准服务；养老保险经办 APP 注册用户达到 1468 万人，90% 以上业务实现"不见面服务"，20 项业务实现"全省通办""同城通办"，各级人社窗口单位深入推广代理办、帮您办、上门办等一系列温馨服务。正是由于理念、模式、技术的不断创新，陕西人社服务才会不断提质增效，人民群众也才会从中感受到更多的获得感幸福感。

五、未来展望

（一）让企业群众"找点"更精准

建立采集员、管理员依职责更新审核机制，动态维护、同步更新基础数据库，确保网点地址、电话、门头照、可办事项等基础信息的准确。注重企业群众使用体验，建立常态化行风明察暗访、办事群众线上反馈等监督机制，及时处理发现问题和意见建议。

（二）让企业群众"办事"更方便

逐步将网点服务事项功能向街道（乡镇）、社区（村）人社服务窗口延伸，纳入"社银合作"银行网点、党群服务中心等基层服务平台。政务服务事项及办事指南与全省政务服务事项标准化梳理保持"同频共振"，及时更新，确保服务网点关联事项精准。

（三）让企业群众"体验"更舒心

综合采取大数据校验、智能识别等多种技术手段，与核心业务系统对接，主动向服务对象推送可办理事项，及时反馈办理结果。完善热点网点显示、远程网络预约排队、排队等待时间预估、事项通办层级显示和更加精准的链接直办等功能，为办事企业群众提供更加人性化、定制化的暖心服务。

特色

北京：稳岗返还"免申" 用人单位"即享"

■ **亮 点：**

2021 年，为进一步落实优化营商环境、深化"放管服"改革，延续落实好失业保险稳岗返还政策，北京市人社局以开展"我为群众办实事"实践活动为契机，以"普惠""易得"为标准，改革政策经办实施模式，实施失业保险费稳岗返还"免申即享"，实现政策覆盖效果、中小微企业享受数量"两个大幅提高"，为稳定首都就业局势和支持企业发展发挥了积极作用。

■ **做 法：**

为解决在落实失业保险费稳岗返还政策中，中小微企业申请意愿低、享受率低的"双低难题"，北京市 2021 年全面推行失业保险费稳岗返还"免申即享"。

强化顶层设计与政策保障，为实现全程信息化奠定基础

一是进一步扩大范围。将社会团体、基金会、社会服务机构、律师事务所、以单位形式参保的个体经济组织首次纳入返还范围。二是裁员率标准放宽至 6%，其中对 30 人以下用人单位的裁员率进一步放宽至 20%。同时加大对中小微企业的政策倾斜，提高返还比例至 60%。三是明确将裁员率公式中的"自然减员"限定为退休、死亡人员，实现依托社保数据自动计算裁员率。四是政策"授权"，明确全面推行"免申即享"的经办服务模式，经信息系统比对校验符合条件的用人单位免予申报、直接享受。

深度再造流程，变"被动受理"为"主动服务"

充分运用"互联网＋人社"建设成果，由系统依据设定好的政策条件自动实施多轮数据比对，确定享受政策企业名单。审核流程由"申请、受理、审核、提交补充材料、公示、拨付"全面优化为系统"自动识别、自动公示、自动拨付"，符合条件的企业"无感""无接触"享受返还。同时与工商银行等16家银行合作，实现资金电子拨付取代纸质单据拨付，大大压缩拨付时间。

"免申即享"拨付流程

集中申请 → 系统校验 → 网上公示 → 用款计划 → 银行报盘 → 资金拨付 → 发送短信

推动数字赋能，部门共享数据科学精准识别企业

深入挖掘社保库数据，依据政策条件为企业"画像"，分类标记不同规模、裁员率企业。依托大数据平台，共享市场监管、经信等部门数据，汇集用人单位登记注销、社会保险缴费、违法失信、经营异常等企业数据和政务数据370万条，夯实"免申即享"数据支撑。

向前一步，打通政策落实"最后一公里"

在北京市人社局官网搭建"失业保险费返还"场景，集中提供申请、公示、查询、办事指南、政策问答、系统操作演示，实现用人单位一网通办。编写提示信息，向"免申即享"企业"精准推送"提示信息，在"北京人社"APP、微信公众号等移动端增加提示查询功能，用人单位可随时随地查询失业保险费返还进度。在政策集成主页设立"呼我必回"传呼功能，咨询人可将联系方式通过系统发送到市区经办工作人员的手机上，市区联动，开通"呼我必回"功能，市区联动回复企业咨询，保障政策应享尽享。开通咨询传呼功能，咨询人提交疑问后系统自动提醒工作人员及时回复。

全程监管，织密扎牢基金"安全网"

为保障资金安全，北京市从五个方面持续发力。一是从确定"免申即享"名单到资金拨付到账，系统全程操作、全程留痕，最大限度减少人为干预。二是将享受其他稳就业防失业政策未履行承诺、不配合核查的企业，转为企业申请、人工审核、重点监管。三是对人力资源服务企业、劳务派遣企业代缴社保费情况进行全面核查并增加实际用工单位确认环节，解决单位间信息不对称问题。四是设置公示前多轮数据比对、公示异议处置、资金核拨前再次比对"三道关卡"，确保数据精准无误。五是返还资金拨付使用用人单位社保系统在用账户，对资金核拨实施闭环管理，及时对拨款不成功的资金进行反馈、回收，保证资金拨付的精准和安全。

北京市人社局官网搭建的"失业保险费返还"场景

■ 成 效:

第一,解决"双低",实现"两高"。真正做到"零申请、零材料、零成本",破解中小微企业申请意愿低、享受率低的"双低难题"。从政策实施效果看,达到了"精准返还、精准服务",实现了企业群众满意、基层经办部门满意的"双升"效果。截至目前,2021 年共有 44.13 万家单位(大型企业 1000 余家,中小微企业 44.03 万家)已陆续收到返还资金 9.82 亿元。超过政策实施 6 年来累计数量的 192%,中小微企业受益率由 2020 年的 13.7% 提高到 69%。符合条件的企业,除纳入重点核查范围的以外,实现应享尽享快享。

第二,审核拨付时间大幅缩短。全程数据比对,无人工审核时间,40 余万家与社保中心签约银行账户的用人单位审核拨付时间由原来的平均 35 天缩短到 14 天,其中还包含 7 天公示和数据交换时间,经办时限压缩 60%。

第三,用户体验、服务效果大幅提升。移动查询方便了用人单位随时随地查看掌握返还进度情况;通过政策集成主页,89.95% 的咨询者(约 17.45 万人次)实现自助服务,约 8.76% 的咨询者(约 1.7 万余人次)通过拨打咨询电话取得指导和帮助,约 1.29% 的咨询者通过"呼我必回"得到工作人员的电话回复(2500 余个)。"12345"派单 2020 年全年 22 单,2021 年截至目前为"0",实现用人单位咨询闭环管理,做到基层满意,群众满意。

第四,中小微企业广泛认可。"免申即享",用人单位不用申请,不用线下提交补正材料,实现"零材料、减环节、减时限",数据信息自动跑路,用人单位无须跑动,坐等返还资金自动到账,对促进单位发展、稳定就业岗位起到良好的助推作用,得到用人单位,特别是中小微企业的广泛认可。

天津："暗访八步法" 磨暗访之利剑

■ 亮 点：

为全面加强窗口行风建设，天津市人社局自 2010 年起，委托第三方机构对窗口单位进行暗访。实施第三方暗访以来，天津市发现和查处了一大批窗口违规违纪问题，遏制了一批苗头性、倾向性问题，挖掘和弘扬了一批先进典型，有效发挥了查访工作的探头作用，对于即时了解窗口动态、改进窗口管理、加强窗口建设，意义重大。

■ 做 法：

多年来，天津市人社局不断更新工作思路、完善工作机制、改进工作方法，形成了较为成熟的暗访经验和做法：

建立一套完善的管理制度

天津市人社局先后出台《天津市人力社保局关于机关和窗口服务单位严格执行"七要七不准"规定的通知》《天津市人力社保系统窗口工作人员行为准则》《天津市人力社保系统窗口工作人员十条禁令》《天津市人力社保系统窗口管理规范》等规范性文件。

出台的《天津市人力社保系统窗口管理规范》，共 7 章 27 个条款，分别对窗口服务大厅建设、窗口人员行为规范、窗口制度建设等方面，作了十分系统、具体的规定，解决了之前窗口制度碎片化、概念化问题，既为系统窗口建设提供了制度遵循，又为查访工作的后续实施提供了充分依据，让查处工作有章可循。

形成一套成熟的运行机制

经过长期摸索，天津市人社局对"暗访工作实施方案"几经修订，形成一幅清晰蓝图。

一是建立暗访机构甄别、培训和退出机制。依托社会招投标平台，面向全社会广泛发布需求公告，邀请行业专家进行严格评审，真正把社会信用良好、资格资质齐全的第三方机构遴选出来。组织专家对第三方机构暗访人员进行专业培训，使暗访人员熟悉人社业务、知晓经办流程、经办要件和办结时限。建立退出机制，每年对第三方机构进行质效考核，对那些责任心不够强、履行职责不到位的机构坚决予以解除合同，确保暗访工作客观、公正。

二是明确暗访形式和内容。暗访形式主要包括实地查看、办事体验、跟踪寻访、问卷调查等。暗访内容重点查访窗口服务环境、作风纪律、服务质量、"放管服"改革等情况，暗访任务为平均全年查访230家（次），其中，对局属窗口单位和区人社局服务大厅查访2次，对街乡镇人社服务网点抽查比例不低于50%。暗访类型以常态化暗访和专题暗访两种形式同步进行。

三是严格约束暗访纪律。天津市将暗访纳入纪检监管重点项目，建立案件举报和线索移送机制，重点打击暗访实施中违反保密规定、弄虚作假、徇私舞弊、谋取私利等行为。

创造一套管用的工作方法

（一）规范"暗访八步法"

为规范和量化暗访过程，天津市实施"暗访八步法"，保证暗访的广度和深度，以可视化、可量化的形式，解决类似项目中长期存在的监管难题。

按照《天津市人社局暗访工作实施细则》规定，第三方机构开展暗访时，每家查访时间不得少于40分钟（以视频摄录时间为准），且严格按照摄录机构、摄录环境、摄录窗口、办事体验、跟踪摄录、走访调查、总结评估、建立档案8个步骤进行。

一是进门前，先摄录显示单位全称的挂牌，明确此次暗访对象；

二是进门后，摄录该单位办事大厅布局；

三是连续摄录观察窗口整体工作人员的行为举止；

四是暗访人员根据该单位业务范围，提前预设好身份和问题，以办事群众身份前往窗口柜台，进行办事体验；

五是瞄准重点人群，以公开或隐蔽的形式，全程跟踪摄录其办事过程；

六是以调查问卷或个别采访的形式，随机选择 1—3 名办事群众开展满意度调查；

七是完成上述实地查访后，对该单位总体情况评估打分；

八是对每家单位建立专门电子档案，包括原始暗访视频、调查问卷、评估报告等，便于后续查对。

暗访

（二）加强暗访工作指导

为提高暗访的实效性，天津市人社局加强对暗访公司的过程性指导，重点在以下四个方面发挥作用。

一是方向指引。指导第三方机构实时调整"行军路线"，聚焦局中心工作、社会关注的热点问题以及群众举报投诉的焦点问题，进行点穴式精准打击。局党组工作重心在哪儿，就在哪儿开辟"战场"；哪儿群众意见大，就把镜头对准哪儿；哪儿工作开展不力，就到哪儿架设显微镜、放大镜。

二是业务培训。以《天津市人社系统行政许可和公共服务事项办事指南》为蓝本，选取群众经常办理的 20 个事项，编制成暗访问答题库，供暗访人员使用。在问题设计上，层层递进，处处"设陷"，既注重考察窗口办事人员的专业能力，又考验其综合素质。

三是行动协同。根据工作需要，天津市人社局适时选派工作人员与暗访公司一道开展联合查访，真正实现"查"与"访"的高度融合。

四是工作监督。针对暗访公司查访深度不够、查访时间不达标、查访频率不均匀等问题，通过召开暗访工作推动会、约谈公司负责人、下达书面整改意见等形式，督促公司及时整改。

■ 成 效：

对于暗访发现的问题，天津市人社局一竿子插到底，坚决追责问责，让暗访成为带电的高压线。以 2018 年为例，通过暗访，天津市人社局共下达限期整改书 50 余份，移送纪检部门 16 件次，处理党员干部 38 人次，在系统内形成震慑。

除此之外，天津市人社局还把暗访纳入绩效考核体系，作为对局属单位年度评估打分的一项重要指标，直接与各单位整体利益挂钩，提升暗访的含金量。

通过长期打磨和精心锻造，暗访内涵和外延不断拓展，暗访利剑初显锋芒和威力，人人关注暗访、人人认服暗访、人人敬畏暗访的态势已经形成。委托第三方开展暗访工作，已经成为天津市人社系统加强行风建设的重要抓手，发挥着日益凸显的作用。

河北承德："情满人社" 服务升"温"

■ **亮 点:**

河北省承德市在全市开展"情满人社"专项行动，瞄对人社公共服务，从体制机制到信息技术和服务能力进行全方位、全链条改革，全力打造承德人社"一网一窗一次"改革升级版，努力建设更加"便民、智能、规范、温暖"的人社公共服务体系。

■ **做 法:**

窗口再整合 让人社服务更"便民"

整合一个机构。参照市人力资源社会保障公共服务中心，组建县级人社公共服务机构，将就业创业、社会保险、劳动关系、人事人才等人社公共服务职能整合到一起，实现一个机构统一对外。

整合一个大厅。加快推进县（市、区）公共服务大厅建设，整合人社各类服务大厅，完善大厅标准，建设视觉识别系统统一、功能更加完善、服务更加规范的人社公共服务窗口。

整合一个窗口。在全市推行"前台综合受理、后台分类经办、一个窗口出件"受审分离的"综合柜员制"经办模式，整合业务受理渠道，优化经办流程，精简证明材料，压缩办理时限，让群众到"一窗"、少排队、快办理。

做实打包"一件事"。深入实施人社服务快办行动。实现市、县15个打包"一件事"均做到前台统一标准受理，后台并联办理，及时反馈办结结果，实现"单点登录、一次认证、全网通办"，120个事项实现提速办、30

个异地事项跨省办，所有事项简便办。开展"社银合作"，借助银行、基础平台等力量，推进人社服务"就近办"，构建更加完备的服务体系。

系统再完善　让人社服务更"智能"

标准再修订。按照"八统一"要求，对人社公共服务事项再梳理，全面推行证明事项告知承诺制，大力精简证明材料。最大限度压缩办理时限，努力将更多限时办结事项变为即时办结或"免申即办"。

系统再完善。升级六大平台，即业务应用平台、业务受理平台、业务协同平台、智能调度平台、数据可视平台、基层服务平台，打造人社业务"一张网"。在 2020 年 297 项人社公共服务事项实现网上办理、130 项业务实现"秒办"的基础上，推动各项服务事项"全服务上网"。改造提升现有信息系统，持续扩大"网站""手机 APP""自助一体机"等服务渠道的应用范围，实现所有人社公共服务事项"应上尽上"。

业务再拓展　让人社服务更"规范"

实行"36524"，做到"人社办事不求人"。制定承德市人社服务"一网通办"应用目录，明确各项目录对应的政策、经办流程、数据表单、系统对接等，在全市范围内提供无差别的公共服务。实行"36524"服务模式，全面推行人社业务全天候、全流程网上办理，实现人社业务 365 天 24 小时不间断网上服务。

服务大厅

创新社会保障卡"一卡通"应用。在95项"一卡通"应用目录的基础上，进一步细化形成社会保障卡"一码通"改革目录，推进社会保障卡在人社领域实现信息查询、费用结算、补贴待遇的全面应用。同时，推进社会保障卡的赋能提质，扩展社会保障卡在就医购药、政务服务、旅游服务、智慧扶贫、城市生活、金融科技等领域的应用。

素质再提升，让人社服务更"温暖"

窗口服务再优化。实现办事流程规范化，全面落实首问负责制、一次性告知制、全程代理制等制度，实现窗口服务规范化，统一服装、统一胸卡、统一公示牌、统一流程图，做到办事依据、流程、时限全部公开，工作人员身份全部亮明。修订《承德市人力资源和社会保障公共服务中心管理标准手册》，推动办公环境标准化，打造特色标准服务品牌。

特殊群体服务更人性化。市、县两级全面实行综合柜员窗口，设立特殊群体业务办理绿色通道，对老年人特别是高龄、空巢、失能、留守等重点群体，以及残疾人等特殊群体，专门建立台账并实施动态管理，依托经办机构主动提供上门服务。增强窗口服务体验感。建立全市监控调度平台，推动窗口单位实体大厅视频接入，做到各级窗口单位实体大厅实时监测指挥调度。科学绘制人社服务窗口"电子地图"，让办事群众在高德、百度地图上精准查找人社办事地点。

为群众服务

练兵比武强素质。依托部练兵比武在线学习平台，常态化开展"日日学、周周练、月月比"练兵比武活动，培养更多的人社"知识通"、业务"一口清"。

■ **成 效：**

承德市"情满人社"专项行动实现"互联网＋人社"深度融合，协同化服务机制更加完善，人社公共服务能力大幅度提升，人社服务的"广度、深度、速度、精度"充分展现，"人社办事不求人"的"金字招牌"更加响亮，让广大群众真正感受到人社"温度"。

河北邢台：构建打包事项"10+N"新格局

■ 亮 点：

2020 年初，河北省邢台市以"无证明城市"建设为契机，成立专班，高位推动，迈出人社服务政务改革步伐。2020 年 6 月，邢台市落实人社部"人社服务快办行动"部署，全面启动"一网、一窗、一次"人社公共服务改革，主动调高标尺，积极探索创新改革办法，全力推动人社领域"清事项、减材料、压时限"，探索邢台快办行动亮点做法。

■ 做 法：

发挥改革理念蝴蝶效应，构建打包事项"10+N"新格局

邢台市人社局扭住"思想转变"这个核心，革故鼎新，掀开改革巨幕。

第一，"三个理顺"破题开局，助力关联事项整合打包。一是理顺干部思想，对表对标先进省市经验，统一思想，凝聚共识；二是理顺领导分工，整合"就业、人才、社保、劳动关系"四大板块，一板块一领导牵总协调，打通梗塞，促进业务集成打包，协同办理；三是理顺科室职能，打破界限，合署办公，并联审批，常态化开展窗口练兵比武，为综合柜员制窗口培养一专多能的复合型干部。

第二，"一个理念"强力推进，转变窗口服务经办模式。打造五类特色服务窗口，形成"综合受理＋专项办理"结合模式。一是设置 5 个综合柜员制窗口，实现打包事项前台一窗受理，后台推送流转，反馈窗口及时反馈；二是设置 1 个"即时办"窗口，打印社会保险参保缴费证明等 9 项业务实现

一窗"秒办"，立等可取；三是设置1个"三心事"盯办窗口，复杂疑难事项专人盯办，限时办结；四是设置1个高频事项咨询窗口，专门解答高频咨询事项；五是设置1个"网上自助"服务窗口，社会保险业务申报核定实现网上自助办理。

第三，"一个原则"持续拓展，探索更多业务集成受理。秉承成熟一个、打包一个的原则，梳理群众眼中可打包的关联事项，在完成人社部提出的10个关联事项打包办规定动作基础上，推出灵活就业人员社保关联事项打包办，彻底解决无单位管理人员因为一件事东奔西跑的问题，形成打包事项"10+N"新格局，打造全国快办行动"一招鲜"。

发挥改革模式乘数效应，推出业务办理"3+X"新模式

为全面优化群众办事体验，在快办行动"扩容"上下功夫，持续推出多种下沉式服务方式。

第一，堵点事项"追踪办"。出台《关于涉及第三人责任工伤肇事逃逸情形中工伤医疗费支付有关问题的处理意见》，在全市全面开展工伤保险待遇支付积案清理行动，对需办理待遇支付业务未受理材料的情况，进行彻底摸底调查，逐案核实、追踪盯办，打通"堵点"。共清理积案213件，全部

人社服务快办窗口

清仓见底,支付待遇 800 万元。

第二,疑难事项"上门办"。对行动不便的老年人、残疾人特别是高龄、空巢、失能、留守等重点群体,专门建立台账并实施动态管理,制作联系服务卡,主动提供上门服务,让高龄老人足不出户享受到"一对一零距离"温馨服务。

第三,卡壳事项"提前办"。在全省率先实行企业职工养老保险退休预审制,经办人员提前通过信息系统,集中提取当年到龄人员信息,档案资料审批前置,对即将办理退休手续的职工出生年月等信息先行认定,确保单位在办理退休公示、退休核准时信息准确,把影响办理退休手续的"卡壳"问题提前解决。

第四,不便事项"就近办"。推出企业养老保险待遇领取资格"社银联合"认证服务。对运用智能技术困难的待遇领取人员,可就近到工商银行网点办理认证,实现家门口的专人服务。

发挥改革成效联动效应,实现快办行动"1+20"新突破

充分发挥市本级改革成功经验示范作用,通过市县良性互动,推动人社服务快办行动产生联动效应。

第一,市级引领,打造标准模板。建立全市快办工作群,明确专人解答推进难题,及时发布经验报道,编印《"打包一件事"办事指南》11 卷、《政务服务改革事项经办规范》3 卷,制定一系列"可复制、可学习、可操作"文件,为县(市、区)推进快办改革提供清晰明确的操作规范。

第二,典型带动,树立示范标兵。挑选积极性高、基础设施好、服务规范的南和、临西、南宫、内丘等 8 个县(市、区)作为试点,形成快办行动第一方阵,试点先行、示范带动。

第三,全面开花,推动全域覆盖。出台《深化实施人社服务快办行动实施方案》,画出"1、2、3、4、7、20"路线图,明确"清事项、减材料、压时限"一个目标,突出"市本级巩固提升、县(市、区)积极推进"两项任务,强化"补齐短板、提升质量、改革创新"三个原则,设置"梳理深化、提速提质、巩固完善、总结提高"四个阶段,制定"七个有""20 个到

位"工作标准，使全市人社系统形成标准化、规范化、模式化的市县联动新局面。在全省率先出台考核办法，倒逼县（市、区）加快推进。

■ 成 效：

通过改革，邢台市人社服务全部实现综合柜员制一窗受理经办模式，14个县（市、区）完成大厅改造，窗口服务整体效能大幅提升。人社领域政务服务实现"一清""二减""三压"的明显成效。

"一清"。根据企业和群众生产生活全周期中的特定阶段的办事需求，提供套餐式、主题式集成服务，实现材料去重"打包办"，企业和群众办理11个关联事项"一件事"，只需通过一个窗口提交一张表格、一套材料即可。

"二减"。减少办事窗口，压减办事材料，精简证明材料136项，"创业补贴申领、社会保障卡申领"等158项业务实现简便办，"工伤认定、失业金申领"等145项业务实现网上办理。推行告知承诺制，符合条件的企业群众实现免证即办。2021年仅专业技术人员资格考试报名，全市有42883名考生受益，减少证明材料171532份。

"三压"。梳理181项业务，压缩办理时限1379天，压缩办事流程环节322个。对"职工退休申请、失业保险金申领"等125项高频服务事项将办结时限在法定或规定基础上提速50%，实现"提速办"。

邢台市人社快办行动团队被河北省授予"我为群众办实事"河北最美人物团队

内蒙古："四位一体"云平台精准对接就业服务

■ 亮 点：

内蒙古"四位一体"就业服务平台是由内蒙古人社厅组织建设的政府公益性招聘、求职、培训信息发布和供需对接平台。旨在打造具备信息采集、就业对接、培训对接、跟踪服务"四位一体"的就业服务新模式，企业免费招人才，个人免费找工作，培训信息全覆盖。

四类服务对象：平台服务对象主要为求职者、用人单位、人力资源服务机构、培训机构四类服务群体。

三大功能：通过现代化信息采集、数据智能分析和系统精准匹配三大功能，为四类服务群体提供精准就业服务、精准线上（线下）培训、精准人岗对接、劳动者就业权益保障的全区就业服务主平台。

■ 做 法：

内蒙古通过"三个聚焦"，着力推广应用"四位一体"公共就业服务云平台，促进求职招聘、技能培训精准对接。

第一，聚焦便捷高效，打造辐射全域的公共就业服务主平台。自治区人社厅立足构建公共就业服务新模式，先后印发启用内蒙古"四位一体"公共就业服务云平台、数据采集录入和推广应用工作 3 个文件，按照"全信息汇聚、全数据共享、全方位开放"的推广应用思路，从平台使用、信息采集、运行架构、交互对接和服务接口、对接渠道、获取方式等方面，提供信息采集、培训对接、就业对接、跟踪服务"一站式"公共就业服务。

第二，聚焦信息共享，畅通供需双方信息互联互通对接渠道。一是多渠道汇集信息。全区各级人社部门动员社会力量，深入高校、嘎查村（社区）、企业和工业园区等广泛采集求职者、培训机构、人力资源服务机构和用人单位信息，提供精准就业对接服务。同时，通过门户网站、人社自媒体和各类电视、腾讯新媒体、手机短信以及公交站牌、营运车辆等渠道，大力推送"四位一体"公共就业服务云平台，其中，手机推送 15 万人次、就业内蒙古公众号关注 2.16 万人次。截至目前，平台发布用工岗位 11.5 万个，个人发布求职信息 1.8 万个、培训意愿 1.2 万个。二是智能化匹配推送。依据求职者设置的求职期望、收藏的岗位、关注的服务机构等信息，平台主动为求职者推送匹配岗位信息；依据用人单位发布的岗位信息，平台智能推荐匹配劳动者求职简历。截至目前，求职人员和企业用工相互关注数量 4945 条。三是全信息数据共享。开放就业和人力资源服务机构接入口，全区各级公共就业服务机构、社会人力资源服务机构和职业培训机构以接口方式对接服务平台，实现数据互联互通。截至目前，已经接入公共就业服务机构和社会人力资源服务机构 6 家，各类职业培训院校和培训机构 872 家。

第三，聚焦推广应用，"三个机制"提升公共就业服务质效。一是建立供需对接机制。充分运用平台求职招聘、就业培训供需信息，打通公共就业服务机构、社会人力资源服务机构和各类培训机构合作渠道。二是建立跟踪服务机制。强化对企业用工服务和劳动者求职指导，开展进企业、进园区、进校园、进社区、进农村牧区"五进活动"。同时，强化人力资源市场监管，规范各类招聘行为，落实劳动保障"红黑名单"制度，优化就业环境。三是建立调度落实机制。实时动态监测"四位一体"公共就业服务云平台运行效果，并在"内蒙古四位一体"答疑微信群不间断推送最新进展情况，及时评估推广应用效果，为升级平台系统、扩展服务能力、完善数据监管和推进工作落实提供有效支撑。

■ **成 效：**

第一，统一规划落实，着力解决应用不充分问题。内蒙古自治区通过全区一体化公共就业服务平台建设，实现内蒙古"四位一体"精准对接就业服务，满足全业务、全流程、全过程使用系统的刚性要求，全面提升人民群众对公共就业服务的获得感和满意度。

第二，坚持以人为本，突出解决服务渠道少问题。依托该平台载体，将求职意愿、培训需求、岗位需求、服务事项与能力、申请申办信息、审批审核信息统一纳入平台管理。通过大数据思维，积累各类角色经办过程数据、经过结果数据和服务过程数据、服务结果数据以及行为数据等，有效解决就业管理服务过程中，缺少服务对象申办、个人求职意愿、培训需求等数据量少的问题。

第三，梯次循序推进，管理服务可持续发展。补齐短板，重点提升全自治区统一的"业务经办板块"。横向上，实现部门内部及部门之间的业务协同和信息共享；纵向上，实现跨盟市、跨层级的业务协同以及数据的及时交换。

第四，汇聚多方资源，构建互通共享新生态。以统一平台为依托，引入用人单位、劳动者、全区各级公共就业管理服务部门以及各类第三方机构，实现公共就业招聘求职、职业培训、创业服务、就业帮扶、补贴申请等各项服务便捷操作、高效协同。通过各方活动积累的业务数据和行为数据，实现感知需求、主动服务，加强联通、互动服务，市场主导、选择服务，透明监管、信用服务。

江苏连云港：推行"六办"服务新模式

■ 亮 点：

2019年以来，江苏省连云港市创新推行"打包办、一窗办、提速办、网上办、就近办、舒心办""六办"人社服务新模式，主要任务是"推进线下服务改革、升级线上服务、全面提升群众服务体验"，全力打造具有连云港特色的"连心361"（"3"即以标准化、规范化、便利化为方向，"6"即以"六办"服务为抓手，"1"即以人民为中心）民生人社新生态，为企业群众提供"不跑路、少跑路、多条路"的多元化服务路径，切实优化了企业群众跑腿少、材料简、时间短、感受好的办事体验。

■ 做 法：

围绕"一件事"力推打包办

2020年下半年，开始推动一件事打包办理改革，从企业群众办事角度出发，构建场景化办事模式，将企业群众眼中的"一件事"涉及的所有事项打成一个包办理，目标是实现一件事"一套材料一个窗口一次办理"。结合业务实际情况，将"10个一件事"工作任务逐一分析，厘清每个一件事中的打包事项、每个事项之间属于串联还是并联办理关系，进而明确牵头处室和责任处室，压实工作责任。实施之初，克服了系统支撑不足问题，通过系统赋权培训、内部流转、帮办代办等方式，设立了专门的一件事办理窗口，实现一件事在一个窗口的打包办理。2020年底，率先在全省实现失业、退休审批等10个一件事共82个服务事项的打包办理，2021年又扩大到16个一件事的打包办。

围绕"清减压"力推提速办

近年来,持续开展"减证便民"行动,共减少各类证明材料 130 多项。在保留的证明事项中推行证明事项告知承诺制办理,申请人可以选择用承诺方式代替证明材料。2019 年,在考试报名、社保待遇等 17 个事项中推行证明事项告知承诺制试点;2021 年,推出第二批证明事项告知承诺制办理事项清单 23 个,包括丧葬抚恤、工亡职工供养亲属等事项。截至目前,共在 40 个事项中实施证明事项告知承诺制办理,通过证明事项告知承诺制共办理事项 9 万余件,减少材料约 27 万件。同时,开展经办流程再造工程,向一线窗口充分授权,实行"通行权下放,否决权上收",减少办事环节。在人力资源服务许可等三项许可事项中推行以告知承诺制方式办理,申请人当场承诺,当场发证。

围绕"少排队"力推一窗办

2021 年 8 月,连云港市人社局全面实施综合柜员制改革。科学制定人社系统综柜改革实施方案,对服务大厅功能进行合理规划,设置"咨询引导功能区、受理功能区、自助服务区、出件送件功能区",实行"统一咨询引导、前台综合受理、后台分类审批、统一出件送件"服务模式。改变单一业务窗口设立方式,把办事窗口整体划分为综合窗口和业务专窗两个类型,普通业务办理全部划到综合窗口,专业性较强或关联度较高的业务设立专窗进行办理。通过改革,连云港市精简设立了 18 个综合窗口,并专门设立退休审批、工伤保险、劳动维权等 17 个业务专窗。

围绕"不见面"力推网上办

2021 年江苏省人社一体化信息平台在连云港上线以后,网上办理从以前各业务系统开发的"多平台"过渡到使用省厅统一开发的大平台,为办事企业群众提供了江苏政务服务网、江苏人社网厅、江苏人社智慧 APP、"我的连云港"APP、连云港人社公众号、12333 等多模式的网上业务办理和查询渠道。目前，手机端可办理业务 65 项，电脑端可办理业务 281 项，网上事项实际办理率达 50% 以上。

围绕"少跑腿"力推就近办

加强基层平台建设，方便企业群众就近办理业务。目前，该市 30 个街道、60 个乡镇的 254 个社区和 1420 个村全部建立了人社服务平台，基层平台涵盖就业创业、社会保险、劳动维权等各方面，基本满足企业群众日常服务需求。市区已将用工登记、退工登记、失业保险待遇审核等 6 个就业事项，以及企业参保登记、人员变动、基数调整等 14 类社保业务下沉到 30 个人社基层平台办理。大力推广人社服务电子地图，将全市所有人社办理网点纳入地图，方便办事群众精准查询。积极探索和银行网点合作，打造社银一体化服务平台，全市已在 243 个银行网点实现社保卡申领、补换"一站式"服务。

围绕"优体验"力推舒心办

2019 年底，连云港市人社局全面启用新服务大厅，宽敞、明亮、温馨、舒适。大厅设置志愿者服务台、自助服务区、母婴室，建立人社书吧等。同时，为老年人等特殊群体提供关爱服务，设置专座专窗、帮办代办服务、爱心取号、专门休息室等。

■ 成　效：

连云港市"六办"服务新模式推行两年来，取得了积极的成效。截至目前，失业、退休审批等 16 个一件事实现打包办理；通过实施证明事项告知承诺制减少材料约 27 万件；43 个事项提速 75% 以上，90% 以上高频服务事项即时办结；全面实施综合柜员制，真正实现"一窗"通办；网上就业、社保事项实际办理率达 50% 左右；6 个就业事项和 14 类社保业务下沉到人社基层平台办理，真正打通服务群众的"最后一公里"。

浙江杭州：
"数智就业"平台开创就业服务新模式

■ 亮　点：

2021年，浙江省杭州市就业数字化改革在全省揭榜挂帅，创新推出"数智就业"服务平台，实现就业政策智能咨询、就业事项智能办理、就业业务智能指导三大功能，便民减负成效明显。

■ 做　法：

从"我要办"到"带我办"，就业事项"无感智办"

"一呼必应"，聚焦需求设置事项。从高频事项着手，成熟一个，上线一个，目前已上线失业保险金、技能提升补贴、创业担保贷款资格认定等8个事项，均已实现"无感智办"。

"一体协同"，融通部门数据壁垒。充分利用省、市大数据平台，协同公安、民政、教育等10余家部门，打破"信息孤岛"，实现数据共享、服务决策协同。"数智就业"平台横向推进4个部门间的数据共享，纵向整合6套跨层级、跨部门系统数据，实现将业务协同流程和数据共享流程的系统集成，推动就业服务从"碎片化"向"一体化"转变。如向人社部门获取专业技术人员职业资格证书信息、职业技能人员职业资格证书查询；根据地税缴纳的城区街道进行派件，向省公安厅获取户籍所在地区、省教育厅获取学历信息、银行业金融机构获取贷款信息生成创业担保贷款贴息无感智办名单等。

"一键通办"，打造无感服务场景。对符合政策享受条件的企业和群众，在其不知晓任何就业政策、不提供任何办事资料的条件下，系统进行主动推送，对信息进行一键确认，即可完成就业业务办理，打破时间空间限制，实现网上随时随地办。平台正式上线 4 个月已成功办理业务 8000 余件。

从"人找政策"到"政策找人"，就业政策"无碍智询"

政策知识数字化，建强数据储备。建立政策知识库，为 AI 智能机器人提供完整的知识储备。市、区县（市）各级就业中心对相关业务政策进行梳理，逐项编制政策问答，确保就业事项全覆盖。目前，政策知识库已收录市级就创政策 380 余项，区县（市）就业政策 160 项。

咨询交流拟人化，减少人工干预。对常规咨询，提供 7×24 小时全天候

数智就业平台服务端界面

数智就业服务平台实时监控界面

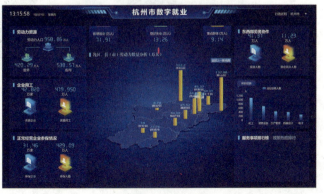

数字就业驾驶舱（重点群体帮扶场景）

全场景服务，AI智能机器人智能多轮对话，甄别服务对象的类别和具备条件，逐步缩小目标范围，进而引导到预设的场景。对复杂问题，办事群众可通过内容输入、语音对讲（含人工和机器人两种模式）的视频互动，实现机器人或人工精准回复。AI智能机器人识别问题后进行自动答复，改变了传统人工电话和多层级语音咨询的模式，提升了咨询群体的使用体验满意度。为方便特殊群体，智询平台还推出视频互动兜底办的功能。平台上线以来，AI智能机器人日均成功答复1000余次，大大减少了人工咨询工作量。

推荐岗位精准化，助力实现就业。在智询场景中增加了职业介绍和见习岗位推荐功能，在申领失业保险金、失业补助金时，平台会根据咨询人员的既往工作史，通过大数据自动智能匹配，主动、精准、及时推送"杭州就业招聘"网站的岗位信息。平台上线以来，已主动向6000余名失业人员推送招聘信息2万余条。

从"层层培训"到"即时指导"，就业治理"无限智治"

着眼基层减负，促进就业服务提质增效。针对就业创业政策更迭加快、基层工作量多面广、基层业务经办压力大等问题，在平台系统中加载业务智

指导办事群众在数智就业平台办理业务

能指导场景，AI机器人在无人工干预的情况下，通过业务操作视频及精准政策解读推送，对工作人员实时指导和精准培训。以PC端业务助手为例，在业务经办过程中，通过业务助手提供即时查询政策、观看培训视频、一键发起技术支持等功能。"数智就业"平台把过去工作人员手写笔记"数着划"手工作业模式，转变为无人工干预的"数字化"服务，实现了基层减负增效。目前，平台已收录业务辅导（含视频）410余条。

着眼科学规范，推进服务功能智慧精准。"数智就业"平台从设计思路、系统开发到上线使用整个过程，构建起了数字时代的全民参与渠道，形成了兼顾个人和企业的智能办理体系，确保全市就业政策落地时间一致、政策解释口径一致、业务操作流程一致，为政策享受精准扩面提供有力支撑，将各项惠民资金"稳准快"兑付至企业和群众。

着眼推广复制，全面提升就业治理能力。通过后台管理政策业务知识库，对未解决问题可以派件解决；对平台日常运行情况开发了智能分析页面，可以全面展示平台数据，并对高频热点事项等情况实施预警。目前，"数智就业"平台已在全市范围内推广使用，并同步上线"浙里办"，进一步优化对外服务办事群众和企业、对内服务业务经办人员的就业服务生态。

■ 成 效：

一是为企业群众提供便利，让就业服务实现现场应、智能解，做到"民有所呼、我必有为"。二是为工作人员减轻负担。三是改变以往"击鼓传声"的培训模式，实现政策培训"一竿子插到底"，确保全市就业政策落地时间一致、政策解释口径一致、业务操作流程一致。四是为资金安全提供保障，通过"数智就业"平台建立起一套数据统计分析模式，提高就业补助资金和失业保险基金使用的规范性，为政策享受精准扩面提供有力支撑。

浙江温州：
"工伤速裁"改革快速化解工伤纠纷

■ **亮 点：**

2021 年 4 月，浙江省温州市推行"工伤速裁"改革，通过搭建速裁机制、打造专业团队、确立专案专办、强化部门联动、开通云上服务等方式，缩减立案审批时限、推动案件调解快办、加速工伤裁决赔付，实现工伤保险待遇纠纷法律援助全覆盖及该类案件快立、快调、快审、快结，将工伤保险待遇纠纷的办案时间从以往的 60 日内压缩至 30 日内。

■ **做 法：**

"工伤速裁"改革的前期工作

一是运用"数改"成果，提速纠纷化解。通过多年努力和实践，温州已具备网络调解、网络庭审的良好硬件条件，并打造"线上""线下"功能相结合的信息化融合庭，为当事人提供庭审"菜单式"选择。2020 年，全市通过网络受理案件 1775 件。其中，市本级受理的一起 19 名劳动者与某科研单位的劳动争议案件，从网络受理立案到调解结案仅用时 2 日，案件全程实现"网办"，帮助劳动者获得经济补偿 49.78 万元。同年 9 月，温州市首个通过信息化融合庭审理的案件对公众直播，吸引 5000 余人次点击观看，收获 2000 多人次点赞。

二是依托智能 AI，降低维权成本。温州市劳动人事争议仲裁院开通官方微信公众号，及时发布劳动政策法规、典型案例等资讯，目前关注人数已达 8000 余人。为有效解决当事人法律咨询难的问题，温州市拓展微信公众号功能，创新开发仲裁智能 AI 咨询系统"温小仲"，以人机互动的形式精准答复各类劳动纠纷问题。该系统自推广使用以来，已累计服务 40609 人次，问题有效命中率 91.1%。

三是打造"和"文化，提升仲裁效能。温州市以"和"文化建设推动调解仲裁效能的提升，借力推进调解仲裁规章制度、行为规范和服务环境等方面的优化。通过精心打造仲裁文化长廊、温馨调解室、圆桌仲裁庭、劳资和谐笑脸墙等硬件设施，营造和气致祥的环境，让当事人在心平气和的状态下化解矛盾纠纷。

"工伤速裁"改革的主要实践

一是以机制创新提升工作水平。建立速裁机制，开通工伤待遇纠纷维权绿色通道，根据劳动者递交材料的情况分别给予当日立案、容缺受理、跨区域收件，提升当事人维权便利度，让当事人少跑腿。在确认工伤待遇纠纷案件已经过工伤认定和劳动能力等级鉴定后，优先安排专人调解，通过调解促成纠纷化解。调解不成的情况下，及时运用"要素式"办案模式开庭、裁决。仲裁员在庭审时根据要素表，引导当事人针对争议事项有序进行审查，庭审后迅速制作要素式裁决书，确保办案时限压缩至 30 日内，满足工伤职

仲裁院工伤案件专办人员组织当事人进行调解

劳动仲裁立案窗口开设工伤维权绿色通道

工快速获赔的刚性需求。

二是以领域划分提高专业水准。取消工伤案件与其他案件混办机制，成立工伤速裁工作室，针对工伤待遇纠纷适用简易程序处理，根据案件情况灵活确定答辩期限、举证期限。工伤速裁工作室由工会工作人员、人民调解员、工伤案件专办人员组成，实行专人专办速办。同时，细化工伤待遇纠纷处理机制，根据工伤职工劳动能力鉴定结果，按照1—4级、5—6级、7—10级分三档安排专人处理，提高案件办理的专业性。

三是以数改成果破解维权难题。温州市劳动人事争议仲裁院在智能AI咨询系统"温小仲"平台上，针对工伤案件，开辟"工伤专栏"，提供相关的政策法规、典型案例等，为工伤职工提供精准法律服务。充分利用网络调解室、信息化融合庭功能，为不便到场的工伤职工，提供网络调解、网络庭审服务。温州市13个仲裁机构均可实现网络办案，2021年已通过网络立案、调解、庭审等形式累计办理工伤保险待遇案件320件，涉案金额达1103万元。其中通过信息化融合庭，当事人可以选择双方均到现场庭审、调解，也可以选择均通过手机或电脑在线庭审、调解，甚至可以选择一方当事人到场、另一方当事人在线的模式进行庭审、调解。

四是以协作联动实现提速增效。联合工会、司法等部门，建立"律师坐班制度"。总工会、司法局在劳动仲裁立案窗口派驻律师，为工伤职工提供免费法律咨询与法律援助，推行法律援助即时办理、预约办理、上门办理等多种方式，目前律师团队人数已达百余人，工作时段全覆盖，并实现工伤职工法律援助率100%。仲裁机构与工伤处、劳动能力鉴定中心、社会保险中心建立信息共享机制，开放浙江数字人社工作台相关权限，实现电子信息查询。案件专办人员在处理工伤待遇纠纷时，可以直接查询工伤职工的工伤认定、劳动能力鉴定结论及工伤待遇核定参考数据等，为案件处理提质加速。

■ 成效：

自改革推行以来，温州市共处理工伤待遇纠纷1012件，审结892件，其中30日内审结731件，占82%。"工伤速裁"改革在浙江省属首创，其专业性、高效性得到工伤保险待遇纠纷当事人一致认可。

浙江湖州：
网购式服务破解办事"堵慢繁"

■ **亮 点:**

　　浙江省湖州市人社局积极打造便捷、高效的网购模式，全力打破经办服务时空限制，健全人社客服体系，搭建起15分钟社保服务圈，有效解决群众到政府办事不知道怎么办、通过哪些渠道办、去哪办最近、怎样办最快等问题，让群众办事像"网上购物"一样方便。

■ **做 法:**

健全客服体系，让政策咨询"更明白"

　　一是专人导购分流办。优化布局标准化业务大厅，科学设置咨询引导、网上办理、自助服务、休息等候、业务受理等五大区域，按照"主推自助服务、窗口受理辅助"的原则，按需精准引导群众自助办理、窗口受理、咨询答疑。办事总体提速97.63%，15分钟内办结率100%。不断完善"好差评"系统，窗口引入银行服务评价模式，并在业务受理单设置二维码，群众在查询业务进度的同时，对服务质量进行评价，全程客服跟踪回访。

　　二是智能导图清楚办。开发精准推送智能服务导图，办事群众只需登录湖州人社微信公众号，点击导图，就可根据需求，精准搜索到离自己最近、服务质量最优、等待时间最短的最佳经办网点办理业务，并根据服务指南提示，备齐相关材料。编制"网上办""掌上办""自助办"简易教程，办事群众可点击简易教程，按需选择办理方式。此外，还可拨打"12333"人社专线，根据语音客服系统提示，实现 80% 以上高频政策咨询人社互动智能解答，并将咨询服务延伸到各村（社区）。

三是沉下身子手把手办。集中梳理收集群众常见的、咨询较多的人社政策和经办问题 100 例，并编印成口袋书，方便群众和基层经办人员随身携带和翻阅。成立"人力社保流动服务队"，走进乡镇、村（社区）、大型企业开展政策宣讲和便民服务。建立培训体系，为窗口经办人员进行服务指导和培训。抽调市级业务骨干集中开展业务授课，并开发一体化平台知识库，方便全市经办人员随时学习。

实施人机联动，让办事速度"更快捷"

一是深化网上办。133 个政务事项与浙江政务网实现无缝对接。完善社保网上申报系统，完善工伤保险待遇核准支付网上申报功能。目前，市本级网上申报单位 2.5 万家，日均办理业务 2000 余笔。

二是深化自助办。加快手机移动终端建设，不断健全查询和办理功能，全部 133 个政务服务事项在"浙里办"办理。政府服务事项"网上办""掌上办""跑零次"等实现八个 100%。与市政务办合作，探索社保经办业务在

青年党团员赴社区宣传社会保险政策

所有乡镇政务终端机受办理，实现所有民生事项和便民服务事项业务在终端机受办理。参保群众可凭社保卡（身份证）原件或者人脸识别进行 24 小时业务查询和办理。在业务大厅、基层平台设置社保自助服务终端 48 台，方便群众自助办理人社业务。

三是深化共享办。与公安、民政、工商、税务等部门深入推进信息共享，减少证明材料 26 项，34 个省定民生事项实现"一证通办"。在全省率先实现新开办企业工商登记与社保登记同步办，同步登记企业 7705 家。实现人社、医保、公积金跨部门"退休一件事"联办，已办理退休 5000 人次。完成"社会保险关系转移接续一件事""就业创业一件事""失业一件事"和"员工招聘一件事""退休一件事"等 6 个人社事项"一件事"跨部门联办。在此基础上，配合相关部门做好"逝者身后一件事"等多个"一件事"跨联办工作。

建成一刻钟服务圈，让就近办事"更方便"

一是打造全市一盘棋。梳理形成人社政务服务事项"八统一"标准、社

社银合作网点工作人员为群众办理社保业务

保"四位一体"标准 157 项，并在全市域广泛使用。上线全市集中的"五险系统"，所属各县与市本级实现跨统筹区参保信息数据共享。二是社银联动广覆盖。在市本级吴兴、南浔区的 50 个农商银行网点，下延所有社保"最多跑一次"事项，完成 55 个人力社保事项在"社银合作"网点的 100% 全覆盖，实现省定民生事项和便民事项 100% 下延经办，并开设全天 24 小时可办区。每个网点配备经办人员 3 名，累计受办理社保业务 2000 件。三是基层平台就近办。目前，全市乡镇（街道）、村（社区）平台共开设人力社保窗口 1166 个，专兼职从事人力社保工作人员 1388 名。在吴兴区埭溪镇和南浔区练市镇党群服务中心试点的基础上已完成全部 25 个乡镇（街道）业务下延工作。

第四，强化风险防控，让社保基金"更安全"。一是强化业务运行控制。以实行社保经办全部事项"一窗受理"，形成科室内的纵向控制、科室间的横向制约，同时所有业务办理接受稽核部门的监管。累计缩减受理窗口 29 个，精简办事材料 104 件，减少业务受理流程 62 个，增加系统后台审核、复合流程 42 个，群众办事时间压缩 97.63%，即办件比率 90.23%。二是强化风险点排查。重点在经费支出、合作资金使用等环节，以及参保登记资格审核、中断补缴、失地农民转职保等重点业务环节，进一步强化风险清单管理，累计梳理风险清单 17 项，并逐个完善风险防控措施。三是健全风险防控体系。建立健全人社业务经办风险管控体系，严控下延业务经办权限，实现事前、事中、事后全过程监控，利用业务规则以及大数据分析，精准发现风险点，精准开展稽核，确保基金安全。

■ 成 效：

截至目前，湖州人社政府服务事项实现"一证通办"、网上办、掌上办、跑零次、全市通办、材料电子化、电子归档率、15 分钟办结率八个 100%，办事总体提速 97.63%。在经办服务人次比高于全省 33.4 个百分点的情况下，经办差错率由 0.1% 下降到 0.05%，服务质量满意率达 98% 以上。

浙江金华：创新建立"五重四督三库"监督管理机制

■ 亮 点：

浙江省金华市人社局以"建机制、强作风、促工作、树形象"为目标，结合人社实际工作，构建"五重四督三库"廉洁从政监督管理机制，聚焦重点领域、重点环节、重大资金、重要岗位、重点人员，强化政治监督、推进专项监督、创新日常监督、精准社会监督，建立担当作为先锋库、风险防控提醒库、纠错整改销号库，紧盯基金资金拨付、人事考试监管、执法过程、政策制订发布等重要环节，构建廉洁从政立体监督管理机制，促进人社领域行风建设水平有力提升。

■ 做 法：

聚焦五个重点，明确监督范围内容

聚焦六大"重点领域"，针对"重点环节"，紧扣"重大资金"，围绕"重要岗位"等，开展精准监督。其中，将违法、违纪、违规、政治表现不佳、履职担当不力、能力缺失、失德失信等7类人员，列为"重点监督对象"。

开展四项监督，创新监督方法手段

一是强化政治监督，确保工作方向不偏。坚持站在政治和全局高度，以"四个意识""四个自信""两个维护"为标尺，对党中央及省市委重大决策部署情况、中央巡视和省市委巡察反馈问题整改情况、共同富裕示范区建设情况等进行政治监督。

二是推进专项监督，确保重点项目落地。围绕涉企惠企政策从出台执行到落地落实的全要素、全链条、全环节，跟进监督、精准监督，重点紧盯项目落地中的突出问题，紧盯政策落实中的突出问题，紧盯损害亲清新型政商关系突出问题。

三是创新日常监督，确保内部运行规范。针对中央巡视组、省市委巡察组反馈的问题，主动对接，迅速跟进，全面核实，倒排时限，做到快速、全面、彻底整改。创新推行系统内部巡查机制，重点检查上级重大决策部署、巡察组和审计部门反馈问题的整改落实，以及重大项目建设、各项资金（基金）执行使用等内容。常态化进行"回头看"，把整改融入日常工作和党风廉政建设中。

四是精准社会监督，确保人民群众满意。实施重点工作跟踪核查机制，聘任"两代表一委员"、媒体记者担任行风监督员，发现问题，督促整改。实施民生事项日常检查机制，聘请企业代表、群众代表等担任人社"阳光体验官"，开展"你点我改"体验活动。实施群众满意度常态测评机制，采取多种形式进行满意度测评，并实行跟踪整改，不断优化营商环境。

建立三类人员库，优化监督结果运用

一是建立担当作为先锋库。在人社业务中开展"领跑先锋、担当先锋、服务先锋"选树活动，将踏实肯干、表现突出，在各类竞赛比武中获得名

人社服务改革体验官体验人社智慧服务

次的干部等，纳入"先锋库"，分类建档、动态管理，排名靠前的干部优先使用。

二是建立风险防控提醒库。对信访举报查实的、个人事项不如实报告等情况的，列入风险防控提醒库进行提醒谈话，规定给予1—3个月整改期。整改期间表现较好的，移出"提醒库"，列入常态管理。

三是建立纠错整改销号库。坚持问题导向、坚持依规依纪，经综合研判、党组会研究，对7类重点人员实行"入库"分类管理，入库期间不得提拔使用、不得评先评优。对经提醒后态度端正积极纠错整改的，销号移出名单库。

■ 成 效：

第一，健全制度机制防风险。针对人社领域的不同风险点，建立健全各种防控制度，实现从"点到点"单线监督到"点到面"全方位监督。一是防控社保基金管理风险。连续8年未发生50万元以上的重大社保基金违规使用案件。二是防控考试安全风险。先后组织各类考试5000余场70余万人次，未发生一起安全事故。三是防控就业资金监管风险。全年助企惠民补贴6798.6万元，做到程序到位、及时到账。四是防控治理拖欠农民工工资风险。先后发放农民工工资10.75亿元。五是防控重要岗位人员管理风险。严格落实人财物重点岗位定期轮岗制度，今年以来先后调整交流7人次、定期轮岗8人次。六是防控人社服务治理风险。从"最多跑一次"改革到数字化改革，坚决破除老年人"数字鸿沟"，先后线上办事56万余件、线下办件10.5万件，有效提高群众的满意度和幸福感。

第二，实施重点监督促提升。一是紧盯重大工程建设项目劳动争议专项治理工作。以央企施工、政府投资等项目为重点，全面督查施工总承包单位999家次，施工项目1567个，有力确保全市469个重大工程建设项目劳动关系总体稳定。二是紧盯长三角民生"一卡通"建设。在交通出行、旅游观光、文化体验等方面实现"同城待遇"。三是紧盯人社数字化改革。及时开辟数字监督新途径，借力大数据、区块链等新技术，探索可视化监督。

第三，聚焦奖惩并举提动力。一是坚持以选树"人社先锋"强化典型引领。2021年以来，选树"领跑先锋、担当先锋、服务先锋"14人次。二是坚持从日常抓起提升监督实效。2021年以来将7名自由散漫懒政庸政、在位不作为、遇事不担当的党员干部列入提醒库，定人适时提醒、定期进行考核，提升监督实效。三是坚持开展跟踪式管理教育。对整改销号库里3名受处分的干部，深入开展回访教育工作。

浙江台州椒江区：创新建设 5G 智慧大厅

■ 亮 点：

　　2020 年，浙江省台州市椒江区人社局以数字赋能，积极探索"5G+ 政务服务"功能，综合运用设施智能化、业务数字化、经办线上化、服务个性化，将办公设施设备老旧、功能布局不合理、业务区域分散、等候区域狭小的传统服务大厅升级改造为 5G 智慧化服务大厅，从被动的窗口受理提升为主动的引导服务。

■ 做 法：

　　台州市椒江区革新传统窗口服务模式，撤销原先的人工受理窗口，在服务大厅分别设立"5G 掌办区""自助网办区""人机联办区"和"24 小时服务区"，窗口工作人员向"人机联办专员"转型升级。

　　一是设立"5G 掌办区"。为市民提供"掌上办"服务，配置华为 5G 手机 P40 型号 3 台，通过手机 APP"浙里办"端口的"人社服务专区"板块，实现业务"秒"办，满足群众对办事便捷度、体验感，更高的需求。

　　二是设立"自助网办区"。为单位及个人提供"网上办"服务，配备 3 台已接入社保经办平台的电脑，由参保对象登录"浙江政务服务网"自助"畅"办。

　　三是设立"人机联办区"。为市民提供人机联办、保姆式服务，配备人社自助服务机 2 台；配备银行社保卡制卡机 4 台，分别由已承担社保卡制作的单位工商银行、农业银行、建设银行、椒江农商银行设立；配备椒江税务查询缴费一体机 1 台，由椒江税务分局设立。"人机联办区"对服务再升温，对参保群体提供保姆式一对一、手把手的服务，并重点围绕业务经办、系统操作、服务礼仪等方面进行标准化培训，在提供规范化、标准化服务的同时，融入人性化、个性化的要求。

四是设立"24小时服务区"。"24小时服务区"实现了社保经办服务从8小时向"全天候"服务的跨越，满足市民服务"不打烊"需求。椒江区配备人社自助服务机1台，椒江农商银行（银行办理社保经办业务主要合作银行）自助业务机1台。人社自助服务机主要有社保参保征缴、证明待遇、养老待遇、工伤待遇、查询等五大功能模块，针对高频事项在自助服务机上显眼位置张贴《办事指南》。市民只需携带身份证或社会保障卡，即可自助办理多项社保高频业务。

■ 成 效：

椒江区通过打造5G智慧化服务大厅，完善数字化便捷社保智慧服务体系，为全区各单位及市民提供集网上服务、手机APP、自助服务终端、基层平台于一体的多元化服务渠道，让社保业务从"实体大厅"走向"虚拟大厅"，从线下"8小时"延伸到线上"24小时"。试运行以来，已受理各项业务52911件，让群众切实感受智慧化、人性化的政务服务，也让改革发展成果惠及群众。

智慧大厅外景

服务窗口

浙江嘉兴秀洲区：打造"肩并肩"帮办模式

■ 亮 点：

近年来，浙江省嘉兴市秀洲区创新推出"肩并肩"帮办模式，优化办事流程、提升服务质量，服务满意率由 92.5% 提高至 98.1%，实现群众办事零投诉。

随着"最多跑一次"改革工作的进一步深化，秀洲区依托作为全市试点"无前台"政务服务大厅的秀洲区政务服务中心，探索建立"一对一指导、手把手帮办、肩并肩服务"的机制，实现人社窗口"无前台审批、开放式办公、肩并肩帮办"新模式。

■ 做 法：

自 2020 年 1 月起，秀洲区取消并拆除原有的人工窗口，对服务大厅进行升级改造。新大厅以开放式办公取代传统的柜台办事，由面对面服务转变为肩并肩帮办，服务大厅由一个个固定的窗口改造为开放式"收件岛屿"。通过前期培训和考核，选拔 7 名工作人员，为办事群众提供一对一的 VIP 式服务。在此基础上，秀洲区人社窗口以"最多跑一次"为牵引，创新政务服务新模式，进一步规范优化管理、审批和服务流程，在全省首创"肩并肩"帮办服务制度。

一是从"一次事"延伸至"下次事"。社保医保业务实行"无差别受理"，分流从进门开始。精通业务的导办员根据群众所办业务的事项类型、繁简程度、耗时长短等，实现精准分流：对社保缴费、打印、查询，以及自助事项，直接引导群众至自助服务一体机上完成；对可以线上办事的企业和群众，引导到网办服务体验区由服务专员协助完成网上申报各项步骤，不仅引导群众办好"这一次事"，更让群众学会如何通过政务服务网办好"下一次事"。

二是从"你来办"转变为"帮你办"。对必须提交纸质材料或选择到社保医保收件服务区办事的企业、群众，由原来的传统"面对面"窗口受理模式转变为为办事群众提供一对一"肩并肩"的办事服务，消除受理人员和办事群众的物理隔离。受理人员充当"跑腿员"，办事群众只需带上相应书面材料，签字确认即可，办理时复印资料、整理材料、填写表格等环节由工作人员代为完成。此外，通过健全完善风险管理制度，实行岗位权限管理，明确由受理职能的工作人员负责受理并初审社保医保业务，再由负责人审核业务，最后由大厅工作人员向办事群众送达办结材料，做到每一阶段流程分工明确，真正实现"受办分离"。

三是从"线下办"拓展至"线上办"。开辟网办服务和掌办服务体验区，体验区设置视频指导教学，同时配备助办员为群众开展全程帮教服务，提升网办、掌办便捷度。

四是启用智能文件交接柜。"24 小时"可递交材料，对于在工作时间无

"无前台、开放式"政务服务大厅

法前来办事的群众，可在非工作时间的任何时间点把相关材料放入交接柜。社保工作人员拿到相关材料办好业务后，再放入交接柜，群众随时领取，提高了办事的便利度。

五是从"要我学"到"我要学"。建立工作人员"周一培训、交流"制度，针对平时工作中遇到的高频事项、材料审核、系统录入等事项进行重点培训。对乡镇（街道）窗口工作人员建立实训制度，每年安排镇街道工作人员到区政务中心窗口实训 3 天，建立统一的办事流程、优化服务。制定大厅值班预审制度，后台工作人员在大厅轮值，解答办事群众的问题，听取建议，提高满意度。

■ 成 效：

自该项制度实施以来，秀洲人社窗口（养老保险中心）群众办事实现零投诉，信访解决率达 100%，窗口工位由原来的 8 个减少到 4 个，压缩了 50%。目前，职工基本养老保险业务中企业开户、参保登记等 6 大事项均可在线办理，线上办件量达到 86% 以上。

"肩并肩"帮办式政务服务

安徽芜湖：居民服务"一卡通"
打造便民新引擎

■ 亮 点：

近年来，安徽省芜湖市以第三代社会保障卡为载体，汇聚城市资源，优化政务环境，推进便企利民，积极构建"多卡融合、一卡通用"的居民服务"一卡通"应用模式。经过有效探索，已实现"十个一"惠民项目：异地服务一卡通、资金补贴一卡通、人社服务一卡通、缴费服务一卡通、人才服务一卡通、交通出行一卡通、文体场馆一卡通、借阅服务一卡通、就医保障一卡通、体检服务一卡通，芜湖市正在逐步实现"居民服务全认卡、财政资金全进卡、民生数据全聚卡、智慧城市全用卡"的社会服务格局。

■ 做 法：

坚持规划引领，强化组织保障

多措并举，全方位推动"一卡通"建设进程：一是搭建高效能推进体系。市政府主要负责同志任"城市一卡通"工程领导小组组长，市级领导小组横跨29个职能部门，下设4个工作专班，常态化运作，实体化运行，确保有人理事、有人干事、干得成事。二是建立广兼容共享平台。搭建"城市一卡通"综合应用服务平台，并开放平台端口供各部门共享数据资源，明确城市卡、卫健、交通、工会等各领域各部门不再发行单一功能卡片。三是打造一整套应用环境。按照"一张卡体系设计、一体化卡管系统、一个管理运行主体、一套管理服务办法"思路，融合原社会保障卡、城市卡管理系统，升级建立统一卡管系统。按照人社部标准制定本地化的第三代社会保障卡结构规范，加载交通及本地应用密钥。搭建了医疗、交通、社保等全领域的第三代社会保障卡应用环境。四是完善严标准考核机制。将"一卡通"建设作为对市直单位和各县区年度考核的重要内容，纳入领导干部年度综合考核，以考核促落实。

坚持开门听真声，筑牢民生根基

立足实践，将群众需求作为"指挥棒"，将群众智慧融入"一卡通"建设全过程：一是收集群众高频需求。组织开展"我想做得更好，成为你的唯一"第三代社会保障卡惠民服务一卡通志愿体验活动，同时，通过12333热线广泛听取群众用卡反馈，共收集体验者感受、意见、建议286条，增强人民群众的参与感与认同感。二是倾听群众难点诉求。首创银行代发模式，实施集体和个人自主选择发卡银行方式，发挥合作银行现有资源服务优势，压缩制发卡周期，实现快速制卡点立等可取；针对群众反映办卡、激活、移资等不便的问题，创新设立全功能服务网点，提供标准化银行网点服务，实现社保卡业务一站式办理；开辟芜湖人社微信公众号、皖事通APP、合作银行APP等公共服务渠道，关联公安数据，实现社保卡网上申领。采取"清零"行动，对当天申领的线上客户进行及时制卡、短信推送，切实提升线上领卡

电子社保卡实现人社信息掌上查

芜湖市民用社保卡领取养老待遇

市民用社会保障卡借阅书籍

效能。截至 2021 年 10 月，已有 7.3 万名群众通过了线上申领的审核。三是满足群众用卡要求。开展全媒体宣传，畅通政民互动渠道，做好 12333 电话咨询、微信公众号在线咨询，7×24 小时服务不中断，做到用卡服务"周末不打烊"；动态编制社会保障卡知识问答、"一卡通"服务指南，建立健全 6 项工作推动机制，化"要我办"为"我要办"，推动社会保障卡成为人民群众喜闻乐见的"大众卡"。四是广布网点服务。创建银行代发模式，发挥银行合作银行网点分布广、服务专业的优势，合并人社、银行办卡事项，统一由银行受理，全市发卡银行网点 486 个，快速制卡点 60 个。495 家受理窗口，满足全市 380 多万人口的办卡需求，目前，第三代社会保障卡已发放 156 万张，占持卡总人数 48%；电子社会保障卡签发 244 万张，占实体卡签发量 75%。

坚持立足芜湖，辐射长三角区域

芜湖市立足本地应用，带动异地服务，在本地应用逐渐成熟的基础上，辐射整个长三角区域，让社会保障卡成为实现同城待遇、互联互通的载体。一是在交通出行方面，芜湖市借助发行第三代社会保障卡的重要契机，为实现社会保障卡在长三角区域，乃至全国范围乘车出行，第三代社会保障卡加

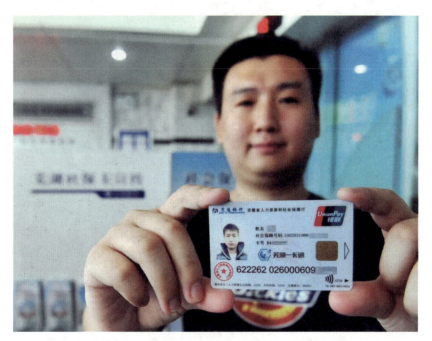

安徽省首张第三代社会保障卡

载了交通运输部统一的交通密钥，保障社会保障卡在全国互联互通城市通畅无阻。二是在异地就医方面，设置兼容性强的卡片设计，满足持卡人使用社会保障卡异地就医的需求。三是在异地金融服务方面，协调合作银行，制定社会保障卡金融账户特殊优惠政策，异地柜台或 ATM 机取款给予手续费优惠，同时不同银行分不同场景，不定期推出消费享折扣、电子社会保障卡领红包等活动，用卡方面实现"无感漫游"。

■ 成 效：

芜湖市提出的"十个一"场景应用，已逐步实施完成。

一是异地服务一卡通，芜湖市民可持卡异地乘坐公交、地铁等公共交通工具，目前，已实现在 300 多个全国互联互通城市通行，长三角城市刷卡记录覆盖率已达 90% 以上；芜湖市民可持卡在全国定点医疗机构异地就医；芜籍异地养老人员可持卡享受异地提取养老金免费服务，惠及 1 万多名退休职工。二是资金补贴一卡通，启动待遇进卡工作，财政惠农惠民、机关事业单位工资、住房公积金、工会慰问费等资金可通过社保卡发放。三是人社服务一卡通，市民可持卡一站式办理所有人社业务，其中人员参保、失业待遇领

百人参与签发电子社会保障卡活动

取、退休申报、社保关系转移等 10 项热门业务实现电子社会保障卡扫码办理。四是缴费服务一卡通，建立全市统一的持卡缴费平台，同时，布设便民服务终端，覆盖全市 700 多个行政村，方便群众缴纳居民养老费用。五是人才服务一卡通，启动人才一体化综合服务平台，为持卡的高层次人才提供"政策一站查、补贴一站领、服务一站办、分析一站明、考核一站显"服务。六是交通出行一卡通，芜湖市民持卡"靠一靠"即可乘坐公交，仅市内公交日均刷卡 24 万次。芜湖市轨道交通支持第三代社保卡刷卡乘车，方便市民出行。七是文体场馆一卡通，市民持社保卡可游览市博物馆、档案馆、体育馆等文体场馆及马仁奇峰等景区，社保卡可作为入园凭证并享受购票优惠。八是借阅服务一卡通，启用持社会保障卡在市县区所有图书馆借阅图书，不再发放借书证、阅览证、典藏证、少儿证等 4 项借书凭证。九是就医保障一卡通，全市所有医保定点机构均支持持卡结算，其中 15 家医院、100 多家社区卫生服务站和 795 家定点药店支持电子社保卡扫码结算。十是体检服务一卡通，启用健康体检服务平台，持社保卡可实现体检线上预约、结算、评价等功能，涵盖市直机关事业单位干部职工 2 万余名，并逐步扩展至全体公民。同时系统支持在线优惠选购体育健身套餐，多方面关注居民健康。

福建："大数据平台"破解治理欠薪难题

■ 亮 点：

福建省人社厅于 2019 年启动省劳动监测预警大数据平台项目。2020 年 5 月 1 日《保障农民工工资支付条例》施行后，大数据平台按照《条例》要求进行了进一步的升级完善。

福建省劳动监测预警大数据平台实现了大数据资产的可视化。平台基于对历史欠薪数据的分析，运用决策树算法自动建立预警模型，分析得出存在劳动纠纷隐患的风险企业。平台能够根据劳动保障监察员对风险信息的核查结果，通过机器学习算法自动对预警模型进行动态调优，实现预警模型的自动更新，进一步提升预警结果的准确性，实现风险预警的智慧化。

同时，劳动监测预警大数据平台基于工作流引擎、报表引擎进行开发，实现软件开发的可视化，大幅提高了平台的可扩展性。

■ 做 法：

构建数据资源中心

依托福建省人社厅已有信息化建设成果，构建统一的涵盖全省就业、社会保险、监察执法的数据资源中心。完成数据标准规范设计，明确欠薪治理和就业服务等人社多领域应用场景与数据采集需求，开发数据采集系统，实现各平台、各数据源数据的有效采集。

大数据风险预警及处置

汇聚人社、市场监管、税务、法院、银行等数据，通过决策树算法建立预警模型，分析得出存在劳动纠纷隐患的风险企业，并将风险信息通过平台下发至劳动保障监察员的移动终端，劳动保障监察员通过移动终端反馈风险信息的核查情况，平台根据劳动保障监察员的核查情况，通过机器学习算法自动对预警模型进行动态调优，提升预警结果的准确性。

预警结果

预警风险	紧急风险
二、指标明细内容	
失业保险 当月减员/上月参保人数	通过大数据分析，该项指标正常！
工伤保险 当月减员/上月参保人数	通过大数据分析，该项指标正常！
养老保险 当月减员/上月参保人数	通过大数据分析，该项指标正常！
失业保险 当月减员-增员	当月减员减增员人数为124！
工伤保险 当月减员-增员	当月减员减增员人数为134！
养老保险 当月减员-增员	当月减员减增员人数为116！
本期失信次数	通过大数据分析，该项指标正常！
工伤保险连续两月欠缴	通过大数据分析，该项指标正常！
养老保险连续两月欠缴	通过大数据分析，该项指标正常！
失业保险连续两月欠缴	通过大数据分析，该项指标正常！
企业行政处罚数	通过大数据分析，该项指标正常！
企业严重违法失信数	通过大数据分析，该项指标正常！
企业异常记录数	通过大数据分析，该项指标正常！
	预警期别： 202109
三、失信被执行明细	

案号：		立案日期：		失信状态：	
执行法院：			执行依据文号：		
企业统一信用代码					
执行依据制作单位：					
法定责任人和负责人名称：					
被执行人履行情况：					

欠薪风险隐患报告

农民工工资支付监控

汇聚福建省内农民工工资专户开（销）户信息、进出账信息、工人工资流水信息，通过数据分析，提示在建工程项目人工费用拨付、工资发放的异常情况，实现在建工程项目农民工工资支付全过程的动态监管；归集福建省内在建工程项目工资专户、工程款支付担保、工资保证金等信息，有效掌握在建工程项目落实《保障农民工工资支付条例》各项制度的情况。

举报投诉联动处理

通过"福建人社"微信小程序开设"欠薪线索反映"功能，劳动者在小程序上通过人脸实名认证后，即可提交欠薪线索；平台将接收到的欠薪线索自动流转至有管辖权的劳动保障监察机构，由相应劳动保障监察机构进行核查、处置，并通过平台反馈欠薪线索处置情况。

劳动用工实名制管理

面向政府、企业、项目搭建劳动用工实名制管理子系统。劳动用工实名制管理子系统提供监管部门、企业、项目、小程序等入口，以及面向第三方实名制软硬件厂商的对接服务平台。政府监管部门通过系统能够查询企业、项目、人员等基础信息，掌握在建工程项目实名制考勤、劳动合同签订等情况；施工企业、项目通过系统能够实现项目、人员、劳动合同、参建单位、班组、工资专户、考勤等信息的日常管理；小程序提供工人基础信息采集、移动端考勤打卡等功能。

■ 成 效

第一，变现场监管为远程监管。目前，福建省劳动监测预警大数据平台已汇聚全省 4523 个在建工程项目、1778088 名劳动者的基础信息，在房建市政领域，福建省项目更新率、项目经理到岗率、项目总监到岗率等实名制

实名制状况监测大屏

管理指标均位居全国前列。监管部门人员足不出户便可掌握在建工程项目实名制管理情况，实现了由现场监管到远程监管的转变。

第二，变拉网式排查为精准治理。福建省劳动监测预警大数据平台上线前，往往需要通过拉网式排查的方式才能了解全省在建工程项目保障农民工工资支付各项制度的落实情况。大数据平台上线后，平台汇聚全省4031个在建工程项目的工资专户信息、3892个在建工程项目的工资保证金信息，监管人员通过平台即可快速掌握大部分在建工程项目的各项制度落实情况，做到"底数清、情况明"，实现拉网式排查到精准治理的转变。

第三，变被动处置为提前化解。福建省劳动监测预警大数据平台上线前，围于劳动保障监察执法力量限制，难以有效开展主动排查、检查，劳动保障监察执法多以被动处置为主。大数据平台上线后，平台通过数学模型运算，分析得出存在劳动纠纷隐患的风险企业，并将风险信息下发至劳动保障监察员，劳动保障监察员及时进行核查、处置，有效避免了劳资纠纷的升级，实现了劳动保障监察由被动处置到提前化解的转变。截至目前，福建省各级人社部门已处置紧急风险预警信息253条、高风险预警信息6887条。

山东：探索养老金发放"静默认证"模式

■ 亮　点：

　　山东省人社部门聚焦养老金领取资格认证的痛点、堵点，坚持以数据赋能流程再造，创新探索，依托"数字画像"，精准判断领取人生存状态，将资格认证由领取人"提出申请—进行验证—发放待遇"转变为人社部门"大数据采集—数据比对—自动发放"，打造"静默认证为主、网上自助认证为辅、人工实地核实为补充"的新型认证体系，让老百姓领取养老金享受到"零跑腿、零感知、零打扰"的"免审即享"新体验。

■ 做　法：

破除数据孤岛，构建数据共享"一张网"

　　丰富的数据资源是推进"静默认证"的基础。山东省依托"数字政府"建设，积极推进跨部门、跨区域、跨层级数据共享，破除信息孤岛，消除数据烟囱，为养老金发放"免审即享"提供了数据支撑。

　　一是打通左右，织密横向到边的共享网。加强数据汇集，强化部门协同，建立省政务信息资源共享交换平台，形成人口基础信息资源库等 6 大基础信息资源库、卫生健康等 34 个主题信息资源库，汇聚人社、公安、民政等部门涉及人口状态的 231 类、3700 个数据项。同时，建立常态化数据共享和信息比对机制，定期完善共享目录清单、扩大数据共享范围，为提高"静默认证"的科学性、精准性提供了坚实基础。

　　二是贯通上下，织牢纵向到底的共享网。山东省人社部门依托金保工程业务专网，积极对接人社部系统，及时获取领取待遇人员全国出行、服刑、死亡等数据，为异地退休人员跨省"静默认证"提供数据支撑。同时，将金保工程业务专网铺设至乡镇（街道），为各层级数据共享交互、交叉比对奠定重要基础。

加强数据治理，打造精准权威"一个库"

规范、准确的数据是开展"静默认证"的前提。山东省人社部门切实加强数据治理，确保数据精准、认证精准、待遇发放精准。一是加强数据整理，严把退休数据质量关。由于历史原因，过去退休人员数据不规范、不准确、错漏项等问题较为突出，严重制约"静默认证"的开展。山东省人社部门坚持问题导向，聚焦退休人员基础信息，开展多轮数据整理，修正错误数据、补充缺失数据、清理无效数据，补齐退休人员数据短板，提高了数据质量。

二是加强数据清洗，严把关联数据提取关。各部门数据汇聚后体量巨大，相当多的数据与认证工作无关，唯有经过"大浪淘沙"，方能清洗出与认证工作相关联的关键数据。山东省坚持需求导向，抽丝剥茧，从海量政务数据中抽取有用数据，真正让数据库"真管用、用得好"。比如，仅从卫健部门抽取门诊住院体检数据就达 2.51 亿条，从民政部门抽取殡葬信息达534.07 万条。

健全认证机制，统筹省市联动"一盘棋"

坚持以数据赋能引领、重塑资格认证流程，建立"数据两级比对、层层分解下发、资格智能确认、实地核实兜底"的认证工作机制，实现省市县乡村五级协同联动，切实提升"静默认证"的精准性。一是统筹建立省、市两级双重比对机制。山东省人社部门通过省政务信息资源共享交换平台获取户籍、殡葬、服刑、死亡证明等数据，与领取人信息比对后，分发各市；各市收到推送信息，进一步依托本地掌握数据开展具体比对，确保认证结果"零差错"。二是统筹建立智能、人工双重比对机制。在省市两级双重对比过程中，对于有就医、住宿等"肯定类"信息的退休人员，在"无感知、零打扰"的情况下智能确定、延续其领取资格，直接发放养老金，实现"免审即享"；对于有死亡、服刑等"否定类"信息的退休人员，暂缓发放其养老待遇，逐级向下推送到所在单位或村（社区）人工精准核实。过去传统方式下，每年全省各市集中开展全员现场人工认证，耗时长达 6 个月。"静默认证"模式下，基层在 5 个工作日即可完成对疑点信息的实地核实，大幅提升了工作效率。其中，济南、青岛、威海等市深入探索，建立资格认证大数据分析平台，自动评估退休人员健康状况，并据此计算出 6—24 个月不等的认证周期，进一步提升了认证的科学性和准确性。

拓宽认证渠道，实现线上线下"一体化"

实行"静默认证"的条件是拥有退休人员的动态数据资源。但对于无数据留痕的退休人员，山东省人社部门创新认证方式，突出人文关怀，坚持"线上认证"和"线下认证"相结合，真正让养老金领取"零负担"。一是网上认证"不见面、有速度"。大力推行"互联网＋资格认证"，积极拓展生物特征识别认证、手机 APP 远程认证等服务渠道。比如，加强对网站、手机 APP 的适老化改造，增加操作提示，简化使用步骤，方便老年人使用。开通"亲情服务"功能，方便子女帮助老年人快捷完成认证。目前，山东省退休人员可利用国家社会保险公共服务平台、电子社保卡、"掌上 12333""爱山东"APP 等政务服务平台"刷脸"认证，实现"零跑腿"。二是传统认证"面对面、有温度"。深化老年人熟悉的传统认证形式，将资格认证业务下沉到街道乡镇、社区行政村等基层服务平台，提供就近服务，让老年人不出村、不出社区即可完成认证。树立主动服务意识，通过组织常态化的健康体检、文体活动、节日慰问、上门走访等服务方式进行"面对面"认证，让老年人在丰富多彩的活动中完成认证，体会到党和政府的温暖关怀。

■ **成　效：**

截至 2021 年 8 月，山东省共发放职工养老保险待遇 2115.3 亿元，涉及离退休人员、企业遗属、工伤遗属共 806.5 万人，"静默认证"通过率达 99.9%。

山东平邑：
"三步走"推进政务服务"秒办""免办"

■ **亮 点：**

近年来，山东省平邑县人社局充分利用互联网、大数据、移动应用等技术手段，通过实施政务服务"三步走"（综合柜员制、快办行动、公共服务标准化）改革，实现群众办事从"多门多窗"向"一门一窗"，由"物理集成"向"化学融合"的革命性转变。

■ **做 法：**

坚持"人民有所呼，改革有所应"，凝聚改革共识

一是推行综合柜员制服务模式，变"多门多窗"为"一门一窗"。打破按科室分块设置服务窗口的格局，重新按业务流程配置经办资源，整理标准化操作流程，实现所有业务在统一窗口无差别办理。

二是实施标准化业务流程再造，从"各自为政"到"整齐划一"。平邑县人社局对人社业务流程进行了梳理再造，逐项解决了办理流程、办理时限、业务交叉、业务重叠、前后台衔接等问题。

三是实行"打包一件事"，由"物理集成"向"化学融合"。2020年，平邑县人社局全面实施"人社服务快办行动"改革，推动10个"打包一件事"材料齐全一次受理、关联事项一次办理、更多事项网上办理。在此基础上，2021年，又先后梳理了"职工与居民养老保险关系转移接续"等5个"打包一件事"。

坚持"实用、好用、管用才是硬道理",组织改革实施

一是打造标准化服务大厅,为群众提供"五星级"服务体验。平邑县人社局统一设置综合柜员服务窗口,配套咨询区、自助办理区、休息等待区,实现群众办事"五星级"服务体验。在服务大厅安装全覆盖、无死角的视频监控系统,为每个窗口配齐电脑、打印机、手写屏、高拍仪等现代化设备,在业务咨询区统一使用排号机排队呼号,在自助办理区设立自助查询机方便群众自助办理,在休息等待区设立排号显示屏、彩色 LED 大屏实时显示业务办理情况。

二是梳理标准化业务流程,让每项业务都有一份"产品说明书"。平邑县人社局制定了《平邑人社基本公共服务标准化经办服务指南》,规范了办理流程和办理时限等 11 个要素,制定出"服务指南",为每项业务量身定制了一份"产品说明书"。

平邑人社宽敞、明亮、整齐划一的标准化办事窗口

三是对外公开标准化服务流程，使群众办事更加方便快捷。首先，对人社服务事项进行标准化梳理，并对外公开，让办事群众和单位了解每项业务办理需要的材料、流程和时限等。其次，精简材料。对大数据平台能核查的证明，如退休人员死亡证明等材料，一律不再要求提供；对人社部门内部科室出具的材料，如工伤认定、社保缴费证明等材料，一律不再提供；开通绿色通道，对单位参保登记、个人缴费查询、企业退休人员去世一次性抚恤金等，实行"零材料"办理。最后，承诺办理。不断扩大公共服务事项告知承诺"秒办""免办"服务实施范围，大力推进公共服务事项如社会保险缴费基数申报的告知承诺制，让群众办事更加方便快捷。

四是主动推行"互联网+"，赋能标准化服务平台。网上平台，让"不见面服务"更贴心。对单位经办业务，如劳动合同签订、就业登记、社保缴费、机关事业单位人员工资审批等均可通过网上办理；灵活就业人员个人缴费、离退休人员养老认证等，用"临沂智慧人社"APP自助服务，足不出户即可办理；群众可通过平邑人社微信公众号开展线上求职招聘；人社部门还通过平邑人社微信公众号创建"云仲裁"平台，减轻了当事人的维权成本。智能平台，加速经办流程化走向纵深。"综合柜员"服务系统打造的叫号系统、智能引导等功能，进一步理顺了"一号一窗一网"业务通办机制；后台引入的业务档案数字化推送系统，实现了所有业务"可追溯"。自助平台，进一步延伸服务功能。在平邑县政务服务大厅人社窗口、各基层人社所设立自助服务终端，安排工作人员协助群众自助办理人社业务。

平邑人社志愿者帮助群众取号办理业务

平邑人社柜员为办事群众提供周到的咨询服务

坚持"最好的岗位是窗口、最优秀的人才在一线"，强化改革保障

一是优选服务队伍。采取请进来和师带徒等多种方式开展业务培训，通过全员培训授课、培训后考试选拔，实现窗口柜员由"单一型"向"复合型"转变。

二是提升服务标准。细化每项窗口柜员业务的服务指南和经办法律依据，统一制作《平邑人社基本公共服务标准化经办服务指南》，有效解决政策把握不统一、服务标准差异化的问题。

三是严格服务考核。完善群众评价、问题反馈机制，对业务经办效率高、质量好、服务优的柜员，在文明奖发放、职称评审、绩效考核、评先树优等方面予以倾斜；对工作不力，服务意识差，慵、懒、散的柜员，视情节予以通报批评、诫勉谈话、调离工作岗位，并按规定予以惩处。

■ 成效：

应缩尽缩办结时限，提升服务质量。实施人社基本公共服务标准化改革以来，平邑县人社局累计梳理经办事项流程 127 个，简化流程 46 项，优化流程 68 项，确定即时办结业务 88 项，把 90% 以上的人社经办业务纳入了"综合柜员"标准化管理轨道，减少办事证明材料 186 项，实现经办业务办结时限整体提速 85% 以上。

应统尽统办事标准，提升服务质效。一方面，人社基本公共服务标准化的成功实施，实现业务经办由过去"特定科室、特定人"向"统一窗口经办、统一服务标准"的有序转变。另一方面，过去，成为一名成熟的柜员，需要 3 至 5 个月的时间，现在依据"产品说明书"办理业务，仅需 1 周即可办理业务、1 个月就能熟练操作办理各项业务，提高了服务效率。

河南：深入推进社保经办数字化转型

■ 亮 点：

河南省社保中心在充分调研论证的基础上，研究确立"坚持以人民为中心，以信息化建设为抓手，深入推进数字化转型，引领社保经办全面变革"的思路，建成全省统一的社会保障信息系统，推动社保经办思想理念、信息系统、业务架构、办理流程、经办模式、服务渠道以及工作方式的根本性转变，并前瞻性提出未来数字化转型的基本构想，为做好新时代社保经办工作进行了有益的探索实践。

■ 做 法：

第一，转信息系统，打破壁垒求统一。用一年时间，建设社会保障信息系统，又用一年时间，在全省推广使用、上线运行。2019年底，全省实现社保业务统一信息系统、统一数据库、统一网络、统一经办模式、统一业务标准，全面覆盖各项业务，做到省市县同步、业务与系统深度融合。

第二，转经办模式，彰显服务求质量。从"我经办"向"我受理"转变，实行"前台综合受理、后台分别推送、业务流程驱动、统一结果反馈"的经办流程，所有外部事项由参保对象发起，率先实现参保单位经办人员足不出户就能申请办理业务。从"便我"向"便民"转变，对群众眼里的"一件事"进行系统梳理，列出群众可能选择的业务事项，使多个关联事项可以一次申报、并联办理。从"主动查询"向"自动告知"转变，率先优化业务经办链条，经办人员在第一时间，就能收到系统自动发出的业务待办提醒，群众也能随时上网查询进度，既加快了业务办理响应时限，又增强了群众体验感。

第三，转业务架构，深度融合求高效。按照人社部要求，重建业务架构，实现"四融合"。一是"互联网＋社保"一体化融合，将外部事项网上申报和服务大厅受理一体化衔接、无差别办理。二是业务档案一体化融合，将电子档案和电子印章纳入经办体系，实现经办全程无纸化。三是业务财务一体化融合，实现全省各险种社保待遇线上直连发放和业务财务一体化对账机制。四是人员特征与业务事项一体化融合，率先在信息系统中融入业务事项智能过滤技术，方便申报和受理岗人员快速定位业务事项。

第四，转办理流程，疏通关节求实效。一是组织对现有社保服务事项进行颗粒化梳理，共梳理业务事项959个，其中外部事项530个，内部事项429个，并将外部事项分为"最好不见面"事项和"最多跑一次"事项，其中"最好不见面"事项占比98%。二是精简办事材料，优化业务流程，在全省分两批精简材料95个，涉及业务事项235项。部分业务实行免申免办、秒办快办；部分高频事项业务试行承诺制，压缩办理时长。三是全面实现业务上网，目前"河南省社会保障网上服务平台"可办理单位事项285个、个人事项65个、协议机构事项10个；"省政务服务网"已对接事项139个；"豫事办"APP对接提供接口33项，已实现16个事项，另外17个事项在对接联调中；河南社保APP已上线，与17个省辖市人社APP进行了对接。

第五，转服务渠道，拉长链条求延伸。一是向银行柜面、社区、自助终端等延伸。截至2021年9月底，全省共建设社银一体化人工服务网点1287个（已建成506个，正在建设532个，规划建设249个），力争年底前在全省开通1000家社银服务人工网点，加上全省已建成的158个街道社区社保便民服务所，初步形成城市"步行15分钟社保服务圈"、农村"5公里社保服务圈"，实现社保业务"就近办""多点可办"。二是向政府其他厅局延伸，实行合并办理。三是向协议管理机构延伸。如工伤保险医疗待遇住院审批、辅助器具申请等业务可由参保人员直接到协议管理机构申请，线上推送到单位和经办机构办理。

第六，转工作方式，拓展功能求创新。一是依托统一的信息系统，率先实现社保业务全省各级、各险种经办机构之间异地协同通办。目前，全省530个需要参保服务对象申请的社保经办服务事项"全省通办"，累计受理业务19.82万笔，实现"全省异地无差别受理、参保地同标准办理"。职工退休、申领工亡人员有关待遇和退休人员过世 3 个事项实现了"打包办""一窗通办"。通过流程再造，将人社部目录中 41 个社保事项最小颗粒化为 139 项，实现"全流程不见面办"、关联事项"打包办"、高频事项"跨省通办"。二是率先实现社保业务免填单，通过数据共享在失业金和失业补助金发放等业务中实现了"政策找人"。三是利用手机实现随时随地刷脸认证，针对老年人不擅长使用智能手机的特点，推出"帮他人认证"功能，同时利用外部数据比对实现"认证于无形"。四是率先取消外部事项的经办菜单，接收到服务对象发起的数据后，信息系统采用任务自动分配调度，随机分配给拥有权限的经办人员办理，并根据风险类型设置了不同的审核层级。五是率先推出社保业务移动端审批，赋能经办人员随时随地审核业务，不受地域和环境的限制，有效化解人员少、业务重的矛盾。

■ 成 效

通过充分发挥大数据、互联网、云计算以及人工智能等新技术优势，推进社保经办数字化转型，优化经办流程，强化数据应用，延伸服务链条，实现全方位、全天候、全过程"不打烊"服务，真正打通服务群众的"最后一公里"。目前，全省社保业务网上办理率达 48.22%、省本级达到 92.98%，离实现所有业务"不见面"办理目标更近一步。

广东深圳："秒批"模式打造人社服务新标杆

■ 亮 点:

2018 年 6 月,广东省深圳市人社局在全国率先启动应届毕业生接收"秒批"改革,创造性运用大数据、人工智能技术,突破传统人工审批模式在网络上延伸的"天花板",打造"零跑腿、零排队、不见面、自动批"的"互联网＋政务服务"新标杆,以最简的手续、最快的速度、最低的成本把服务企业群众的事办好。此后,"秒批"模式逐步扩容至人才引进、社保征收、社保待遇领取等业务领域。截至 2021 年 10 月,深圳人社累计推出 45 项"秒批"服务,惠及 1200 万申请人。此项改革荣获 2019 年度全国第二届党建创新成果服务创效组十佳案例。

■ 做 法:

"秒批"即无人干预自动审批,是申请人在线提交申请信息,系统按照既定规则,通过数据共享实时比对核验,自动作出审批决定,并将审批结果及时主动告知申请人的政务服务新模式。符合深圳市普通高校应届毕业生接收政策规定的人员,依靠系统"秒批"即可简化落户办理流程。

第一,以"数据跑"代替"群众跑",为申请人"减负"。梳理整合局内外业务流程,改变办事结果纸质传递、多次申请、往返跑动的传统办事方式,实现跨层级、跨部门数据结果实时自动比对。过去群众须持厚厚一沓纸质材料,在人社、公安、发改等多个部门之间来回跑、提交多次申请;如今可随时随地通过网络办理,仅需提交一次申请,系统自动核查上传材料是否完整并自动比对相关信息,作出审批决定。审核完毕后,通过手机短信方式将审批结果及后续流程即时反馈申请人。

第二，基于流程标准化，为审批"瘦身"。以人才引进业务为例，在梳理规范权责清单事项流程、时限、材料及表单内容等要素的基础上，取消多项非必要材料，通过打通教育、人社、公安、发改、卫健等部门数据资源，实现申请人学历信息、参保记录、专业技术资格和职业资格信息、无违法犯罪记录、体检信息等核心数据系统自动核查，在部门间依次自动生成办理结果并共享复用，形成审批闭环，确保每一笔业务"同标准审核、无差别审批"。明确电子材料效力，对"秒批"模式收集和产生的相关电子数据，在后续业务办理和事后审计中予以认可，让办事群众无后顾之忧。

第三，让"承诺先于审核"，为窗口"降压"。开启承诺制服务模式，将核查端口后移，通过加强事中事后监管，破除传统行政审批模式"重审批、轻监管"的弊端。窗口人员得以从扫描、装订、归档等繁重的事务性工作中解脱出来，转而将更多精力集中于存疑材料、异常数据的核查上。线下服务环境得到极大改善，服务效能得到更大释放。

第四，强化信用和智能监管，为监管"添力"。实行诚信申报，信用记录良好的申请人才能享受"秒批"服务。严格事中监管，将业务办理过程纳入深圳市信用监管范围，虚假申报等失信行为将自动推送至公共信用平台，让失信者在深圳"处处受限"。实行电脑自动检查、人工随机抽查、市区交叉抽查、定期倒查，加强对数据信息异动监测，一旦出现预警，立即启动人工干预，通过跨部门、跨地区调查予以查验，确保业务规范运行。

■ 成 效：

第一，全面降低社会多主体办事成本。"秒批"改革从申请人出发，通过全流程数据共享、系统自动核验，实现减材料、减环节，为企业、个人、政府节约大量时间成本、经济成本、行政成本。以应届毕业生接收"秒批"为例，共减少毕业生及用人单位在人社、发改、公安3个部门间重复提交材料的6次跑动（其中毕业生个人1次、用人单位人事干部5次），精减至少5项纸质申报材料、8个办理环节，缩短了10个工作日的办理时间，代之以全流程网上"秒批"，前后仅耗时几分钟。2018年应届毕业生接收"秒批"启动后，深圳市当年共接收应届毕业生90881名，据此测算，至少节约经济成本2.1亿元（其中毕业生个人减少办事成本1.1亿元，用人单位节约企业成本 1 亿元），毕业生及用人单位平均减负超过 1000 元。

第二，全面提升人力资源服务效能。"秒批"改革加速了政务服务资源与企业人力资源管理需求精准对接，助推企业人力资源管理方式发生根本性改变。据深圳市某大型企业人事干部反馈，以该企业每年引进 100 名应届毕业生估算，"秒批"改革前，企业需投入 2 名人事干部承担政策解读、材料收集、申请递交、结果领取等工作，前后需耗时 4 个月跟进；"秒批"改革后，仅需投入 1 名人事干部耗时 1 周，便可完成同等工作量，企业人力资源管理效益大幅提升。

第三，全力助推政府职能深刻转变。"秒批"改革是一场刀刃向内的自我革命，通过业务全流程"工作人员一字不签、系统自动审批、过程无人工干预"，实现政府管理服务奉行简约之道，程序、要件等因素删繁就简，彻底消除自由裁量权，根除了经办过程中的"慢作为""不作为"现象，有效防范了权力寻租风险。通过引入信用监管、强化事中事后抽查，减少了传统行政审批模式"重审批、轻监管""以审代管"的弊端，打造了群众办事"零跑腿、零排队、不见面、自动批"的政务服务新标杆，为深入推动"放管服"改革、优化营商环境提供了强劲动力。

指导群众在线申报

广东中山："三集中一分开"探索政务服务新路径

■ 亮 点：

广东省中山市人社局潜心探索人社政务服务新模式，将人社行政审批职能向一个科室集中、行政服务窗口向一个中心集中、行政审批事项向网上办事大厅集中，推动审批权和监管权分开的"三集中一分开"模式落地落实，为"减审批、减材料、减流程、减跑动""一门办、一网办、马上办、就近办、一次办"等重点指标以及人社服务快办行动的推进落实打下坚实基础。

■ 做 法：

第一，"一盘棋"大局观统揽。一是审批服务标准化建设，通过标准再造，制定统一的办事指南、办事流程、申请表格，构建标准化审批服务；二是审批服务高效化建设，在标准化建设基础上，按照"四办"改革、人社快办行动等要求，以"互联网+"、事权下放、减证办事为手段和抓手，积极推动人社政务服务高效化、便民化建设，五年来，人社政务服务效能明显提升。

第二，信息化建设赋能。中山市以强化信息建设为基础，积极推进政务服务由智能化向智慧化迈进，除了要求使用国家、省、市系统以外的其他事项逐一开发建设业务系统，以实现"全流程网办"为目标，结合"电子证照"的应用和制发，大力推进线上服务，五年来，在信息化建设助力下审批服务提速成效明显，平均提速73.8%。

第三，强化风险防范。借助制度上的定岗定责、业务系统分级授权、公开办事指南、三级环节复核等手段，强化监督制约，防范廉政风险，以痕迹化管理为切入点，把廉政纪律要求融合到工作流程中，实现"纪律流程化、流程痕迹化"，杜绝业务过程的风险点。

第四，加强业务技能培训。业务培训内容涵盖人社业务知识、法律法规、应急处理、礼仪规范、团队建设等。此外，为了熟悉业务，并有效应对有关政策的变化，中山市安排人员跟岗实操、交叉轮岗、AB岗轮换，从而使工作人员变成业务的"多面手"。

第五，优化提升服务。"亮身份、亮标准、亮承诺"，实行窗口摆设标准化、服务规范标准化、服务仪容仪表标准化、办事流程标准化。此外，实行值周、值日制度，安排专人每天对窗口工作进行检查，包括工作纪律、着装规范、仪容仪表以及处理各种突发事件等。

■ 成 效：

"一门"。人社政务服务窗口统一集中设置在市行政服务中心，办理人社业务只需进"一个门"办理即可，实现了"一门受理、前台接件、后台办理"的集成服务。

"一窗"。通过业务归整、优化流程、合并事项等一系列举措，将前台业务窗口由最初的16个压减至目前的2个，是50多个进驻市行政服务中心部门中唯一缩减窗口的部门。2020年9月，进一步整合市社保基金管理局窗口，实现市级人社政务服务全部64项业务综合办理，由"分窗办理"逐步实现"一窗通办"，有效缓解了窗口办事"冷热不均"、排队等候时间长等痛点问题。

"一网"。以实现"全流程网办"为目标，结合"电子证照"的应用和制发，大力推进线上服务，使用自建系统的人才服务事项已实现100%电子证照用证、100%全流程网办、100%零次到现场。同时，立足大数据应用，通过"云服务""云审批""云监管"实现精准服务、全面服务、主动服务，打造出人社各领域政务服务新业态。群众办事提速办成效明显，平均提速73.8%，群众平均现场等待时长下降超过50%。

"一次"。通过大力推行网上办理、优化流程、数据共享校验、物流配送等方式，不断推进事项办理"最多跑一次"。

"一站"。自2016年9月起，创新服务群众新模式，在全市50个住宅小区政务服务站开设人社服务 19 项，实现"就近办"，包括业务咨询、代办、结果领取等。站点周末、晚上不休息，群众不用请假就能办成事，群众多次以寄感谢信、赠送锦旗等方式表达感谢之情。

"一减"。坚决落实"减证便民"，凡是没有法律依据的证明已经一律取消；能通过部门数据共享、对碰、调取电子证照库数据等方式进行校验的申请材料坚决应减尽减，减少群众多部门循环跑的情形。

海南：就业失业服务高频事项"全省通办"

■ 亮 点：

海南省按照"全省一盘棋，全岛同城化"的思路，推动实现就业失业服务高频事项全省通办，涉及就业失业登记、失业保险金申领、失业补助金申领、技能提升补贴申领、丧葬抚恤金申领等 12 个服务事项。申请人可以不分参保地、工作地、户籍地、居住地，就近或者网上申办相关业务。

失业保险待遇申领线下全省通办。自 2021 年 6 月 25 日起，失业人员申领失业保险金、失业补助金，在职人员申领技能提升补贴，失业人员家属申领丧葬抚恤金，失业保险关系转移等，突破统筹区限制，在一个省内可以跨市县线下申领，在国内属于首创。

建立经办责任共担机制。通办制度要求，受理其他市县的业务，不仅是代收材料，还要初审录入，承担现场服务责任和初审合规责任；复核单位为参保地经办机构，承担复核以及后续待遇发放的责任，形成责任共担机制。

■ 做 法：

第一，创新模式，突破统筹区限制。实现通办的最大难点在于海南省失业保险基金尚未实现全省统筹，基金归各市县管理，在哪里缴费就必须在哪里享受待遇。为了解决这个问题，海南省创新业务审批流程，对于涉及资金支付的业务，采取受理单位直接初审，通过业务系统自动分配给参保地单位复审并发放待遇的业务模式。按照"首问负责"原则，由受理单位直接初审生成数据可压实责任，既避免代收代办普遍存在的受理材料随意性强的问题，避免群众来回跑，同时也避免资金交叉支出的问题。对于不涉及资金支付的业务，由受理单位直接办结。

第二，合并平台，全省数据互联互通。要实现高质量的全省通办，须使用同一系统，实时数据共享。经过大力整合，海南省陆续将三亚市、海口市业务经办纳入全省平台，全省一张服务网、一个业务经办平台，数据互联互通，业务办理高效便捷，也为全省业务通办奠定良好基础。

第三，优化经办，"零材料""零跑腿""打包办"。一是将原来需要失业人员提供的纸质解除劳动关系证明变为单位停保时填写失业原因，不再提供《解除劳动关系通知书》等材料，失业人员只需提供身份证或者社会保障卡，即可办理就业失业登记，申领失业保险金、失业补助金；二是开发上线就业失业服务平台，申办人可以通过支付宝、海南省政务服务网、海南省人力资源和社会保障网上业务大厅等申请业务，实行不见面审批；三是通过打通全省业务经办系统，失业保险关系省内转移"零跑腿"免申即办；四是将失业登记、失业保险金申领、失业保险关系转移事项打包成"一件事"办理，并由海南省一体化平台专班列入第一批"一件事"推广。

第三，统一流程，全省无差异服务。印发全省统一的业务操作流程，举办经办人员培训班，并派员到各经办机构现场指导，确保申请流程一致、申办表格一致、提供材料一致，审核标准一致，确保在哪儿办都一样。

■ 成 效：

第一，数据跑动，群众办事更便利。全省通办之后，在线下申领失业保险待遇环节，离开原参保地的失业人员可以在现居住地实现"零材料"办理；在发放环节，如果失业人员领取失业保险金期间重新就业，可以就近报

指导群众办理业务

政策宣讲

告，无需向原参保地报告。除了可以线下就近办理，日常业务也可以网上办，实现线上申领、"不见面审批"。目前网办量保持在 80% 以上。通过线上线下全方位服务，群众办事比以往更加便捷。

第二，信息共享，基金运行更安全。海南省统一全省业务系统，实现了就业失业数据实时共享，辅之以全国数据对比，不仅有利于数据跑路，也筑起了基金运行的安全屏障，最大限度减少边就业边领金、重复申领失业保险金等情况。海南省还搭建了全省统一的会计核算系统，既规范会计科目运用和核算过程，又提升了实时监督基金使用情况的能力。

第三，全国领先，形成良好示范效应。一是海南省的通办服务从流程设计上突破统筹区域限制，由受理地区初审，实际参保所在地机构复核后发放，确保资金不交叉。二是失业人员申请失业保险待遇后，实行"首问负责"制，受理材料的机构要对本环节审核内容负责，并保存档案，避免了代收与后续复核意见不一致，导致群众来回跑路的问题。三是此次通办覆盖全省各个市县，实现申领材料一致、流程相同，具有全域性特点。

四川成都武侯区：
创建标准化人社公共服务体系

■ **亮 点：**

四川省成都市武侯区积极创建"人社标准化公共服务体系"，擦亮"温暖人社·智享武侯"名片。

武侯区变"以服务供给为导向"为"以服务需求为导向"，变"管理思维"为"治理思维"，锐意改革创新；结合本地实际，制定了"一制""两化"的工作方案，明确了以人社"综合柜员制"为核心、以"标准化"为引擎、以"信息化"为支撑的具体措施，建成武侯区"标准化人社公共服务体系"，实现人社部门"治理能力现代化"；把"公共服务是否便捷高效、内部风险是否安全可控、服务形象是否规范亲民"这"三个是否"作为"试金石"，检验改革成果的"成色"。

■ **做 法：**

创新思路革故鼎新，破除"中梗阻"

一是组建"人社综合服务大厅"。优化整合原就业、社保、人才中心、行政审批分散设立的办事大厅和窗口，在区政务中心二楼三区集中设立"人社综合服务大厅"，共设窗口43个，配备工作人员54名，有效破除了人社部门长期存在的业务办理点分散、窗口设置不合理、服务对象来回跑的"中梗阻"。二是在机构设置上单设"综合业务受理中心"，该中心配备正科级职数1个、工作人员16人，管辖综合服务大厅的12个综合受理窗口，负责

63 项高频人社公共服务事项的集中受理和初审业务经办工作，确保综合窗口统一管理和业务综合受理的运行顺畅，为"综合柜员制"实现"打包办"服务打下坚实基础。

完善服务协同机制，奋力"摸高跳"

针对"人社服务快办行动"中，将群众眼里一件事"打包办"的行动计划，武侯区在成功创建全国首批社保标准化建设"先行城市"的基础上，自主设计出"一包统揽、分类组合、自主选择"的人社公共服务事项"1+N 打包办"全新模式。在"综合柜员制"框架内，先从 139 项人社公共服务事项中选取 63 项高频服务事项统一打 1 个"大包"，再将受理资料相同的服务事项分类组合成 N 个"小包"，由服务对象自主选择所需公共服务事项组合包。按照"一网、一门、一号、一窗、一次"的要求，坚持"前台综合受理，后台分类审核"原则，由前台综合受理窗口平行叫号、一窗受理后，分类推送到后台对应业务科室处理，建立起运作高效、权责分明、风险可控的服务协同机制。

标准催生业务规范，攻下"桥头堡"

武侯区在积极探索人社公共服务体系建设中创立了"四大标准"。一是视觉识别系统标准化。完成人社综合服务大厅改造，设计凸显人社服务形

成渝通办窗口挂牌　　　　　　　　社银一体网点现场服务场景

象的视觉识别标识标志，大力宣传并广泛运用。二是设施设备标准化。统一配置业务办理设施设备，规范各类办公用品、服务用品摆放。三是功能分区标准化。规范设置了自助服务区、填表区、休息等候区等功能区。四是服务提供标准化。梳理 63 项综合业务规范，实现"业务术语统一、服务告知统一、经办规程统一、业务流程统一"。目前，武侯区涵盖"服务通用基础标准""服务提供标准""服务保障标准"的人社公共服务标准体系已具雏形，计划制定标准 173 项，已制定标准 67 项，正作为内部规范使用。

信息倍增整体效能，改出"新气象"

武侯区以信息化建设为抓手，进一步整合各类网上经办系统登录入口，搭建人社公共服务"三个平台"。一是开发窗口综合受理平台。由武侯区自主设计的"人社公共服务综合受理系统"，将 63 项人社综合服务事项纳入系统受理，综合受理窗口将业务资料扫描上传后由系统分类推送到后台业务审核岗位，审核办理结果以短信告知方式反馈服务对象，业务资料定时归档入"人社数字档案室"，实现业务自动分配、资料自动归档，确保服务全程可追溯、服务安全有保障、服务规范不走样。二是完善社保自助服务一体机平台。在区级人社综合服务大厅、所辖街道办事处便民服务中心、社区便民服务站（党群服务中心）均布设自助服务一体机，进一步完善"十五分钟公共服务圈"。三是上线移动端网上综合受理平台。在手机"支付宝—武侯服务"平台上推出 15 项高频人社业务，服务对象通过支付宝实名认证后，在手机

社银一体网点外景图

社银一体网点一次性告知书

上提出业务申请并按操作指引拍照上传所需资料，申请人可在手机上查询办件进度，获取办理结果，实现参保单位和个人"一机在手、足不出户、全程网办"，上线业务"不见面"照样办。

深化社银合作模式，增强"供给力"

武侯区在已开展的"社保银行一体化"合作的基础上，升级打造"人社银行一体化"服务模式。利用合作银行现有的网点，由银行提供相对独立的服务场地，按照人社标准化的要求设计装修，银行提供办公设施设备，人社和银行共同派驻工作人员，将包含新型社保卡现场即时办理、人社综合业务受理、网上经办和自助服务"三位一体"的人社业务与银行业务相结合，实现政府公共服务的质量和效率提高、银行的市场竞争力和品牌影响力增强、人社服务与银行金融服务有机整合、群众的获得感和幸福感提升的"四赢"的局面。

因地制宜落实通办行动，扩大"朋友圈"

一是川渝跨省通办。按照川渝经济发展战略规划，2020年5月，成都市武侯区和重庆市沙坪坝区签署合作协议。两区共同协商，紧密协作，于2021年7月分别在两区服务大厅开设"川渝通办"窗口，明确了通办的47项公共服务事项，建立了"异地受理、属地审核、受审分离"的业务协同机制。二是省内成德眉资跨区域通办。武侯区与德阳市旌阳区、眉山市东坡区、资阳市雁江区已就跨区域通办工作协商达成一致，参照川渝通办的模式，积极推进四地四区跨区域通办工作落地落实。

■ 成 效：

武侯区标准化人社公共服务体系创新改革，一是确立了"进一扇门、取一个号、到一个窗口、交一份材料、可一次性办结"的"综合柜员制"服务新模式。区级大厅综合窗口临柜办理业务平均每分钟叫号3个，群众平均等候时间10—15分钟，高峰时间段内最长等候时间不超过30分钟，工作时间内不限流、不限号，业务办理效率明显提升。二是手机支付宝网上经办平台满足了服务对象"一机在手、随时随地、网上畅游"的办事需求。网上业务办理量与临柜业务办理量占比为 8∶2，临柜业务办理率降至全部业务量的20%，增强了"温暖人社·智享武侯"的服务体验。

四川宜宾：打造"七个一"机关特色文化

■ **亮 点：**

近年来，四川省宜宾市人社局坚持以打造机关特色文化为引领，不断强化党员干部职工对人社部门民生使命认同，逐步形成了以"一个人社梦想、一个服务理念、一个 LOGO 标识、一个核心价值、一个人社干部行为规范、一首人社赋、一首人社之歌"为主要内容的"七个一"特色机关文化，为推进系统行风建设，建设群众满意的人社公共服务体系提供了有力支撑。

■ **做 法：**

第一，将机关文化融入干部职工日常教育管理。高标准开展好"不忘初心、牢记使命"主题教育，推进"两学一做"学习教育常态化制度化，推进党史学习教育，创新开展为党员过"政治生日"、组织党员干部讲"微型党课"、定期开展党员"政治体检"等政治活动，强化党员干部的身份意识和服务意识。打造"精品工作"、争创"效能科室"、开展"四个一"承诺，引导党员干部立足本职岗位，把工作做到极致，追求工作绩效最大化。集中开

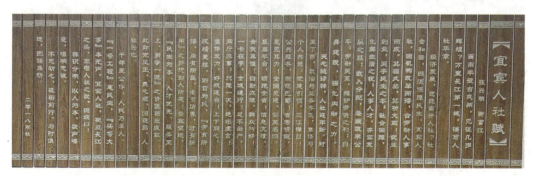

《宜宾人社赋》

展"作风建设内涵是什么""人社作风有什么""争做服务先锋干什么"以及"人社工作为人民"大讨论，进一步提升人社干部对作风政风行风问题本质的认识，增强人社干部转变作风"从我做起"的紧迫感和自觉性。

第二，将机关文化融入机关环境建设。充分利用走廊、墙壁、过道、显示屏、音响、桌牌、官网等场所、平台，将人社部门的核心价值、人社服务理念、人社干部行为规范等机关特色文化融入机关办公环境打造，实施一楼一主题、一楼一特色、一楼一风格，形成独具宜宾人社特色的机关走廊文化、党建文化、廉政文化和法治文化，让党员干部在潜移默化中接受教育、受到熏陶。

第三，将机关文化融入窗口服务。围绕"五个什么"，在全市人社服务窗口开展人社精品窗口创建和党员示范"双示范"活动，进一步规范窗口服务环境和工作人员的服务行为。一是围绕"墙上挂什么"，统一悬挂服务标准、服务流程、服务制度、服务纪律、服务承诺，让群众办事一目了然。二

统一服务礼仪

是围绕"柜台摆什么",统一摆放工作人员工作标识牌、共产党员示范岗标识、及时评价器,让群众感受到尊重。三是围绕"工作人员戴什么",戴统一标识牌,把姓名、职务、职责亮出来;党员干部戴党徽,把党员身份亮出来,接受群众监督。四是围绕"地上放什么",摆放自助服务终端、自助服务电脑、人社政策宣传专柜、便民服务设施,让群众感到贴心。五是围绕"人员干什么",要求职工尽职履职,设立示范窗口和党员示范岗,发挥窗口和党员的示范标杆作用。

第四,将机关文化融入文体活动。坚持每年一个主题,开展系列文化体育活动,使干部职工在健康向上的活动中加强了政治学习,放松了心情,娱悦了身心,同时也增强了单位的向心力和凝聚力。

■ 成 效:

通过机关特色文化的凝聚,宜宾人社事业迈上新台阶,被确定为社保卡综合应用全国示范、群众满意的人社公共服务体系建设全省示范,机关党建工作全市示范。人社业务工作始终稳居全省第一方阵,窗口单位业务技能练兵比武连续两年获全省第二,政风行风民主评议由第 11 名跃居市直部门第 1 名。2017 年,宜宾市人社局被人社部表彰为全国人社系统先进集体,宜宾市人力资源服务中心、市劳动人事争议仲裁院先后被人社部评为全国优质服务窗口,市人才市场被全国妇联表彰为"三八红旗集体"、被共青团中央表彰为"巾帼文明号",多名同志被人社部、省人社厅评为"人社知识通",窗口技能练兵比武"十大全能标兵"。

云南玉溪：打造智慧人社大厅

■ 亮 点：

　　云南省玉溪市不断创新人社服务模式，着力打造智慧人社大厅，促进各项政策落实落地。

　　玉溪市智慧人社大厅主要依托省人社厅的业务接口和查询接口做好人社公共服务，让省厅回流州市的数据及市级横向部门间共享的数据发挥出价值；利用先进技术解决高频业务盖章繁琐等问题；借助银行网点及银行优质服务标准做好人社服务工作。

■ 做 法：

认真规划，科学布局智慧人社大厅

　　玉溪市智慧人社大厅总体建设内容规划为"一库一平台二体系"；一库为玉溪人社基础数据库，一平台为业务协同平台，二体系为公共服务体系、大数据分析体系。利用合作银行的网点，规划设计了四个区域：一是自助服务区域，主要将人社高频业务整合到自助服务一体机上，实现自助查询、证明打印、业务办理；二是社会保障卡制发区域，目前该区域实现自助照相和自助领卡；三是智能体验区域，主要汇集部、省、市人社部门已有网上公共服务平台入口，群众能够全面体验各人社公共服务线上平台；四是宣传展示区域，主要用于宣传人社相关政策及服务。

多措并举，创新打造玉溪市智慧人社大厅

一是采取"社银合作"方式推进大厅建设，与农业银行玉溪市分行合作，实现人社业务在农业银行网点的办理，拓展人社服务的渠道及途径；二是在人社核心业务系统省级集中的大背景下，采取"省市共建"模式，充分运用省级公告服务系统接口，集中建设和拓展玉溪市人社公共服务，构建多渠道的人社服务；三是主动融入"数字玉溪"建设，为"数字玉溪—数字社会"建设提供人社智慧支持。

建立机制，有力推进玉溪市智慧人社大厅建设应用

一是建立周例会制度；二是制定管理规范，明确各方的职责、服务内容及管理规范、故障反馈处理及巡检、交流通报等内容，同时建立联席会议制度，研究解决工作中的新情况、新问题；三是聘请农业银行大厅经理作为玉溪市智慧人社大厅的兼职工作人员，以银行服务标准引导群众办理自助业务，及时回复来访群众咨询。

■ 成 效：

自助办理，就近就便即可享受人社服务

玉溪市智慧人社大厅目前可以实现社保信息查询、个人社保权益记录查

自助服务一体机

询、参保证明打印、待遇证明打印、个人社保及就业补贴待遇支取、城乡居民及灵活就业人员社保缴费、创业担保贷款申请等事项全程自助办理。自2021年5月27日正式启用，截至10月25日，已累计服务群众3159人次，查询类办件1108件、业务类办件2051件。

改革突破，实现最多跑一次

一是灵活就业人员参加企业职工基本养老保险申报缴费可以实现最多跑一次，整合人社申报及税务缴费功能，实现申报缴费一机操作。此项功能开放后仅两周时间，通过此渠道申报缴费的灵活就业人员已达1600多人次。二是参保证明打印可以在自助服务一体机上一次完成，打印时会自动加盖带CA认证的"玉溪市社会保险参保证明专用章"，真正实现最多跑一次。

整合资源，做优服务

一是"玉溪市智慧人社智能触屏机"整合部、省、市人社已有公共服务类系统，群众能够快速找到相关业务入口进行办理；二是初步构建玉溪人社大数据分析体系，充分发挥省人社厅回流数据及市级横向部门共享数据的价值，有力支撑了社保参保扩面提质增效工作、专项治理工作以及离校未就业高校毕业生就业服务等。

指导群众办理业务

西藏：创建"五型人社"+"阳光服务"模式

■ **亮 点:**

西藏各级人社部门积极创建"政治过硬型人社、学习型人社、高效型人社、智慧型人社、和谐型人社"，着力打造"阳光服务"模式，全区人社系统特别是窗口单位干部职工在思想政治、专业水平、服务质量、工作效能、作风建设等方面均有较大提升，基层公共服务均等化水平大幅提高，有力推动了全区人社事业高质量发展。

■ **做 法:**

创建"五型人社"，全面提升窗口经办人员服务能力

一是创建政治过硬型人社，标定思想"中轴线"。开展 260 余场（次）行风建设大讨论活动，参与讨论的干部职工达 5000 余人次。

二是创建学习型人社，练好业务"基本功"。在全系统上下组织开展"行风建设专题培训"和"业务能力大练兵"活动。组织以政治素质、业务能力、职业道德和作风建设为主要内容的行风建设培训活动 360 余次，基层窗口经办人员接受培训率达到 100%；组织开展"人社大讲堂" 120 余期，举办人社系统专项业务培训班 38 期；组织开展"业务能手"等评比活动，在全系统掀起了学业务、强素质、比服务的热潮。

三是创建高效型人社，树立服务"新标杆"。制定完善《西藏人力资源和社会保障系统窗口服务行为规范》，以 20 项行为规范要求各级窗口服务经办人员，有效提升了各级人社部门窗口形象和服务质量。

四是创建智慧型人社，打造经办"加速度"。优化升级"网上服务大厅"，实现线上"一网通办"，全力推进第三代社保卡的发卡工作，全区累计制发卡 318 万张。全面推行综合柜员制，实现线下"一窗通办"。以社会保险系统的改造升级为基础，进一步梳理 19 项 35 类社保经办事项，排除 20 个经办堵点问题，统一规范社保公共服务清单和业务流程，将原有的"一门多窗"更改为"一门一窗"，业务经办实现了从"分流分支"到"归整合一"。

五是创建和谐型人社，念紧作风"紧箍咒"。对照人社部关于行风督查的具体要求、对照全区行风方面"十项问题"开展自我剖析、自我检查和自我批评，广泛征求服务对象意见，共检查出 7 个方面 26 项问题，形成了窗口作风问题整改清单、制定了具体整改方案。区、市（地）行风建设领导小组办公室、窗口建设专项组和监督组对照问题清单，先后开展 24 次集中明察暗访。全面梳理政策制度，着力提高依法执政能力，累计建立完善各类工作制度 102 项。

打造"阳光服务"模式，全面提升人社服务质量

一是"一网通办、一窗受理"，实现服务集成化。大力推进第三代社保卡制发工作，建成自治区级集中的社会保障卡持卡人员基础信息库，签发全国统一标准的电子社保卡，以社保卡为载体实现人社服务的集成化发展。完成全区人社信息系统的彻底改造和新建，人社主要业务信息系统全部迁移至全区政务云，占全区政务云全部启用资源的 65%，153 项政务服务事项已全部在自治区政务平台发布，清单内事项网上可办率自治区级达到 100%。

二是"边境延伸、一线延伸"，实现服务无缝化。组织实施"社会保障边境行"专项行动，为边境群众"帮办代跑"。在全区建立了 840 个基层业务服务和社会保障平台，配备 1235 名工作人员，在进一步巩固和促进边境稳定和发展中发挥了积极的作用。

三是"减少程序、减少审批"，实现服务规范化。大力推进"多证合一、一照一码"登记制度改革，全面完善社会保险登记流程，通过信息共享平台，直接获取新注册企业信息，为企业提供更加便捷的注册登记服务。大力

推进人力资源服务机构和职业技能培训机构发展，全面清理限制竞争的政策规定，简化审批程序，加大政策扶持力度。全面推进人事人才制度改革，构建"1+N"政策体系，逐步放开人才智力密集的非公医院、大型企业等用人单位自主开展高、中、初级职称评审，大幅减少企业专业技术人员职称评审审批事项。

四是"依规公开、主动公开"，实现服务透明化。主动将人社领域的行政法规、规章和规范性文件等，通过自治区政府政务信息公开平台、厅门户网站等及时向社会进行公开，全面推进政策、管理、服务、结果的全程公开和就业、社保、人才等重点领域信息公开。为更好地应对新冠肺炎疫情，全区人社系统将人社领域应对新冠肺炎疫情的 27 条政策措施及时向社会公开，为群众和企业了解政策、兑现政策提供了便利。

■ 成 效

通过打造"五型人社"+"阳光服务"模式，西藏人社系统工作流程更加规范，营商环境不断优化，人社服务效能不断提升。2020 年底全区人社部门窗口服务满意度达到 98.1%，较 2017 年底提高约 21 个百分点。

甘肃兰州："智慧社保"让服务更便民高效

■ 亮 点：

　　甘肃省兰州市社保中心积极创新搭建"智慧社保"平台，深入推进"一窗办、一网办、自助办、简化办、就近办"，创新服务举措，做到社保服务更加便民高效，推进行风建设迈向新高度。

■ 做 法：

　　一是"建"平台。兰州市社保中心"智慧社保"平台围绕彻底解决社保经办工作中长期存在的提交材料多、涉及窗口多、流程不科学、办理时限长、群众跑路多、同城不通办、标准不统一、监管难度大等问题，通过系统集成，流程再造，以实现对外连接政务服务平台，对内连通核心业务系统生产库，全面打造了统一标准、统一流程、受办分离、自助服务、智能推送、智能内控、效能监察、数据分析、数据应用等各项特色亮点应用。

　　二是"优"流程。兰州市社保中心"刀刃向内，自我革命"，认真组织各业务科室对中心职责范围内的经办管理服务项目进行梳理、清理。对凡无法律、法规、规章和行政规范性文件依据的材料，一律取消。对前一环节已经提交的材料，也不再要求重复提供，对申报中涉及的模糊性表述，全部进行删除。同时，全部业务都绘制了清晰的业务流程图。规范精简后的服务事项 63 项，实际经办材料缩减 35% 以上，办理时限较梳理前缩短 68.3% 以上。全部实现业务主项名称统一、子项名称统一、适用依据统一、办理时限统一、申请材料统一、申请表单统一、办事流程统一、业务流程统一"八统一"。此外，按照清理证明事项工作的要求，取消了办理社保业务需提供的电子营业执照原件及复印件，重复缴费退费需提供原始证明依据，退休资格认定需提供养老保险手册，退休资格认定需提供户口本、公示证明等 11 项证明材料，全部改由经办人员通过电子证照核验和告知承诺制等方式经办，使群众办好一笔业务更简捷、更高效。

三是"做"互联。平台对接公安人口库、民政殡葬死亡人员、市场监管企业注册等多维度信息，在线实时完成信息校验，提升了业务审核准确度，筑牢基金管理风险防控防线。同时，在强化内控的基础上简化操作流程，打通人社相关部门及中心内部数据壁垒，实现共享推送，做到业务办理、财务支付、文档归类等全事项"一单提交、自动流转"，让群众办事"只进一次门就可全程搞定"。

四是"上"评价。全面实施社保经办服务"好差评"机制。在智慧社保平台嵌入相应模块，在服务窗口统一配置 PAD，率先实现实时评价及其综合管理应用。目前社保"好差评"评价率在全市政务服务窗口遥遥领先。同时，通过后台综合分析评价数据，开展效能监察及预警，及时优化群众满意率低的事项，补齐经办各环节短板和弱项，实现经办工作量均衡负载，推动经办服务提质增效。

■ 成 效：

一是实现"一窗通办"。中心依托智慧社保平台，适时改造优化大厅设置，实行"一窗综合受理、受办分离"的经办模式，办事群众办理业务只到一个窗口，提交业务后扫描《受理通知单》的二维码随时查看业务办理进度即可。截至目前，已实现 53 项对外经办事项在政务服务网"一网通办"；63 项单位业务、28 项个人业务在"钉钉""支付宝"APP 上可查可办。

二是实现"就近能办"。2020 年以来，借助失业补助金扩围政策申领工作，兰州市社保中心与兰州银行社银联合，通过智慧社保实现业务信息系统与银行系统的对接，目前兰州银行 75 个网点可实现社保记录查询打印，全面开展失业补助金申领发放。

三是实现"不来即享"。借助智慧社保，进一步推动社保服务线上线下深度融合，全力打通信息孤岛，加快推进数据共享和数据推送，有效解决群众部分事项和异地办事"多地跑""来回跑"等堵点难点问题。例如，在2020 年失业补助金申领工作开展过程中，兰州市社保中心通过前期大数据提前比,将符合申领失业补助金条件的 56488 名参保人员的信息在兰州市人社局官方网站、兰州市社保中心微信公众号进行了公布,并通过手机短信点对点进行通知,参保人员实现零跑腿领取。

四是承载"人社快办"。积极推进"跨省通办""省内通办"和"全市通办",同时,结合业务经办逻辑,梳理打包事项,实现兰州市社保中心牵头的 6 个"打包办"业务线上线下办理。不断拓展"提速办"事项,截至目前,第二批"提速办"事项已全面完成。

宁夏：开展职业技能培训机构
"告知承诺制"审批改革

■ 亮 点：

2020年以来，宁夏回族自治区根据上级要求，进行了职业技能培训学校"告知承诺制"审批改革。通过实施职业技能培训学校标准化建设工程，制定发布158个常用职业（工种）学校设置标准，以标准规范告知、承诺、审批、监管，实现该行政许可事项从"人治"向"法治"的转变。

■ 做 法：

出台一个办法。出台《宁夏回族自治区民办职业技能培训学校管理办法》，理顺改革机制，明确"告知承诺制"审批职责管理权限、学校设立、组织管理、监督检查等要求，为改革提供政策依据和制度保障。管理办法规定，审批、监管分离，对照标准承诺符合条件，即可在各级政务服务窗口取得办学许可证。

公布两批标准。改革取消了事前实地评估环节，分两批制定现代农业、制造业、服务业等20个专业方向158个职业（工种）《职业技能培训学校设置标准》。依据国家职业标准对职业（工种）技能的描述，从机构管理体系、师资力量、通用场地及环境、实操场地及环境、实操培训设备工具及检测手段、培训结业六方面，对培训学校办学设置制订量化标准，通过自治区司法厅审核备案，以规范性文件发布实施。

明确三项措施。一是"放"。印发《自治区人力资源和社会保障厅关于下放职业技能培训学校管理权限和加强事中事后监管的通知》，全面下放管理权限，构建自治区、市、县三级管理、权限清晰的属地管理体系，审批权限从人社系统转移到各级行政审批窗口单位。二是"统"。印发《民办职业技能培训学校审批流程和监管指南》，简化程序、统一流程，全区统一告知、承诺、审批、监管标准。同时，明确事中事后监管依据、监管内容、监管方式和不实承诺处罚措施。实施半年后，对改革事项进行实地评估，发布《关于"证照分离"改革阶段性评估情况的通报》，梳理审批、监管失职和失信承诺典型案例，明确审批监管职责和违规办学处罚依据、程序和方法，为审批、监管、承诺提供遵循和指导。三是"服"。制作一次性告知事项及程序清单和失信责任告知书，通过宁夏政务服务网对全区同步公开，方便申办主体快速了解办理流程标准并理性决策。建立新办学校必访机制，对按"告知承诺制"取得办学许可证的学校，实行一个月内全覆盖例行检查。对标核查承诺真实性的同时，提供规范办学指导。

实施四步统筹。一是顶层制度设计促改革规范。自治区层面按照改革精神，依法依规制定改革方案，制作告知事项范本，规范承诺、审批、监管、征信、处罚并发布实施。二是强化培训规范促政策落实。改革启动前，组织市、县（区）人社局、审批局和原自治区本级审批的 90 家机构开展"放管服"改革培训，宣讲改革势在必行的背景、意义、办法、措施。下放权限

宁夏实行民办职业技能培训学校告知承诺制审批改革

时，以市为单位召开民办职业技能培训学校现场交接会，向市、县（区）人社、审批部门和培训学校明确审批、监管、告知、承诺的具体操作措施和办法。年检时，组成包括五市业务负责人参与的检查组，在实际中针对具体问题，开展现场答疑解惑。三是实地评估促制度完善。进行"证照分离"改革阶段性评估，实地抽查按照"告知承诺制"审批学校，召开检查评估现场会，对发现的问题，集中探讨找出法律、政策依据和解决办法，下发通报统一解决实际问题。四是抓对标整改促学校建设。标准出台后，严肃对标审批，规范依标建设。

■ 成 效

一是转变政府职能。"告知承诺制"实施后，审批时限从改革前 45 个工作日变为材料齐全即办，申请材料由改革前 10 项变为 5 项。目前，自治区本级可实现办学许可证 40 分钟立等可取。银川市市民大厅整合窗口资源，实现办学许可证和营业执照一个窗口办，2 小时内办结。

二是激发市场活力。改革使办学条件、程序公开透明，提高了市场自主预期能力，降低了投资风险，激发了市场动力和活力。统计显示，自 2020 年 7 月开始实行告知承诺制到 2021 年 4 月，全区共有 68 家培训机构按照"告知承诺制"取得办学许可证，148 家机构按照"告知承诺制"变更相关办学事项。年检结果显示，截至 2020 年底，全区共有培训机构 375 家，较上一年新增 53 家，增速超近五年增量总和。

三是增强市场主体责任意识。自开展标准化建设以来，已有 14 家培训机构因不达标主动申请注销，20 多家培训机构主动申请取消部分不符合标准化办学条件的职业（工种），保留优势核心培训业务，提升办学质量。

四是推动社会诚信建设。2020 年年检，全区基本合格需整改培训机构 52 家，不合格需整改 22 家，注销办学 14 家，整改力度空前，效果显著。

五是提升政府服务形象。通过标准化建设推进的"告知承诺制"改革，推动了法治政府、法治社会建设，改变了以往"压缩时限、简化材料"等量上的改革，实现了统一标准公平办、公开办、马上办，"简约高效、公开透明、宽进严管"的实质性跨越。

新疆：高质量推进人社公共服务标准化信息化

■ 亮 点：

新疆人社厅积极推进信息化便民服务创新，以企业群众需求为导向、以信息共享业务协同为支撑、以经办能力建设为基础，通过持续优化公共服务平台功能、建立健全数据共享协调机制、全面推进办事流程优化再造、不断提升公共服务效能水平、探索推进治理创新服务创新等，积极推进"打包办、提速办、简便办、就近办、免申即办"，切实解决企业群众办理人社业务的操心事、烦心事、揪心事。

■ 做 法：

第一，以整合促便捷，构建"一网"贯通人社全业务。一是开发"新疆人社公共服务平台"，推动更多事项网上办理，实现"应上尽上、一网通办"。目前，网上可办率达 87%，2021 年底可实现 90% 以上。二是完善公共支撑体系。目前新疆已建设了全区统一人社数据中心，基本实现纵向到底、横向到边的人社服务网络。已对接国家社会保险公共服务平台、人社政务服务平台和新疆政务服务一体化平台。构建"统一网络支撑、统一身份认证、统一电子印章、统一电子证照、统一数据共享、统一业务受理"的公共支撑体系，通过打造"前店后厂"模式，实现人社数据共享和业务集中。三是实现"跨省通办"。"跨省通办"事项涉及人社 33 项任务。四是推进人社公共服务移动化。加快新疆人社公共服务平台移动端建设，推进覆盖范围广、应用频率高的人社公共服务事项向移动端延伸，推动实现更多服务事项"掌上办、指尖办、终端办"。

第二，以集成提效能，靶向"一门"推进服务便利化。一是优化提升

练兵比武晋级赛现场

"一站式"服务功能，着力推行政务服务"前台综合受理、后台分类审批、统一窗口出件"运行模式。二是推进人社服务标准化和规范化。严格管理全区统一的"三级四同"（即：省市县同一事项名称、类型、设定依据和编码相统一）发布权责清单、公共服务事项清单，建立健全清单动态调整机制。优化完善服务事项和办事指南，除法律法规另有规定或涉密事项外，实现人社公共服务事项一库汇聚、一库管理、数据同源、应上尽上。三是借助银行、基层平台力量，打造城市15分钟、乡村5公里的人社服务圈，满足群众"就近办、多点可办"，扩展人社服务网点。

第三，以创新促便民，紧抓"一次"推进证明精简化。一是实行不见面审批服务。通过网上公布、在线应询等方式，多途径多渠道向社会公开审批服务信息，为方便企业群众办事提供服务指引。着力推进审批减环节、减材料、减时限，对行政许可事项实行下放，采取事中和事后监管。二是精简办事材料。深入开展人社公共服务流程再造和优化，从取消申报要件、压缩办理时限、优化办理流程、推进并联审批、创新审批模式等入手，最大限度减少办事材料。三是全面推行告知承诺制。聚焦企业和群众生产生活全周期，进一步精简相关证明材料，符合条件的企业和群众实现免"证"即办，不断优化人社服务供给。

第四，以共享破限制，力争"联办"提升服务新高度。一是利用数据共享减证便民。在业务中已经实现人员身份、业务状态、证书证明等联网核验，通过完善经办规程，进一步减少重复提交证明材料，减证便民。二是提高跨部门服务整体性。与市场监管局、公安等部门整合企业开办"一件事"，实现企业开办"一网通办，一次办理"；与银行、税务、医保等部门整合延伸服务事项，方便群众办理缴费、待遇和个人权益信息的查询打印。三是利用共享数据发展大数据应用。积极探索社会保险待遇领取资格智能认证、智慧劳动保障监察纠纷预警、社保基金风险评估等应用。

■ 成 效：

第一，环境更加优化。通过清单式整合政策资源、系统化规范服务行为、标准化界定服务边界、指数化显示服务绩效，推进政务服务标准化便利化；通过助企纾困与激发活力并举，加大惠企惠民政策力度，真正激发企业群众内生活力，保障了群众创业奋斗、市场主体创新发展。

第二，办事更加高效。便民服务"九办"：一是马上办即时。全面压缩办理时限，简化办理流程，行政审批服务事项实行不见面办理，10 项行政审批事项申请即办。二是网上办快捷。对高频人社事项应进必进。群众在网上申请办理，一事一评。97 项事项实现全程网办、111 项事项最多跑一次。三是跨省办便利。申请人可实现"单点登录、全国漫游、无感切换、就近申办"。33 项跨省通办事项已实现网上办理 27 项，窗口办理 31 项。四是打包办提质。通过"一张表格、一套材料、一次办理"，将原来办理所涉十几

12333 咨询员介绍 12333 微信平台社保账户查询功能

工作人员热情接待办事群众

个事项要跑十多次，变为打包办理后仅需跑 1 次。印发实施方案，将 22 个事项整合优化成 3 项打包办事项，力争年底前完成 15 项"打包办"。五是提速办增效。将高频事项"提速办"提升到 51 项，在法定时限基础上再提速 50%。六是减证办挖潜。深入开展人社公共服务流程再造和优化，从取消申报要件、压缩办理时限、优化办理流程、推进并联审批、创新审批模式等入手，优化 326 项办事材料，切实提升人社公共服务能力与水平。七是就近办延伸。借助银行、基层平台力量，打造城市 15 分钟、乡村 5 公里的人社服务圈，满足群众"就近办、多点可办"，扩展人社服务网点。已实现覆盖自治区五级 7231 个服务网点（含合作银行 395 个），实现 2 大类 9 个事项在银行柜员机办理。八是承诺办审慎。全面推行证明事项告知承诺制，对 31 个事项 108 件次 19 种证明材料实行告知承诺制。仅 2021 年上半年专业技术人员资格考试报名，全区就有 13.19 万人次考生受益，减少证明材料 39.58 万份。九是免申办创新。聚焦企业群众关切的高频事项，探索"免申即办"。通过数据智能比对，精准检索对象，核实确认意愿，强化信息公示，实现免填表、免申报的"政策找企、政策找人"。

第三，服务更有温度。着力加强对特殊群体（老年人、残疾人、高龄）的关爱。已在全区印发实施方案，发布老年人高频公共服务事项清单 14 项。坚持智能普及与传统服务相结合，为特殊群众（领取待遇的老年人，岁数大的、身有残疾的就业困难群体等）提供人性化服务，及时解决发展带来的"数字鸿沟"。通过 12333 热线电话、网站、新疆智慧人社 APP、微博、微信、邮件、短信等各类服务载体和渠道为企业和群众提供服务。截至 2021 年 9 月底，全区 12333 咨询呼入总量全年累计 121.73 万余个，比上年度增加 19.91%。区本级人工接通率 94.23%。累计处理在线咨询、建议意见、业务转办 907 件，群众满意度 100%。

新疆生产建设兵团：
"金点子"为社保"建言献策"

■ 亮 点：

2021年以来，新疆生产建设兵团社会保险事业管理中心先后开展"我为社保建言献策"金点子活动、师带徒活动、练兵比武、业务大培训、"电话传真情、温暖老人心"等活动，工作人员的政治意识、规矩意识、纪律意识和制度观念有了明显转变，服务能力有了明显提升，为更好完成兵团经济社会发展目标任务提供了坚强保障。

■ 做 法：

第一，建言献策为社保，凝心聚力促发展。鼓励各级经办机构工作人员从社会保险扩面、经办管理、风险防控、基金管理等方面，积极献言献策，为社保经办工作高质量发展提供最接地气的参考。活动共收到1000余条"金点子"，经过筛选，其中50条脱颖而出，被选为优秀"金点子"。

第二，师徒结对传帮带，以老带新促成长。开展师傅带徒弟活动，让新招录的年轻人入门快、留得下、干得好。"师傅"由社保经办机构的领导和业务骨干担任，"徒弟"为近三年新录用工作人员，双方坚持自愿结合的原则，一个师傅可带1至2名徒弟，也可由2名师傅带1名徒弟，主要任务是带思想、带业务、带生活。

第三，练兵比武强技能，人社服务树新风。持续深入开展技能练兵比武活动，建立凡是新招录业务人员、新出政策必学的机制，培养一批"人社知识通""业务一口清"干部，持续推进政策"看得懂"、待遇"算得清"，增强职工群众获得感、幸福感和安全感。

第四，业务培训强素质，夯实能力促提升。兵团人社局培养社保自身专家团队，由社保中心业务骨干编写教材、进行授课，实行"线上"和"线下"培训相结合，采用"引进来、送出去"等多种方式，全年共培训6000多人次。

第五，小小电话传真情，一声问候暖人心。深入开展"我为群众办实事"实践活动，聚焦广大退休人员"急难愁盼"问题，开展"电话传真情温暖老人心"活动。平均每名工作人员打电话500个以上，退休人员较多的师市人均打电话800余个。活动共解答退休人员问题17028个，引导退休人员及其子女使用"兵团12333"APP进行养老待遇资格认证，保障养老金及时准确发放到位。

■ 成 效

一是激发调动了工作人员为更好发展兵团社保事业积极思考、积极参与的主动性。开展"我为社保建言献策"金点子征集活动，充分调动社保工作人员建言献策的积极性、主动性、创新性，为兵团社保事业高质量发展提供了好的意见和建议。

深入基层一线宣讲社会保险政策

二是增强了新招录人员了解兵团、热爱兵团、扎根兵团，为兵团社保事业作贡献的信心和决心。兵团社保系统共确定 394 对师徒关系，"传帮带"成效正在显现。

三是形成了见贤思齐，"比、学、赶、超"的浓厚学习氛围。通过练兵比武和业务培训，兵团社保系统工作人员转作风、树行风，切实用能力素质提升带动了工作质量提升。

四是摸清了退休人员对社保服务的需求，为精准服务打好基础。通过一对一打电话，对兵团退休人员情况进行了一次彻底摸排，做到"底数清、情况明"，为群众服务的能力大幅提高。

行为·榜样

人社服务标兵于洋：有求必应的"暖心人"

李浏清　武　唯

　　在群众和同事眼里，他是问不倒的"百事通"；在讨薪农民工口中，他是有求必应的"暖心人"；对违法者来说，他是疾恶如仇的"清道夫"。无论是在外办案还是对内管理，他都有着一心为民的初心和公平公正的耐心。谈及自己，他谦虚淡然："我就是一名尽力做好本职工作的监察员。"

　　他叫于洋，是天津市人力资源和社会保障综合行政执法总队总队长。2018年，被人社部评为"人社服务标兵"，2020年，被天津市总工会授予天津市担当作为先进典型市级五一劳动奖章。

问不倒的"百事通"

　　走进于洋的办公室，在他不大的办公桌上，摆满了正在研究的案情资料、工作计划。对于洋而言，"熬过最长的夜，加过最晚的班"不是一种修辞，而是真实的工作状态。"从事劳动保障监察工作近20年，头发越来越少，吃的药却越来越多。"于洋笑道。自从2002年从事劳动保障监察工作以来，他请假的时间屈指可数，办过的难案要案却不胜枚举。2021年前三季度，他组织带领全市执法人员查处各类劳动保障违法案件800余件，责令补发拖欠劳动者工资4536万元。

　　对于执法人员来说，一件案子办得好，不难做到，但要把每起案件做得都令人无法挑剔，却并非易事。曾有不少案件的当事人提前做好"功课"，"全副武装"地来"讨说法"。在调查接待室里，涉案双方互不相让，而于洋总会不厌其烦地为他们讲政策、出主意，让走出接待室的当事人心悦诚服。

"与十几年前不同，现在用人单位用工更加多样和灵活，劳动者的诉求也更加多元和复杂。"于洋表示，"打铁还需自身硬，唯有如此，在执法时才能做到'一手托两家'，既督促用人单位依法用工，又维护劳动者的正当权益。"

当前，人社领域事务点多面广，各类法规政策浩如烟海，这对执法人员的业务能力和知识储备提出了更高要求。"不能坐等案件上门了再学政策，要在平时便成为通晓劳动保障法规的行家里手，熟记辖区用人单位的各项数据，遇到群众咨询和提问时对答如流。"于洋是这样对执法人员说的，他自己也是这样做的。

面对新形势下监管范围不断扩大，监管难度日益提升的情况，于洋牵头研究了天津市用人单位劳动监察守法信用等级评价标准和管理办法，建立覆盖全面、实时动态的管理网络，在全国开信用监管"先河"。2021 年，他带领同事研究了分类监管、轻微违法不予行政处罚、压缩时限开具无违法违规证明等措施，完善信用激励、审慎监管、服务提速机制，积极营造良好营商环境，促进企业劳动关系和谐。

此外，于洋注重加强人社领域业务研究，结合工作实践完成劳动保障监察执法程序、工程建设领域农民工工资保证金等课题。作为中国劳动学会劳

于洋走进工地现场检查督导

动保障监察专委会常务理事，于洋入选全国劳动保障监察师资库，将工作经验分享给全国劳动保障监察系统的同仁们。

"于队是好领导，更是好老师。讲台上的他思维敏捷，从不照本宣科，而是将理论知识与生动案例相结合，知识点环环相扣，逻辑性很强，时不时还会来几段情景再现，让人过耳难忘。"天津市人力资源和社会保障综合行政执法总队杨薇这样说，在爱钻研的于队带动下，总队上下形成了学理论、抓业务的良好风气。

农民工的"暖心人"

在总队的档案室里，收藏着若干面锦旗，锦旗上一句句朴素真挚的话语，饱含着一声声谢意，也铭刻着一段段温暖人心的故事。其中，一面锦旗上写着"办事迅速、为民解忧、热情周到、一心为民"，落款是"农民工刘尊申，2018年2月23日"。

刘尊申家住山东省郓城县，是位残疾人。2012年1月，他到天津市一家建设工程公司的一处项目部看管工地，到2014年3月项目停工，他还有80223元工资未结算。刘尊申多次找项目负责人讨薪都无功而返。"屋漏偏逢连夜雨"，2016年11月，再次踏上讨薪路的刘尊申气急伤身，突发心脏病住进了医院。班组负责人支付了27930元工资，留下"剩余的钱在春节前打你卡上"的"空头支票"后便音讯全无。"为给父亲治病，每周都需要支付高额的医药费，家里穷得都快揭不开锅了！"无奈之下，刘尊申的儿子刘

于洋组织召开用工管理提升观摩会

于洋督促施工单位规范考勤、工资公示

贵利上一家网站留言反映情况。

2018年2月8日，农历腊月廿三，该留言流转到于洋案头。他安排执法人员第一时间与刘家父子取得联系。在缺少有效信息的情况下，于洋带领执法人员几经周折，终于在当晚找到已"撤摊"的施工单位。班组负责人承认欠薪事实，但由于资金链断裂，难以支付欠薪。

为在节前解决问题，于洋多次到总包单位做工作。经过不懈努力，总包单位同意为刘尊申垫付剩余的被拖欠工资。腊月廿八，看到盼了6年的工资终于打到银行卡上，刘尊申露出了久违的笑容。"于队长是个好人，也是我们的恩人！"在春节的鞭炮声中，刘尊申让儿子写了一封长长的感谢信，催着他过完年一上班就赶紧送到于队长手上去。

"农民工的钱是血汗钱，甚至是救命钱。迟发一两天，他们全家人的生计都会受到影响。从事劳动保障监察工作，就一定要让'无望'的劳动者看到希望，让'无助'的劳动者得到帮助。"于洋说。

为有效解决拖欠农民工工资问题，于洋牵头有关部门积极研究工程建设领域用工特点，整合归并现有制度措施，创新提出"五四一"工作法，通过五个常规化管理、四个长效化管理、一个常态化管理，推动各项制度逐渐完善，有效降低欠薪风险。国务院出台《保障农民工工资支付条例》后，于洋又与有关部门研究制定了天津市根治欠薪长效工作机制，定任务、划职责、绘流程，形成监管和治理全方位、全覆盖，推进根治欠薪工作长效化制度化。

于洋既是指挥员，又是战斗员，他每年都带队深入项目工地和企业开展专项检查。2019年12月27日，于洋到津南区进行专项督办，一家施工单位表示工资已全部支付，不存在拖欠问题，但核验资料时于洋发现很多疑点。于是，他现场联系在此施工的农民工，通过多方了解，发现工资尚未发放完毕。而此时的农民工情绪非常激动，说"今天不解决不能走"。

为了稳控局面，于洋当场把自己的手机号码留给了农民工代表，"请相信政府，一定能够帮助你们解决问题的。如果因为拖欠工资，谁让你们过不好年，我就让他们过不好年"。经过几番努力，农民工当晚就拿到了工资，农民工代表给于洋发了短信，写道"我们拿到了工资，兄弟们终于可以订票回家过个好年了。说实话，大家开始内心有点绝望，您解决了我们最大的疑虑和担心……我代表一百多名农民工感谢政府。心里的激动无法表达，希望祖国繁荣富强！"

正是于洋肩上这种为民服务的责任和担当，让在天津市打工的农民工有了一座随时找得着、靠得住的"靠山"，也搭起了一座连接劳动者、企业和劳动保障监察部门的"暖心桥"。

违法者的"清道夫"

做好人社领域执法工作，不仅要有雷霆万钧的魄力，更要有细如毫发的心思。"世上无难事，凡事怕认真，我做事就挺'较真'。"于洋说，办案不打无准备之仗。对于案件进展到哪个环节、该查什么、该谈什么、如何突破，他都会在笔记本上随时记录、列出详细计划。面对棘手案情，他拿出精益求精的"绣花"功夫，把矛盾纠纷层层化解，逐个击破。

2020年12月3日，于洋接到一条欠薪线索，反映人盛某称自己带人在北辰区某项目干活，被拖欠工资60万元，但又拿不出被拖欠工资的明细。于洋安排执法人员认真核查，发现盛某是该项目木工班组组长，带领20余人与一家劳务公司签订劳动合同并进场施工，工人工资均已按月足额发放。盛某提出的60万元，是其与劳务公司签订的协议，约定按产值结算工程款，作为个人利润。因天气变化等原因，盛某要求提高工程量核算单价，遂与劳务公司发生争议。为安抚现场工人，于洋和执法人员一起向盛某及农民工宣传法律法规，并联系属地镇政府组织协调。经多方努力，盛某、劳务公司之间就工程款纠纷达成一致，矛盾纠纷迎刃而解。

盛某的问题虽已解决，但萦绕在于洋心头的是，劳务公司在施工过程中将劳务作业再分包的行为涉嫌违法，需要及时纠正。为此，他责成执法人员将该案有关材料和信息通报给行业主管部门，行业主管部门根据有关规定，对涉事劳务公司及其负责人进行了处理处罚，发挥了反面典型警示教育作用。

为深化信用监管惩戒，于洋积极协调有关部门，将拖欠农民工工资"黑名单"管理列入天津市公共信用信息目录，人社、发展改革、市场监管等部门网络互联互通、数据实时共享。截至2021年10月，全市现存拖欠农民工工资"黑名单"17个，使失信主体"一处违法、处处受限"。

在工作中，于洋"讲法理"也"近人情"。每年底去市郊检查企业，即使寒风刺骨，于洋也会选择早点出发。"要考虑企业的生产实际，人家中午也要吃饭休息，早来早走，这样才不会让企业感到为难。"于洋说，"企业与职工的关系应是合作共赢、互利互惠。收益要分享、有事要商量，找到企业与职工利益的最大公约数，才能构建和谐的用工环境。"

"遇困难，找于队。"在天津，这是各区人社领域执法人员常说的一句话。新冠肺炎疫情期间，于洋带领执法人员加强调查研究，积极推行网上举报、电话举报等不见面维权方式，对受理的问题实行接诉即办、限时办结，让"群众不跑腿，信息多跑路"，确保"投诉有门、受理有人、问必有答、诉必有查"。严格实行首问负责制，对属于劳动监察管辖范围的，及时受理；对超出时效的，综合施策、穷尽手段，充分保障反映人权益；对不属于管辖范围的，耐心解释，积极引导反映人通过合法途径解决。疫情无情人有情，于洋带领大家积极为劳动者提供优质、便捷、高效的服务。

"为民服务无止境。我们的价值就在于保障劳动者和用工企业的合法权益，守护一方热土的和谐与安宁。群众满意了，我们就安心了！"于洋如是说。

人社服务标兵于砚华：最美就业红娘

谢小杭　武　唯

在吉林白城，办起事来利利落落的于砚华名气不小。

某企业投产在即，大量缺人，忐忑找到于姐。她一拍桌子，"放心，姐给你整。"三天后，来面试的人挤破头。

刚毕业的大学生，就业无门，怯怯咨询于姐。她细细了解，干脆地说，"妹儿，我觉得这个岗位适合你。"

碰到外地人来找工作，人生地不熟。她放下手头活计儿，"走，姐送你去面试。"

在洮北区人力资源市场，人们常常看到，被称为"铁娘子"的于砚华踩着小凳子，站在人群中央与求职者高声交流。多年来，这一经典画面，温暖了无数人的记忆。

这位群众眼里的就业红娘"于姐"，就是全国人社服务标兵、白城市洮北区就业局副局长——于砚华。

"要像蚊子叮血一样，将这块硬骨头啃下来"

周三上午，一百来平方米的服务大厅人头攒动。于砚华踩着凳子，举着硕大的二维码，站在拥挤的人群中央。"请大家扫一下我手中的二维码，这是洮北区人力资源市场为大家建立的求职 30 群，我们每天都会实时更新群里的岗位信息，大家扫码后坐在家里就可以找工作了……"

周围的人哗地围上去。

"于姐，我想找份有双休的工作，但不知道能做什么？"

"于姐，我40岁，想创业，能享受扶持政策吗？"

这一幕，长期在此招聘的梅花氨基酸责任有限公司人力资源部工作人员早已见惯。作为一家优质高新技术企业，选择在一个县区级人力资源市场驻扎，原因很简单——"人气旺"。

然而，17年前，于砚华刚接手人力资源市场时，正赶上东北国企改制潮，大批职工下岗失业。捧惯"铁饭碗"的国企职工爱面子，不愿到市场上找工作；用工单位到处贴告示、发传单，自行招工。人力资源市场求职者寥寥，招工单位也屈指可数。

捧着这样一块"烫手山芋"，缺少经验的于砚华辗转反侧。她深知，人力资源市场是人社部门转变政府职能、服务经济社会发展的前沿阵地，"要像蚊子叮血一样，将这块硬骨头啃下来"。

于砚华编制了一份调查问卷，带着两名工作人员，去用工单位和求职者中调研。

吃了一次又一次闭门羹，受过不少冷脸，甚至被驱赶……但于砚华"我行我素"，一个多月，走访了200余家用工单位、近千名求职者，掌握了大量第一手信息，也找到了激活市场的"钥匙"：岗位要多要全，服务热情周到，才能吸引人进来。

她开始四处收集岗位信息，报刊、电视、广播和路边的信息橱窗，一个

于砚华服务求职者的场景

于砚华深入企业了解用工需求

都不放过。同时深入企业获取招工信息，建立大型招工企业客户群，尽力争取企业进入市场。

岗位信息多了，打动求职者的"本钱"就有了。于砚华又开始"拉拢"求职者。

身边的朋友、同学成了突破口。那段时间，于砚华频频参加同学聚会、朋友聚餐，向下岗失业的朋友介绍人力资源市场，邀请他们前来求职，却遭到白眼，"你是不是瞧不起我"。

于砚华只好私下整理岗位信息发给朋友。好说歹说，人来了，怕丢人，戴着口罩、眼镜，没寻到合适的，对方差点和她断绝关系。于砚华没有放弃，又在众多岗位里寻找，第二次，终于在公益性岗位中找到相匹配的，皆大欢喜。

一次又一次，不顾冷眼和误解，于砚华帮助身边很多人解决了再就业问题。一传十，十传百，市场的口碑渐渐树立。不到3个月，市场从门可罗雀变得门庭若市。

从2004年11月至2007年末，市场举办各类招聘洽谈会136场，场场爆满，成了劳动力资源配置的黄金通道。

"市场火爆一天不难，一年不难，难的是日日火爆，年年火爆。"于砚华认识到，"有场有市"的局面形成后，市场要保持繁荣，"人来人往"是关键。

她带着工作人员前往大中专院校恳谈，将毕业生名册入库登记，提升市场劳动力资源的质量，吸引大中型企业主动向市场靠拢。同时，组建专职信息员队伍，常年深入用工单位收集用工信息，保障市场始终处于空岗量大、岗位类别齐全的状态。

"一手抓着用工单位，一手抓着求职者，就会有源源不断的人在市场进进出出。"于砚华说。

她坚持把求职用工招聘会办到街道（乡镇）、社区（村屯）；坚持同民政、工会、工商联、团委、妇联等多个部门联动，为不同就业群体送去就业帮扶；坚持同人力资源服务机构联手，一起服务下岗失业人员；坚持把就业信息和国家最新就业政策印成宣传单、宣传手册发到服务对象手中；坚持举办企业依法用工培训班，给企业讲法律法规及用工常识；坚持跟踪回访制度，扶上马再送一程……

一干就是 17 年。于砚华硬是把一个几乎无人问津的人力资源市场，做成全年招聘无淡季的全省五星级人力资源市场，举办各类招聘会 1200 多场，服务 30 余万人次，职业介绍成功率 90% 以上，被当地百姓称为"最火爆的招聘市场"。于砚华也成为大家眼中最美的"就业红娘"。

"只要来找我，我一定管到底"

扛得起千斤担子，下得了绣花功夫。当年，在白城市洮北区颐年养老院常务副院长苏一眼里，于姐总是能量满满，有操不完的心，使不完的劲。

2013 年夏天，养老院遇上"招工难"，全院 275 张床位，仅有 30 多位护理人员。朋友、亲戚、中介，各种渠道都招不上人，一筹莫展。苏一打听到就业局有位于姐特别能干，便上门拜访。

求助非常成功。几天后，专场招聘会开了起来。"这回应该能招到人了。"苏一看着人力资源服务大厅里乌泱乌泱的人，悬着的心放下了。果然，当天招聘会上成功招到 46 名员工。

之后的几年里，于砚华几乎每月都来养老院一趟，回访企业经营管理情况和用工情况，提醒他们将内部规章制度上墙，各类工作流程分门别类归档留存。"表格怎么做，格式怎么写，就连照片贴在什么位置，都是于姐教的。"苏一说。

"到岗就业只完成了第一步，持续跟进是为了更好地保障稳定就业。"于砚华说。

初颖是鸿宇家政服务公司的负责人。在于砚华的帮扶下，接受灵活就业人员，实行分工种管理，服务随叫随到，次次回访验收，签约员工全上保险。3 年发展，成效喜人。白城也有了标志性的家政服务公司，一举多得。"我们家 80% 的收入都是通过平台赚取的，还吸纳了 570 人左右的失业人员灵活就业。多亏了于姐的金点子！"初颖说。

2020 年，面对突如其来的新冠肺炎疫情，于砚华积极主动担起责任，防疫、扶贫、就业三不误。

从大年初二开始，于砚华第一时间调研就业形势。家里到处都可以看到她记下来的求职信息和企业的招聘信息纸张。为了解决疫情期间供求见面难，对接难，于砚华开发不同类型的链接，线上开展就业政策培训；做客新闻直播间，给企业直播带岗，面对面为群众答疑解惑；扩大求职招聘微信群数量，达到30余个求职、招聘群，涵盖近万名求职者、千余家用人单位。

"我们在全国设厂，洮北最解决问题！"一家企业负责人坦言。

2021年9月初，那是一个周五。"于姐，我紧急需要60人！"于砚华接到吉林高高煎饼有限公司人事部高经理的求助电话。公司9月末开工，距离开业只有10余天，员工却没有招满。于砚华不顾休息日，与同事一道在各大发布系统发出了招聘信息。周一一上班，就被公司负责人一把抓住："于书记，太感谢你了，这两天我都接300多个电话了，人员足够了。"

"只要来找我，我一定管到底！对于不少求职者来说，于姐的耐心细致更像是一缕春风，拂去了他们初涉职场的迷茫和不安。

2018年3月，王浩大学毕业后返乡，到洮北区人力资源市场参加一家公司的专场招聘。

一进大厅，王浩发现人头攒动。第一次见到这么大阵仗，他有些无措，看到大厅角落里一位红衣女子正给别人介绍岗位，看上去很和蔼，就鼓起勇气上前询问。

交流之后，于砚华给王浩推荐了岗位。"小伙子学的行政专业，口才不错，做人力资源挺适合你。这家公司很重视年轻人，待遇也高于白城平均水平，未来发展前景很好。"

于砚华常年深入贫困户家中服务

于砚华指导社区工作人员办理线上经办业务

王浩一听，心里踏实不少。经过面试，成功上岗之后，王浩经常收到于砚华的电话和微信。"她有种亲和的魔力，遇到问题总愿意问她，她每次也都能帮忙解决。"

通过市场就业，于砚华和很多服务对象都成了好朋友，"我把他们都当成亲人一样来帮助"。

冯可欣原本在白城市一家乳业公司负责人事和招聘，因此和于砚华结缘。后来由于母亲生病需要看护，辞职回家。照顾老人，管教孩子，劳心劳力，琐事繁杂让冯可欣的状态不太好。

一天晚上，冯可欣家里来客，一开门发现是刚下班就赶过来的于砚华。于砚华拉着冯可欣的手说："妹妹，出来找份工作吧。姐给你整理了点适合你的岗位，你去试试。"

冯可欣回忆当时，还忍不住掉眼泪。"没想到于姐会来家里看我，还一直惦记着我的工作。"

这样的故事不是个例。

于砚华的服务理念里，有一条准则——"让每位求职招工者都绽放笑容"。

"不仅要掌握新技能，还得打开新脑洞"

"她很有开拓精神，总在不断更新思路、创新方法，更好地服务群众。什么工作交给她，都能出色地完成。"洮北区就业服务局的同志们十分认可她的创新精神。

2010年3月，于砚华分管城镇就业没多久，就迎来了白城市"强化基层就业百日攻坚战"。于砚华在深入街道（乡镇）、社区调研中发现，洮北区基层数据管理信息系统建设不规范、不完善。

基础就业数据不完整，会导致下岗失业人员情况无法准确掌握，精准服务百姓民生也就无从谈起。于砚华陷入沉思，能否建立一个全区统一规范、具有本地特色的基层数据库？

不懂就学。于砚华查阅历年国家、省、市就业方面的文件，学习各地先进的基层就业数据管理模式，白天忙完工作，晚上埋头研究，仅一个月就拿出数据库初版。

不多久，涵盖 18 项内容的基层就业基础数据库顺利面世，让全区的就业数据管理变得"一目了然"。

如何能让用工单位和求职者"零跑腿"或者"最多跑一次"？于砚华苦苦思考并付诸行动。

她开辟方便快捷的"指尖就业""网上推介""音频就业"等便民就业渠道。"刷身份证就能登记信息，能够查询分类岗位信息和政策法规，真方便！"两个大学生在一体机前高兴地议论着。新冠肺炎疫情发生后，于砚华又升级服务系统，只要登录小程序，一天 24 小时，随时都可以查看市场就业信息，被服务对象称为"掌上就业小市场"，累计点击量 10 万余人次。

经常有人问于砚华，你风风火火一刻也不停歇地为就业者服务，是什么让你能一直坚持着？于砚华回答说，因为初心，因为热爱！

2021 年 4 月 27 日，人社部"永远跟党走 为民办实事——人社服务标兵万里行"主题宣动启动仪式在浙江嘉兴举行。作为全国人社服务标兵代表，于砚华向全国人社系统窗口单位工作人员发出倡议，要践行初心使命，服务发展大局，发挥示范作用，谱写时代新篇。于砚华的倡议书赢得阵阵掌声。

"全国三八红旗手""全国道德模范提名奖""全国人社服务标兵""全国人社系统优质服务先进个人""吉林省五一劳动奖章"……最美就业红娘于砚华用默默的奉献，让这些赞誉实至名归。

人社服务标兵倪芳芬：洋山人的好闺女

李彦秋　李浏清　吴叶柳　武　唯

"离岛、微城、慢生活。"咫尺洋山，民风淳朴，阳光慵懒。然而，就在"慢半拍"的小岛上，却出了阿芬这个"一小时恨不得掰成八瓣用"的"跑腿局长"。她不怕"跑腿"，还有点乐在其中："如果拖着群众的事不做，我会有一种'负罪感'"。

大家口中的"阿芬"，就是浙江省嵊泗县人社局洋山分局局长（现改为"嵊泗县人力资源社会保障洋山服务中心主任"）倪芳芬。一年4万多笔的人社工作业务量，为她带来"快手阿芬"的称号。"有事找阿芬"，就是岛上居民对阿芬最大的信赖和褒奖。

身为洋山镇土生土长的渔家女儿，倪芳芬的性格特征里有一种本真的"质朴"和"善良"。在16年的风风雨雨里，倪芳芬跑遍岛上每一个角落，骑坏了5辆自行车，坚持上门为群众服务。

"柜台局长"——"我要尽可能离大家近一点"

2016年，倪芳芬被正式任命为洋山分局局长。洋山分局名为"分局"，其实工作人员算上倪芳芬只有4位女性，服务人口却多达12000多名，窗口日均办理业务100多笔，每逢年底，或重大惠民政策出台，业务量还要翻番。

8小时内，办事群众络绎不绝，半天下来，需要报销的医疗费发票就会盛满一大筐，倪芳芬从不怠慢。而发票审核就要等到下班后再做。居民们发现，洋山分局的灯光总是亮到晚上九十点钟。

"群众事，即刻办"是倪芳芬的信条。2020 年春节，由于新冠肺炎疫情的影响，分局所在的洋山镇便民服务中心暂停现场服务，年前受理的医药费还有一大堆来不及处理。

"我想尽快把接到的单子处理好，等交通恢复正常，去县里的船开通了，就可以把审好的材料送到县里报销了。"阿芬说。

尽管大厅空空荡荡，倪芳芬却坚持每天按时上班、晚上加班，2 月 26 日，阿芬终于把初审好的 580 份药费单子完完整整交到医保中心工作人员的手中，她长舒了一口气。

疫情防控期间，办事大厅延迟开门，倪芳芬的手机成为热线电话。她几乎全天给群众解答社保、医疗和就业创业方面的咨询。即使在春节期间，阿芬每天也会接到 20 多个咨询电话，收到几十条微信。有时候，吃一顿饭的工夫陆续有好几通电话打过来，放下手机时，饭菜都凉了。

来电有咨询社保政策的，有要求办理业务的，有企业或群众通过阿芳的指导进行掌上办网上办的，也有请求阿芳代办的……对于所有的电话，阿芬都是耐心接听、回复。

"我只是不想让老百姓'碰壁'。"阿芬朴实地说。

窗口工作是琐碎的，要面对不同的人不同的事。

舟山方言生涩难懂，语速快、语气急，听起来像吵架，可是这么多年，大家从没见阿芬和群众"红过脸"。许多本地老人听不懂普通话，一串串政策名词对他们而言就像"天书"。倪芳芬用当地海岛方言将为什么、怎么做"翻译"给老人们听。一遍不行，两遍；两遍不行，就三遍……

话说多了，声带充血肿胀，倪芳芬的声音有些嘶哑。在办公室抽屉里，常年备有"金嗓散结丸"，可一忙起来，倪芳芬药也忘了吃，水也顾不得喝。

就业、养老、医保政策涉及面广还会时常修订，阿芬就收集制作成通俗易懂的"洋山版"指南，放在窗口上供群众翻阅查询。

身为局长，倪芳芬本来有间单独的办公室，可由于长期在窗口一线办公，这间办公室被"撂了荒"。

"我要尽可能离大家近一点，让办事群众在窗口始终找得到'阿芬'。"倪芳芬解释道。

"柜台局长"的称号由此而来。

"跑腿局长"——"大家都等着我，我怎么好意思不来呢"

大洋岛上，大小梅山如伏龙卧波，老式渔舍和新潮别墅相倚相连，时晴时阴中，鳞次栉比的楼群幻化为浓淡相宜的水墨画。水墨画中，倪芳芬单薄的身影总是在奔波……

洋山镇居民中，达到法定退休年龄者约占总人数的 40%。一些老人腿脚不便、消息不灵，为让他们及时享受医疗、养老等政策，倪芳芬主动上门代办，累计服务 2000 多人次。

"叔叔，身体好些了吗？"夏日的午后，倪芳芬又冒雨来到城东社区居民余金章家。余金章已中风十多年，子女都在外地工作，老伴陈善南既要照顾他，还要每天去菜市场卖菜，很难抽出时间跑办事大厅。正犯愁之际，陈阿婆在菜市场碰到了阿芬。了解情况后，倪芳芬主动提出，以后每月上门来取发票，再把上个月的门诊费用报销单拿回来。

这一坚持，就是四五年。陈阿婆家门前那条青苔斑驳的石板路，倪芳芬不知走了多少遍。

倪芳芬为企业解答养老缴费基数核定问题

"阿芬对我们老两口,就像亲闺女一样!"说到动情处,阿婆眼泛泪光。

把阿芬当作亲闺女的不单单是陈阿婆,还有残疾老人余银龙,还有九旬老人邵珍娥……需要帮助的老人住的是哪个弄、哪一户,什么时候需要拜访他们,倪芳芬从来弄不错。十几年来,倪芳芬跑遍了岛上的每一个角落,先后骑坏了 5 辆自行车。

让群众少跑腿,宁愿自己多走路。倪芳芬把服务的脚步延伸到了岛外。

洋山镇行政区域广,11500 名户籍居民分散在所谓的"两岸三地":除了大、小洋山岛和滩浒岛,还包括因当年洋山深水港建设动迁到上海奉贤区和浦东区惠南镇、大团镇的 1423 户、3553 名小洋山原住民。可想而知,群众回到洋山原籍办事存在诸多不便。

从 2013 年 8 月起,每月 15 日至 16 日,倪芳芬便会前往位于上海惠南的浦东新区洋山工作站,为住在当地的小洋山动迁居民报销医药费。这一坚持就是 3 年,直至 2016 年末可以网上审核为止。连续 3 年,风雨无阻,倪芳芬办理业务共计 2700 余笔,为群众节约费用 40 余万元。

从洋山去惠南,路程比较曲折。要先乘船到沈家湾客运站,再坐一小时城际大巴。"大海孩儿面,一朝变三变",倪芳芬"跑腿"路上常是"险象环生"。

有一次台风过境,客船早已停运,站在码头上,倪芳芬想到大家等着她

倪芳芬为群众报销医药费

办理报销费用，尤其是身患胃癌的陈秀月老人独自住在养老院，每月上万元的医药费急需报销，于是决定："搭私船，去上海！"浊浪翻涌，打得小船如同旋涡中的枯叶般起伏颠簸。坐在舱中，倪芳芬的心都提到了嗓子眼。

临近中午，穿过雨帘雾障，倪芳芬瘦小的身影出现在洋山办事处。等在这里的 20 多位居民激动地围拢过来，拉着她的手不停地说"谢谢"。

"第二办事窗口"——"拖着群众的事不做，我会有'负罪感'"

小院不大，没有围墙，仅砌有几座矮垛与外界间隔。院中小楼已有 30 年"楼龄"：灰瓦屋顶，水泥平地，白砖外墙披着水渍流痕，两扇木门在海风侵蚀下早已斑驳掉漆。"藏"在色彩斑斓、错落有致的滨海民居楼中，倪芳芬的家显得有些清寒，但这里却是洋山镇居民经常光顾的地方。

在大家眼中，阿芬家的客厅俨然成了洋山分局的"第二办事窗口"。跟阿芬做了十几年邻居的杨养素老人患有慢性病，因为报销医疗费的事没少托阿芬帮忙。通过老人的描述，记者了解到，阿芬家的院门从不上锁，办事群众直接走进院子，把相关发票凭证交到阿芬手中；要是没人，就直接放在饭桌上，阿芬自然会帮着办得妥妥的。

回家路上，买菜途中，群众一叫，阿芬就停下脚步，现场办起业务来。"我和阿芬非亲非邻，可是不管什么时候，她总是这样'性耐'（耐心）。"70岁的居民贺亚菊连声称赞。她和丈夫每月共计 2450 元的养老金都是阿芬一手办理的。贺亚菊已经习惯守在路边，一边择菜，一边等阿芬上下班经过。

时间久了，倪芳芬养成了一个习惯，出门总会随身带一个牛皮纸袋，里面装着一路上群众交给她的报销凭证和当天她要送出去的报销单据。

"拖着群众的事不做，我会有'负罪感'。"倪芳芬说。

"好人"阿芬——"身份证、银行卡，我们都放心交给阿芬"

与倪芳芬走在小镇的巷子里，记者看到，一路都是乡亲们热情的寒暄。"阿芬没带伞啊，我回屋给你拿把去？"邻家大伯把头探出矮墙招呼。

"新摘的黄瓜，你拿回去尝尝鲜！"正在门口摘菜的阿婆看到阿芬经过，不想"放"她走。

……

短短四五分钟路程，阿芬走走停停，花了三倍多的时间。

2017 年 10 月，嵊泗县人社局工作人员何玉芳来到洋山分局挂职锻炼。刚开始几天，她觉得身边这个"倪局长"真是"'粟塔塔'——傻到家了"。

"群众打电话让她帮着垫付，她总是二话不说，直接从自己账上转出上千元。她也不怕有人赖账？"

但倪芳芬"心挺大"："乡里乡亲的，怕啥？"

定居舟山市定海区的居民王贞伦记得，他有次帮儿子申请动迁居民社保费补贴，倪芳芬打印参保证明时发现他儿子有欠费记录。然而当时登记时间已快结束，这让远在定海的王贞伦非常焦急，倪芳芬马上跑到地税局帮王贞伦儿子垫付了所有费用。

倪芳芬的微信好友有上千个，通讯录联系电话上千人。这些微信好友大多是长期住岛外的群众。

倪芳芬的手机 24 小时为群众守候，无论什么时候接到办事群众电话，倪芳芬总是不厌其烦地解答。

人世间最深的情感莫过于彼此之间无限的信任。"身份证、银行卡，我们都放心交给阿芬。"群众这样说。

何玉芳懂了，"以心换心"，这是阿芬姐做人做事的智慧。

退休干部施国平清楚记得，2012 年，洋山镇推选"最美洋山人"，由于相关部门事先未收到推荐文件，最终评出来的人选没有出现倪芳芬的名字。

没想到，这个事情在群众中炸开了锅："阿芬这么好的人不评，你们还要评谁啊？"第二年，镇里评选"洋山好人"，阿芬以最高投票数当选。

倪芳芬说："我办理的虽然都是些小事，但传递的却是党和政府的惠民政策。我希望把这些小事做好，让群众满意。"

"能人"阿芬——"我自己这十几年，没白干！"

倪芳芬不单单是大家交口称赞的"好人"，还是邻里乡亲信任、佩服的"能人"，是"一口清""一眼准""不怕问"的"活政策"。

"阿芬办事不仅态度好,还让人放心,从来不出错,报销单拿回家我都不看的。"提起阿芬,居民龚雪娟的脸上笑意满满。

丰富的一线工作经验,再加上见缝插针看专业书、查相关资料,让倪芳芬在工作上不断精进、纯熟。社保政策条目多、变化快,基本医疗保险药品报销目录中的药品种类繁多,审核医保报销还需要大量数据运算,倪芳芬从没出过差错。更厉害的是,她头脑中的"数据库"还总能及时"自动更新"。

"别看阿芬说话慢悠悠的,手上动作却麻利得很。"圣港社区居委会主任潘洁不无佩服。让她印象最深刻的,是倪芳芬的手指在早已磨掉数字的计算器键盘上灵活飞舞。

"基层人社机构'麻雀虽小,五脏俱全',就业创业、社保医保、劳动保障等业务都要'接住'。"倪芳芬谦虚地说,自己的所学所会还"远远不够"。

长期"钉"在一线,倪芳芬见证了一项项惠民举措从无到有,一次次利民改革普惠万家。对她而言,完成政策、执行任务不啻迎接一场又一场的"重大战役"。

2015 年,舟山市出台被征地农民养老保险转轨政策,共涉及洋山居民7000 多人。倪芳芬主动搜集转轨人员信息,第一时间与他们取得联系,向他们做好解释工作。短短 7 个月内,倪芳芬圆满完成落实任务,洋山镇共收缴养老保险费 9477 余万元,全年累计支出退休待遇 3206 余万元。

2017 年,浙江省加快推进"最多跑一次"改革,"互联网 +"潮涌洋山岛。"同样是办理灵活就业社保补贴,原来要跑 5 个地方,花掉一天半,现在只要用 10 分钟填张表就行,这中间光是交通和住宿费就能省下 300 多元。"阿芬依旧在替乡亲们精打细算。

"我自己这十几年,没白干!"点点滴滴,绵绵密密,倪芳芬的内心世界因沐浴着小岛居民的爱而充实、丰满。

"洋山好人",浙江省最美人社人,全国人社系统优质服务个人,全国人社服务标兵……对于阿芬而言,这些荣誉不过是职业生涯的一种标记而已。一路走来,从风华正茂到人近中年,一方小小的岛屿,两条周而复始的航线,三地洋山户籍群众,成为倪芳芬书写美丽人生的广阔天地。

人社服务标兵鲍道榕：演绎新时代"山海情"

林晓洁　武　唯

"脱贫攻坚已经圆满收官，我们将接续奋斗乡村振兴，秉承不怕苦、能吃苦的精神，以人社人的辛苦指数换取老百姓的幸福指数……"2021年6月4日上午，在中宣部举办的中外记者见面会上，福建省福州市劳动就业中心副主任鲍道榕作为全国百万人社干部职工代表，铿锵有力地作出庄严承诺。

为推进福州——定西东西部劳务协作，2017年至2019年，鲍道榕被派往甘肃省定西市劳务办挂职。从东南到西北，从沿海到内陆，为了让更多的定西贫困群众就业脱贫，鲍道榕在黄土漫天的定西四处奔波，砥砺前行，演绎了一曲新时代"山海情"。

责任重于泰山——
"我把阑尾留在了定西，这辈子就和定西永远分不开了"

甘肃定西，自古"苦瘠甲天下"，全市7个县区均为国家扶贫开发重点县区，建档立卡贫困人口33.28万人。自2016年底，福州开始帮扶定西脱贫。

从富庶湿润的八闽大地到苍茫贫瘠的黄土高坡，外部环境差异悬殊，心理落差不言而喻。

"这个地方太苦了！"定西市六县一区都是六盘山连片特困地区，在鲍道榕眼里，这里的山是光秃的，河道是干涸的，沙尘是随时的。

当看到定西老农们皲裂的双手时，生于农村、长于农村、对农村有特殊情结的鲍道榕更有种揪心的痛。

从此，曲折蜿蜒的定西山路，留下了他深深的足迹。在甘肃定西挂职的两年，鲍道榕进村入户，摸底调研，七个县区 122 个乡镇（街道）走了将近一半，其中 34 个深度贫困乡镇全部走遍。2019 年 3 月，鲍道榕挂职期满返回福州后，继续从事福州定西扶贫劳务协作工作。4 年多来，他见证了福州定西扶贫劳务协作从无到有、从摸索到典范的点点滴滴。

万事开头难。甫到定西，鲍道榕就面临诸多困难。

气候不适是第一关。定西海拔高，气候干燥，刚到定西时，皮肤发痒，夜晚喉咙干痛很难入睡。

饮食不适是第二关。定西以面食为主，口味偏重，饮食成了大难题。加之到定西时间仓促，他在办公室住了近两个月，用塑料桶、电热棒在公厕烧水洗澡、洗衣服。

语言不通是第三关。对于定西方言，鲍道榕如听天书一般。但不轻易服输的鲍道榕，把会议内容用手机录音，然后找定西的同事翻译。功夫不负有心人，他很快就可以结合具体的语境判断大体内容了。

交通不便是第四关。当时的定西境内高速公路很少，每次下乡进村入户，他乘坐当地的乡际、县际班车，车程动辄数小时。道远，路弯且险。

尽管困难重重，但鲍道榕迎难而上，闯过一道道难关。

2017 年 3 月 13 日，定西降了罕见的大雪。那一天，大雪纷飞，所有

鲍道榕在定西市深度贫困乡镇进村入户调研

车辆只能慢慢挪动，人走路一步三滑。天气如此恶劣，鲍道榕却毅然前往。"我心里着急，就是想早日摸清楚定西的情况。"

风餐露宿，走村入户，单单是路途最远、海拔最高、环境最险、车程4个小时的岷县，他就去了6次。

提起"拼命三郎"鲍道榕，远在千里之外的妻子心疼不已。

2017年10月12日晚，鲍道榕感觉腹部剧痛。第二天早上七点多，挂职同事找车送他去医院。当时他已疼得直不起腰，当天就动了阑尾手术。

当鲍道榕出院后，爱人知道了这一切，在电话那边泣不成声。他却用轻松的语气安慰妻子，"我把阑尾留在了定西，我这辈子也就和定西永远分不开了。"

鲍道榕住院期间，恰逢两地组织开展输转定西季节工，"这个节骨眼上，等不得、慢不得啊。"出院后，他没有片刻休息，就立刻投入到输转工作中。

一切都是为了肩上的责任。"看到贫困群众眼里期待的目光，我就想竭尽全力帮助他们尽快脱贫，过上好日子。"这是鲍道榕的心里话。

创新打造"福州模式"——
一人就业，全家脱贫。增加就业，是最有效最直接的脱贫方式

定西劳动力的传统输转方向是上新疆、下四川，在很多定西人看来，与定西相距2000多公里的福州实在太远了。调查显示，2016年在福州市打工的定西籍乃至甘肃籍务工人员不足800人。福州与定西劳务协作历史几近空白。

没有现成模式可操作，没有历史经验可借鉴，福州市与定西劳务协作基础薄弱，对口扶贫该从何切入？

为了破解难题，鲍道榕和福州市人社局负责人下基层、跑乡镇、入农户，足迹遍及定西7个县区、18个乡、34个深度贫困村，出台了成立定西劳务工作站等一系列利好措施。针对劳务协作组织化程度不高等问题，福州、定西两地人社局共同研究制定劳务对接操作规程，从就业基地（企业）筛选、进村入户宣传报名、定西劳务部门组织输出到福州市人社部门推荐安置就业、跟踪服务、工作考核等方面，全过程规范两地劳务协作有关工作。

在这场穿越时空的接力里，福州全面完成组织转移 1 万余名定西贫困劳动力来福州就业。4 年来，福州市累计有 213 家企业吸纳定西建档立卡贫困劳动力 1.1 万人次就业，他们在福州稳定就业，人均月收入达 4500 元以上。

在定西进村入户走访时，鲍道榕发现，有一部分建档高校毕业生，处于"打零工"状态。如岷县闾井镇的年爱霞，毕业于甘肃医学院针灸推拿专业，是单亲家庭，一家 4 口全靠父亲种地供姊妹三人上学，更无其他经济来源，入不敷出。

深入了解后，鲍道榕把类似情况向福州市人社局做了汇报。福州市人社局负责人再次到定西做专题调研。经过摸底调研，福州市人社局牵头在全市范围征集福州市国有企业、事业单位岗位，定向招聘定西贫困高校毕业生。

"一切都是为了山里的娃！"在鲍道榕的见证和帮助下，不少定西学子的生活发生了翻天覆地的变化，开启了人生新篇章。

2017 年，年爱霞参加福州事业单位定向招聘考试，被福州市长乐区鹤上镇卫生院录用。"我月收入 5000 元左右，一个半月的收入相当于我爸爸全年的收入。"年爱霞高兴地对鲍道榕说。

类似的故事一再重演。

"福州，给了我生命的春天。"定西市陇西县巩昌镇汪家门村北社 77 号的汪富刚，是个孤儿，自小是爷爷奶奶拉扯长大。2017 年，刚从甘肃建筑职业技术学院毕业一年的汪富刚，在私人工地打工，收入低且不稳定。82

鲍道榕深入乡村宣传帮扶政策

岁的爷爷由于糖尿病后期瘫痪在床，80 岁的奶奶年迈多病。幸运的是，汪富刚通过了福州事业单位定向招聘考试，被福州市永泰县同安镇农业服务中心录用。

2019 年春节，汪富刚在福州坚守值班没有返乡，大年初二，鲍道榕热情地邀请他到家一起过年。欢声笑语中，汪富刚感慨："福州真是山好水好空气好，我现在月收入 4700 元左右，工作稳定体面收入好，我爷爷奶奶既放心又开心。"如今的汪富刚，娶了福州本地姑娘为妻，夫妻俩买房购车，日子越过越红火，他成为地地道道的新福州人了……

汪富刚的故事是福州市帮扶定西脱贫攻坚的一个缩影。4 年间，福州市事业单位和国有企业面向定西招聘 381 名建档立卡户高校毕业生进入福州地铁、电力、文教、卫生、通讯等单位工作，人均年收入超 7 万元，阻断了贫困的代际传递。这一做法，得到国务院原扶贫办高度肯定，被誉为"开了全国先河，是拔穷根、挪穷窝、治穷病的一个重大创新举措"。

扑下身子务实干——
"让我坚持下去的力量是：不忘扶贫初心，牢记脱贫使命"

尽管早已结束了在定西的挂职工作，但两年的帮扶经历给鲍道榕留下了难忘的记忆。继续从事福州定西扶贫劳务协作工作的鲍道榕说，在这段横跨

鲍道榕推介福州企业岗位信息

2000 多公里的接力里，福州市不断探索，风雨无阻，一腔热血，全力帮扶定西脱贫攻坚。

尤其是在 2020 年春节新冠肺炎疫情蔓延、全国交通一度大范围停摆、人员流动受阻的情况下，福州人社局采取点对点、一站式接送，通过包飞机、包高铁、包汽车等方式接回了 4.3 万名外来务工人员，为脱贫攻坚按下了"快进键"。

2020 年 2 月 21 日，福州市开通扶贫返岗免费定制高铁专列，鲍道榕主动请缨逆行出征，前往定西带队组织输转，当天安全输转 1074 名定西劳动力到福州企业就业。2 月 21 日至 4 月 24 日，鲍道榕先后参与 2 次包车、8 次包列（包车厢），免费接送 3800 余名定西建档立卡劳动力到福州就业，保证了定西贫困劳动力在脱贫攻坚收官之年"饭碗不丢""收入不减""脱贫不拖"，谱写了一曲新时代的"山海情"。

"点对点、一站式"帮助 3800 余名定西贫困劳动力有序返岗的做法，得到国务院原扶贫办的充分肯定。

"疫情期间的就业工作让我深刻体会到，在急难险重关口，党员必须积极主动靠前发挥模范作用，也深刻领悟到党员为什么要经常想一想'当初入党为什么、现在为党做什么、将来给党留什么'的重要含义。"鲍道榕说。

付出终有回报。一连串亮眼的荣誉是最好的佐证。

国务院原扶贫办《扶贫信息》自 2017 年起连续五次宣传推介福州定西扶贫劳务协作经验模式；2018 年福州定西劳务协作模式先后入选《人民日报》、人社部精准扶贫优秀案例；2019 年 10 月，福州定西扶贫劳务协作模式入选联合国 110 个"全球减贫案例"。经过 4 年的摸索实践，福州定西扶贫劳务协作模式，成为可复制可推广的全国东西部扶贫工作一张金灿灿的名片……

2019 年以来，鲍道榕先后被甘肃省脱贫攻坚领导小组授予"甘肃省脱贫攻坚帮扶先进个人"称号，被人力资源社会保障部授予"全国人社服务标兵""全国人力资源社会保障系统优质服务先进个人"称号，被中共福州市委授予 2019 年"福州市优秀共产党员"称号。

"我只做了我认为应该做的。"鲍道榕诚恳地说，"让我坚持下去的力量是，始终不忘扶贫初心，牢记脱贫使命。"

人社服务标兵易盛荣：甘做"群众的邮差"

张 耀 王东丽

一侧是千仞高山，一侧是万丈悬崖。

冬月将至，刚从县城回来的湖北恩施州巴东县金果坪乡人社中心主任易盛荣又下村了。这一路并不好走，尤其是冬天，山路下雪结冰形成了凌，车轮容易打滑。去泗井水村 30 余公里的路程，开车足足花了一个半小时。

医疗报销找盛荣、想就业找盛荣、养老金咨询找盛荣……在鄂西密林深处金果坪乡的群众心中，所有与人社相关的事，都是要找易盛荣的。他去哪，人社业务就去了哪；他在哪，人社中心就在哪。

在偏远山村曾经"交通基本靠走"的年代，他步行走村串户 4 万公里；在交通条件改善"以车代步"的当下，他用摩托车和小汽车跑出 16 万公里。19 年来，易盛荣靠脚板、用车轮，丈量着那片红色的土地。

山路跌宕起伏，两侧风景如画，易盛荣风雨兼程，只为更加便民，就像那首歌里唱到的："我为你翻山越岭，却无心看风景……"

总在路上的"代办好手""山高路远，我跑就行"

1992 年，作为全州"优秀选调生"的易盛荣，来到巴东县金果坪乡人民政府工作。2002 年 5 月，金果坪乡镇劳动和社会保障所（现为金果坪乡人社中心）这一新机构成立，组织上安排他任该机构负责人，易盛荣从此与人社工作结下了不解之缘。

惠民政策，只有让老百姓享受到了，才是真正的好政策。在留守老人较多的金果坪乡，如何打通为民服务的"最后一公里"，成为易盛荣上任伊始就琢磨的事。

从金果坪乡到县城，路程200多公里，需要跨清江河，翻绿葱坡，而乡里最远的村子距离乡中心足有50余公里。易盛荣贷款8000元买了第一辆摩托车，从此，摩托车、蛇皮袋、打气筒便成为乡人社中心的"第二服务窗口"。在惠民政策快递路上，"快递哥"易盛荣把热乎乎的好政策以最快的速度送到乡亲手上。

长达19年的人社工作生涯，易盛荣代跑代办，累计义务为3万余人次群众"跑腿"。"为乡亲们做事，是心甘情愿的！"他总这么说。

随着社保改革的不断推进，惠民利民政策密集出台，社保卡成为群众身边不可或缺的一张卡，补卡、换卡、解密等事项也多了起来。

81岁的谭丙香老婆婆和83岁的老伴邓周成，住在距县城200多公里的土地坪村，因年岁已高且常年患病，儿子儿媳又在外务工，老两口的社保业

易盛荣为群众办理养老保险业务

务多由易盛荣代办。

一个雨天，易盛荣和银行工作人员踩着泥泞，"突然"来到老人家中。

"荣娃子，你不前几天刚来？"老人虽有不解，看到易盛荣来了，还是难掩脸上的笑意。

"您的社保卡是不是消磁了，没法取钱了。这是银行工作人员，来帮助解决问题的。"易盛荣答道。

当时按照规定，办理社保卡要本人持身份证到指定银行，确有特殊困难需出具材料，由他人代办。为了早点办上新卡，易盛荣和银行工作人员，为老人精心梳理、更换衣服，一丝不苟地录制影像资料。

几年来，易盛荣先后带着类似情形的近 2000 位老人的资料来到县城，反复奔走在人社局、银行之间，不断重复办理一张新卡的三个程序：注销原社保卡的社保功能、注销银行功能、开新卡和激活。办妥的当天夜里，他就会急匆匆从县城赶回乡里。第二天一大早，骑上摩托车，赶到各村给老人送发证件。

曾经，企业离退休人员每年都要按时到乡人社中心进行生存年检，考虑到老人们行动不便，易盛荣骑上摩托车，挨家挨户为他们年检。同时，还帮他们代买日用品、药品，成了名副其实的"群众邮差"。时间久了，老人们都说，易盛荣比他们的儿子还亲，有什么事都会找他。

79 岁的退休老人张守汉的家距集镇 35 公里，长年卧病在床，子女在广州务工。2015 年冬月的一天，易盛荣突然接到他的电话，说感冒得特别厉害。易盛荣迅速联系上医生，一同赶往老人家中。

一进门，看到张守汉老人卧病在床痛苦不堪，年迈的老伴也累倒了，易盛荣心里很不是滋味，当即决定留下来。买药、煎药、喂药、做饭，每天早上，骑车 1 个多小时赶回单位上班，下班后又带上菜和营养品，赶回来照顾他们。一周下来，老人的病基本痊愈，而易盛荣却灰头土脸、胡子拉碴。看着易盛荣，张守汉老人满眼泪花。

在金果坪乡，有 38 位像张守汉这样的特殊服务对象，他们有什么事情，只要挂个电话，易盛荣一定会尽全力办好。他们总说，"找盛荣，我们放心"。

"山高路远，我一个人跑了，他们就都不用跑了。"千家万户的乡亲们在家就能享受到惠民政策，是因为一个人把时光都留在了路上。

群众脱贫的"致富帮手""给钱给物，不如铺好就业路"

就业创业是贫困户脱贫致富奔小康的一张"车票"，只要有了票，终点还会远吗？

金果坪乡人社中心结合乡情，每年都会聘请专家实地开展创业培训、劳动技能培训、农村实用技术培训、电商培训等，积极引导和鼓励城乡居民创办专业合作社、经济e实体和建立淘宝商店，带动农村富余劳动力就近就地就业。

2013年，返乡青年熊德平参加乡人社中心举办的创业培训后，向易盛荣表达了强烈的创业意愿。对此易盛荣极力支持，然而资金不足让熊德平犯了难。

"不能让一个能让群众致富的好项目，被钱卡住脖子。"易盛荣心想。差资金，易盛荣三进县城，找劳动就业局帮忙；需要担保人，易盛荣主动担保，并请曾经在一起工作过的几个铁哥们儿一起担保。就这样，熊德平通过50万元小额担保贴息贷款，与一同返乡的熊明虎等5人创办起德平波尔山羊专业合作社。

易盛荣讲解人社政策

熊德平成了养羊大户，还主动帮助村里其他贫困户卖起了山羊。4年后，其产值超过 200 万元，拥有波尔山羊 800 余只，带动周边 12 名村民就业。

2019 年，易盛荣被任命为泗井水村扶贫工作队队长。泗井水村山高路远，有建档立卡贫困人口 1170 人，多年来村集体经济空白。易盛荣了解村情后，便在村里开展了各类培训，鼓励村民发展中药材、干鲜果等特色产业。贫困户郑晧月的父亲年老体弱，母亲多年瘫痪在床，丈夫车祸身亡，一人拖着两个刚上小学的娃娃，举步维艰。郑晧月和父亲参加了技术和创业培训后，利用易盛荣提供的创业担保和扶贫贴息贷款 20 万元，种下 50 多亩贝母、何首乌、白芨等中药材，并成立药材专业合作社，目前年产值已超过 60 万元，带动贫困户 23 户 48 人就业。

经年累月，金果坪乡已累计开展各类培训 265 期 8000 余人次，发放小额担保贴息贷款 1400 余万元，协助政府发展专业合作社 168 家、各类经济实体 1005 个、规模企业 8 家，安置建档立卡贫困人口 2800 余人。

易盛荣就是这样的一个人，他不能直接给你财富，却会给你寻一条通向富裕的大道。

优化服务的"探索能手""数据多跑路，群众少跑腿"

人社工作覆盖面广，惠及民生的政策多且专业性强，群众不容易理解，因此，咨询业务在其中占有很大的比重。初步统计，金果坪乡人社中心日均处理的业务中，有百分之六七十是咨询类的。

曾经这样一件事，让易盛荣的妻子张梅英印象深刻。

有一位村民，赶了十几里的山路前来人社中心咨询业务，见易盛荣不在，愣是不问其他工作人员，转身就走，直奔不远处张梅英开的鞋店。"盛荣那时候去扶贫了，只能我帮助解释一下，有不懂的再给他打电话。"张梅英担任起了义务讲解员。

人社业务，群众只认易盛荣，可易盛荣却不怎么高兴，"群众大老远地跑来，有时候只是为了问一两句话，这很不便民。"

当易盛荣看到湖南某县人社业务搞了个微信公众号后，顿时觉得豁然开朗。

知易行难，仅仅是申请公众号和编辑发布文章就让易盛荣感到头疼。一天大早，他爬起来就坐在了电脑前，开始自学成才，连午餐和晚餐都是妻子端到电脑桌上。

2015 年，"金果人社"微信公众号终于建成了。当时，在当地人社系统工作人员，在金果坪乡当地老百姓手机中，打开微信朋友圈，轻易就能看到他精心制作的"美篇"，《巴东县城乡居民养老保险政策解读》《死亡待遇领取业务流程》《养老金领取办理程序》等，有宣传城乡居保的，有宣传城乡医保的，每一篇都图文并茂、通俗易懂。

易盛荣尝到了信息化的甜头，他大力推广"12333""金果人社"APP 客户端等"互联网 + 人社"服务平台，在山旮旯里架起了一座人社信息化服务"高速路"。

谈及现在，易盛荣说，如今路修好了，收入高了，环境好了，去金果坪的路程缩短了一半，摩托车也换成了 4 个轮子的汽车。有了信息化和互联网，很多业务可以在手机上办，结束了每年为 3000 多人帮办的"长跑"经历。

一直在路上　一切都是为了万家团圆

2020 年元宵节，泗井水村静悄悄的，街上几乎看不到人影，只有一辆缓缓行驶的宣传车，沿着乡间小路、村民住宅，循环播放着新冠肺炎防疫宣传音频。特制的高音喇叭，一遍又一遍提醒着村民：不串门，不握手，不聚餐……戴口罩，戴口罩，戴口罩……

开着自家车改造的广播宣传车，易盛荣这一天的防疫任务，是要对近期返乡人员再核查。被核查人员要提供返乡交通工具明细及车次，被核查家庭要签订承诺书……工作量大且琐碎。

泗井水村共有 18 个村小组，全村 2697 口人。易盛荣等三人负责 4 个村小组 178 户的入户核查工作，同时也负责 4 个组级公路的封闭式管理。作为泗井水村驻村扶贫队队长、"尖刀班"副班长，易盛荣对泗井水村村情村况了如指掌。走在这片熟悉的土地上，易盛荣更感到肩上责任的重大。万无一失，不让一名父老乡亲感染上病毒，是易盛荣给自己定下的目标。

这一天，他们与 56 户村民签订了承诺书，复查核实了 73 名返乡人员的信息。晚上 8 点多钟，他们又回到村委会办公室，与"尖刀班"的几位同事交流情况，起草书面汇报材料……深夜 11 点，易盛荣终于拖着疲惫的身躯，返回了住地。忙碌的一天，让易盛荣几乎忘记了这是一个万家团圆的日子。

这是一个特殊的春节，整整 33 天，易盛荣始终坚持吃住在村，没有回过一次家。让他欣慰的是，这期间，全村 2697 名父老乡亲，没有出现一例感染新冠肺炎病人。

付出终有收获。2017 年以来，易盛荣先后被人社部表彰为"全国人社系统先进工作者"、被国务院表彰为"全国民族团结进步模范个人"，被人社部授予"全国人社服务标兵"、被湖北省委宣传部授予"湖北省岗位学雷锋服务标兵"等荣誉称号。

说起往事，易盛荣总是云淡风轻："为民服务哪有止境，只是尽我的力，多做一点是一点。"

寒冬的巴山起了雾、飘了雪，漫山皆白，走在路上的易盛荣，是层峦叠嶂深处那抹难掩的光彩。

人社服务标兵金彩虹：行走着的"高原背包客"

李彦秋　孟晓蕊　赵　为

在百姓眼里，彩虹是可亲可近的"金妹儿"；在朋友眼里，彩虹是可爱可萌的"快乐天使"；在记者眼里，彩虹是一个行走着的"高原背包客"……

有着五彩缤纷符号特征的金彩虹，更喜欢的称呼还是带着泥土芳香的"金妹儿"。办社保找"金妹儿"，找工作找"金妹儿"，参加培训找"金妹儿"……在四川省阿坝州小金县两河口镇乡亲们亲昵的称呼里，这个说话爱笑、走路爱跳的藏族女孩找到了一种归属感和成就感。

担任劳动保障员的金彩虹，历经 6 载风风雨雨，让两河口镇城乡居民养老保险参保率连续几年保持 100%。金彩虹用热心、细心、诚心、耐心，赢得了当地群众的信任。

全国"最美基层高校毕业生"，全国人社系统"优质服务先进个人"，全国"人社服务标兵"……面对这一串亮闪闪的称号，如今已经担任为小金县城乡居民养老保险事业管理局局长的金彩虹谦逊说道："我不过是做了我应该做的事！"

奋斗，是青春最美的姿态

2013 年，27 岁的金彩虹刚刚走进四川阿坝州小金县两河口镇，就被这里浓郁的嘉绒藏族风情深深地吸引了。雪山，峡谷，飞瀑，森林，河滩，牧场，浑然一体，交相辉映；嘉绒藏族民俗和红军长征遗址等人文景观，完美合璧，质朴庄严。

崎岖长征路，漫漫雪域情，带给金彩虹的不仅仅是震撼，更是一种向上的力量、心灵的净化。

作为小金县人社局下派到两河口镇的劳动保障员，金彩虹的主要工作就是从事劳动保障政策宣传、社会保险费缴纳引导等工作。从此，瘦瘦小小的金彩虹身背行囊，开始奔走在两河口镇的村村寨寨，挨家挨户宣传党的惠民政策，偏远的寨子一个来回就要跋涉4个小时。

山高路远，行路艰难。处于青藏高原东部边缘的两河口镇，平均海拔在3000米以上，是小金县最偏远的乡镇之一。1035平方公里的辖区内分散居住着1400余户、5000余名群众，金彩虹工作的覆盖面和强度不言而喻。

艰苦的环境并没有影响金彩虹行走的快乐。金彩虹的行囊就是一个简简单单的双肩包。双肩包里，装着记事本、圆珠笔和面包，还有厚厚一摞政策宣传单。彩虹笑言：双肩包是我的装备，面包是我的干粮。由此，"背包客"的戏称，随着大家口口相传，也变成"金彩虹"名字里一个特别的符号。

"刚上班没几天，就赶上当年的城乡居民养老保险征缴工作启动。人口多、地域广、时间紧，再加上我业务不熟练，要在一个月内完成征缴工作数据收集，真感到压力山大。"彩虹说。

跟同事一起到集镇上摆摊设点，一起进村入户作宣传、讲解政策……工

金彩虹给农牧民宣传城乡居民养老保险政策

作的第一个月，早出晚归行走十多公里山路是家常便饭。就在这一个月的时间里，不服输的金彩虹完成了1000多本参保手册的填写工作。从那时开始，彩虹养成了一个好习惯，就是把所有入户访问和电话访问的数据一一整理，记录在记事本里。记者看到，黑色的记事本，村民的参保信息清晰可见。村民姓名、联系电话、访问时间、何时断保、何时续保……清秀的字迹，一目了然。

第一个月的工作经历，是她的实习期，也是她的成长期。在艰苦的环境里，金彩虹体会到了"奋斗者"的快乐。

彩虹，是青春最绚烂的色彩

"金妹儿，今天又带来啥子好消息？"

"金妹儿，我这小孙女能上医保吗？"

"金妹儿，什么时间去我家坐坐，把上次说的那个养老保险再帮我算下。"

走在两河口镇的大街上，不时有村民拉住金彩虹，向她问这儿问那儿。金彩虹很享受这份"熟络"的氛围。

行走着的金彩虹，最喜欢说的一句话就是：愿做连接政府和群众的"彩虹桥"，把党的政策和温暖送到百姓家门口。"政策一口清、群众问不倒"，这是彩虹给自己定下的工作目标。

为了这个目标，金彩虹一边干一边学，挑战一个个难关。彩虹深知，作为一名基层干部，不仅要熟练掌握各项政策，更重要的是通过通俗易懂的语言让群众也能够了解政策，用好政策。

如何让群众了解参保政策，提高老百姓参保意识，她绞尽脑汁；如何帮群众制订参保计划，最大化享受国家补贴、提升老百姓待遇，她用心良苦……

金彩虹大学主修的专业是电子信息工程，系统的专业学习锻炼了她的数据分析能力和总结概括能力。在养老保险缴纳工作开始时，金彩虹仔细地给村民们讲解养老保险的各项规定和流程。

"以前不想参保，总觉得每年交100块钱不上算，老了每个月才拿几十

金彩虹教谢叔叔用手机完成养老保险缴费

块也没啥子意思，还不如把钱直接花了，图个眼前实在。"在镇政府门口，虹光村村民李仁和记者说起了"金妹儿"做自己工作的故事。

李仁和的顾虑，也是金彩虹宣传养老保险政策时，村民问得最多的话题。

"后来金妹儿耐心给我讲政策的好处，还摆出一些现实的例子。"李仁和说，人家"金妹儿"说得实实在在，得失好坏是明摆着的事，于是，他自己从原来的不想缴，变成了现在的尽量多缴。"金妹儿给算过账了，多缴多得嘛。"

对金彩虹来说，她的工作可不仅仅是简单地动员乡亲们参保缴费完成任务，更多的是琢磨着如何让两河口镇的老百姓最大化地享受人社政策的红利。

为此，闲暇时间，金彩虹会用城乡居民基本养老保险待遇测算公式，演算不同缴费年限、不同缴费档位，最后能够领取多少待遇。金彩虹常说，人社政策好，宣传起来就很"带劲"。在不断的摸索中，金彩虹还总结出一个"一人参保不如全家参保"的优选办法。

在镇上开杂货铺的邓英燕，选择的就是金彩虹给她量身定制的城乡居民养老保险参保计划。

在金彩虹的热情宣传下，邓英燕作出了参保的决定。彩虹趁热打铁，

"如果你打算一年缴 1000 元参保，不如你们夫妻俩各按 500 元标准参保。其实还是每年 1000 元的缴费，但两个人老了都有了保障，而且通过享受国家的补贴，你们俩每月还可以多领保障待遇。一人参保不如全家参保！"复杂的政策和专业的计算公式，让金彩虹变成了群众易懂的事实推演。

如今的邓英燕说起自己的参保计划，也是有模有样，"我经常用自己的例子给身边的亲戚讲嘞。"邓英燕说："我们都相信彩虹，她说的一定是对我们最好的。"

"社保政策多，计算方式也复杂。但彩虹有本事把这些复杂的政策，用简单的方式讲明白。群众听懂了，参保的积极性也高了。"小金县人社局局长薛劲松介绍道。

一座彩虹桥，光耀你我他。在绚烂的青春里，彩虹绽放着夺目的色彩。

热爱，是青春最长情的告白

与东家伯伯招手打声招呼，同西家嬢嬢搭肩聊上几句，自然，亲切，让人如沐春风。对于村民来说，彩虹就是一个可以一起说笑、一起唱歌的邻家女孩。

"彩虹是我们村的包村干部，她干工作十分扎实。她对乡亲们的热爱，

金彩虹给父老乡亲宣传政策

是发自肺腑的。乡亲们常说，在一片吉祥和蓝天下有一道彩虹，彩虹就是我们大家的亲人。"两河口镇虹光村村长黄明军由衷说道。

对于在外打工未及时缴纳社保费的群众，她会一一联系；对于患病群众，她会每个月上门收医保报销的单据，然后送到县里报销。杨继全是村里的建档立卡贫困户，患有糖尿病，妻子谢先华前些年也被检查出患有宫颈癌，4个子女常年不在身边。"只要路过这里，我都要进门看看叔叔和孃孃。"杨继全由于患病，每月光吃药就要花掉好几百元。听了金彩虹的社保宣传，杨继全参加了城乡居民医疗保险，医药费能报销70%。每个月金彩虹都会来他家收取医药费单据，帮他送到县里报销。

行走着是快乐的。群众那一声声"金妹儿"，也感动着金彩虹。她说："我听到的，不仅仅是对我的赞许，更是对党的政策、对人社工作的一首首赞歌！"

2019年8月，金彩虹走上了新的工作岗位——小金县城乡居民养老保险局。从面对5000多名群众到为全县8万多群众服务，她深知自己肩上责任的沉重。一晚一晚地辗转反侧，她琢磨着如何才能让全县群众了解和享受到城乡居民养老保险政策。通过开培训会，她给来自全县18个乡镇的劳动保障员讲解政策，将自己大白话式的宣传方式详细传授给大家；精简宣传单，保留群众最关心的参保和领取待遇政策；留下工作窗口咨询电话，也留下自己的联系方式……

如今，金彩虹的微信好友已接近2000人，有一大半来自全县18个乡镇的群众。吃饭的时候、走路的时候……她不是在接电话，就是在回复微信。当电话铃声一次次响起，当乡亲们连声说着感谢，金彩虹也收获了满满的幸福感、成就感。

她说："这样的生活才充实！"

"沉甸甸的荣誉来自亲爱的父老乡亲的支持……沉甸甸的荣誉来自可爱的一起奋斗的小伙伴。"这是金彩虹获得"全国最美基层高校毕业生"称号后发到朋友圈里的一段话。

无奋斗，不青春！架起彩虹桥，连接你我他，这是金彩虹最大的心愿。

人社服务标兵蔡兰：坚守下的美丽人生

赵　文　　武　唯

在宁夏回族自治区固原市社保经办大厅，被群众称为"社保公仆"的蔡兰，一干就是 17 年。

"专业知识全面、业务技能娴熟、服务态度热情"，这是同事及众多认识蔡兰的参保群众给予她的评价。遇问题找"兰姐"，是参保群众对蔡兰莫大的褒奖。蔡兰的微笑，也成为社保大厅一道亮丽的风景。

靠前服务——疫情面前勇担当

"出于多年的职业习惯，平时晚上只要有空我都会看一下电视新闻播报。特别是在新冠肺炎疫情防控期间，我更会关注国家和自治区人社、医保等部门出台的相关政策。"2020 年 2 月 18 日，固原市社保经办大厅负责人蔡兰下班回家后从电视新闻中得知，为了让企业有序复工复产，人社部和宁夏人社厅相继出台社会保险费"减、免、缓"等相关政策。于是，当晚她便通过 QQ 群、微信群，将这一利好消息转告给固原市参保企业的社保经办人员。

接到蔡兰传达的信息，杨达富一扫心中多日的愁绪。杨达富是固原福苑实业有限公司一名社保经办人，也是蔡兰众多群友中的一名"老社保"。他所在的福苑公司仅在册参保职工就达 330 人。受疫情影响，这家餐饮企业损失严重。寻求政府层面的政策支持，成为福苑公司乃至整个固原市 2000 多家中小微企业的期盼。

"按照国家和宁夏出台的相关政策，我们将对全市中小微企业从今年 2

月至 4 月基本医疗保险单位缴费部分减半征收，2 月至 6 月基本养老、失业和工伤保险单位缴费部分免征。根据测算，你们企业 330 名参保职工，可以免征社会保险费 98 万多元。"第二天就赶到福苑公司的蔡兰，把减免政策测算结果仔仔细细地讲给了杨达富。

在新冠肺炎疫情暴发以来，蔡兰主动作为，组织人社大厅全体工作人员，在做好疫情防控的前提下，强化宣传引导，准确解读国家、自治区阶段性减免企业社会保险政策，认真调查掌握企业实际情况，通过线上、线下各种媒体为降费范围、标准进行有针对性回应解答，发放各种宣传材料 20000余份。蔡兰带领同事积极推进网上"不见面"办理，精准落实减免政策，为企业复工复产保驾护航。2020 年 2 月至 12 月，全市 2037 家企业单位减免各项社会保险费单位缴费部分 23777 万元。

知难而上——乐为"社保公仆"

蔡兰曾经在家乡彭阳县当过教师，2003 年调入固原市社会保险事业管理中心，从事社保费征缴工作。

"刚刚来到新单位的时候，关于社保概念，脑子里完全是空空的。"蔡兰

蔡兰正在与办事群众交谈

蔡兰参与疫情防控工作

回忆说。面对陌生的一切，她鼓足勇气，踏上未知征途。

"由于历史原因，2003年前宁夏全区各地的基本养老保险缴费信息全部是通过人工操作记录而成。而我调来的时候，恰好赶上社会保险业务从手工操作向计算机系统过渡。"面对多年来靠人工操作记录而积累起来的海量信息，蔡兰选择了知难而上。

"过去是人工记录，固原全市范围内的参保职工信息多少会有出入。比如说同一个姓名，竟然会出现音同字不同的现象。有的参保职工的出生日期只登记了出生年份而没有精确到月、日。还有的家庭住址栏空白、身份证号还是过去的15个数字。"就这样，每天提前到岗，最后一个下班离开，几乎成了蔡兰工作的常态。

通过翻阅缴费名册档案和其本人养老保险手册比对核实，蔡兰提前完成固原全市10多万名参保职工的个人信息录入工作，为以后固原市社保费征缴工作扫清了障碍。

社保费征缴是社保工作的难中之难、重中之重，头绪多、政策多。这项工作需要富有挑战精神的人去攻坚克难，而蔡兰正具备这一特质。很快，她便成为固原市乃至宁夏社保费征缴工作领域的领先人物。固原市社会保险事业管理中心参保登记科连续多年获得宁夏人社厅颁发的养老保险费征缴一等奖。

随着经济体制改革的不断推进，参保人员在国有企业与私营企业之间流动加快，一些企业化管理的事业单位转制为企业，私营企业迅速壮大，新形势新情况给固原市养老保险征缴工作带来新挑战。固原市社会保险政策也应时完善，新政策相继出台。作为征缴和经办窗口的负责人，蔡兰需要尽快了解新政策的内容和调整背景，这样才能在办事群众面前做到淡定从容。

据蔡兰同事介绍，蔡兰在最短的时间内查阅了近30年来上至国家、下至宁夏固原所有关于社会保险的政策，对参保登记、缴费基数、缴费比例、个人账户记载、社会保险关系转移、灵活就业人员参保等相关规定，烂熟于心。

虎丽娜是固原一家人寿保险公司的业务员，从2003年5月起，以灵活就业人员身份参加了企业职工养老保险并开始缴费，截至2018年底，共缴纳了60396.8元。"可是，我的个人账户累计额为啥只有34347.29元，那些没记入个人账户的钱到底哪儿去了？个人账户累计额是怎样计算的？"

面对虎丽娜诸多疑问，蔡兰一一微笑作答。

"个人缴费一部分进入社会统筹，一部分进入个人账户。咱们宁夏是1996年建立个人账户的，1996年至1997年个人账户记账比例是12%，1998年至2005年是11%，2006年以后是8%，个人账户利率是参考同期的银行存款利率来计算的，而且是逐年度进行对比计算的……"听到一连串如数家珍的答复，虎丽娜深深感受到蔡兰对政策熟悉的实力。

"政策通""一口清"，蔡兰不虚此名。

暖心服务——畅通"堵点""难点"

随着固原市城镇化建设进程的加快，固原市城乡居民社保覆盖面不断扩大，社保大厅工作业务量逐年成倍增长。参保人员的情况千差万别。吃透政策，是对每名社保工作人员的基本要求，而耐心细致的服务，更让惠民政策拥有了暖人的温度。

"固原是劳动力输出大市，很多年轻劳动力外出务工，家里留守人员中老年人居多。这些替子女缴费的老年人成了缴费的主要群体。"蔡兰说，由于一些老人不会说普通话，语音表达不清，填写表格时还需工作人员耐心帮助。

"这个媳妇子（固原方言——结过婚的女人）能干得很。"每年9月，张晓宏老人都会接到蔡兰的电话，告诉他可以到社保大厅给女儿缴费了。10年来，每次到社保大厅，张晓宏都会专门找蔡兰。"七八月份天气热，十一二月份又太冷，所以她每年都会在这个时候通知我过来。这个媳妇子就是心细。"提起蔡兰，张晓宏老人连声称赞。

2018年9月的一天，张晓宏又一次走进社保大厅，对蔡兰开心地说，"俺女子终于在北京落户了，俺总算踏实了！"突然，老人转换了语气，"可是，她在咱们这儿缴的保险咋办呢？"

"您不用愁，现在社会保险关系全国已能正常转移接续，如您需要，今天就给您办理转移手续。"看着一脸茫然的老人，蔡兰马上拨通了老人女儿的电话，确认张晓宏女儿现在只需将社保关系转入北京即可。给老人女儿开具完养老缴费凭证后，细心的蔡兰发现，老人女儿的医疗保险关系尚在银川。蔡兰赶紧与银川市职工医保窗口取得联系，把了解到的医疗保险关系办转流程一一讲给张晓宏。

"只要群众来到社保大厅，肯定是有事而来。所以，我们所有的工作人员都会尽心尽力地帮着他们想办法、出主意。"作为大厅负责人，蔡兰说自己总会换位思考，"假如我有急事、难事，他们会怎么给我解决问题呢？"

"谢谢兰姐！谢谢兰姐！"年龄比蔡兰大许多的王志才在社保大厅不停地感谢着他的恩人。

"我是固原县一家运输公司的下岗职工。2018年初，我就达到了退休年龄。但由于单位解散多年，我的档案材料不知弄哪儿去了，办不了退休手续啊。"平素老实的王志才心急如焚，这可关系到养老钱啊。王志才找了不少部门，得到的答复都是相同的——"无法补救"。万念俱灰之际，他偶然听别人说起固原市社保大厅有个叫"兰姐"的"社保通"，而且还是个"热心肠"。王志才揣着焦虑和疑惑找上门来。

听明白了来龙去脉，蔡兰觉得还有补救的希望。"查阅原始档案，寻找证明。"把王志才送出大厅后，蔡兰就泡在了社保局档案科，一卷一卷查阅当年的参保缴费花名册，又通过固原市原州区档案局查阅其历史材料。最终，王志才曾经在这家运输公司工作的信息完整呈现出来。

当王志才拿到退休证后，忘情地拉着蔡兰的手，一遍遍重复着"谢谢

蔡兰热情指导办事群众完成线上操作

兰姐"。

社保大厅是窗口，蔡兰从着装到言行都给工作人员提出要求，"不管遇到什么情况，微笑始终要写在脸上。"蔡兰说，前来大厅办事的人多，等候时间长，群众难免产生怨言。"快了，请您稍等""老人不识字，稍微慢点，请您多多担待"……这一系列温馨的语言是安抚焦躁情绪的好办法。

2017 年，随着"放管服"改革的不断深入，固原市社会保险事业管理中心按照"网上人社"的要求，开始打造互联网 + 人社服务新模式。掌上12333 推开了，可很多老年人还是到大厅窗口办理认证。"很多老人拿的是老年机，不是智能手机。"蔡兰一边拿自己的手机给老人认证，一边微笑着告诉老人，"您回家跟家里人说说，如果下载人社掌上 12333 的 APP，以后您在自己家就能完成认证啦。要是您没事，咱还可以视频聊聊天。"

"80 后"的李莉，自称用手机完成了一项"壮举"："下载后直接帮家里6 位老人一次性解决社保认证问题，人社掌上 12333 真是我的好帮手，省时省力效率高！"老人们也觉得颇为有趣，"现在在手机里照个镜子，点点头、眨眨眼，你们社保局就知道我好着哪。"

2021 年初，蔡兰调任固原市社会保险事业管理中心城乡居民社会保险管理科科长。全面清理暂停待遇人员，维护基金安全；调研、测算城乡居民基本养老保险待遇调整额度；为困难人群代缴基本养老保险费……蔡兰迅速转化角色，很快熟悉了相关业务，全身心投入新的工作中。

初心不变，真情不改。一路走来，蔡兰也收获了沉甸甸的荣誉。2018年获得全国人社服务标兵称号，2019 年被授予全国人社系统优质服务个人荣誉。她所在的固原市社会保险事业管理中心社保大厅先后4 次被评为全国人社系统优质服务窗口。

因着这一份对工作的热爱，因着这一份对百姓的真情，因着这一份对使命的坚守，蔡兰的人生一直焕发着美丽的光彩。

专注工作

"人社知识通"周敏的"酸甜苦辣"

张赢方

"每当在值班过程中遇到疑难案件，我都会第一个向周敏队长求助，无论是法律法规、人社业务的理解，还是服务群众的方法，她都会给我耐心、细致的指导。"在江苏省无锡市新吴区劳动监察大队协理员杨超心里，周敏是他和新吴区劳动监察大队工作人员学习的榜样，是当之无愧的"人社知识通"。

2019年，时任江苏省无锡市新吴区劳动监察大队立案科科长的周敏，代表江苏人社系统参加人社系统窗口单位业务技能练兵比武全国赛，取得全国笔试第一名的佳绩，获得"人社知识通"称号和"最佳风采奖"。

十年磨一剑，砺得梅花香。周敏练就扎实的本领并非一日之功。"人社知识通"的荣誉，缘于在工作岗位上十几年如一日的历练和坚守。面对记者采访，周敏动情地说道，在这份成绩背后，酸甜苦辣，个中滋味，尽上心头，难以忘怀。

"酸"味难忘，补足短板提技能

2008年12月，周敏考入无锡市新吴区人社局，就职于新吴区劳动人事争议仲裁院。当时正逢《劳动合同法》和《劳动争议调解仲裁法》施行，劳动争议案件井喷，来窗口咨询维权的群众络绎不绝，情形多种多样。

在一年寒冬，周敏的服务窗口来了一对咨询政策的老夫妻。他们的儿子下班时发生事故受伤，在医院治疗过程中，单位与其解除了劳动合同。周敏就医疗期、解除劳动合同、仲裁程序等问题给他们解释过后，脑海中仍然有很多疑问：这是否属于工伤？解除劳动合同后医保怎么办？怎样才能最大限度地保障受伤者的权益……一个个疑问在脑海里打转，却不能给出满意的答案。那一刻，周敏感觉到"书到用时方恨少"的窘迫和辛酸。

"如果我精通人社各项业务，能快速给他们全方位的分析解答，该多好啊！就是这件事，让我看到了自己的知识短板、能力弱项、经验缺失。"周敏说。

此后，周敏把工作时间从8小时调整成了"白加黑"——白天工作，向同事、领导请教；晚上回家，抱着劳动保障法律法规和人社政策汇编啃读。

"在我的印象里，周敏是很少午休的，她总是在钻研业务，每件事都要求自己做到完美。"无锡市新吴区劳动人事争议仲裁院院长石磊说。

新吴区劳动监察大队监察员张康也告诉记者，周敏总是特别忙，她像是有用不完的精力，对工作充满热情，对知识如饥似渴。

"在窗口接待时，周敏不但会对法律条款、政策规章做专业、详细的解释，还会主动为办事群众讲解可能涉及的各类劳动用工问题，并联系用人单位，主动为劳动者解决问题。"张康说，在超额完成工作后，周敏还会与同事探讨对人社政策法规的理解，逐条解读，析疑匡谬。

"苦"味无惧，恪尽职守显担当

"我们劳动者是弱势群体，你可要维护我们的利益啊！"刘师傅是一家企业的长途运输司机，在他申请仲裁要求单位支付未签订劳动合同的双倍工

周敏在窗口为来访群众排忧解难

资、解除劳动合同的经济补偿金和加班工资后，便经常给周敏打电话，希望她秉公处理。

然而，刘师傅的部分请求并不具有法律依据和事实依据。在调解中，周敏多次耐心解释、阐明法律规定，刘师傅依然坚持自己的仲裁请求。在这种情况下，周敏作出了裁决，并在裁决书中详细阐明了裁决理由。

收到裁决书后，刘师傅并没有向法院起诉，而是给周敏打了一个电话："虽然这个结果和我要的不一样，但我认为裁决是公正的，谢谢你！"

"为了对当事人负责，周敏会对每一个仲裁请求进行充分说理，她写的裁决书不仅专业，而且用心。"石磊说。

可以说，调解仲裁工作是人社部门处理劳动争议的最后一道防线。当事人的认可和信任，让周敏看到了她辛苦付出的意义。

周敏从事劳动人事争议调解仲裁工作十余载，承办案件近2000件，凭借工作中的拼劲、韧劲、钻劲，得到了系统上下认可与群众好评。

"辣"味犹存，练兵比武强本领

当得知全国人社系统广泛开展练兵比武活动时，周敏感到这是一个深入、全面、系统学习人社领域各大板块业务的宝贵机会。她暗下决心，一定要自我提升，奋勇争先。

"我认为，练兵比武，比的是深耕笃行的意志，是真抓实干的踏实，比的是我们对人社事业朴实无华的坚守，是为群众服务不曾改变的初心。"周敏感慨说道。

练兵比武活动开始之后，周敏分秒必争，刚从案卷堆里抬起头，便在双休日赶赴市局参加选手集训。与全省4万余名基层窗口工作者一样，周敏在"练兵比武强技能、人社服务树新风"口号的感召下，从"缺什么、学什么"到"我要学、我要练"，带着问题学、贴着实战练、盯着难题比，全身心投入练兵比武活动。

绳锯木断，水滴石穿。"周科长带队夺冠，我一点也不意外！"新吴区某外资企业人力资源管理人员查俊说，周敏不但用心备战，她的功夫更用在平时。每一场忙碌的庭审，每一份翔实的裁决书，每一次耐心细致的解答，都为她今天的成绩奠定了基础。

"虽然学习过程并不轻松，但当当事人申请仲裁时顺便咨询供养直系亲属定期救济金的问题，我能够准确告知定期救济金的标准以及相关的政策文件时；在失业保险待遇损失争议调解过程中，我清楚地计算出当事人可领取的失业保险待遇的期限和金额时；在当事人拿到确认劳动关系争议裁决书咨询后续流程，我能够准确告知后续诉讼程序以及工伤认定、劳动能力鉴定的程序时……我真切地体会到由于综合业务能力的提升，群众传递给我的满意与感激之情。"周敏告诉记者。

"甜"味长在，心系百姓守初心

千淘万漉虽辛苦，吹尽狂沙始到金。掌握业务知识的广度和深度，决定了提供服务的速度和温度。在历经酸、苦、辣后，如今的周敏觉得底气更足、信心倍增。

2020年的春节注定是难忘的。周敏作为"人社知识通"，做好疫情防控期间的用工服务，责无旁贷。在大年初三，她便主动申请复岗工作，带动部门同事共同抗疫。

无锡市新吴区有生产型企业1万多家，员工超过45万人，外来务工人员很多。疫情期间的劳动关系、工资支付问题成为企业和劳动者关注的焦点。

"疫情发生后，周敏的电话始终畅通。她热心细致的解答一直'在线'。"查俊告诉记者，"说实话，对我们企业而言，周敏的解答比很多律师的意见

周敏处置全国根治欠薪线索反映平台欠薪线索

更为专业可信，她还会从劳动关系管理的角度给我们企业提供合理化建议。"查俊说。

疫情防控期间，周敏处理的热线咨询、12345 工单，微信、电话咨询更是应接不暇。她编制的疫情防控政策问答，在大年初四便在"无锡高新区在线"微信公众号上线，陆续推出 60 条，这份有关劳动关系、争议仲裁、复工复产的新政梳理和解读，为企业与劳动者送来了"定心丸"。

2020 年 9 月，担任新吴区劳动监察大队副大队长后，周敏积极推进依法用工专项行动，严格规范执法程序。作为全国根治欠薪线索反映平台欠薪线索处理联络人及区重大欠薪线索联合调查处置小组成员，周敏带领监察大队工作人员，将收到的线索在规定时限内全部办结，案件办理质量及办结率均处于全市前列。她秉持包容审慎、依法处理、分类引导原则，制定了《无锡高新区（新吴区）新业态用工纠纷处理导则》，在新吴区劳动保障维权窗口推行，对新就业形态用工纠纷及时处理，对该区劳动关系的和谐稳定做出了贡献。

1 通电话、4 家企业、504 名员工、4 天内支付 34.53 万元——一串数字的背后，是周敏以点及面、深挖问题、服务群众的暖心故事。

"企业订单取消，暂停生产了，说不给我们发工资了，怎么办呢？"

2021 年 9 月 6 日上午，新吴区劳动监察大队值班人员接到某制造企业员工的电话。周敏了解到，暂停生产所涉人员为三家人力资源公司的员工。

当天下午，周敏立即约谈该制造企业及三家人力资源公司的负责人，征求企业负责人和员工代表的意见。

"周队工作非常细致、专业，当时因为其中一家企业没有兑现承诺，员工情绪非常激动，协商一度陷入僵局。周队认真听取每位员工代表的意见，逐一与企业沟通，最终提出分类处理的建议：对于公司此前向员工承诺 9 月 6 日结算并支付工资的，要于 9 月 6 日当天下午 5：00 之前支付完毕；对于其他员工，于 9 月 10 日中午 12：00 前支付完毕；监察大队将每日跟踪付款情况，要切实在约定的日期之前足额支付完毕。最后经我们统计，共计 504 名员工在约定时间内拿到了工资 34.53 万元。"新吴区劳动监察大队监察员华楠说，"周队长总是和我们说，在工作中要时刻站在群众的角度考虑问题，深挖问题、主动作为，切实维护劳动者的合法权益。""群众的安全感和幸福感，就是留在我心里最长久的甜。"周敏笑着说道。

"人社知识通"钟竣霞的进阶之路

王东丽

8年工作积累,"门外汉"变成"业务通",270个日夜辛苦备战,一举获得"全国人社知识通"称号。四川省邛崃市人力资源和社会保障监察执法局一级科员钟竣霞潜心学习增知识,练兵比武强技能,学以致用解民忧,充分展现了新时代人社干部奋发昂扬的精神面貌。

身在其位当尽其责

2013年大学毕业后,钟竣霞进入四川省成都市邛崃市劳动人事争议仲裁院,参与处理劳动争议、群众咨询等工作。大学学习行政管理的她,在工作之前很少接触劳动关系领域知识,刚工作时有时面对群众咨询一问三不知,一度焦虑犯难。

曾经,一位50多岁的女士在上班过程中出了交通事故,想咨询这种情况是否符合工伤。钟竣霞说,当时听到咨询者的问题自己有点蒙,那时的自己只知道劳动年龄内劳动者认定工伤的情况,不知道超过法定退休年龄劳动者受伤后是否能认定工伤,于是告诉对方去工伤认定部门具体咨询,这一行为引起了咨询者的强烈不满:"办事群众可能觉得我在'踢皮球',甚至情绪激动地说,'什么都不知道,那你坐在这儿干吗'。"这让钟竣霞内心十分受挫。专业知识匮乏产生的工作尴尬深深刺痛了她。"当时自尊心非常受打击,但我觉得群众说得也有道理,我作为人社队伍一员,应该为群众排忧解难,这是职责所在。"钟竣霞说道。

为了提高人社服务水平，她下定决心开启业务知识学习之路。非专业出身的钟竣霞在学习的过程中吃了不少苦头。"法律条文密密麻麻，刚开始觉得好枯燥，看不下去，也担心自己没有基础，有可能最后也入不了门，但又觉得身在其位，当谋其事，尽其责。"

最终，钟竣霞的职业责任感战胜了自己学习新知识的恐惧心理，在人社知识学习路上越走越远。工作至今，她不断学习劳动领域法律知识、典型案例，利用人社部网络资源观看专家讲解，积极和周围同事交流学习心得，持续增加自身人社知识储备，夯实业务实践的理论基础。

练兵比武检验成效

人社政策知识覆盖范围广，涵盖保险、就业创业、人事人才、劳动关系等多方面内容，与民生紧密相关。面对群众五花八门的提问，钟竣霞认识到，仅仅依靠掌握的劳动关系领域知识为民解忧远远不够。只有融合其他领域知识，了解人社系统政策全貌，才能对群众的问题应对自如，自己才能成为一名合格的"人社人"。

2020年，人力资源社会保障部组织开展人社系统窗口单位业务技能练兵比武活动，钟竣霞意识到这是检验自己多年来学习成果和工作服务实效的好机会。她积极报名，扎实的知识水平和业务能力让她顺利通过层层选拔，站上全国舞台与全国700余名人社知识达人同场竞技。

"毕竟是代表集体参赛，压力挺大的。"钟竣霞坦言，"但既然要参赛就争取走到最后，把要学的都学好、学扎实，不能因为压力大就恐惧不前。"

比赛题库多达3000余题，为了提高学习效率，钟竣霞科学制订了学习计划，在人社部给出的大纲题库基础上，保持复习已掌

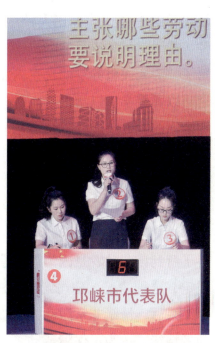

钟竣霞（中）在2020年度四川省人社窗口单位业务技能练兵比武总决赛现场

握知识，着重攻克弱点、难点，利用下班、周末等业余时间充实自己。有时为了弄懂一个问题，她一遍遍翻阅相关政策文件、法律法规，向专业人士请教加深理解和记忆，并将难点疑点盲点整理归纳，形成自己的"知识网"。

"她身上有股狠劲，遇到问题不退缩，一定要死磕到底。"谈起钟竣霞，同事兼备赛队友杜佩蔓这样评价。在她的印象中，平时的钟竣霞说话慢条斯理、不慌不忙，然而上了赛场却是另一番模样。案例答题环节要求参赛者在有限时间完成审题、分析、口述作答等任务，既不能超时，又要保证回答流畅，逻辑清晰。"她用了平时练习都没有用过的语速答完了题，还获得满分，全场轰动，那一刻团队的荣誉感油然而生。"至今，杜佩蔓对当时钟竣霞的发挥仍连连称赞。

一路过关斩将，钟竣霞最终获得2020年国人社系统练兵比武全国统一在线笔试第一名，获得团体一等奖，并荣获"全国人社知识通"称号。

学以致用为民解忧

"学习是为了更好地为群众解决问题，应用是以实践检验自己的努力，最终目的是在持续优化人社服务过程中，不断提升群众幸福感和满意度。"钟竣霞说，练兵比武活动进一步激发了自己干事创业的热情，自身也深刻理解了"为人民服务"的真正内涵。

以赛促学、以学促干。钟竣霞表示，通过练兵比武活动，自己掌握了更加全面的业务技能，综合运用政策知识解决问题能力大大提升，不同于刚工作接待咨询者时的心虚，如今自己工作起来更加得心应手，面对群众的"急难愁盼"问题更有信心和底气。

参加练兵比武活动之后，钟竣霞遇到一位劳动者咨询，对方要求公司支付违法解除劳动关系的赔偿金。她和同事接到案件之后，迅速展开调查，最终了解到该劳动者是因为严重违反公司的规章制度而被公司开除。按照法律规定，这种情况，公司属于合法解除，无须支付赔偿金。"但劳动者听到这个结果后，情绪非常激动，指责我们偏袒公司，不为群众办事。为了平复劳动者情绪，也为了保障劳动者合法权益，我仔细回忆了我在练兵比武过程中学到的政策知识，告知对方即使没有赔偿金，也可以领取失业保险金。"钟竣霞说，自己和同事对该劳动者反复做工作，对方最终心平气和接受了结果，并现场办理了失业保险金申领手续。

"最开始确实是因为工作需要才开始学习劳动关系方面专业知识，后面越学越有成就感，越学越有兴趣。"钟竣霞说，随着知识不断沉淀，学习也逐渐轻松，"我发现法律其实挺有意思，后期学习完全不会感到枯燥，甚至有点后悔大学为什么没学法律。"她表示，法律与百姓利益息息相关，甚至一个字就能对一个人甚至一个家庭造成严重影响，学习业务知识不仅是对工作负责，更是对群众负责。

如今，钟竣霞将所学所获应用于工作实际，及时解答群众困惑疑问，让群众"带着问题来，带着满意归"，同时身体力行积极促进人社知识传播。2021年，钟竣霞作为志愿者踊跃参加人社部组织的"千名青年仲裁员志愿者联系万家企业"活动，为企业提供人力资源社会保障领域的法律、法规、政策宣传咨询和劳动用工指导等有针对性的志愿服务，帮助企业建立劳动争议预防调解工作机制，防范化解劳动关系风险。生活中，钟竣霞还有意识地向周围人科普人社知识，"学习相关知识后我切身感受到国家政策惠民之处，并鼓励家人积极响应国家号召"。在她的动员下，父母积极参加了城乡居民养老保险。

谈到"全国人社知识通"称号，钟竣霞表示这既是对自己以往学习的肯定，同时也是对自己未来努力的鞭策和激励。"学无止境，称号只是一个开始。"她坚定地说。

钟竣霞专心学习人社知识

"人社知识通"邓兆静的制胜秘籍

黄晓云

2021 年，对于山东省青州市劳动人事争议仲裁院立案科副科长邓兆静来说，是极不平凡的一年。这一年，她在人社系统窗口单位业务技能练兵比武全国赛中一试锋芒，取得全国笔试第一名的佳绩，并获得全国"人社知识通"称号。

持续学习，克服"本领恐慌"

崭露头角的背后，是邓兆静坚持不懈的"拼劲儿"和为民服务的初心。

"我和同事同一年退休的，为什么我的养老金比他低""我考取了会计初级和中级证书，听说咱人社局有补助，我能领多少钱""单位无故辞退我，却不给我开具解除劳动关系证明，我能领失业保险金吗"……

诸如此类的问题，是邓兆静每天面对的日常。硕士研究生毕业后，邓兆静于 2013 年考入青州市人社局，先后在局干部科、局工伤保险科及劳动人事争议仲裁院工作。人社业务面很广，初出茅庐的她，在回答办事群众问题时常常感觉底气不足，大多时候只能引导群众到具体业务科室去咨询。

这让她很是受挫，也更加深刻地感受到：只有系统、全面地掌握各项人社业务知识，才能克服"本领恐慌"问题，才能为群众提供更加专业、高效、优质的服务。此后，持续学习、坚持知识"输入"，成了邓兆静工作和生活的主基调。

2017 年，在法院组织的一起工伤案件庭审观摩活动中，邓兆静作为青州市人社局工作人员参加应诉。当时法庭内旁听席上坐满了青州市人大代表和政协委员，现场还架起了多台摄像机全程记录。

"初见这种大阵仗，我一开始还是十分紧张的，但我随即告诉自己要调整心态，尽快冷静下来，全身心投入到庭审活动中去。"邓兆静回忆道。

平复心情后，邓兆静紧紧围绕案件争议焦点，按照法庭审理程序，沉着地进行举证、质证，对于对方当事人及代理人抛出的每个问题，都有针对性地回应，并一一化解。

紧张的庭审结束后，法院当庭宣判，维持青州市人社局作出的认定结论。"人社局的小姑娘业务非常熟练，政策解读非常精准，应对非常沉着冷静。"毫无意外地，邓兆静受到人大代表、政协委员、法官以及媒体人士的高度褒奖。

"这场庭审给了我很大的历练，也给了我很大鼓舞。自此我暗下决心，一定要更深入研究人社业务知识，不断展现我们人社干部依法行政、为民服务的良好形象。"邓兆静回忆说。

邓兆静"越战越勇"。之后，她对全市工伤涉诉案件进行了调研分析，并撰写出调研报告呈阅局领导，为日后此项工作的开展提供了一定的思路。

在工伤保险科工作的五年间，她全面梳理了工伤认定和劳动能力鉴定工

邓兆静在法院庭审现场

作流程，明确办理每项业务所需材料及办理时限，确保为群众提供便捷、优质、高效的服务。

她利用所学专业的优势，承担着工伤行政复议和行政诉讼的应诉答辩工作。在工伤保险科五年多的时间里，她成功应对近百起工伤涉诉案件，在此期间多次被当事人夸赞"据理力争，讲得比律师还清楚，真正维护了我们劳动者的合法权益"，也曾被对方律师夸赞"你准备得太充分了，我竟挑不出问题来"。

这一切，都源自她刻苦钻研的进取精神，也为她在练兵比武全国赛笔试中一举夺魁打下了坚实的基础。

硬啃骨头，争做练兵比武"排头兵"

自参加工作以来，邓兆静的工作岗位虽然有所变化，但为民服务的初心不改。她坚持用学习为业务赋能，认认真真做事，实实在在为人。

对于邓兆静来说，参加练兵比武活动正是提高自身业务能力的绝好契机。

在邓兆静的调解下，劳动者与用人单位达成调解协议

2020 年 1 月底，邓兆静调至仲裁院从事劳动人事争议案件处理工作。由于仲裁院日常业务工作非常繁忙，她和同事每天都要接待大量群众来访、来电咨询，还要全力做好立案、开庭审理、纠纷调处、文书制作送达及其他各项工作。

"有时为了处理一起较为复杂或者双方矛盾较深的案件，给当事人提供更多便利，加班加点处理案件是常有的事。"邓兆静告诉记者。

面对繁忙的日常工作，没有时间备考怎么办？——挤时间！

邓兆静利用碎片化时间，争分夺秒地刷题库，一点一滴积累储备业务知识。她几乎放弃了工作日晚上、周末及节假日休息时间，将所有精力都集中到业务学习上，根据制订的学习计划，分板块逐一学习，并反复记忆、做题、实践。

结合日常工作中遇到的问题点，邓兆静会立即查阅相关法律法规和政策文件，找到解决具体问题的知识点，并找到解决类似问题或不同问题的方法。

只有自学还是远远不够的，外部支持也不可或缺。对于接触较少的业务板块，邓兆静总会主动向经验丰富的领导和业务骨干请教，向身边的榜样学习，取长补短，共同进步。

"人社业务领域各个板块既有联系又有区别，因此，学习过程中要注重知识的系统性、全面性，精准把握各项法律法规的立法精神和政策文件的奥义，并注意做好总结、对比和分析。"邓兆静毫不吝惜地分享她的夺冠"秘籍"。

厚积而薄发，博观而约取。夜以继日的艰苦学习，科学周密的备赛安排，终于让邓兆静惊艳"赛场"。虽然取得第一名的好成绩，但她储备业务知识的脚步没有停歇。

学以致用，一切为了群众的"急难愁盼"

2021 年下半年，经过不懈努力，邓兆静所在的团队经过县、市、省逐级选拔，最终取得了山东省现场赛团体一等奖的优异成绩。练兵比武只是起点，学习的关键和目的在于运用。邓兆静始终把参与比赛作为提升业务能力的重要抓手，坚持以学促练、以练促用。

近年来，人社部门推出一系列便民服务改革政策和举措，例如精简证明材料事项、压缩办理时限，推行"一窗受理""一次办好"改革，实施"人社服务快办行动"，推行"打包一件事"，等等。邓兆静认为，这些举措都是为解决目前群众面临的"急难愁盼"问题而推出，但是真正将这些政策措施落地实施，有赖于每一位人社干部的努力。

尤其是到仲裁院工作后，邓兆静迅速适应角色和身份的变化，继续秉持为民服务的情怀，不断改善自己的服务态度和服务方式，用群众听得懂的语言为其讲明白法律法规和政策规定，对于符合条件的当事人及时为其联系法律援助律师，帮助劳动者合法理性维权。

"多少次，我们看到双方当事人从一开始的'恶语相向'，甚至'拳脚相加'，到通过我们不言弃、不放弃的努力调解，最终双方'握手言和''化干戈为玉帛'。我们就觉得一切的辛苦和努力都是值得的。"能用专业知识和优质服务回应群众诉求，邓兆静内心很是欣慰。

"人社知识浩如烟海，今后我将继续加强学习，并运用所学知识不断反思目前工作中存在的问题及改进的方法，不断提升自己的服务能力和水平，做一名让群众满意的人社干部，让群众有切切实实的获得感和幸福感。"邓兆静说。

行风建设践行者感言

我们一直在路上

人社部加强系统行风建设工作领导小组办公室

加入行风建设专项行动战队，是我工作经历中一个重要标记，也是一场行走的自我教育。

——伊洪杰

在行风建设舞台灯光下，我的生命情感获得了澄明的力量。

——王学琳

行风建设是初心的再叩问，是事业的再出发。这段经历让我牢记，时时思考"我是谁、为了谁；干什么、怎么干"。

——张雨田

人社服务用心，行风建设为民，为一份子，添一份力，增一份情，深感自豪。

——侯硕涵

人社行风为人民，旗帜鲜明播党恩。快办简办打包办，三年行动铸铁军。

——李栋梁

幸做人社人，幸干行风事，幸为群众尽了微薄力。

——王丹彤

为民初心是神奇的信仰，让行风工作的种子生根发芽、茁壮成长。千个日夜被赋予见证的力量，让我怀揣着温暖勇毅启航。

——刘　晴

行风工作一年半，履职尽责无遗憾。

——刘庚华

行云如水，风劲流急。行风建设，始于心，力于行，幸甚为之，感悟至深，感受至深。

——陈景武

参与行风建设工作，让我更加深刻感受到了人社惠民利民便民的力度。

——陶邵武

无悔行风路，为我的职业生涯增添了光彩夺目的一笔。

——屈文英

为了群众满意，在探索中前进、在创新中突破，这是一段令人回味的时光。

——李三贵

有幸作为行风建设参与者见证者，更体会人民二字分3量，更体会初心使命内涵。每个人都是行走的行风名片，必将拿好接力棒，努力在新的赶考之路书写新的篇章。

——吕晓岚

"行风办"将是我精神世界里永远的"番号"，激励着自己志愿无倦，不懈努力。

——李　昊

与行风建设同行，是一场永不停歇的升华，初心化为行动，实干成为自觉，涓滴梦想汇成为民服务的星辰大海。

——龚正鹏

人社服务为人民，行风建设正当时。三载时光弹指间，所历幕幕在心间。

——陆传英

在追求群众满意的路上，何尝不是受教育、提素质、荡涤精神的过程。

——苗曾志

行风建设的飞船仍将翱翔，人社浩瀚的星辰始终发光。

——王秋蕾

披星戴月只为百姓满意，殚精竭虑铸就人社行风！

——毕占方

泱泱华夏，一撇一捺皆是脊梁；人社标兵，一思一念满是百姓；行风建设，一步一印不断前行。

——王华夏

行风建设铸造人社事业新基

吉林省人社厅　李彦明

作为省级层面的行风工作者，我深深感悟加强系统行风建设是人社部党组立足当前人社业务、全面考察民生问题，作出的筑基固本长远决策。这不仅强化人社部门政治机关属性，而且筑牢"管行业必须管行风"的思想认识，增强"人社服务为人民"的宗旨意识。

三年来，吉林省人社厅党组持之以恒推进行风建设，不断迈上新台阶。一是转变观念，行风与业务互为里表，树立"人人都是服务员"理念。系统各板块围绕"想就业找人社、缺人才找人社"服务创新提升工程，助力社会经济高质量发展。二是提升业务素质，满足群众高质量公共服务需求，练就"人人都是行家里手"。通过练兵比武铸牢业务之基，建立业务知识"人才库""蓄水池"。三是建立外部监督机制和内部协同机制，做到"人人都是监督员"。聘请人大代表、政协委员和专家学者加强外部监督。通过调研走访、沟通反馈，完善内部协同机制。四是建立良好环境，形成"人人是窗口、处处是行风"理念。树标兵带窗口，创造人人都是宣传员的局面。

加强行风建设没有休止符，行风建设永远在路上。

当好小伙伴们的"教练员"

黑龙江省人社厅　赵佳欣

2019 年，我作为参赛选手参加了练兵比武活动，获得了全国"人社知识通"称号。通过参加练兵比武活动，我更加深刻地体会到什么叫"人人都是窗口、处处都是窗口"，让我更加留心做好每一件与普通群众有关的事情，进一步增强了为民服务的意识和水平。

同时，我也感到，少数人的力量毕竟有限，做好行风建设，需要我们每个人的成长。我应该好好分享我的心得体会，帮助更多同志学好政策业务，让大家都能成为"人社知识通""政策一口清"。这样，我一方面积极参加部里和省里举办的各项宣讲、培训活动，讲好"人社知识通"的故事；另一方面积极参与组织推动我省练兵比武工作，努力当好小伙伴们的"教练员"。截至目前，我省累计产生了 9 名全国"人社知识通"，25 名全省"人社知识通"，还有许许多多的小伙伴正走在成为业务尖子的路上。

看着小伙伴们的辛勤努力和满满收获，我作为星星之火也格外骄傲和自豪。我将在推动行风建设和练兵比武的路上继续前行，用我小小的光和热，点亮身边的同志，温暖更多的群众。

奋斗征程上　时刻准备着

江苏省人社厅　刘荣华

犹如行军的集结号，为了一场刀刃向内的自我革命，江苏省人社厅党组决定成立专班，贯彻落实人社部"打造群众满意的人社服务"的部署要求，集中力量加强系统行风建设。

三年来，从建机构、明任务、压责任，到挂图作战、清单部署、督查整改；从找难点、疏堵点、治痛点，到标准化、信息化、便利化，是行风建设这把"金钥匙"，开启了转职能、转方式、转作风的思想之门，也同步开启了打破部门利益的"破冰之旅"。

跑政务办、跑省总工会、跑省财政，争取数据共享、奖项激励、资金保障；全面推动综合柜员制改革、打包提速人社服务快办行动、连年开展业务技能练兵比武、全程实行政务服务好差评，正行风树新风让系统上下旧貌换新颜：窗口办事不再排队、政策待遇"看得懂算得清"、首问负责对答如流、快办服务便捷精细、社保卡申领立等可取、全省一网跨省通办；不见面审批、不出村服务，你来我就办、服务不下班。亲和力、公信力，幸福感、获得感，就在日复一日的执手祝好与声声答谢中，深情写就群众满意的服务答卷。

回首自己全程参与行风建设的三年，改革、攻坚、克难的过程百感交集却又无比欣慰。政贵有恒，久久为功。行风建设永远都是进行时，为民服务永远无止境，我时刻准备着！

激扬优化服务主旋律
奋力谱写"皖美"人社新篇章

安徽省人社厅 刘 颖

开展行风建设三年行动以来，我们始终坚持以人民为中心的发展理念，全力推进人社服务通堵点、疏痛点，为民服务解难题。人社系统广大干部职工付出了辛勤汗水，收获了人民群众的满意。

精准施策，弹好优化环境"协奏曲"。为进一步减少企业群众办事跑腿次数、压缩办结时限、简化办事流程，我省从"快办行动"入手，通过推进打包办、提速办、简便办、跨省通办，带动人社服务效能整体提升。

搭建平台，弹好练兵比武"交响曲"。依托练兵比武在线平台学习参加"日日学、周周练、月月比"活动，实现省、市、县、乡、村全覆盖，体现强基层、强基础导向。全省人社多个窗口单位4.3万余名干部职工积极参与练兵比武，形成了单全结合、条块结合的练兵比武格局。

关爱老人，弹好延伸服务"进行曲"。一方面，延长社会保险经办服务链，发挥银行网点多、分布广、设施全、服务规范标准等优势，把社保经办窗口前移并延伸到群众身边；另一方面，健全人性化服务制度，坚持传统服务方式与智能化服务"两条腿"走路，为老年人保留传统的业务经办窗口，提供绿色服务通道"上门办"服务。

行风建设没有休止符，优化作风永远在路上。我们将持续奏响"正行风、树新风"主旋律，奋力谱写"皖美"人社新篇章。

"行风行动"让群众得实惠

福建省人社厅　李启咏

作为人社"行风三年专项行动"的执行者、亲历者，我为见证系统行风建设的进步和人社事业的快速发展而感到骄傲，为做过一些有益于群众的工作而感到自豪。

福建省人社厅坚持人民至上，把系统行风建设有机融入业务工作，每年列出 20 项行风工作任务和数十项绩效指标，一件一件抓落实。通过不断深化"放管服"改革，加强窗口服务规范建设，开展练兵比武，优化经办服务，推进马上办、网上办、掌上办、就近办、一窗办，着力解决群众的操心事、烦心事、揪心事，全省人社服务不断跃上新台阶，企业和群众得到实惠和便利。例如，过去每个月社保参保的高峰节点，参保单位需要带上参保材料到窗口取号办理业务，每到入学、购房、招标投标高峰期，各地人社窗口自助机前，总要排起长队打印参保缴费凭证。从 2020 年 2 月起，福建省在 12333 公共服务平台开通网上申报渠道，参保单位可线上直接办理社保参保业务，大大节省了办理时间。此类事，点点滴滴，润物无声，变化看得见、摸得着。

人社事业光荣而艰巨，只有牢牢抓住行风作风建设这个"牛鼻子"，才能不断开拓事业的新境界。

做推动行风建设的实践者

山东省人社厅　杜海涛

自 2018 年 7 月从事人社系统行风建设工作以来，我亲身经历行风建设的点点滴滴，体会行风建设的酸甜苦辣，见证群众满意度的节节攀升。"行风建设"四个字已经深深镌刻在每一位践行者的心中，成为人社事业奋斗征程最美的注脚。

三年来，我们锚定"一切为了群众满意"的目标，从 2019 年完善服务制度、严格工作纪律、开展练兵比武，推进窗口作风建设，到 2020 年实施减证便民、开展快办行动、落实人社服务"好差评"，推进人社政务服务标准化、信息化建设，再到 2021 年创新开展人社干部走流程，优化人社政策服务供给，一张蓝图绘到底，一锤接着一锤敲，行风建设不断深化迭代。这其中，展现了我们人社部门落实深化"放管服"改革、优化营商环境有关部署要求的高度自觉，彰显了满足人民日益增长的美好生活需求的坚定决心，体现了对政务服务发展规律的精准把握，更体现了"咬定青山不放松"的韧劲、"不破楼兰终不还"的拼劲。

凡是过往，皆为序章，行而不辍，未来可期。我们将树牢以人民为中心的发展思想，弘扬三年来锻造的优良传统、过硬作风，着力打造有温度的人社服务品牌。

回首再出发，行风在路上

河南省人社厅　张文安

2018 年 7 月，人社部召开系统行风建设电视电话会议，提出"正行风、树新风，打造群众满意的人社服务"。回头再看，这不是一次普通会议，而是一场广泛彻底的自我革命的开始。

最初接手这项工作，也曾豪情壮志，铆足干劲打造河南人社新形象。但慢慢地，第三方评估各项指标接踵而来，行政壁垒难以突破，系统整合不断遇挫，相关处室也产生了不满，有意无意地发着牢骚。那时，一度失去了目标和方向，困惑、迷茫。直到有一次上门服务，看着受伤职工在简陋的家，拖着残疾的身体，对我们千恩万谢，心中涌起一阵酸楚，更多地感受到一份沉甸甸的责任，群众的要求就是这么简单。

认真做事只是把事情做对，用心做事才能把事情做好。三年来，我们瞄准群众体验，瞄准群众最关切的领域，瞄准群众最不满意的地方，21 个事项实现一证通办，96 个事项实现"掌上办"，227 个事项全程网办，530 项社保事项全省通办，好评率达到 99.7%，权力"瘦身"，职能"健身"，智能办、就近办、代理办、上门办逐渐成为常态，门难进、脸难看、事难办成为历史。

群众的每一次点赞，既是对我们以往工作的肯定，也是激励我们前行的动力。

处理四种关系　彰显温暖服务

广东省人社厅　胡登峰

　　行风，如同空气；阳光，关乎每个人。在信息技术突飞猛进、个体差异日趋多样的今天，如何克服服务短板、办好非典型性服务，是衡量服务公平的重要参考。开展行风建设以来，我们始终把提供差异化服务摆在重要位置，正确处理好四种关系。

　　"小众与大众"。通过服务创新，采取便民服务、自愿服务、上门服务等方式，让年长、体弱、行动不便者等"小众"，也能正常办事。

　　"人工与智能"。培养了一大批"知识通"，熟悉群众普遍关心的工资待遇、养老金等政策规定、待遇核算，解决了过份依赖系统情况，让群众都能看得懂、算得清。

　　"例外与常态"。在"一窗通办"背景之下，不僵化不守旧，特事特办，设"专窗"。正常工作时间之外，在早、中、晚甚至周末，提供延时服务。

　　"外压与内压"。将服务窗口融入当地统一的服务大厅，接受办事群众、外单位窗口同行、管理方、摄像头、明察暗访等多重监督。外部压力填补了个人自律的不足。

　　润物无声，点滴之外不胜枚举。三年建设路，行风跨台阶，群众得实惠。人社服务关注到了每一个你、每一个"特别的你"。

抓行风建设重在双向发力久久为功

广西壮族自治区人社厅　朱家荣

实践证明，优良的行风是做好业务工作的基础，行风建设抓得好，干部职工作风优良、工作扎实、服务优质，办事群众就会拍手叫好。加强人社系统行风建设，有利于凝聚服务为民的思想共识，有利于增强干部队伍的技能本领，有利于改进人社服务的质量水平，有利于企业群众更加公平公正地享受到人社政策红利。

行风建设是一项系统性工程，需要立足纠建并举，深化标本兼治，从后台研究制定政策和前台提升经办服务两方面同步发力。一要抓正向管理制度规范。要通过完善工作制度，建立服务规范，创新服务模式，构建系统平台，提供标准化、无差别、便捷化的政策及服务。二要抓负向问题监督整改。要通过强化问题调研摸排，组织集中暗访，实施差评整改等，以机制短板倒逼政策完善，以问题整改促服务提升。

行风问题作为一个行业和系统的伴生物，具有长期性、顽固性、动态性，行风建设永远在路上，人社部门要常抓不懈，不断提升企业群众对人社服务的获得感和满意度。

使命在召唤　青春定无悔

四川省人社厅　杜华明

持续开展窗口单位业务技能练兵比武，是打造一支政治过硬、本领过硬、作风过硬高素质人社干部队伍的重要举措，是全面建设群众满意人社公共服务体系的重要抓手。三年来，我们始终坚持这一初心，在全省系统广泛开展业务技能练兵比武活动，加强窗口单位经办能力建设，培养更多人社"知识通"、业务"一口清"。

坚持全覆盖参与，在系统上下扎扎实实练，真枪实战比。通过"线上＋线下"模式常态化练兵，持续提升窗口队伍能力素质，线上依托全国人社窗口单位业务技能练兵比武在线学习答题平台，线下结合个人自学、互帮互学、集中培训和座谈交流等方式广泛开展学习，强基础、补短板。同时，创新开展各具特色的竞赛活动，特色展示显亮点，争分夺秒比效率，实战演练赛素质，群雄逐鹿凝合力，全方位考察窗口工作人员政策掌握、操作技能、服务水平和创新能力，建设和培养了一大批业务精湛、素质精良、作风过硬的行业尖兵，群众满意度显著提高，为打造"温暖人社"服务品牌贡献四川力量！

练兵比武没有休止符，行风建设永远在路上。我们将以练兵比武为推动力，逆风破浪，勇毅前行，以崭新姿态迎接新征程、奋进新时代！

人社行风建设的"产品意识"

陕西省人社厅　李增辉

找准靶心，方得初心。从到陕西省人社厅行风办工作第一日起，我便在琢磨思考，行风建设工作的"源头活水"，究竟在哪里？有一次，受领汇编《应对疫情政策服务清单》，领导看过不太满意，再三强调："行风建设要有产品意识、用户意识。要看把它摆到书店里，群众愿不愿意花钱去买！"一语点醒懵懂人。之后，我们对11类人群靶向梳理，删繁就简、只留干货，提供办理渠道，清单一经发布，广受好评。运用"产品意识"来思考、推动行风建设工作，也使我受益颇多。

行风建设提供什么"产品"？人社部门提供的公共产品可以归为政策和服务两类，相应地，行风建设所提供的产品就是更优化的政策供给和更优化的服务效能。这一"产品"定位，帮助我们厘清工作主攻方向，避免了乱闯乱撞、劳而无功。

行风"产品"开发谁来主导？表面上是我们来生产，实质上则由群众需求主导。以电子地图开发应用为例，知点找点、知点找事、知事找点、链接直办，这些功能，无一不源自群众实际办事需求。快办行动、优化老年人办事等，凡是取得实质性进展的工作，哪一项不是坚持了群众导向呢？

行风"产品"如何形成品牌？一靠质量，二靠美誉。近年来，陕西人社系统一方面扎实推进事项标准化、手段信息化、服务便民化、队伍专业化建设，努力使每项"产品"成为"精品"；另一方面积极培树窗口服务标兵、练兵比武明星，大力宣传服务创新成果，努力发挥人社惠民政策、优质服务、先进典型的品牌效应。

顺应三秦人民美好生活向往，我们将努力推出更多"适销对路"的行风建设"精品"！

人民群众满意是人社工作最高价值追求

新疆生产建设兵团人社局　贾东山

人社行风建设三年行动，始终坚持以人民为中心的发展思想，把人民群众满意作为最高价值追求。人社系统广大干部职工付出的是辛勤汗水，收获的是人民群众满意。

"小练兵"促进"大提升"，人社队伍素质更强了。兵在精而不在多。组织多层级、多形式的岗位练兵比武活动，在工作岗位上"比学赶帮超"，选树43名"人社知识通"和118名岗位练兵明星，营造学政策、钻业务、练技能、优服务的浓厚氛围，能力提升成为人社窗口单位的业内时尚、工作习惯和行动自觉。

"小数据"保障"大民生"，人社服务效能更高了。数据多跑路、群众少跑腿。开展数据共享、服务上网、业务进卡工作，网办率达到97.6%，有效提升人社服务效能。

"小窗口"展现"大作为"，人民群众更加满意了。群众满不满意是行风建设的"试金石"。人社行风建设三年行动用"无声行动"获得"有声好评"，群众跑腿少了、排队短了、办事快了，群众满意度持续提升。推行人社服务"好差评"工作，好评率达到99%以上。

行风建设永远在路上。人民群众的满意度更加增强了我们转行风、树新风，优服务、提效能的坚定信心和强劲动力。